走向职业化——高职高专“十三五”规划教材

【经济管理类专业基础课系列】

经济学基础

第3版

主编 李海东 蔡利

机械工业出版社
China Machine Press

图书在版编目（CIP）数据

经济学基础/李海东，蔡利主编．—3版．—北京：机械工业出版社，2019.4（2026.1重印）
（走向职业化——高职高专“十三五”规划教材·经济管理类专业基础课系列）

ISBN 978-7-111-62493-6

I. 经… II. ①李… ②蔡… III. 经济学－高等职业教育－教材 IV. F0

中国版本图书馆CIP数据核字（2019）第068188号

本书针对高职高专经济学课程的教学要求和特点，对经济学的基本理论、基本原理、基本概念、发展线索以及重要理论的基本应用、政策措施做了全面的介绍，内容不仅涵盖微观经济学，也涉及宏观经济学，形成较为完整的体系。本书还根据课程的需要，精选了丰富生动的案例和补充阅读材料，既有利于帮助学生理解相关的知识点，又提高了本书的可读性和适用性。

本书适用于大专、高职高专中经济学专业的学生。

出版发行：机械工业出版社（北京市西城区百万庄大街22号 邮政编码：100037）

责任编辑：黄姗姗　　责任校对：殷 虹

印　刷：北京华宇信诺印刷有限公司　　版　次：2026年1月第3版第13次印刷

开　本：170mm×242mm 1/16　　印　张：17.25

书　号：ISBN 978-7-111-62493-6　　定　价：39.00元

客服电话：（010）88361066 68326294

高职高专经管类、旅游类规划教材
总编委会名单

走向职业化高职高专经管类、旅游类规划教材联编院校名单

（排名不分先后）

1. 深圳职业技术学院
2. 顺德职业技术学院
3. 广东轻工职业技术学院
4. 广东工贸职业技术学院
5. 四川旅游学院
6. 广东交通职业技术学院
7. 中山职业技术学院
8. 广东白云学院管理系
9. 广东农工商职业技术学院
10. 广东邮电职业技术学院
11. 广东铁路职业技术学院
12. 广州航海高等专科学校
13. 黄河水利职业技术学院
14. 佛山职业技术学院
15. 珠海城市职业技术学院
16. 广东女子职业技术学院
17. 广东培正学院
18. 广东教育学院
19. 内蒙古财经学院职业学院商贸系
20. 山西金融职业学校

Contents

内容简介

习近平总书记指出："职业教育是国民教育体系和人力资源开发的重要组成部分……肩负着培养多样化人才、传承技术技能、促进就业创业的重要职责……"为此，必须始终坚持工学结合、知行合一，让高职学生不仅能够掌握必要的知识和技能，而且能够拥有广阔的视野和解决问题的能力。经济学是直接面向经济社会主战场的一门科学，掌握必备的经济学常识、学会运用经济学理论来发现问题、分析问题、解决问题，是高职学生必备的素养，本书根据高职学生学习的特点，将经济学理论融入具体实践中，让学生掌握必备的经济学知识，更好地领会经济学的丰富内涵和现实意义，学会从经济学的角度去思考问题。根据编者在教学中的体会，本书对经济学基础的学习进行了大胆的尝试，舍弃了传统经济学教材中的推导、分析的过程部分，着眼于经济学素养的培养，按照必须、够用原则，结合生活中的经济现象进行理论梳理和实践分析，让学生能够深刻领会经济学的意境和内涵。

全书共分为9章，分别是经济学导论，需求、供给和均衡价格，消费者理论，厂商理论，市场结构，分配理论，公共物品与政府，通货膨胀与宏观经济政策，国际贸易和国际收支。根据课程的需要，书中选取了丰富而生动的案例和补充阅读材料，既降低了学生理解相关知识的难度，又提高了教材的可读性和适用性。

本书根据高职教育"做中学、学中做"的特点，采用大量的案例，节选电影和影视小品的片段来形成讨论案例内容，锻炼学生运用经济学观点解决问题的能力，对于加深学生的理解能力和培养发散性思维具有较好的作用。

前　言 Preface

习近平总书记在2018年9月10日召开的全国教育大会上强调：“要提升教育服务经济社会发展能力……着重培养创新型、复合型、应用型人才……”高等职业教育以培养经济社会亟须的应用型技术技能人才为宗旨，学生在经济方面的知识和实践能力越来越成为其进入社会时必备的素养，在教学中我们发现，高职的学生对经济学的问题越来越关注，思考也越来越深入，而且这种思考往往不是简单地停留在理论层面，而是聚焦于现实的热点问题。例如，中美贸易战会给我们的生活带来怎样的影响？政府的经济政策和宏观调控会对我们未来造成什么样的影响？如何运用经济学的知识获得财富或避免风险？大学生就业为什么这么难？我们的食堂饭菜质次价高是否因为垄断？等等。

从某种意义上说，经济学的理论已逐渐从教学的主体演变成为教学的工具，教学的焦点逐渐集中在学生周围的经济热点、难点问题，学生对经济学问题的疑惑和兴趣与日俱增，传道、授业、解惑日益成为经济学教师的主业。随着学生兴趣的变化，经济学课程学习已从完成学业和得到学分，转变为学到知识和解决问题。为此，教师必须充分利用案例、视频、讨论、辩论等多样化的形式，结合当前经济领域出现的现实问题，以学生为中心开展教学活动，才能使经济学课程受到学生的欢迎。

为此，我们改变以往教材中理论为主、案例为辅的传统教学模式，选择一些具有前沿性、趣味性、实战性的案例，作为学生补充阅读的材料，供师生在课堂内外展开讨论。学生通过案例学习理论，有助于提升其运用理论工具解决实际问题的能力，初步形成经济学的素养，从而在今后的学习、工作中能更好地适应社会的要求。

本教材既可作为经济类专业学生的专业教材，也可作为其他专业学生选修和拓展视野的教材，书中的一些案例，浓缩了近年来经济学界的最新思考和成果，涉及从生产到消费，从市场到分配，从微观到宏观，从国内到国外的诸多经济问题，文字通俗易懂、案例生动有趣、论述深入浅出，适应不同专业学生的需求，特别是书中运用了影视、小品等资料，可以供师生在课堂展开讨论，从不同的视角分析经济问题，培养学生的发散性思维。

在第 3 版中，我们充分吸收了前两版的成功经验，并根据教学中师生提出的意见和建议，在教学理念上进行了改革：针对高职学生形象思维较强的特点，采用案例教学，从问题入手，提倡发散思维，进一步加大案例的比重，引用最新的经济学热点、难点案例，引导师生进行深入的思考和分析，解决了教材的可读性、时效性和针对性等问题。本教材由广东省教育研究院李海东教授主编，深圳职业技术学院汪治教授主审，在本教材的编写过程中我们引用了国内外一些专家、学者的研究成果，具体书目列于教材的参考文献中，在此表示深深的谢意和崇高的敬意。本教材能最终顺利出版，得到了机械工业出版社的指导和帮助，在此表示由衷的感谢。

编者

2018 年 10 月于广州

教学建议 Suggestion

"经济学基础"是经济类、管理类专业必修的专业核心基础课程，其先修课程为"管理学原理"，后续课程为"市场营销""财务管理"等。

1. 课程教学目标

本课程的教学目的是使学生比较系统地掌握经济学基本的理论、知识和方法，养成运用经济学的理论和方法解决现实问题的素质和能力，培养通过案例分析经济热点、难点、重点问题的基本技能，为学生毕业后能更好地适应经济工作打下坚实的基础。

知识目标：掌握需求、供给与价格理论、弹性原理；理解消费者均衡的条件；领会生产、成本理论；理解厂商均衡理论、生产要素的分配理论；理解国民收入的核算方法；掌握简单国民收入决定理论、货币需求、供给与利率的决定理论；领会财政、货币政策的种类及手段。

能力目标：使学生对经济运行有一个比较全面的了解，建立起经济学的基本思维框架，为进一步学习其他专业课程奠定理论基础。

素质目标：要求学生能够正确领会和理解经济运行的逻辑关系和基本规律，能够对经济问题和经济现象进行简单分析，具备初步分析问题的能力。

2. 课程的教学要求

（1）结合实际案例的课堂讲授，帮助学生理解经济学的基本原理。

（2）运用视频、案例等手段，组织学生分组讨论，上台发表讨论成果，形成活跃的课堂组织形式。

（3）利用项目化教学、任务导向，组织学生到超市调研，写成调研报告，形成调研成果，使学生在"做中学，学中做"。

（4）采用多种教学方法，激发学生的学习兴趣，并使学生养成主动思索、深入思考、获取经济学知识的积极性，引导学生积极投入社会实践，提高分析解决实际问题的能力。

（5）采用多种形式的考核，如过程考核、平时考核与综合能力考核相结合，试卷加综合能力考核等。

3. 课程的教学内容及教学安排

课程的教学内容包括理论教学、实践教学，教师可根据情况自行安排实践教学的比例（建议安排12学时以上）。本课程建议安排72学时，教师也可根据具体情况对学时数做适当调整。

主要教学内容、教学要求及学时安排表

序号	章	主要内容	教学要求	学时
1	经济学导论	稀缺性与基本经济问题；经济学在生活中的运用；资源配置的方式和手段；微观经济学与宏观经济学	了解经济学产生的客观必然性，理解经济学研究的对象及解决的问题，熟悉经济学基本概念，了解经济学的主要研究方法	8
2	需求、供给和均衡价格	需求、需求量、需求曲线；供给、供给量、供给曲线；均衡价格和均衡数量；弹性理论	了解需求与供给的含义及规律；理解市场均衡价格原理，掌握价格分析方法；了解弹性的含义	8
3	消费者理论	欲望与效用；边际效用分析与消费者剩余；无差异曲线分析与消费者均衡；替代效应、收入效应	了解效用的概念；理解边际效用的递减规律；掌握边际效用分析方法；掌握无差异曲线分析法；理解收入效应、替代效应和消费者均衡	8
4	厂商理论	生产与生产函数；成本的含义；短期成本；长期成本；成本收益与利润最大化；厂商均衡理论	了解生产函数的概念；了解单一可变生产要素条件下的产量变化规律；理解生产的合理区域；理解成本的含义；理解厂商利润最大化目标	8
5	市场结构	市场与市场结构；完全竞争市场上的厂商均衡；完全垄断市场上的厂商均衡；垄断竞争市场上的厂商均衡；寡头垄断市场上的厂商均衡	了解四种市场结构类型及其特点；掌握完全竞争市场商品价格的决定以及厂商如何决定其产量；掌握完全垄断市场商品价格的决定以及厂商如何决定其产量	8
6	分配理论	生产要素价格的决定；工资、利息、地租、利润；社会收入的分配与再分配	理解生产要素需求的特点；了解工资、利息、地租和利润的决定；掌握社会收入分配与再分配的原因及政策	8
7	公共物品与政府	宏观经济变量；国内生产总值的含义及计算方法；公共物品理论；看得见的手	掌握国内生产总值的含义及核算方法；掌握公共物品的特征；理解市场失灵的原因和政府干预的方式	8
8	通货膨胀与宏观经济政策	通货膨胀的含义及对经济的影响；宏观经济政策目标、工具、决策机制、发展与演变；财政政策；货币政策	了解通货膨胀的特点及对经济的影响；了解财政政策的内容、特点及运用；了解货币政策的含义及运用；了解宏观经济政策的发展与演变	8

（续）

序号	章	主要内容	教学要求	学时
9	国际贸易和国际收支	开放经济的含义及国民收入均衡；比较优势与要素禀赋学说；汇率制度及国际收支平衡	理解开放经济下国民收入均衡的形成；理解比较优势学说的运用；掌握国际收支平衡的内容及国际收支不平衡的调节措施	8
合计		72 学时（含课堂讨论、社会调查等实践环节）		

Contents 目 录

㊀ 本书参考文献见华章公司网站：www.hzbook.com。

第1章 Chapter1

经济学导论

学习目标

知识的掌握：

1. 经济学的概念和特点。
2. 经济学的研究对象。
3. 微观经济学与宏观经济学。

引言

2018，改革的不惑之年

从1978年到2018年，40年来，中国以空前的创造力，向世界证明了自己的勇气和格局。

中国经济变革的动力来自几个方面。比如制度创新，40年来，恢复及确立市场在资源配置中的角色与作用，一直是中国治理者持续探索的方向。又如规模效应，庞大的人口规模为中国的创业者提供了巨大的成长红利，这使得每一个产业的进入者都有机会以粗放的方式完成自己的原始积累，然后在此基础上，建立核心竞争力。再如技术破壁，相对于制度创新的反复性，技术的不可逆性打破了准入壁垒，从而重构产业范式。这一特征在改革的前30年并不突出，然而，随着互联网的崛起，很多产业的原有基础设施遭到冲击，使得竞争格局焕然一新。

2018年，698万名出生于1995年的大学毕业生进入各自的职场，而2000年出生的人则参加全国高考。作为著名轿车品牌的奥迪，全年销量中有54%的消费者为“80后”。在2017年年底的电商年货节上，“80后”“90后”成为线上囤年货的主力军，其消费金额占比接近八成。根据麦肯锡发布的财富报告，中国千万富翁的平均年龄为39岁，比美国的至少年轻15岁；在这个全球最大的奢侈品市场上，约有 45% 的购买者年龄在 35 岁以下。

也是在 2018 年，从万科董事长位置上退休的王石，仍频繁地参与种种公益和商务活动，他每天在一张蹦床上健身一个小时，并决意在 3 年后他 70 周岁时，再次攀登珠峰。2018 年 1 月 14 日，是褚时健 90 岁的生日，他在云南龙陵县和陇川县征得 36 000 亩山林地，开始营建多品种水果基地，到秋天，第一批挂果的甜橙和水蜜桃就可以采摘了。

2007 年，全球市值最高的 10 家公司分别是：埃克森美孚、通用电气、微软、中国工商银行、花旗集团、AT&T、荷兰皇家壳牌、美国银行、中石油和中国移动。而 10 年后的 2017 年，榜单已赫然面目全非，10 家公司分别是：苹果、谷歌母公司、微软、Facebook、亚马逊、伯克希尔–哈撒韦、腾讯、美国强生、埃克森美孚和阿里巴巴。在全球商业界，7 位高科技企业家取代了传统的能源大亨和银行家。你终于发现，世界真的变了。

数十年前，市场开放、产业创新可以采用“进口替代”和跟进战略，我们“以市场换技术”“以时间换空间”，通过成本和规模优势实现弯道超越。然而，时至今日，越来越多的中国公司成为全球同行业中的规模冠军，它们的前面不再有领跑者，创新的莫测与压力成为新的挑战。

数十年前，全世界都乐于看到中国的崛起。在世界银行的名单上，它是一个亟待被援助的落后国家；在欧美企业家的认知中，它是一个商品倾销和技术输出的二线伙伴。然而，时至今日，中国已成为最大的外汇储备国和第二大对外投资国，至少有 127 个国家视中国为最大的贸易伙伴，甚至连《时代》杂志都以“中国赢了”为封面报道的标题。与此同时，中国资本的购买能力引起了西方国家的警惕，并予以政策性的遏制。

于是，当改革进入下半场之后，中国的自我认知亟待刷新，世界与中国的互相了解和彼此的心态，也面临新的调整。这不是一个可轻易达成的过程。

资料来源：吴晓波. 激荡十年，水大鱼大 [M]. 北京：中信出版社，2018.

1.1　经济学的概念、特点和方法

1.1.1　经济学的概念

经济学是研究资源配置的科学，它研究的是稀缺资源在各种可供选择的用途之间的分配。而所谓资源，就是人们在社会物质资料生产活动所需要的诸种要素的统称。

自古以来，人类就为经济问题所困扰，从古代抢夺土地和奴隶战争以及农民起义，到现代的石油危机、经济失衡、贫富对立、失业、通货膨胀、经济停滞、国际冲突等，都是社会经济问题的直接表现，或者与经济问题密切相关。

透过各种纷繁复杂的表面现象，我们可以看到：人类经济问题的根源在于资源的有限性。一方面，相对于人类的无穷欲望而言，大自然赋予我们的资源太少了，这就迫使我们必须在多种欲望之间做出选择；另一方面，由于自然或社会的原因，这些有限的资源往往得不到充分的利用，人类还必须致力于推进资源的充分利用。因此，如何合理地配置和充分地利用有限的资源，就成为人类社会永恒的问题，而经济学的产生，正是为了解决有限资源的合理配置和利用的问题。

经济学是从社会的整体利益的角度去研究以下问题。

1. 生产什么和生产多少

经济学研究的是如何进行资源配置。对于人类社会来说，由于资源是有限的，因此人们必须决定可供社会使用的资源应分配到哪些产品和劳务生产上，各种产品和劳务的生产应占多大的比重，在经济活动中生产什么和生产多少。

2. 怎样生产

经济学研究的是在资源配置过程中用什么样的方法生产产品和劳务。人类社会的资源按照其充裕程度可分为经济资源和自由取用资源。经济资源是稀缺的，使用它必须付出一定的代价，而自由取用资源（如空气）则数量丰富，人们可以不付分文获得它。

经济资源应用于生产过程被称为投入，一种投入可以用来生产不同的产品，而一种产品也可以由不同的投入来生产，这就构成了经济资源在用途上的替代性。对于生产者来说，必须决定如何在各种替代性用途中分配资源，才能最有效地生产出最优的产品。生产者可以用不同的设备、原材料，雇用不同的工人，在不同的地方生产产品，这就构成了多种要素的组合。因此，生产者可以通过成本与收益的比较，来决定生产多少和怎样生产，从而获得最好的效益。

3. 为谁生产

经济学研究的是产品和劳务应如何分配。资源配置的目的是生产出产品和劳务，资源的稀缺性决定了产品和劳务的有限性，这就带来了一个问题：产品和劳务应该先满足谁，后满足谁，满足到什么程度，通过什么方式来满足。在市场价格一定的条件下，消费者必须决定如何将其收入在不同的商品之间分配。这些都是经济学必须解决的问题。

4. 经济增长和经济发展

经济增长是指一国生产的产品和劳务总量的增加，而经济发展是指一个国家由不发达状态到发达状态，再到更发达状态的前进过程，是经济和社会的全面进步。经济学研究的问题不仅是人类社会的经济增长，更重要的是经济发展。

5. 人与自然的和谐发展

人与自然的和谐发展，其实质是保证和促进资源的充分利用，即保证社会的全部资源得到最充分的利用，从根本上杜绝资源的闲置和浪费。

1.1.2 经济学的特点

作为科学的经济学，发展到今天已有 200 多年的历史，形成了自己独特的风格和特点。

1. 经济学是最讲求实用的科学

经济学的用处，除了写论文、晋升职称外，还要能够解释现实经济中的困惑，以发现事实之间的因果联系，为改进社会提出自己的见解。

以中国为例，在近 40 年的大发展和大变革中，经济学功不可没。据著名经济学家吴敬琏教授研究，20 世纪 80 年代后期，主张改革的中国主流经济学家掌握了较多的现代经济学知识，对从“行政性分权”转向“市场性分权”的必要性有较为透彻的认识，进而把改革目标确定为市场经济，从而为民营经济、股份制经济和外资进入中国创造了必要的条件。

此外，在加快国有经济和国有企业的改革、建立现代企业制度、破除行政垄断、推进城市化、缩小区域差距和城乡差距、重视解决“三农问题”、改善宏观调控、转变政府职能、维护市场秩序、构建社会保障体系、加入 WTO 等重大问题上，经济学家们都给予了及时的关注和研究，取得了一系列的成果，为我国建立和完善社会主义市场经济体制，促进经济社会稳定协调持续发展做出了不可磨灭的贡献。

2. 经济学是最讲求实惠的科学

生活在现代社会，每天都会面对大量的问题：通货膨胀、股市的变化、失业、改革政策的出台、自由贸易与贸易保护、业务的拓展等。你需要对这些问题发表自己的看法，或做出自己的反应。经济学虽然不能使你成为天才，但肯定会使你的选择变得更加聪明。

经济学的理论和方法能带给人们极大的实惠，使人变得更加富裕、更加聪明。运用经济学，你可以在众多的消费组合中做出科学合理的选择；运用经济学，你可以使自己现有的资源（资本、劳动能力、知识、专有技术和储蓄等）发挥更大的效益，获得更多的收益。

运用经济学，你可以更多地捕捉有用的信息，从而获得更好的发展机会和商机。无论你是消费者、生产者、投资人，还是管理者，或者是政府公务员，无论你身在何时、地处何方，都需要经济学的帮助和指引。

3. 经济学是富有趣味性的科学

经济学是有趣的，随着本教材一章一章内容的展开，经济学生动的画面将展现在你的面前，你将会惊奇地发现，经济学原来并不深奥，经济学的理论就在我们周围，经济学所研究的是一个非常迷人的领域！

经济学的趣味性还在于它的鲜活性。经济学最大的特点，就是可以运用案例分析的方法，通过典型案例分析来解释相关的经济学原理，而案例的展现方式可以是文字表述，也可以是影视资料，甚至可以是我们在生活中的亲身经历。

补充阅读

瓷器中的经济故事

荷兰画家维米尔的作品《窗前读信的女子》绘于 1657 年。画面中一个女子在打开的窗前静静地阅读远方的来信，右侧亚麻布制成的青幔一直垂到地上，赋予了画作舞台般的效果。在前景中的桌面上，铺展着红色绣花的东方桌毯，桌毯上放着一个果盘和一些水果。

英国牛津大学的卜正民教授从这个果盘中看到了不同寻常的地方。这是一个蓝白配色的中国瓷盘，在当时十分昂贵。而在卜正民眼里，这分明是一段全球贸易的故事。到达欧洲的第一件中国瓷器令观者惊叹不已，欧洲人认为只有用水晶才能形容这样的东西。中国瓷器的迷人外观彻底改变了全世界的陶瓷制造业，世界各地纷纷仿制。不过在很长的一段时间里，他们都以失败告终——他们仿造的瓷器无论外观还是手感，都与中国瓷器相差甚远。而中国的瓷器生产商并未因为处于技术领先地位就不思进取，他们时刻在了解欧洲人的口味，以调整下一季的生产。例如 17 世纪 20 年代土耳其的郁金香风靡北欧时，景德镇的陶艺家就在他们制作的盘子上画了郁金香。尽管这些画匠从来没有见过真正的郁金香，他们笔下的花朵也几乎看不出是郁金香，但问题的关键是，他们响应了市场的变化。

中国的瓷器出现在维米尔的画作里，也并非偶然。在画家的故乡荷兰台夫特，人们非常看重中国瓷器，他们专心仿制，虽然质量远不如中国产品，但他们的产品非常廉价，因此在低端市场取得了成功。台夫特瓷器非常畅销，它们主要面向买不起中国瓷器的普通人。

瓷器在美国经济学家皮帕 · 马尔姆格林眼里是另一个故事。

在 2007 年美国金融危机爆发前，时任总统顾问的皮帕 · 马尔姆格林无意间走进纽约市的布鲁明戴尔百货公司，她被那里堆起来的成套瓷器餐具吓到了。那些瓷器餐具上都印着俗气的万圣节图案。

她自问：谁会有钱去买一套一年仅用一次的瓷器餐具呢？如果他们的房子还能放得下一套极少使用的万圣节餐具，那是不是意味着他们的房子太大了？为这样大的一套房子供暖需要多少钱？人们是不是花的比赚的多？如果人们今天花掉明天的钱，而不是把今天的收入攒起来以备不时之需，那就很令人担心。

马尔姆格林从这些万圣节瓷器餐具中嗅到了金融危机的气息，于是她卖掉房产，全家搬到租赁房中，躲过了随后到来的次贷危机和房价暴跌。

资料来源：岑嵘 . 瓷器中的经济故事 [N]. 深圳商报，2018-02-08.

1.1.3　经济学的方法

学习经济学必须具备一定的方法，对于初学者来说，应该从以下几个方面去完成经济学的学习任务。

1. 要学会采用实证分析和规范分析相结合的方法

规范分析和实证分析是经济学的两种研究方法。

实证分析研究经济问题“是什么”，是了解经济如何运行的分析，是经济学中进行科学预测和纯事实叙述的部分。它从客观事实出发，力求说明和回答经济现象“是什么”和“为什么”，并预测人们经济行为的后果，而不对事物做好坏、善恶的评价。

规范分析研究经济问题“应该是什么”，是对于政策以及行动的福利后果的分析，是经济学中对经济政策或经济情况进行价值判断，决定其是好是坏的部分。它以一定价值判断为出发点，提出行为标准，做出“应当”与“不应当”的评价，阐述怎样才能达到这样的标准。

实证分析描述经济现象，预测经济变化或不同政策的后果，而规范分析评价不同政策的好处及其代价。实证分析没有价值判断，规范分析往往带有价值判断。

2. 要学会定性分析和定量分析相结合的方法

定性分析是指运用经济学的相关理论来研究经济现象的属性和特点，定量分析是指运用数学工具和构建数学模型对经济现象进行量化指标的分析。对于经济学来说，仅有定性分析或仅有定量分析都是不够的，应根据经济现象实际情况，进行定性与定量相结合的分析。

3. 要培养用经济学的视角去看待问题

经济学是一副显微镜和放大镜，用经济分析的方法可以让我们看到许多原来看不到或看不清楚的东西。经济学也是一副折射镜，能让我们看到许多不能直接看到的东西。因此应该培养用经济学的视角去分析问题、解决问题，用显微镜、放大镜和折射镜来看待事物。

运用经济学的显微镜和放大镜功能，马克思发现了资本主义剥削的秘密，即凭借对生产资料的所有权，资本家无偿地占有了雇用工人的剩余价值。所谓剩余价值，就是由工人劳动创造的，被资本家无偿占有，超过劳动力价值以上的那部分价值。通过深入研究，马克思发现：资本家并不像他们所声称的那样养活了工人，而恰恰相反，是工人养活了资本家。资本家剥削工人的秘密，就在于剩余价值的存在。

运用经济学的折射镜功能，马克思发现了资本主义必将灭亡，社会主义、共产主义必将实现的客观规律。马克思所处的时代正是资本主义快速发展的时代，工业革命使资本主义经济呈现出欣欣向荣的局面。但就是在这种历史条件下，马克思通过分析指出了资本主义的基本矛盾：生产的社会化和生产资料的私人占有之间的矛盾，做出大胆预言：资本主义基本矛盾，以及基本矛盾的集中表现——周期性经济危机，决定了资本主义必将灭亡，社会主义必将胜利。

通过对资本主义基本矛盾的分析，马克思勾画出了社会主义替代资本主义的蓝图，揭示了无产阶级是资本主义的掘墓人这一理论，同时对未来的社会主义和共产主义的理论和实践做出了大胆的设想。这一大胆假设得到了国际共产主义运动实践的检验，并进一步发展形成了列宁主义、毛泽东思想、邓小平理论、“三个代表”重要思想和科学发展观。

4. 要注意理论与实践相结合

经济学必须从实践中来，到实践中去。经济学的理论来源于实践、来源于生活，是人们经济和社会生活中客观规律的反映，因此学习经济学不能脱离实践，而应该将理论学习与实践相结合，注意活学活用经济学，学会用经济学的原理和方法去解决实际问题。

对于经济学理论的学习，也不能仅仅拘泥于书本，而是应该在生活中去发现经济学，去努力实践经济学。

5. 要学会举一反三、触类旁通

在当今社会，各门学科的发展已不再孤立地进行，学科的交叉和融合成为发展的趋势，经济学也要与法学、哲学、数学、计算机等相关学科进行交叉和融合。在这种形势下，学会举一反三、触类旁通的方法就显得尤为重要。一方面，经济学可以利用其他学科的分析方法，借用其他学科的概念和理论；另一方面，经济学也可以与其他学科交叉，形成新的边缘学科。因此学习和研究的方法就显得非常重要，要有所创新，就必须能够打破学科界限，做到举一反三、触类旁通。

补充阅读

经济学家吃午餐

《中午吃什么》一书的作者泰勒·柯文是当今赫赫有名的经济学家。他也是个美食家，常常以一个经济学家的眼光来找吃的。他会提出一些与众不同的意见，并给出经济学上的理由。

他说，如果你想光顾一家餐厅，不要选在它开张的头两周，因为这时候它们的厨房作业还没走上正轨。最理想的造访时间，是开张的头 4～6 个月，因为餐厅在刚开张时，通常会花很多心思去赢得好评；如果有名厨代言，更可以轻松带来声誉。于是，这地方声名大噪，成为重要的聚会场所，笑声、谈话声充斥其间。而这时候，你就应该停止再去了。那怎样才算是好餐厅呢？泰勒·柯文说他喜欢去中国餐馆，尤其是餐馆里那热络的声音其实是个好征兆。因为，“如果客人们相互吼叫，仿佛有‘血海深仇’似的，反而值得你留意。这可能意味着，他们都是老主顾，经常去那里吃饭，而且彼此都很熟”。

泰勒·柯文又教大家如何去星巴克喝咖啡，他说一定要选美式黑咖啡，而不要选任何加奶加糖的饮品。这是因为，随着星巴克的扩张，“原味咖啡已不足以维持这么多分店经营下去，因此它开始卖更甜的饮料。今天，这家连锁咖啡店专卖甜味饮料和以牛奶为基础的饮料，很多这些饮料与咖啡只有某种间接关系或关系很远”。其中包含的经济学原理，叫作交叉补贴，就是说我们所享用的不变的咖啡品质，是靠牛奶和糖带来的高利润补贴的。

同样的道理，泰勒·柯文认为去赌场的餐厅吃饭很划算，因为赌场是拿赌博营业的高额收入来补贴餐厅的。它不靠餐厅挣钱，开餐厅只是为了吸引人来赌钱，这种情况下食物多半会物美价廉。同样，如果一家餐厅在经营高档酒水，那么去这种餐厅吃饭，只要不点酒水，也是很划算的。因为它主要靠酒水盈利，得到补贴的则是食物。相反的例子则是，千万不要去租金昂贵的地方吃饭，越是繁华的地段越要避开，因为食物的价格有很大一部分是分摊给租金的。

资料来源：梁文道.经济学家吃午餐[J].读者，2018（11）.

1.2 经济制度与资源配置方式

经济学是研究资源配置的科学，资源配置实质上是一个社会关于生产什么、怎样生产、为谁生产三个基本经济问题的选择。人类社会的基本经济制度分为四种类型：自然经济制度、计划经济制度、市场经济制度和混合经济制度。

1.2.1 自然经济制度

自然经济制度是指生产目的不是为了交换，而是为了直接满足生产者或经济单位需要的一种经济制度。自然经济制度下没有社会分工和交换，每个家庭利用自己的经济条件生产自己所需要的绝大部分物品，资源配置和利用由每个家庭的直接消费决定。在自然经济制度下，生产力水平十分低下，经济效率不高。原始社会、奴隶社会和封建社会时期，自然经济占据了统治地位，我国历代的封建王朝长期实行自然经济制度。

1.2.2 计划经济制度

计划经济制度是指由国家和政府制订和下达计划来管理和调节国民经济的一种经济制度。计划经济制度的重要特征是生产资料归国家所有，用计划来解决资源配置和利用问题。在一定历史时期，中国、朝鲜、越南、苏联以及东欧等社会主义国家正在或曾经推行过计划经济制度。这些国家普遍的情况是，经过长期的战争创伤，国民经济迫切需要恢复元气，而计划经济制度能集中力量办大事，汇集所有的资源进行经济建设，因而在这些国家国民经济的恢复过程中起到了非常好的作用，获得了巨大的成功。随着社会经济的发展，以及经济结构的复杂化和经济利益的多元化，计划经济制度越来越显示出其固有的弊端，导致资源配置效率的低下和扭曲。

计划经济制度具有以下特点：

一是基本不考虑市场的作用，生产资料和产品可以按行政指令划拨；

二是对个人仅仅作为劳动者来研究，忽视了其作为消费者的一面；

三是认为土地是免费使用的，企业的投入只包括人、财、物；

四是企业所投入的人、财、物全面来源于政府，所生产的产品和创造的利润全部上交政府；

五是劳动力、设备、物资、资金等要素的供应计划由政府制订，企业需按政府指定的数量和品种进行生产；

六是在计划经济制度下，人们直接掌握的唯一生产要素是劳动，因此按劳分配是唯一的分配形式。

总之，在计划经济制度下，全社会相当于一个大企业，政府是这个大企业的总调度，而社会中的企业仅仅是这个大企业中的一个车间，要在总调度的安排下进行生产。

计划经济制度下的资源配置具有以下几个方面的特点。

第一，政府成为资源配置主体。在计划经济制度下，政府决定了产品的生产计划和生产要素的分配计划，处于主导地位，而企业和个人处于从属和被动的地位。

第二，计划成为资源配置依据。在计划经济制度下，政府拥有庞大的计划部门来制订各种计划，如物资分配计划、外贸进出口计划、大中专毕业生分配计划、招工招干计划、投资计划、产品生产计划、工资计划等，计划成为人们生活中一项非常重要的内容。

第三，资源配置的方向是纵向性和一次性的。在计划经济制度下，生产要素的流动是自上而下的。由于要素的免费性，一种要素资源一旦配置给一个企业，即使这种配置是不合理的，企业也不愿意让它再流走，因此要素等资源的配置具有一次性的特征。

第四，资源配置具有低效和扭曲的特性。在计划经济制度下，政府计划是资源配置的依据，而随着经济的发展，经济结构日趋复杂化，政府不可能获得全部信息，这就导致主观计划脱离客观经济实际情况的现象经常发生，从而降低了资源配置的效率。同时，由于资源配置的无偿性，即使资源被错误地配置，得到纠正的可能性几乎为零，从而使资源配置经常出现扭曲的现象。

1.2.3　市场经济制度

市场经济制度是由价值规律自发调节社会生产，国家不进行干预的一种经济制度。市场经济制度的重要特征是生产资料私有，经济决策高度分散，资源配置和利用由价格机制来解决。

在市场经济中，生产什么取决于消费者的购买决策。由于市场经济制度下企业以盈利为目的，只有生产在市场上能以高于成本的价格卖出的产品，企业才能继续生存和发展。为了盈利，企业往往多生产利润高的产品，少生产利润低的产品，不生产无利润的产品，企业总是将资源转移到价格和利润更高的产品生产上。因此在市场经济制度下，消费者在市场上的出价决定了生产什么。

怎样生产取决于不同生产者之间的竞争。为了获得最大利润和进行价格竞争，生产者尽可能采取效率更高的生产方法，多投入相对价格较低的生产要素，少投入相对价格较高的生产要素，用成本最低的生产方法取代成本较高的生产方法。

为谁生产取决于生产要素的分配和价格。在市场经济制度下，分配是按个人拥有的生产要素及要素价格进行的，个人拥有的生产要素价格高，则可以获得较高的收入。生产要素价格的高低是由要素市场的供求所决定的，如果某要素供不应求，则该要素的价格就高，如果某要素供过于求，则该要素的价格就低。

由此可见，市场经济制度下资源配置具有以下几个方面的特点。

第一，资源配置的主体是企业和消费者。消费者的消费决策和企业的投入、产出策略决定了生产什么、怎样生产和为谁生产等问题。

第二，资源配置的依据是价格。消费者根据商品价格信号进行消费决策，根据要素价格决定要素投向。企业根据商品价格决定生产什么，根据要素价格决定怎样生产、为谁生产。

第三，资源配置的方向是横向的、动态的。市场经济制度下生产要素的流动在企业与企业、企业与消费者之间横向进行，一种要素一旦配置错误，可以重新在企业之间流动，实现再配置。

第四，资源配置效率较高。与计划经济制度相比，市场经济制度下众多的企业和消费者群体比单个政府掌握了更多的信息，并且市场经济动态配置的特点也为纠正资源错误配置创造了必要的条件。

总之，在市场经济制度下，消费者和生产者的行为要受到价格的支配，生产什么、怎样生产和为谁生产都由价格决定。价格这只“看不见的手”调节着整个社会的经济活动，并且使社会资源得到最优配置。同时，由于信息不完全，市场经济可能会出现周期性的经济危机，资源再配置也可能带来社会资源的浪费。

1.2.4 混合经济制度

混合经济制度介于市场经济制度和计划经济制度之间，是市场与计划相结合的一种经济制度，其重要特征是生产资料私人所有和国家所有相结合，自由竞争和国家干预相结合，垄断和竞争相结合。在混合经济制度下，资源配置问题由市场机制来解决，资源利用问题由国家干预来解决，从而保证了经济运转的效率和公平。混合经济制度吸收了计划经济制度和市场经济制度的优点，被认为是最好的经济制度，已被世界上许多国家所采用。包括中国在内的许多原来采用计划经济制度的国家，都由计划经济逐步向市场经济过渡，经过一系列的改革具备了混合经济制度的特征。

补充阅读

当我们成为共享经济平台的奴隶

走在城市的大街上，到处都是“共享单车”的身影。关于“共享单车”与国民素质的讨论尚未消失，人们对“共享经济”的期待和追捧却越来越盛。在共享单车、打车软件这些常见的共享经济形式中，人们共享的到底是什么？我们又是否真的能从中得到实惠？

1.“共享经济”是个伪命题

与“人工智能”这类词语一样，由于缺乏明确的定义，“共享经济”一词被广泛而无节制地用在各个领域。目前，最早官方可考的说法来自《纽约时报》2007年的一篇报道：借助互联网的力量，维基百科带来一种全新的经济模式——不为金钱，只是分享某些资源，这就是共享经济。站在像你我这样的普通用户层面，当我们用优步（Uber）预订一辆车或者用爱彼迎（Airbnb）预订一个房间时，我们和司机、房东到底在共享什么？答案可能会令当初鼓吹共享经济颠覆性意义的人感到悲伤：我们终究还是一手钱一手货地完成了一次次共享经济之旅。

与以往所不同的是，几乎所有被标榜为共享经济的产品里，消费者的每一次“共享”都是和一个平台结算。Uber上线时，最酷的方式就是当你到达目的地时，不必重新开启Uber结算账单，平台会自动在你的信用卡里划去一笔费用。而对Uber司机来说，他并不能全部获得每单生意的费用，而要和Uber平台分成，运气好的话才有奖金。从这个角度看，任何一次所谓的共享行为都基于一个平台。因此，所谓“共享经济”，更准确的说法是“平台型经济”。在这些平台上，消费者与服务提供者之间的关系简单而纯粹，他们之间或许不产生直接的金钱交易，可最后的结果都是用金钱买服务。

过去几年，这些事实被创业者与资本方有意无意地忽略了。“平台型经济”听起来就充满金钱的铜臭味道，而“共享经济”一词则让人感受到技术进步带来的人性回归。

2. 平台型经济的进化

互联网的发展史就是平台型经济的发展史。以互联网最发达的美国为例，20多年前，美国在线（America Online）与雅虎（Yahoo!）几乎代表了互联网，而随着谷歌（Google）的兴起，基于互联网广告的商业模式开始流行起来。谷歌日益成长为一个巨大的广告平台：平台的这一方是普通网民，用一次次点击告诉谷歌，他们喜欢什么内容；平台的另一方则是广告商，用金钱购买用户的喜好和注意力。当时间来到2004年，Facebook的出现令人满心欢喜地认为互联网发展到新阶段。初看起来，社交媒体沉淀了用户的社交关系，是普通人现实社会社交关系的映射。但仔细去看，人们借助Facebook构筑的社交关系与在现实社会依托同学、同事又有着本质的不同——你无法和一个不用Facebook的朋友在网上沟通，也无法完全将Facebook的社交关系转移到其他工具上。是的，Facebook成为一个社交平台的那天，也是这个社交黑洞形成的时候，它会吞噬你的一切社交关系。

如果说谷歌实现了信息获取的平台化，Facebook则实现了社交关系的平台化。那么，以Uber、Airbnb为代表的所谓“共享经济”的公司，则要构建现实世界的平台。以对传统出租车行业威胁最大的Uber为例，它的真正竞争力并不是低价，而是借助互联网（移动互联网）形成的网络效应。平台型经济需要构筑供需的网络效应，只有打车者越多，才能刺激更多的司机加入Uber。而更多的Uber司机，也具备快速满足用户打车需求的条件，从而吸引更多用户使用Uber。

3. 平台型经济构筑的网络效应

从这个意义上说，低价反而成了Uber、Airbnb们推动各自网络平台效应的方式。而一个更大的网络效应平台又成为吸引更多资本的重要因素，这也构成另一个网络效应，姑且称之为“资本网络效应”，由此带来的是对现实世界平台的颠覆和重构。根据最新消息，还没有明确上市计划的Airbnb的估值已经超过300亿美元，与全球最大的酒店集团希尔顿320亿美元的市值相差不大。而Airbnb的资本网络效应还在持续快速扩大中，再加上IPO背后的想象力，一个属于现实世界与互联网的平台巨头已经展现在世人面前。在Uber、Airbnb这种标榜“共享经济”的创业公司的帮助下，平台型经济也进入一个全新的阶段。生活在这个时代的我们是幸福的，我们拥有一键获知全球信息的能力，也具备一键到达某个地方（如Uber）、住进某个地方（如Airbnb）的“魔法”。但这些平台型经济在释放其能量的同时，也加剧了新的不平等。

4. 平台型经济不平等的伎俩

首先，任何一个平台型产品都有一套等级系统。平台上的参与者，从买家到卖家、从车主到乘客、从房东到住户，都要经过来自多个维度的数据测量、评分，形成等级。比如Uber的司机在评分低于3.5之后就很难再接到订单，很多Uber用户的评分来自司机，也来自算法，这些都会不同程度地影响用户打到车的速度。

在前互联网时代，平台型经济的等级、规则要借助人为力量，比如早期的银行，一笔贷款能否发放需要对借款人进行审查，时间冗长。但到了互联网时代，就像马云在多个场合说的那样，借助于该用户的等级、评分，我们可以在几分钟内向他提供一笔5万～10万元的贷款。这种平台型经济规则的变化，从人为到算法的等级系统，的确提高了整个平台的信息运转效率，但这个规则并没有保证公平性。换句话说，打着自由开放旗号的互联网平台，在虚拟空间里又制造了一个新的等级系统。在这里，每个人身上又有了一张新的等级标签。

其次，平台型经济中存在正向反馈与马太效应。事实上，当等级系统建立起来之后，越高等级的用户，在平台影响力和特权方面就越有优势。反过来，不断增加的影响力也会作用于等级系统中，进一步提升用户等级。这是所有平台型经济的正向反馈循环。

另外，正向反馈循环也意味着，根据等级的不同，用户的影响力也会受到局限。如果没有什么突发事件，用户的等级也会固化。以中国最大的社交平台微博为例，尽管没有所谓明确的规则，但一些大 V 的特权可以让其所发布的微博内容肆意出现在你的界面上，即便你没有关注这些人。这种特权让他们的内容有了更多曝光的可能性，也为进一步提升他们的用户等级提供了基础。而普通用户想要提升自己的微博等级也很简单：花钱。这是一种接近现实社会规则的做法，平台上的等级系统已经脱离了虚拟空间，将你的经济实力纳入其中。

在互联网“二八定律”的作用下，用户群体往往呈现两极化的分布，从等级系统出发的反馈循环，最后形成的一个局面就是：少数头部用户影响力越来越大，中间地带被掏空，绝大多数用户下沉到底层，并且继续遭受正向循环的噩梦。

5. 互联网最危险的时刻

互联网的发展史就是平台型经济的成长史。如今去看中美两国的所谓互联网巨头，中国的 BAT（百度、阿里巴巴、腾讯）及其投资或控股的公司，几乎涉及了中国人日常生活和工作的一切。而在大洋彼岸，FAAG（Facebook、Apple、Amazon、Google）也在不同平台上控制了美国乃至全球各地用户的线上行为。更重要的一点，随着新的平台巨头，如 Uber、Airbnb 的快速成长，不断进化的平台型经济正塑造着人类生活的未来。我们已经看到，如今一个个大平台或许将相互独立又相互联系，构成你我生活的平台环境。这背后的等级系统、正向循环、用户特权以及跨区域的影响力，都会不同程度地影响我们的生活和工作，一如最新一季《黑镜》所呈现的样子，我们将成为平台的奴隶。

资料来源：赵寒坡．当我们成为共享经济平台的奴隶 [J]. 读者，2017（12）.

1.3　生活中的经济学

经济学无处不在，日常生活中就包括许多经济学的原理。作为对生活高度浓缩和对冲突高度戏剧化的影视作品，往往包含着许多经济学的原理。以下通过一部电影中的案例说明经济学的无处不在。

电影《天下无贼》表现了一个有情有义、浪子回头的故事。影片里到处是贼，而淳朴憨厚的农民傻根却愿意相信“天下无贼”，这是一个非常容易破灭的梦想。而正是这种痴人说梦的境界，最终改变了两个盗贼——王薄（刘德华饰）和王丽（刘若英饰）的命运，他们重新做出了自己的人生选择，帮助傻根圆了“天下无贼”的梦。

影片感人又不失幽默，不愧是一部经典之作，而其中非常富有哲理的台词和剧情，则完全可以作为经济学案例的素材。

1.3.1　以宝马车抵 100 万元债务合同是否有效

［**剧情**］王薄和王丽为刘总裁设下一个陷阱，由王丽充当刘总裁的英语家庭教师，当色胆包天的刘总裁企图非礼王丽时，由早已躲藏好的王薄拍下全过

程，以此要挟刘总裁将宝马轿车钥匙交出，同时威逼刘总裁与其签订以宝马车抵 100 万元债务的合同。

这一段剧情涉及经济法的相关问题如下。

根据《中华人民共和国合同法》（简称《合同法》）的有关规定，该合同是无效的。

《合同法》第五十二条规定，“恶意串通，损害国家、集体或者第三人利益”或“以合法形式掩盖非法目的”的合同无效。第五十四条规定：“一方以欺诈、胁迫的手段或者乘人之危，使对方在违背真实意思的情况下订立的合同，受损害方有权请求人民法院或者仲裁机构变更或者撤销。”

影片中的合同是在胁迫下订立的。王薄和王丽为刘总裁设置了一个圈套，而色迷心窍的刘总裁上了钩，王薄将拍摄的刘总裁录像作为胁迫手段，迫使刘总裁与其签订所谓合同，从而达到非法占有他人财物——宝马汽车的目的。这一合同违背了刘总裁的真实意愿，损害了第三人的利益，因此是无效的。

1.3.2 傻根为什么选择在高原干了 5 年才回家

［**剧情**］青年农民傻根与本村人一起，到青藏高原修建寺庙。遇到王丽时，傻根已干了 5 年，正准备将 5 年挣的钱取出，回家盖房成亲。

案例中的问题可以用经济学中关于资源使用的交替关系原理来解释。

经济学认为，资源是有限的、稀缺的，稀缺的社会资源在经济生产活动中的总量也是有限的、固定的，当一种资源在某一方面被增加使用时，其他方面就会减少该资源的使用量。

对于傻根来说，情况也是这样。由于傻根家乡地处贫穷的农村，出门挣钱是他改变自己生活的唯一方式，因此傻根选择了出门去打工挣钱这条路，虽然辛苦些，但能满足大多数农民最大的两个愿望——娶媳妇和盖房子。

傻根将 5 年时间都用在建设寺庙上，牺牲了回家探亲的机会和闲暇的时间，但也挣到了一大笔钱（6 万元），足够他回家盖房和娶媳妇。对他来说，这是一个非常不错的选择。

1.3.3 为什么傻根选择自带 6 万元而不是通过邮局汇款

［**剧情**］傻根从施工队的会计那里取到了 5 年挣的 6 万元工钱，会计和其他工友都建议他通过邮局汇款，其理由是路上不安全，怕钱被贼偷走。傻根坚决不同意，因为汇款需要支付 600 元汇费，所以他选择自己携带 6 万元现金乘坐火车回家。

案例中的问题可以用经济学的机会成本和风险收益理论来解释。

机会成本是指当一个人面临抉择时，他必须做出一定的选择，他所失去的就是他所得到的东西的机会成本。

傻根通过邮局汇款的机会成本是 600 元，按他的说法，可以买一头驴，这对于农民来说是相当可观的。如果傻根选择自己带 6 万元回家，虽然路上可能冒一定的风险，但顺利到家的话就可以节省 600 元汇款费（当时没有现在这样方便的手机银行或网上银行系统，汇款需要缴纳 1% 的汇款费）。

此外，傻根选择坐火车，而不是乘飞机，也是基于机会成本理论。飞机虽然安全、快速、舒适，但票价远远高于火车硬座，因此傻根坐飞机的机会成本非常高。如果换了其他人，这一机会成本可能可以承受，但对于傻根这样一个贫穷的农村青年来说，乘坐飞机的机会成本太高了，因此他选择了廉价的火车硬座。傻根的选择也是中国大部分外出打工农民的选择，在春运期间，他们回家的路异常艰辛，虽然遇到买票难、火车挤等问题，但他们还是选择了价格相对低廉的火车作为回家过年的交通工具。

风险收益理论是指人们总是追求风险最小而收益最大的状况。对于憨厚、朴实的傻根来说，由于其“目中无贼”，因而觉得自己携带 6 万元巨款没有什么风险，从而对携带巨款被盗、被骗或被抢的风险估计不足。与此同时，作为一个生活在贫困之中的农村青年，对于 600 元汇款费的节约非常看重，他认为节省 600 元非常重要，通过邮局汇款花费 600 元钱对他来说是难以接受的，因此必定不会选择汇款的方式。

1.3.4　黎叔为什么说这趟车“不打猎”

［**剧情**］在傻根所乘坐的列车上有两个盗窃团伙，一个是王薄和王丽组成的盗窃团伙，另一个是以黎叔为头目的盗窃团伙。刚上火车，王薄和黎叔就为争夺靠近傻根的座位交手，结果王薄占了上风。为此，久经江湖的黎叔指示部下：这趟车“不打猎”，意思是不对傻根下手，以避免与王薄的冲突。

案例中的问题可以用博弈论来解释。

博弈论（game theory），又称为对策论或游戏论，研究的是理性的决策主体之间发生冲突时的决策问题及均衡问题。

博弈论可以用囚徒困境来说明。所谓“囚徒困境”只是为解释博弈论而编造出来的一个故事，后来演绎出许多版本，基本意思如下。

两个犯罪嫌疑人（A、B），在被隔离囚禁的情况下，有两种选择：或坦白交代犯罪事实，或拒不交代。针对以上两种选择，法院采取三种“政策”(以 1、2、3、4 年的判刑来说明处罚的轻重)：

一是双方均抵赖，各判 2 年；

二是双方均坦白，各判 3 年；

三是一方坦白，一方抵赖，坦白方判 1 年，抵赖方判 4 年。

这样会有 4 种结果：

一是 A 坦白，B 抵赖，A 判 1 年，B 判 4 年；

二是 B 坦白，A 抵赖，B 判 1 年，A 判 4 年；

三是都坦白，各判 3 年；

四是都抵赖，各判 2 年。

A 和 B 均坦白，各判 3 年是这个博弈的纳什均衡。这是因为，假定 A 选择坦白的话，B 最好是选择坦白，因为 B 坦白判 3 年而抵赖却要判 4 年；假定 A 选择抵赖的话，B 最好还是选择坦白，因为 B 坦白判 1 年而抵赖却要被判 2 年。即是说，不管 A 坦白或抵赖，B 的最佳选择都是坦白。反过来，同样地，不管 B 坦白还是抵赖，A 的最佳选择也是坦白。结果，两个人都选择了坦白，各判刑 3 年。在（坦白、坦白）这个组合中，A 和 B 都不能通过单方面地改变行动增加自己的收益，于是谁也没有动力游离这个组合，因此这个组合是纳什均衡。

纳什均衡（Nash equilibrium）是 20 世纪 50 年代由美国著名数学家、经济学家约翰·纳什（John F. Nash）提出的概念，是指在给定其他人选择策略的条件下，每个人都选择自己的最优策略，把所有局中人选择的策略组合起来就构成纳什均衡。

在电影里，葛优扮演的黎叔虽然老奸巨猾，但一上车就被刘德华扮演的王薄看穿，制止了黎叔为偷傻根 6 万元钱而假扮老人强占靠近傻根座位的阴谋，从而使黎叔觉得遇到了强劲的对手。为了避免两败俱伤的局面出现，黎叔决定他的团伙放弃对傻根的行动，即他所说的“不打猎”。

这符合博弈论理论中的纳什均衡的最佳结果。在黎叔团伙和王薄的博弈中，虽然黎叔团伙最大的利益是偷得傻根的 6 万元钱，但由于王薄的出现，使偷钱的风险变大，经过风险与收益的比较，黎叔决定放弃对傻根“打猎”，而此时的王薄则一心想把傻根的钱偷到手，这一结果是符合纳什均衡的。

1.3.5 为什么黎叔“不打猎”的指令没有得到贯彻

[**剧情**] 黎叔团伙中的“胖子”（尤勇饰）假借黎叔的指令，让“四眼”出手偷傻根的钱，破坏了黎叔“不打猎”的部署，从而造成了黎叔团伙与王薄团伙的冲突，使剧情的矛盾向纵深发展。

案例中的问题可以用经济学的三大假定来解释。

经济学有三大假定，任何经济学的分析都是基于这三大假定。

一是假定人是有欲望的，诸如金钱欲望、权力欲望、事业欲望、美女欲望、正当的欲望、不正当的欲望等。

二是假定人是理性的，理性不仅决定着人的欲望的性质、内容、程度，同时规范着人的欲望的实现方式。

三是假定人是追求利益最大化的。虽然利益并非单一的，既有个人利益，也有国家利益；既有短期利益，也有长期利益；既有经济利益，也有非经济利益；既有有形利益，也有无形利益（例如名声、信用）等，但人们总是经过综合权衡后做出当下利益最大化的选择。

黎叔“这趟车不打猎”的指令没有得到贯彻正是因为经济学的三大假定在起作用。

从黎叔的角度看，“这趟车不打猎”的应急措施是符合自己和团体的三大假定的，虽然黎叔团伙有金钱欲望，渴望偷得傻根的 6 万元钱，但非常理性的黎叔既看到了经济利益，又看到了非经济利益——两败俱伤的风险；既看到了短期利益，又更看重长期利益——团伙能在江湖上混下去，不至于因为这次行动而伤元气；既看到了有形利益，也看到了无形利益——避免因失败而影响团伙的名声和凝聚力。经过综合权衡，黎叔做出了让本人和团伙利益最大化的选择——“这趟车不打猎”。

但团伙中的其他成员如胖子并不这样认为，由于缺乏黎叔的老谋深算，他没有将王薄和王丽的存在看成多大的威胁，金钱欲望膨胀。在这种情况下，他假借黎叔的指令，指使另一团伙成员四眼去“牵羊”，这种“有组织、无纪律”的行为，破坏了黎叔“不打猎”的理性选择，从而也使黎叔团伙和王薄的矛盾更加激化，无法形成博弈论中的纳什均衡。虽然从黎叔团伙的角度来看，胖子的选择是不理性的，但站在胖子的角度看，选择假借黎叔命令让四眼来“牵羊”，既可以有获得傻根 6 万元钱款的机会，又不用亲自动手而招致黎叔的不满，其选择符合经济学三大假说，是理性的、满足自己金钱欲望的和符合自身利益最大化的选择。

1.3.6 为什么劫匪的行动没有成功

［**剧情**］范伟等所演的劫匪到列车上打劫，气焰十分嚣张，但他们万万没有想到的是，车上还有便衣警察。在劫匪想入非非、动手动脚之时，女便衣警察出其不意地掏出了手枪，制服了几个劫匪。

案例中的问题可以用经济学信息不对称的理论来解释。

2001 年 10 月，瑞典皇家科学院宣布，三位美国教授由于在“对充满不对称信息市场进行分析”领域所做出的重要贡献，而分享 2001 年诺贝尔经济学奖。

那么，什么是信息不对称呢？

所谓信息不对称，是指市场交易双方掌握着不同数量和质量信息的一种经济现象，即交易一方知道而另一方不知道，从而影响了双方在交易中所采取的行动。

信息不对称理论也可用于解释社会的其他现象。例如上面所提到的博弈论中的经典案例——“囚徒困境”，其假设的前提就是信息不对称。犯罪嫌疑人在被隔离审讯的情况下，无法知道同伙是否坦白，而警察完全可以据此展开心理攻势，利用犯罪嫌疑人的信息缺乏，来获得有效的口供。

在影片中，劫匪打劫之前并不知道车上有便衣警察，手持凶器，逼迫旅客把随身财物都交出来，遇到女便衣警察时，又起了色心。便衣警察正是利用了劫匪的信息缺乏，突然亮出手枪，使劫匪束手就擒，没有机会采取逃跑或拒捕等对策。

补充阅读

“无现金社会”的利与弊

“无现金”青年的生存美学

高盛集团在近期发布的一份“无现金趋势报告”中称，现金社会的发展已经到了顶点，在不久的将来，包括中国在内的许多国家都将进入“无现金社会”，传统的现金支付已无法跟上社会发展的速度。要知道，每一次现金收付平均需要26秒，每一张纸币平均带有18万个细菌，每生产15 000张纸币要砍掉一棵树龄20年的树。为了成功实现《巴黎气候变化协定》中人类在2050年将碳足迹降至接近零的目标，人类需要一种全新的生活方式，“无现金”的生活就是其中之一。

2017年全国人民代表大会和中国人民政治协商会议（简称“两会”）期间的一项调查显示，有超过70%的网友认为现金已不是生活必需品。“无现金”的一天究竟是怎样的？“92一代”是中国目前最早完成“无现金生活”的社会群体，在他们看来，问题已经不是要不要现金，而是怎样在“无现金”的世界里提升自己的信用等级。有专家预测，在未来的“无现金生活”中，信用将会取代押金，而消灭现金支付的不是支付公司，而是信用。凭借信用积分，人们可以免押金直接租借雨伞、充电宝或租房、租车、住酒店等。也许你觉得这些都很超前，其实，全国有近2 000万人已经用过各种免押金信用服务。不出几年，中国的大部分城市将成为信用城市。谁能够累积更好的信用，谁就能更好地在“无现金社会”获得更便利舒适的生活体验。

1993年出生的杜莉，现在是杭州某互联网公司的品牌经理。作为支付宝的资深用户，杜莉意识到她的每一笔无现金支付，都是一次信用积累。杜莉现在的日常生活已经完全处于无现金的状态。每天早上，杜莉来到小区门口，这里已经整齐地停好了一排共享单车。她用手机一扫就能骑着车去上班。上班路上，顺便用支付宝在卖早点的李大妈那里买一份营养早餐。中午，杜莉和同事一起去吃饭时，连钱包也不用带。吃完饭，再也不用问半天谁有零钱，大伙儿直接用手机AA制结账，方便利落。

“无现金”的生活趋势不仅出现在杭州。根据支付宝提供的数据，截至目前，全国范围内已经有超过200万家线下店铺接入支付宝付款，就连小商贩、快递、菜场、农贸交易等原本现金支付程度较高的生活场景，也在不断接入无现金支付。事实上，“无现金生活”并不是指整个社会完全没有现金，而是指一种以电子支付为主的经济模式，其中全社会现金使用率极低，人们可以无障碍地使用电子支付方式进行消费。有了云计算、生物识别和人工智能等技术的支持，未来的无现金社会甚至有可能让人彻底告别“身手钥钱”(身份证、手机、钥匙、钱包）的状态。

“无现金社会”伤害了谁

支付宝在2017年8月1～8日举办“无现金移动支付体验活动”，推出“扫码立减最高4 888元”“支付宝扫码坐公交3天免费”等一系列优惠活动。其实，早在2017年2月，支付宝就号称要用5年时间把全中国推进到“无现金社会”。面对支付宝的“无现金移动支付体验活动”，另一家移动支付巨头微信支付也立刻跟进，推出直接对标的“鼓励金”活动。在互联网大并购时代之后，这样“薅羊毛”的机会对于老百姓来说已经越来越少了。当然，有鼓励就难免带来歧视，拒收现金便是例子。

商家拒收现金的新闻其实早已见诸报端，只是未被重视。随着这几年虚拟经济与实体经济的融合，阿里巴巴提出“新零售”概念，要用技术重构线下零售形态、重构超市，于是办起了盒马鲜生会员店。这种不收现金，只能通过App付款的超市新业态，却在上海等地被碰壁老人屡屡投诉。很多老人别说使用盒马鲜生的App了，连智能手机都不会用。他们或与子女同行购物，或付现金给其他顾客，再由其他顾客通过盒马鲜生App结账付款。

目前，虽然中国绝大多数人手中都有一部智能手机，但这个“绝大多数人”主要指的是中国的劳动人口。在劳动人口之外，还有占总人口数35%的接近5亿的老人和小孩，他们很难享受到移动支付的便利。尽管学习一种新的支付方式对于老人们来说很难，但仍然有一些人在努力跟上快速发展的社会节奏，只是这并不容易。一位同事的母亲使用支付宝的时候，指纹支付帮助她免去记密码的负担，但新的烦恼又产生了：由于支付宝这类App更新迭代太快，每更新一个版本，她就要重新学习、重新适应。账单和余额选项换了入口需要重新找，很多老人就连版本更新后的开屏介绍广告都不知道怎么跳过。这让我想起前些年第5套人民币1元纸币刚发行的时候，一些小摊贩因为获取信息的渠道有限，完全不知道新发行了橄榄绿色的1元纸币。有那么一段时间，你用新版的1元纸币是买不到菜的，摊贩们会认为你使用的是假币。纸币也需要更新换代，但其更新频率一般是几十年一次，学习成本没那么高。但十天半个月就更新一次的App就完全不一样了。

除了“不方便”，移动支付常年的支付补贴也让不会使用它的人在“经济上”处于不平等的地位。以电影票为例，因为有补贴，线上购票渠道的价格一直大幅度低于线下售票渠道的价格。有人曾说，2014年打车软件集体大战时，出租车司机为了获得各打车软件提供的补贴优惠，只接通过软件打车的乘客，这导致像他母亲这样的老年人的利益受到很大损害，连基本的打车服务都享受不到。在年轻人看来无限美好的移动支付，在老年人和一些不会使用移动支付的人眼里，是一道道的门槛、歧视和障碍。老人可以不去盒马鲜生买东西，但移动支付的目标不只是新潮的商场和便利店。在未来，越来越多的基础设施，包括公交、地铁、社保、银行都会成为“无现金化”的目标。

支付宝和微信支付，曾经是横空出世的技术创新者，肩负着挑战僵化而强大的银行系统、建立完善的新型信用制度的重任。但到了近几年，由于发展太快，在社会总支付交易笔数中的占比越来越高，移动支付已经显得过于强大，甚至在挤压老年群体的支付生存空间。技术越是进步，越要尊重人们的选择权。技术要服务于人的需求，而不能反过来推着大家快步向前走。受商业利益驱动，“无现金”便捷的一面早已被广而告之，但是它的另一面——收入不平等、数字鸿沟、消费数据隐私被窃取等问题，却往往被忽视。2017 年 8 月，作为中国移动支付行业领先者的井贤栋率先呼吁：“无论是使用现金，还是银行卡或电子钱包的消费者，都应被提供他们最需要的服务。我们提倡给世界带来更多的平等机会，也包括每个人在支付选择上的平等。”

消费者想要的“无现金社会”，不是拒收现金的社会，也不是数据无保障的社会，而是更加高效和安全的社会。正如井贤栋所说：“我们一直相信，技术的进步不会剥夺这个世界的温暖。”

资料来源：郑依妮，张信宇．“无现金社会”的利与弊 [J]．读者，2018（1）．

1.4 微观经济学与宏观经济学

经济学分为微观经济学和宏观经济学，前者研究的是资源配置，后者研究的是资源利用。

1.4.1 微观经济学

微观经济学是以单个经济单位为研究对象，通过研究单个经济单位的经济行为和相应的经济变量来说明价格机制如何决定社会资源配置问题。微观经济学包括需求理论、生产理论、厂商均衡理论、分配理论等。

微观经济学具有以下特点。

第一，研究对象是单个经济单位，即市场经济中具有自主经济活动能力的个人、家庭和厂商，其中个人、家庭是市场经济中的消费者，厂商是市场经济中的生产者。

第二，解决的问题是资源配置问题，力求使稀缺的资源为社会带来最大的经济福利。对于消费者来说，就是如何以有限收入更多地购买各种商品和服务，从而实现满足程度的最大化；而对于厂商来说，就是如何把有限的资本用于各种物品生产中，从而获得最大的利润。

第三，价格理论是其中心理论。微观经济学认为，在市场经济中，生产者和消费者行为都要受到价格支配，价格机制这只“看不见的手”调节整个社会的经济活动，使社会资源的配置达到最佳状态。

第四，研究方法是个量分析。个量是指商品的供给量、需求量、价格、成本、利润等。微观经济学用边际分析法和均衡分析法作为基本的分析方法，来分析各种个量之间的关系，研究个量之间相互决定的模型。

微观经济学对经济的研究通过三个层次进行。第一层次是分析单个消费者和生产者的经济行为，分析单个消费者如何通过最优消费决策获得最大效用，单个生产者如何通过最优生产决策获得最大利润。第二层次是分析单个市场均衡价格的决定。微观经济学认为单个市场中所有消费者和生产者最优经济行为共同形成市场均衡价格。第三层次是分析所有单个市场均衡价格的同时决定。微观经济学认为这种决定是作为所有单个市场相互作用的结果而出现的。

微观经济学的构建是以一系列的假设条件为前提的，其中最主要的有以下 3 个。

一是完全理性，即“经济人假设”，假定各经济主体都是完全理智的，都是以利己为目的，试图以最小的代价去获得最大的经济利益。

二是完全信息，假定各经济主体都能免费地迅速获取各种信息，并能根据这些信息及时调整自己的行为，从而实现利益最大化。

三是市场出清，假定市场价格能自由而迅速地上下波动，从而能对供求变化做出及时反应，使供给与需求总是处在相等的状态，资源已得到充分利用，不存在闲置和浪费的现象。

1.4.2　宏观经济学

宏观经济学是以整个国民经济为研究对象，通过研究经济中各有关总量的决定及其变化，来解决资源的充分利用问题。宏观经济学包括国民收入理论、经济周期理论、经济增长理论、失业与通货膨胀理论、宏观财政与货币政策等内容。

宏观经济学具有以下 4 个特点。

第一，研究对象是整个国民经济，而不是个别的经济单位，不是单个消费者或单个生产者，而是由这些个别经济单位所组成的整体，是从整体上来分析经济问题，研究整个国民经济的运行方式和规律。

第二，解决的问题是资源利用问题，研究的是现有资源未能得到充分利用的原因，达到充分利用的途径，以及如何促进经济增长等问题。

第三，国民收入决定理论是其中心理论。宏观经济学将国民收入作为最基本的研究对象，以国民收入的决定为中心来研究资源的利用问题，分析整个国民经济的运行，这就使国民收入决定理论成为宏观经济学的核心，宏观经济政策则成为这一理论的实际运用。

第四，研究方法是总量分析。总量是指能反映整个经济运行情况的经济变量。宏观经济学的总量主要包括：国民生产总值、总投资、总消费、价格水平、利率、汇率、货币供给量、货币需求量等。宏观经济学分析这些总量的决定、变动及相互关系，并以此说明经济的运行状况，决定经济政策。

宏观经济学的基本假设主要是市场失灵和政府能调节经济。

一是市场失灵。由于市场主体和信息具有不完全性，以及商品的短缺或过剩，使市场经济不能达到最佳效率。此外，市场经济不能自动实现资源的最优配置和充分就业，会造成经济停滞、失业、通货膨胀，因此市场存在失灵的情况。

二是政府调节。在市场失灵的情况下，政府作为市场的替代物，能够而且应该采取适当的政策和手段对经济进行调节。

1.4.3 微观经济学与宏观经济学的联系

尽管微观经济学与宏观经济学的内容和研究方法都有所不同，但作为经济学的两个重要的组成部分，二者有着密切的联系。

1. 微观经济学与宏观经济学是相互补充的

经济学的研究目的是使社会的福利达到最大化，为此，既要考虑资源的最优配置问题，又要考虑资源的充分利用问题。微观经济学研究资源的最优配置是以社会资源的充分利用为前提的，而宏观经济学研究的基础是社会资源已获得合理配置，是研究在社会资源合理配置前提下资源的充分利用问题。二者从不同的角度分析社会经济问题，共同构成经济学的基本原理。

2. 微观经济学是宏观经济学的基础

微观经济学研究的是个别的经济单位，由于整个国民经济是由单独的、个别的经济单位组成，个别经济单位是整个国民经济的基础，因此微观经济学就成为宏观经济学的基础。

补充阅读

我差点让房产中介带偏了

前几天，我接到一个深圳房地产中介的电话，他推荐了一处 8 万元 / 平方米的房子。我正准备挂电话，他抢着说了一句："大哥，先别挂。给我一分钟，有些话要对您说说，免得您以后后悔。"

我对年轻人一向都很友好，于是，我找了个安静的角落听他讲。他在电话里论证了这样一个趋势，即深圳的房价至少还要翻 3 ～ 5 倍。他的逻辑大约有三层意思。

第一层，现在，按照汇率折算，深圳隔壁的香港房价已经超过了人民币 20 万元 / 平方米。深圳地理位置和香港相邻，生活环境同样的优良，以后房价也必然趋近于香港。升值空间巨大，3 倍以上的回报不在话下。

第二层，深圳的产业结构比香港好。香港只是金融和地产，深圳除了金融地产，还有大量的高科技和各类创新企业，也就是说，深圳的发展潜力超过香港，香港将成为"环深圳城市"。不久的将来，深圳房价必然超过 20 万元 / 平方米。

第三层，买房不要听别人怎么说，要用自己的头脑思考，在市场冷淡的时候，要果断出手，在市场火爆的时候，要有定力。"大哥，现在正是果断出手的时候！对不对？财务自由，在此一战！"

我真没有想到，这位小伙子的经济分析能力竟然这么强。

我差点开始反思：首先，现在的年轻人真是了不起，一代比一代人厉害，房产中介小伙的经济分析能力已经超过了一位从业十多年的经济记者；其次，我愈发认识到，这十几年来，房产中介真的是唯一的、真心善待每一个普通中国人的陌生人。

不过，长达十多年的职业质疑习惯让我突然发现了他逻辑上的纰漏。于是，我说："小伙子，大哥我真的没钱。"挂了电话后的我陷入了沉思，香港的房价为何这么高？为何近两年来香港房价还突然跳涨？深圳的房价真的会涨到香港的水平，或者以上吗？

首先，我们必须明白，香港的房子为什么这么贵，比一河之隔的深圳贵3倍以上？房子作为一种资产，它的价值来自于它的附加值，特别是它背后代表的公共服务，比如入学指标、医疗设施等。但是，香港房子的"附加值"远不止这些，它更重要的价值在于，它有一种强大的"金融制度溢价"。这种溢价在于三个层次。

其一，在联系汇率制度之下，港币和美元之间保持着一个固定汇率。举个例子，如果确定的汇率是7港币等于1美元，那么，遇到汇率波动，香港的金融管理部门就必须通过对汇市的干预，维持这个汇率。为何要维持这个汇率？目的很简单，即让港币币值"美元化"，这可以让欧美的投资者在中国香港的股市和债市安心投资，一点都不用担心汇率风险。那么，对于在香港购房的投资者来说，他们持有中国香港的房子也等同于持有美国的房子。所以，当来自内地的避险资金南下，香港的楼市必然要涨。

其二，香港的资本项目几乎完全开放，没有资本管制，这意味着资产跨国腾挪的阻力很小。富豪要把港币资产转换为北美、伦敦的资产非常容易，因此，这其实让港币计价的房产获得了一种基于流动性的溢价。

其三，香港的税低，无论企业所得税还是个人所得税都比内地低得多。因此，大量内地企业会在香港注册公司，而金领阶层也会倾向于在香港纳税。高净值人群的超常积聚，显然也会支撑起房价。

归纳来看，香港的房产或许并非房产，它只不过是一种流动性极好的、可以随时进行类别转换和跨国腾挪的"类美元"资产。因此，在内地经济增速下行的情况下，南下的资金必然把"香港房子"作为投资首选。进可重返内地逐利，退可跨越浩渺大洋。不是吗？

深圳很棒，但深圳的房子显然还不具备以上这些"溢价"。也罢，还好没被这位年轻人带偏。

资料来源：谭保罗．我差点让房产中介带偏了[J]．南风窗，2018（1）．

学习指导

1. 学习建议

建议主要掌握以下内容。

（1）人类社会物质生产活动所需要的诸种要素统称为资源。在现实生活中，相对于人的需要来说，绝大多数资源都是数量有限的、稀缺的经济资源。

（2）稀缺性是一个普遍的规律，是人类社会发展中的一个非常重要的问题，它使人类必须不断探索资源的配置和有效利用，从而产生了经济学。

（3）经济学具有较强的实用性，与我们的日常生活密切相关，能为个人、家庭、企业和政府提供指导和帮助。

（4）计划和市场是资源配置的两种基本方式和手段，在当今世界上，市场在总体上成为起着基础性作用的资源配置方式。但资源配置的最佳模式是市场和计划的有机结合。

（5）微观经济学和宏观经济学是经济学的重要组成部分，前者研究资源的最优配置问题，后者研究资源的充分利用问题。

2. 学习重点与难点

学习重点

（1）资源的稀缺性与经济学的产生。

（2）经济学在生活中的运用。

（3）资源配置的两种基本方式和手段。

学习难点

运用经济学来分析社会现象。

核心概念

经济学　计划经济制度　市场经济制度　混合经济制度　机会成本
风险收益理论　博弈论　纳什均衡　经济学三大假定　信息不对称
微观经济学　宏观经济学

练习题

1. 人类是否应该通过降低欲望来解决资源的稀缺与欲望的无限之间的矛盾？为什么？
2. 大专毕业后应该继续脱产读本科还是工作？请用机会成本理论来说明。
3. 根据自己周围的实际情况，举出一两个资源缺乏有效利用的实例。

第2章 Chapter2

需求、供给和均衡价格

学习目标

知识的掌握

1. 需求的含义与需求定理，需求变动和需求量变动的区别。
2. 供给的含义与供给定理，供给变动和供给量变动的区别。
3. 需求弹性的含义和弹性系数的计算。
4. 需求弹性与总收益的关系。

技能的提高

1. 能够用均衡价格理论解释价格变动的原因。
2. 能够用均衡价格理论判断价格的变动方向。
3. 能够用弹性理论说明收益的变化特点。

引言

机场里的大衣

亚洲是一个气候复杂的地区。当韩国的初冬来临时，一些人会选择去印度尼西亚的巴厘岛等热带地区。通常，韩国旅客会穿着笨重的皮大衣前往首尔机场，到达目的地后，再随身带着这个返回韩国前都用不上的累赘。

针对这一点，韩国两大航空巨头找到了非常贴心的解决方案：大衣洗熨服务。乘客出国前可以在首尔机场寄存大衣，在回国时取回，而不用把它们也带到巴厘岛的海滨。

这个创新方案戳中了航空公司在运营和财务上的一大痛点。每年冬季，机舱内的舱顶置物箱通常都会过早地被先登机乘客的厚重衣服塞满，以至于后面登机的乘客根本没地方放行李。许多乘客会紧张地在机舱过道中走来走去，寻找放置行李的地方，导致登机秩序受到严重干扰。有的乘客会使劲将行李塞进置物箱间狭小的缝隙里，使得其他人担心自己的东西会被压坏。为了保证顺利登机，机组人员有时不得不清空舱顶置物箱，重新排列箱内物品，甚至将实在放不下的东西“请”下飞机。一旦发生这种状况，就会给乘客带来极其糟糕的体验，这对航空公司非常不利。

众所周知，精明的乘客对不同航空公司的航班准点率十分敏感。起飞班机滞留，意味着降落航班将无法准时落地。因此，如果飞机误点，就会造成顾客流失、运营效率降低、空载燃料成本增加等后果。

而大衣洗熨服务则是一箭双雕的解决方案，无论乘客、机组人员，还是航空公司的首席财务官都从中受益良多。乘客因摆脱沉重的行李负担而欣喜，登机程序也和巴厘岛沙滩上的微风一样顺畅。当然，大衣洗熨服务仅是头几天免费，超过规定保管期，机场就将收取一定的费用。这也是所谓的双赢典范。

资料来源：马克·佩恩 . 机场里的大衣 [J] 读者，2018（12）.

要解释经济社会中这类问题，可以运用经济学非常有力的工具，这个工具就是需求和供给理论。

2.1 需求理论

2.1.1 需求、需求表和需求曲线

经济学中的**需求**是指消费者在某一特定时期内，在每一价格水平上愿意而且能够购买的某种商品量。根据定义，如果消费者对某种商品只有购买的欲望而没有购买的能力，就不能算作需求，而只能是一种需要。所以需求必须是消费者既有购买欲望又有购买能力的有效需求。比如每一个家庭都希望拥有属于自己的宽敞、明亮的住房，可是其昂贵的价格使得许多家庭在当下还不具备购买住房的能力。因此购买住房只是个人的一种需要，而不是对房地产市场的有效需求。

我们每个人都知道，人们购买一种商品的数量取决于它的价格。相同的条件下，一种物品的价格越高，人们愿意购买的数量就越少，而市场价格越低，人们愿意购买的数量就越多。这种关系我们可以通过一个简单的例子来表示。表 2-1 提供了一个假想的对玉米的需求表。

表 2-1 玉米需求表

价格 – 数量组合	A	B	C	D	E	F	G
价格（元 / 500 克）	1	2	3	4	5	6	7
需求量（克）	700	600	500	400	300	200	100

在每一个价格水平，我们都能够确定消费者所购买的玉米的数量。例如，在每 500 克 3 元时会购买 500 克。我们把这张表就叫作需求表。

需求表是表示某种商品的价格与需求量之间关系的表。我们可以看到该

表不说明市场价格是多少，只是说明消费者在不同价格下，打算购买物品的数量。从表中我们可以看出物品的价格和需求量之间的关系，即价格越低，需求量就越大。价格提高后，需求量就降低了。这种关系我们还可以通过图形的形式表现出来。这就是**需求曲线**。在图 2-1 中，横轴 *OQ* 代表玉米的需求量，纵轴 *OP* 代表价格，*D* 为需求曲线。我们注意到价格高，需求的数量就少，也就是说价格和数量成反比关系。所以在图 2-1 中，曲线向右下方倾斜，即需求的斜率是负值，表明价格和需求的量成相反的方向变动。需求曲线和需求表没有本质的区别，均表示需求，但需求曲线更加方便和直观。

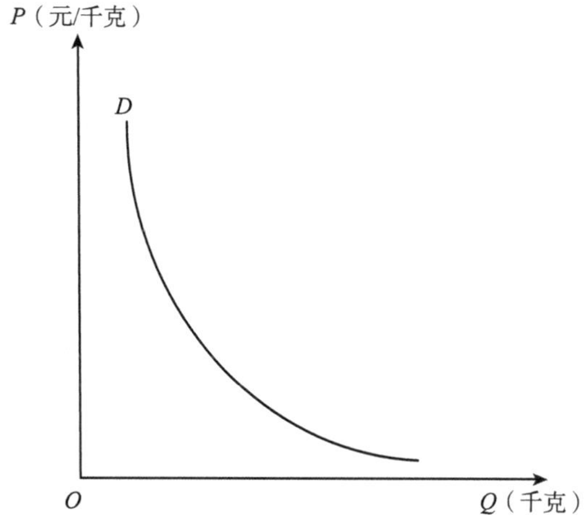

图 2-1　需求曲线

从需求表和需求曲线中可以看出，某种商品的需求量与其价格呈反方向变动，这种现象普遍存在，被称为需求定理。

需求定理的基本内容是：在其他条件不变的情况下，一种商品的需求量与其本身的价格呈反方向变动，即需求量随着商品本身价格的上升而减少，随商品本身价格的下降而增加。

2.1.2　需求曲线的例外

需求曲线是一条向右下方倾斜的曲线，表明需求与价格成反比，随着价格的增加，需求减少。但有些商品却不是这样，具体有以下几种。

第一，某些商品的价格越下降，需求越小。这些商品是价格昂贵的奢侈品，如珠宝、项链等装饰品，是代表一定社会地位与身份的，如果价格下降，就无法体现这种社会地位和身份，因此需求会有所减少。

第二，某些商品的价格越高，需求就越大。例如：古董、古画、名贵邮票等珍品，往往是价格越高，越能显示其珍贵性，从而对它们的需求就越大。这也体现在股票市场“买涨不买跌”的现象上。

在以上两种情况下，需求曲线可能会呈现向右上方倾斜的情况，与普通商品的情况相反，即价格越高，需求量越大，价格越低，需求量越小，价格与数量之间存在正比关系。这种商品称为奢侈品或资本品。

第三，某些低档商品大幅度降价时，人们减少消费，而价格上升时反而增加需求。由于这一现象是美国人吉芬发现的，故这种特征的商品被称为“吉芬商品”或劣质品，即人们收入增加时对便宜的低档品消费减少，而在收入减少时，对低档品消费增加，尽管低档品的价格有所上升。

补充阅读

国人为何“未富先奢”

什么叫“未富先奢”？首先要给出一个概念界定。本文所说的“奢”，是相对的，主要是相对于收入水平和经济发展水平而言，并非绝对的奢；此外，文中所说的“奢”，也主要见于国内经济较为发达的地区尤其是城市，并不包括边远落后地区以及广大生活水平尚未达到小康的农村。

看过不少文章谈国人“未富先老”或“未富先贵”，似乎从未见过写“未富先奢”的文章，但看看周围，看看新闻，又确实感到中国有“未富先奢”的现象，值得从经济学的角度去探讨。所谓“未富先奢”，是指部分国人的消费水平或国人在某些领域的平均消费水平已经超越了当前国内的经济发展水平，达到了较高收入国家或富裕国家的水平。

试举两个例子。一个例子是奢侈品在中国的销售。现在中国已经超越美国和日本，成为世界上奢侈品最大的销售国和消费国。如果说奢侈品的消费带有偶然性、冲动性、局部性，不能成为“未富先奢”的证明，那再来看另一个例子，就是在民间已经十分普及的出境游。据国家旅游部门的官方统计，2016 年中国的出境旅游者已经超过 1.2 亿人次，居世界之首。1.2 亿人次，意味着大约每 11 个人中就有 1 人出国（境）旅游一次。所以，现在到世界各国最热闹、最容易花钱的地方，见到最多、花钱最豪放的游客都是来自中国。

可能有人会说，中国人多，全国有 13 亿人口，每年出境旅游人数达到 1.2 亿人次也不算多。为此，笔者特地上了联合国下属的世界旅游组织的官网，下载了相关资料，做了一些对比。根据世界旅游组织最近发布的一份数据简报，2015 年中国出境旅游人数为 1.28 亿人次，居世界第一，排在第二位的是美国，为 7 400 万人次，排在第三和第四位的分别为德国和英国。同年，出境旅游消费金额的冠军也是中国，高达 2 922 亿美元，人均 2 283 美元。居第二位的也是美国，总金额为 1 129 亿美元，人均 1 520 美元左右。无论是国家大小，还是所处地理位置，中国和美国都有较强的可比性。以总人口为基数，中国出境旅游人数的比例是 9.5%，美国大约是 21%，美国出境旅游人数的比例还是高于中国。我又查了当年中美两国的人均 GDP（根据国际货币基金组织公布的数据），同年中国人均 GDP 是 8 050 美元，美国是 5.65 万美元。也就是说，若以人均 GDP 衡量国家的经济发展水平，美国大约是中国的 7 倍，或者说中国只有美国的 14% 左右；但若按出国（境）旅游的能力而论，美国只有中国的 2 倍多一点，或者说中国已经达到美国的 45%（9.5% 除以 21%）；若按人均在国外花费而论，中国超过了美国，人均多花费 760 美元。中国人的收入比美国人低了很多，但相对出国的比例和人均在国外的花费却比美国高出很多。至少从出国出境旅游及其花费能力看，中国的消费已经走在了经济发展水平的前面。

其实，在日常生活中如果加以留意，能够发现很多类似于“未富先奢”的现象。苹果手机在中国的流行已经不是什么新鲜事儿了，许多大学生甚至部分中学生有一个新款的苹果手机，非常稀松平常，虽然这种手机在世界上仍然属于较贵的一类。我教过连续8届的留学生（硕士阶段）的专业课程，讲到相关内容时，曾多次有意识地在课堂上问过留学生苹果手机在他们所在国家的普及情况。从留学生那里得到的答案是，不仅经济发展水平和中国差不多的国家，如泰国、墨西哥等，苹果手机远不如中国普及，而且在经济发展水平高于中国的一些国家，如意大利、葡萄牙，苹果手机的普及程度似乎也不如中国高。

最让国外人感到惊奇的，莫过于中国的海外留学生大军了。在中国，中等收入家庭的孩子自费到美国读大学，并不算什么稀奇事。几年前我到希腊开会，中午吃饭时曾专门问邻座的一位智利教授，问在他的国家送子女到国外念大学的家庭多不多。他告诉我，在他们国家，只有很少的家庭能够负担得起子女到国外留学的费用；尤其是到美国自费念大学，只有很上层的家庭才有这种能力，中产阶级根本做不到。要知道，智利的人均GDP要高出中国一大截，2015年已经达到了1.3万美元。

住房也有“未富先奢”现象。住房是大家最关心的，似乎中国大城市尤其是北京、上海的房价也反映出“未富先奢”的问题。根据上海官方的统计，2016年上海内环的新建住宅平均价格是每平方米8.7万元。我又通过雅虎查了一下美国纽约的情况。2015年纽约曼哈顿公寓的平均价格是每平方英尺[⊖]为1 645美元，换算成人民币和平方米，约相当于每平方米11.4万元。由于美国住宅的销售都是按套内面积计算，而不是中国的按建筑面积计算，建筑面积只大约相当于80%的套内面积，这样算来，上海内环内的每平方米8.7万元差不多相当于美国的每平方米10.88万元。还要指出一点，上海内环的面积是114平方公里，而曼哈顿只有59平方公里，同为国际大都市，纽约曼哈顿的城市核心位置比上海内环更为突出。

不同城市由于涉及地段含义不同，交通等公共产品的品质和发展水平不同，其房价很难做出准确的对比。尤其是中外不同城市，住宅的房屋建造品质、面积计算标准、相关土地制度等都存在很大差异，做出准确的对比更是一件不容易的事，但根据体验可以得出一个基本印象。我有几个学生在上海金融投资领域工作多年，对上海房地产市场比较熟悉，他们告诉我，若在上海内环买一套比较好的公寓，无论是新房还是二手房，价格一般都在1 500万元以上。2016年，美国纽约曼哈顿地区公寓的平均价格是210万美元（其中包括许多价值千万美元的豪宅被平均了，中位数价格只有120万美元左右）。总体上说，现在上海的房价应该至少是与纽约旗鼓相当。上海如此，北京的情况也应该差不多。

不仅北京上海房价领先国际，像南京这样的二线城市，房价也是直逼国际城市。我曾经在加拿大第一大城市多伦多居住过一年，对那座城市比较熟悉，因比

⊖ 1平方英尺=0.092 903平方米。

较喜欢那座城市，现在还每天看 *Toronto Star*（《多伦多星报》），也会留意该报报道当地房价的新闻。根据我对两地房价的了解，得出的基本判断是，南京的房价至少和多伦多的房价处在同一水平。

这么高的房价，照理说已严重背离经济发展水平，应该不好销售，但实际情况是，盖出来的房子大部分都卖出去了，甚至在严格限售的情况下，稍好一点的楼盘几乎都是一房难求，需要通过摇号或找关系才能买到。房子重新成了紧缺商品。所不同的是，改革开放初期房子是紧缺商品，是因为粥少僧多，只能通过计划分配，货币没有选择权；30 多年后，货币有了选择权，但参与选择的货币多，而被挑选的住宅商品少，即使是用货币去购买，也要外加其他办法（摇号或找关系）才能使买方的意愿与卖方的意愿实现均衡。或许有人认为，中国大城市房地产市场存在严重的贫富不均现象，少数有钱人或炒房客买了太多的房子，而普通平民百姓被拉高了平均数，因此看市场的平均数没有意义。这种观点有一定的道理。但是，现在大城市基本上都采取了严格的限购政策，北京、上海更是多年严格限购，投资者、炒房客可以钻空子的空间已经有限，市场上的大多数房子还是被正常买房者买了去。北京、上海一套房子售价达 1 000 万元是极其普通的事情，而 1 000 万元却是普通工薪阶层几十年甚至 100 年的收入，为什么还是有那么多普通工薪阶层加入了这个购房大军？而且还真掏出钱把房子买走了？这可以说是谜中之谜。

2012 年时任国家住房和城乡建设部部长的姜伟新，在全国人大常委会的一次会议上说，全国城镇居民的人均住房建筑面积已达 31.6 平方米。如果这个资料基本属实的话，那中国城市居民以面积计算的平均居住水平，大体和东欧地区中较为发达的国家差不多。为写这篇文章，我查到一个欧盟公布的数据库，里面有欧盟各国居民人均居住水平的情况。经过数据对比可以得出一个基本结论，中国的居住水平和捷克（人均 38 平方米）、波兰（35 平方米）、克罗地亚（33 平方米）、斯洛伐克（32 平方米）的水平基本相当。欧盟的这份数据有一定的说服力，因为人均居住面积和国家的经济发达程度基本成正比。例如，德国、法国、瑞典等更为发达的国家人均居住面积在欧盟中也更高，分别是 53 平方米、53 平方米、58 平方米；罗马尼亚的经济发展水平在欧盟中最低，人均居住面积也是最低，只有 24 平方米。但要指出的是，捷克、波兰、克罗地亚、波兰这四国的经济发展水平，若要按人均 GDP 衡量，则比中国高出不少。根据国际货币基金组织公布的 2011 年世界人均 GDP 的资料，上述四国人均 GDP 最高的是捷克（2.04 万美元），最低的是波兰（1.35 万美元），都要高出中国一大截。同年，罗马尼亚的人均 GDP 也比中国高出不少，达到了 8 864 美元，而当年中国的人均 GDP 只有 5 414 美元，在世界上居第 89 位。

从上述对比中可以看出，即便是在老百姓感到最难以承受的高房价背后，也存在着中国居民的平均住房消费水平高于经济发展水平这一基本事实。

一方面，中国的经济发展在世界上只是中等水平，人均 GDP 还不及世界平均水平，目前在所有国家中也排到了 70 位以后；另一方面，在出境旅游、出国留学、购买住房等领域，中国居民又呈现出很高的购买力，明显高出经济发展水平一大截。为什么会有这样的现象？他们的钱从何而来？笔者对这个问题做了些思索，初步认为可以归结为以下几个原因。

第一，中国城市家庭人口规模相对较小、负担有所减轻，可以有余钱用作大笔花费。由于长期实行计划生育政策，和处于同一发展水平的国家相比，中国的家庭结构明显偏轻，人口较少，抚养负担相对较轻，容易省出钱来去满足需要大笔花费的消费。例如，如今 50 ～ 65 岁的一批人，子女绝大多数是独生一代，且目前已经念完大学走上社会，其中很多已经成家立业。作为父母，无论退休与否，只要双方有一方是公务员、事业单位人员或大型国企职工，只要住的是自己的房子（绝大多数人能做到），拥有基本的社会保障，身体健康，花钱不大手大脚，儿女不过分“啃老”，一年积蓄几万元并不困难。有这几万元，一年出国旅游一次，买上几件国际大牌的奢侈品，是一件相对轻松的事。实际上，每年出境游的大军中，这一年龄层的游客占了一个较大的比重。

第二，中国大城市中有达到相当比重的群体，拥有两套或两套以上的房子，家庭资产随着房价的上涨而增值，卖掉一套房子便能形成巨大购买力。很多人拥有的第一套房产是公改房，几乎没花什么钱就有了属于自己产权的房子，还有不少人后来在房价不高时又在市场上买了第 2 套房子（这种现象也很普遍）。现在，房价涨了几倍甚至十几倍，这些人的家庭资产也随之增长了几倍甚至十几倍。送小孩到美国去念常青藤大学，这在人均 GDP 不足 1 万美元的国家，是普通人想都不敢想的事情，因为一年的学费就要 5 万美元左右。但在中国的一二线城市，只要卖掉一套哪怕是小的房子，用其所得支付孩子 4 年的学费和生活费绰绰有余。我认识的一些熟人中，就有几位是这样送子女去国外念大学的。

第三，也是更为普遍性的原因，即国人在一般日常消费开支中比较节约，却愿意省出钱来在一些“奢侈性”花销上“一掷千金”。以我的观察而言，国人在日常消费上不大愿意花钱购买品质好的东西和服务，甚至宁愿为省钱而选择次质品，所以中国的廉价商品和服务始终都有着巨大的市场，但这些在日常消费中斤斤计较的人却愿意在满足感官性消费和满足面子上花费大把的钱。最典型的例子就是，有些中国人的家里都装潢得很豪华，舍得在上面花很多的钱，却不大愿意多花一点钱买上一套好些的餐具，或一把好一点的雨伞。实际上，中国人看上去有些奢侈的消费，是从其他处省吃俭用换来的。

此外，还有一个原因值得一提，即中国家庭的亲情关系也在影响着消费。北京、上海包括南京、杭州那么贵的房子最后也给人买走了，买房者中也不乏普通的工薪阶层。若论他们的收入，无论如何也买不起这些房子，但最后还是勇敢出手，而且掏出钱买下，其背后可能是两个或三个家庭的共同负担，即买房的年轻夫妇家庭和背后的另外两个家庭。房子买下了，市场上高房价得到了支撑，三个家庭的消费结构可能长期将会受到此购买行为的影响，其他消费的开支会因此而有所压缩。

当然，举债消费也是一个原因，主要反映在买房上。由于中国信用制度尚不健全，部分买房人可以轻松地开到几倍于自己实际收入的“收入证明”，银行有时也并不详查，价格高得离谱的房子就这样被一些普通工薪阶层买去了。

资料来源：徐康宁．国人为何“未富先奢”[J]．经济学家茶座，2017（2）.

课堂讨论

观看电影《大腕》中的片段，分组讨论并回答以下问题

1. 电影中说：“成功人士就是买什么东西都买最贵的，不买最好的。”你觉得有道理吗？请用经济学的理论解释为什么？

2. 电影中提出：“我们做房地产的口号就是：不求最好，但求最贵。”你认为合理吗？为什么？

3. 在现实经济生活中的确存在上述两种情况，你对这种现象怎么看？

2.1.3 影响需求的因素和需求函数

需求曲线是假定其他所有因素不变时，如果价格变动，需求量会如何变动。但在现实世界中，其他情况也在不断变化，因此，了解价格以外的因素变动如何影响商品需求是非常重要的。影响商品需求的其他因素包括以下几类。

（1）相关商品的价格。一种商品和其他商品间一般存在两种关系：替代品和互补品。替代品的定义是：当两种商品是替代时，如果其中一种的价格上升(或下降)，则对另一种商品的需求增加（或减少），因为两种商品提供了类似的效用。替代品的例子有：咖啡和茶、可口可乐和百事可乐、猪肉和牛肉、大米和面粉、电力和煤气等。例如：煤气涨价之后，对煤气的需求量就减少了，而原来由煤气提供的功能可以由电力替代，所以对电力的需求就提高了。

互补品的定义是：当两种商品是互补品时，如果其中一种价格下降（或上升），则对另一种商品的需求增加（或减少），因为两者必须同时使用才能提供一种功能。互补品的例子有：汽车和汽油、食品和饮料、衬衫和领带、乒乓球拍和乒乓球、钢琴和乐谱、相机和底片等。如果其他条件不变，汽油的价格上涨不但会引起汽油的需求量减少，同时也会造成对汽车需求的减少。

（2）消费者的收入。当消费者的收入增加时，人们会花更多的钱在商品和劳务上，大多数商品和劳务的需求都会随着收入的增加而增加。例如：20 世纪 90 年代，我国一般的工薪阶层买不起商品房，除了商品房本身的价格高以外，工薪阶层的收入水平比较低也是一个重要的原因。进入 21 世纪后，工薪阶层的收入有了很大程度的提高，商品房也成为普通工薪阶层的需求。

（3）消费者的偏好。偏好是指在没有预算顾虑下，人们对于某一种商品的喜爱或不喜爱。有些人可能偏爱西式洋房，但是只住得起 20 平方米的公寓；有些人可能偏爱奔驰轿车，但是只买得起 QQ 微型车；有些人偏爱吃酒席，但是只吃得起阳春面。偏好加上预算的考虑（价格与收入）决定需求。当偏好改变时，需求也会随之改变。如果人们知道步行可以延长寿命，则球鞋的需求将会增加。知道抽烟有害健康，则抽烟就会减少。企业常常以庞大的经费在电视、报纸、杂志上做广告，就是希望影响消费者的偏好，最终目的是使得对所宣传的商品的需求增加。

（4）预期。如果人们知道知道来年茶叶的价格将大幅上涨，他们可能决定现在多买一些茶叶。在通货膨胀时，人们发现商品价格会迅速上涨时，消费者就会把现金和积蓄转化成实物。同样地，人们也可能延缓购买那些预期降价的商品。例如：从目前的汽车市场看，人们预期汽车价格会不断下降，消费者就存在观望心理，等待价格下降。

最后，在某种商品需求的背后，通常还存在着一些特殊的因素。美国崇尚牛肉，但是食用牛肉在某些国家却是禁忌的。海蜇在日本和我国都是鲜美的菜肴，但是在美国却令人作呕。在大城市汽车的需求比较低，因为那里公共交通很方便，而且停车位的缺乏却是很多车主的噩梦，而在有些中小城市汽车的需求量就比较大。

如果把影响需求的各种因素作为自变量，把需求作为因变量，则可以用数学的语言来表示影响需求的因素和需求之间的依存关系，即函数关系。这种函数称为“需求函数”，用公式表示为：

$$Q_d = f(a, b, c, \ldots, n) \tag{2-1}$$

式（2-1）中，Q_d 代表对该商品的需求数量，$a, b, c, \ldots, n$ 分别表示影响该商品需求的各种因素。Q 数值的大小是由 $a, b, c, \ldots, n$ 数值决定的，并且随着后者的变化而变化。

由于一种商品的价格是决定需求量的最基本的因素，为了简化分析，通常假设其他条件不变，仅仅分析价格对该商品需求量的影响。这样需求函数可以用以下列公式表示：

$$Q_d = f(p)$$

其中 Q_d 为商品的需求量，p 为商品的价格。

2.1.4　需求量的变化和需求的变化

我们再介绍一个重要的概念：需求量。经济学中的**需求量**是指消费者在特定的时间，一定的市场上，在某一个价格水平上愿意并且能够购买的某种商品的数量。请比较一下我们前面给出的需求的定义。你可能会发现两者只有一字之差。需求是“每一个价格上”而需求量是“某一个价格上”。因此需求是一个列表，是一条曲线，是一个函数。而需求量仅仅是需求表中的数字，是需求曲线上的点，是需求函数的一个值。

需求量的变动是指在其他条件不变的情况下，商品本身价格变动所引起的需求量的变动。从需求曲线上看，指的是同一条需求曲线上的点的移动。向上方移动是需求量减少，向下方移动是需求量增加。如图 2-2 所示，当价格从 P_0 降到 P_1 时，需求量从 Q_0 增加至 Q_1（即在同一条曲线上，从 A 点移动至 B 点）。

需求的变动是指在商品本身的价格不变的情况下，由于其他非价格因素变化所引起的需求的变动。价格变动只会引起需求量的变动，除了价格之外，任何决定需求的因素的变化均会引起需求的变动。需求的变动是需求列表的变动，是需求曲线的变动。如图 2-3 所示，曲线向左移动是需求的减少，向右移动是需求的增加。价格 P 没有发生变化，只是由于收入、相关商品价格、预期和偏好等因素，引起需求曲线向左或向右移动。我们可以根据不同的因素自己判断移动的方向。

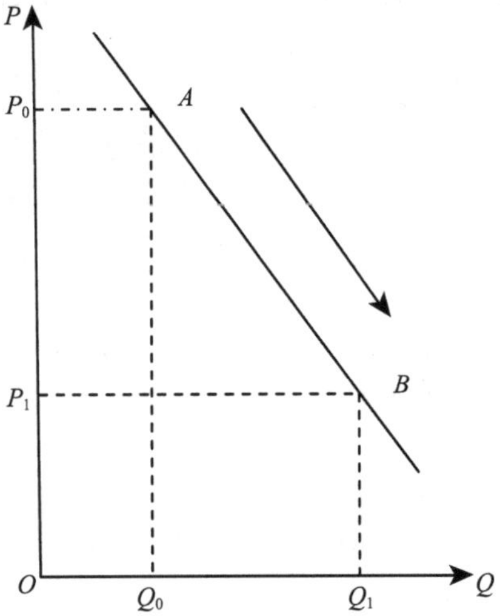

图 2-2　需求量的变动

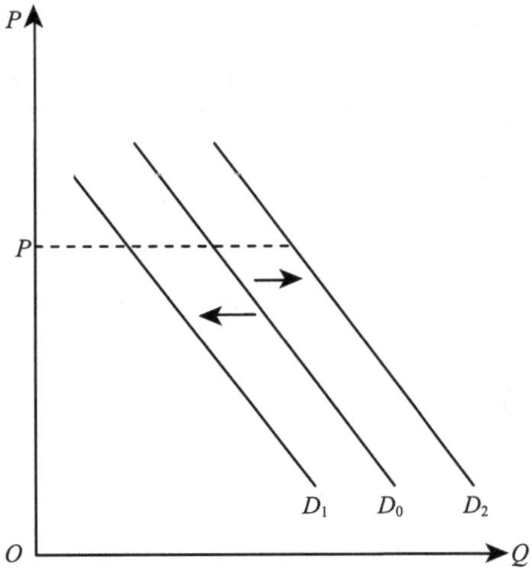

图 2-3　需求的变动

补充阅读

价越低，越花钱

能效越高，消耗越高

2010 年，美国联邦政府通过了新的汽车标准，要求制造商在 2016 年将新车的平均燃油利用率提高 30%。当时，专家预计这一改变将使全美年度石油消费量减少 18 亿桶，每年温室气体排放量减少 9.5 亿吨，对于美国普通司机而言，每年将节省 3 000 美元油费。

到 2016 年，6 年过去了，汽车能效确实提升了，但能耗量与预期相差很远。2010 年的全美石油消耗总量为 70 亿桶，而 2016 年的消耗为 71.7 亿桶，石油消耗量不见减少，反而有所增加。美国司机在开车上所产生的花费也没有明显减少。

照明的发展也同样如此。在古巴比伦时期，用 41 个小时才能生产出能量相当于 75 瓦的白炽灯照明 1 小时的灯油；3500 年以后，在美国，获得同样亮度和时长的照明，只需要 5 小时 20 分钟就能生产出来；到 1992 年，采用节能灯照明，只需要半秒钟就可以生产出相当的电量。

20 世纪 80 年代，中国普通家庭的一间房也就一盏大灯，再看如今的装修，房间里装有数个灯泡的吊灯、若干筒灯，还有制造特殊效果的壁灯。更不用提现今的商业照明，灯光在很多时候被用来美化建筑或店面，灯光打得不好或打得不够，都会直接影响到商业形象，所以写字楼、酒店往往都是五彩缤纷，霓虹闪烁。

杰文斯悖论

早在大约 150 年前，就有人发现这一问题。1865 年，29 岁的英国人威廉·斯坦利·杰文斯出了一本书《煤炭问题》，他在书中指出，能效提升和能源节约是一个悖论。在当时的英国，主要能源是煤炭，但英国工业大量消耗煤炭使大家担心煤炭很快会被用光，于是有人提出通过改良技术，提高煤炭的利用率来减缓煤炭的消耗。杰文斯则认为现实将与之相反：每一次蒸汽机的成功改进都加速了煤炭的消费，通过提高能源的利用率来减少浪费这种想法听起来在理，实际上做不到。后来，人们将这一现象称为“杰文斯悖论”。

冰箱是浪费的典范

后来，陆续有其他经济学家认可杰文斯悖论所揭示的现象，并发现了能效提升带来的消耗是一个连锁反应，并非限制在某行业之中，它会延伸到相关产业，使消耗比预想的多得多。

以冰箱为例，冰箱可以说是能效提升的典范，然而，它也是浪费的典范。如今在中国，冰箱上都会有 5 级能效标识，购买同样容积的 1 级能效的冰箱肯定比 5 级的更省电，单个家庭的单个冰箱所耗费的电量应该是下降了（只不过因为高能效的冰箱价格会较高，多出的费用需要节电 3 年以上才能补回来）。然而，有的家庭，尤其是西方发达国家的家庭，对冰箱的依赖程度越来越高。美国一位新闻工作者大卫·欧文于 1955 年出生，在他出生前一年，家里买了一台很小的冰箱放在厨房。大约 10 年后，他的父母又买了一台改进的冰箱。但是，之前那台小冰箱并没有报废，而是挪到地下室继续为他们家服务了 25 年，储藏饮料和剩余的食物。冰箱的效能逐渐提升，而价格却在相对下降。大卫·欧文家继第二台冰箱被购置后不久，一台独立冷冻柜也进入他们家的地下室，用于存放肉类。到了 20 世纪 80 年代，他的父亲又为家里的吧台添置了一台制冰机，以增添喝酒的乐趣。

类似大卫·欧文家的冰箱购置史在美国郊区家庭中非常普遍。如今，美国家庭中的冰箱就像衣柜一样多个并置，有的餐台下还安装了独立的饮料冷藏抽屉。更不用提商业活动中使用的冰箱了，旅馆的每个房间都会配置一台小型冰箱，超市里有专门的冷冻和冷藏区，让你买到常温下不易保存的酸奶、冰激凌和肉类。

随着冰箱的普及和大型化，人们再也不用担心食物的储存，冷饮、冰块等随处可得，冰箱里储存的食物也越来越多。许多食物储存得太久，以至于当我们突然记起或发现它们时，食物已经过期，或者你认为它已不能食用而将之丢弃。据专家统计，在美国，与 20 世纪 70 年代相比，现在丢弃的食物增加了一倍，食物中丢弃得最多的是蔬菜。我们在丢弃食物时，不仅丢弃了营养，而且浪费了冰冻它们所消耗的能量，以及它们生长所需要的肥料、人的劳作、水资源、运输所耗费的汽油、包装材料等。据2009年的一项研究，美国用于生产食物的新鲜水源有1/4因食物被丢弃而浪费。

汽车耗油量为何不减

福特T型车诞生于1908年，是当时先进汽车生产技术的代表，并以低廉的价格走入寻常百姓家。福特T型车的油耗为7.8～9.4升/100千米，而现在的汽车油耗为7～12升/100千米，也就是说汽车不仅从距离油耗上没有多大的提升，反而有的车还不如1个世纪前的车省油。100年间技术难道就只有这么一点进步？仅仅通过单位距离的耗油量来衡量汽车的进步显然太狭隘了。虽然百公里耗油量没有太大变化，但汽车提供的舒适度和汽车的其他性能却增加了：首先是空调，让人在车里冬暖夏凉；车速得到很大的提升；音响效果也越来越专业化；车灯越来越亮，尤其是远光灯。也就是说，耗费同样多的汽油，现在的汽车可以提供更多的好处。

汽车各种设计和零部件的改进，使保养的间隔时间也越来越长。因此，你可以开着车在任何季节去任何地方，行驶几千上万公里都不需要保养，乘坐舒适，就像带着一栋移动的房子，只需要及时加油。而为了人们行驶的方便，加油服务站也越来越多，无论你开多远都不用担心没油的问题。

随着人们越来越富裕，汽车的价格和维护费用显得越来越低，越来越多的普通人也买得起车。汽车不仅方便人们旅行，也缩短了距离，增加了人们选择工作或生活地点的自由度。人们可以在郊区居住，在城市工作，开车往返。通过汽车的发展，我们看到，虽然汽油的使用率更高、浪费更少，但实际上人们使用汽车的频率在快速增加，所耗费的能源总量也随之增加，同时带来大量废气，这是环境污染的一大因素。

很多人在购车时会挑选省油的汽车，但除非他把省下的油钱拿去种树或做对环境有益的事，否则人们拿着这些多余的钱无论吃饭还是娱乐，都是在直接或间接地消耗地球资源。值得一提的是，互联网初看起来似乎节省了大量能源，比如全球性的商务会议可以在网上开，各种邮件大部分都不需要人工邮寄了，等等。但事实上，互联网发展越快，电能消耗也越多，而且带动的线下产业也使能源的消耗呈指数级增加，因此，互联网如今正在成为耗能最多的产业。

人类技术的提升，确实能提高能源的利用率，但无法阻止能源消耗的大量增加。这一现象在人类社会中随处可见，可以说，杰文斯悖论贯穿了人类的历史。

资料来源：文凡．价越低，越花钱[J]. 读者，2018（4）.

2.2 供给理论

2.2.1 供给、供给表和供给曲线

供给是指生产者在某一特定时期内，在每一价格水平时愿意而且能够供应

的某种商品或劳务的数量。供给是供给愿望和供给能力的统一。如果生产者对某种商品只有出售的愿望，而没有提供的能力，则不能形成有效的供给。供给不是某一价格水平或特定价格上的供给量，而是价格与其数量之间的组合。

供给可以通过供给表描述出来。**供给表**是指在某特定时间内，在其他条件不变的情况下，对某商品在不同价格水平下所形成的供给数量的一个列表。供给表实际上是用算术表格的形式来表述供给的概念，表明价格与供给量的一一对应关系，说明了在各个价格下可能有的供给量。以鸡蛋市场为例，某一时期某市场一周内鸡蛋的市场供给可以用表 2-2 来表示。

表 2-2　鸡蛋的供给表

价格和数量的组合	A	B	C	D	E
价格（元 / 千克）	2	3	4	5	6
供给量（千克）	0	200	400	600	800

表中我们可以看出价格和商品供给量之间的对应关系。例如价格为 5 元时，商品的供给量是 800 千克，当价格下降为 4 元时，商品的供应量减少为 400 千克。

商品的**供给曲线**是根据供给表中的商品价格—供给量组合在平面坐标图上所绘制的一条曲线。我们以上述供给表为例，以横轴为供给量，以纵轴为市场价格，绘制图 2-4。

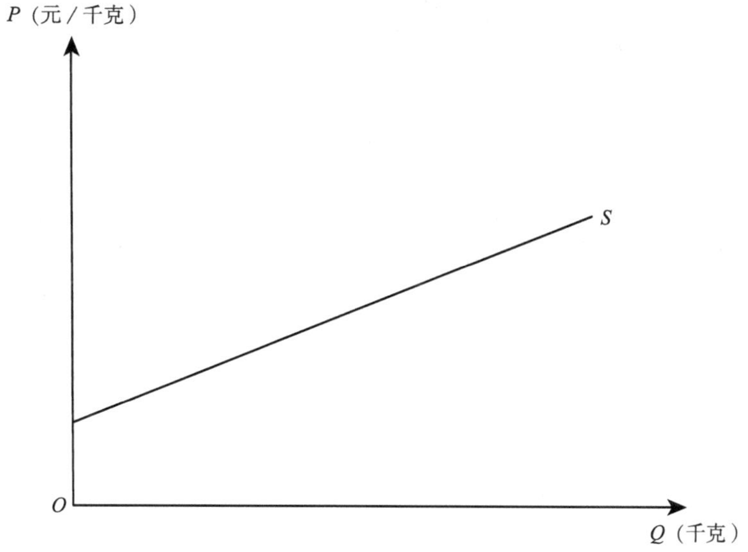

图 2-4　供给曲线

供给曲线是以几何图形的形式表示商品的价格和供给量之间的关系。和需求曲线一样也是一条光滑的连续的曲线。不同的是供给曲线是向右上方倾斜的，即斜率为正，表示供给量随着价格的上升而上升。两者成正比关系。

2.2.2 影响供给的因素和供给函数

正如价格以外的因素能够改变价格和需求量之间的关系一样，非价格因素也同样会改变价格与供给的关系，引起供给曲线的移动。其主要因素包括以下 5 种。

（1）其他商品的价格。用以生产某一种商品的资源通常也能够用于生产其他商品。农田能够用于生产玉米或大豆，工程师能为生产轿车或卡车工作，工人能采摘草莓或棉花，火车可运送煤炭或车辆。当某一种商品价格上升时，就会吸引原本用来生产其他商品的资源生产该商品。因此，如果大豆的价格上升，玉米的供给可能会下跌；如果棉花的价格上升，草莓的供给可能会降低；如果汽油的价格上升，煤油的产量可能会减少。

（2）相关生产要素的价格。生产某一商品时，必须在要素市场购买相关资源。当这些生产要素的价格改变时，其所生产的商品的供给情况也会有所改变。咖啡豆价格上升时，将增加咖啡的成本，将会减少咖啡公司在每一个价格下欲出售的咖啡数量；棉花的价格上升将使得棉布衣服的供给减少；航空燃油价格的提高将减少民航的航班数。

（3）技术。技术是制造不同商品的知识。如果技术改进使相同的资源可以制成更多的产品，如果厂商发现重新安排装配次序即能加快装配速度，产品的供给则有增加的倾向。如果利用新方法能增加石油的回收，石油的供给将增加。

生产技术的进步大致可分为两类，一类是在相同的产出下所必需的要素投入减少，换句话说，此种技术进步使得厂商的生产成本降低。在产品价格不变的情况下，有了技术进步的厂商，就可以享受更大的利润，因此他们就愿意增加更多的产出。另一类技术进步是在同样的要素投入下，可以生产出更多的产品。在此种情况下，同样的投入却可以得到更多的收益。如果市场价格仍然相同。这同样可以使厂商获得更多的利润，因此其生产数量也会有所增加。

（4）预期。许多商品及劳务的生产和提供都需要较长时间。当农民种植稻米、甘蔗或黄豆时，预期收入的价格实际上较当时的价格更重要。某大学生判断未来 4 年工程师的人数不足，他可能决定选择工程学科，期待较高的薪水。当企业建厂需要费时 3 年时，对该产业的未来预期就变成投资的关键因素。

（5）厂商的目标。进行经济分析时，我们一般都假设厂商是以追求利润最大化为目标的，但是厂商有时也为了市场占有率、销售最大化以及政治、道义、名誉等目标决定其供给。此时厂商愿意供应的产量很可能和利润最大化为目标时提供的产量有所不同。

总之，影响供给的因素要比影响需求的因素更为复杂。在不同时期，不同市场上供给要受到多种因素的综合影响。

供给函数（supply function）是指一种商品的供给量是所有影响这种商品供给量的因素的函数。把影响供给的各种因素作为自变量，供给量则为因变量。供给可以用数学的语言表示为 $Q_S=f(a, b, c, ..., n)$，其中 Q_S 代表该商品的供给量，$a, b, c, ..., n$ 分别代表影响该商品供给的各种因素。Q_S 数值的大小是由 $a, b,$

$c, \ldots, n$ 的数值来决定的，并且随着后者的变化而变化。

由于一种商品的价格是决定其供给量的最主要的因素，为了简化分析，通常假定其他条件保持不变，仅仅分析商品的价格对该商品供给量的影响，这样供给函数可以用公式表示为

$$Q_S=f(p)$$

其中 Q_S 表示商品供给量，p 为商品价格。

2.2.3　供给量的变化和供给的变化

供给量是指在其他条件不变的情况下，生产者在某一特定的价格下，愿意和能够提供的某种商品或劳务的数量，每一个供给量对应一个特定的价格。在供给表中供给量表现为一个值，在供给曲线上供给量表现为一个点。因此，**供给量的变动**是指在其他条件不变的情况下，商品价格变化所引起的供给量的变动，表现为同一条供给曲线上点的移动，向上方移动是供给量的减少，向下方移动是供给量的增加。如图 2-5 所示，当价格从 P_0 降为 P_1 时，供给量从 Q_0 降为 Q_1，即在同一条供给曲线上，从 A 点移动至 B 点。

供给是生产者在各个可能的价格下愿意和能够出售的某种商品的各种数量，它指的是整个供给曲线。因此，**供给的变动**是指在水平本身价格不变的情况下，由于其他非价格因素的变化所引起的供给的变动。也就是说，除了价格之外，任何决定供给的因素变动，都会引起供给曲线的移动。在供给曲线图中，供给的变动表现为整个供给曲线的平行移动，向左移动是供给的减少，向右移动是供给的增加。如图 2-6 所示，价格未发生变化，只是由于生产者的目标、相关商品价格、技术、生产要素的价格、预期等的变化，引起供给曲线向左或向右移动。我们可以根据不同因素的变动引起数量的增减来判断供给曲线移动的方向。

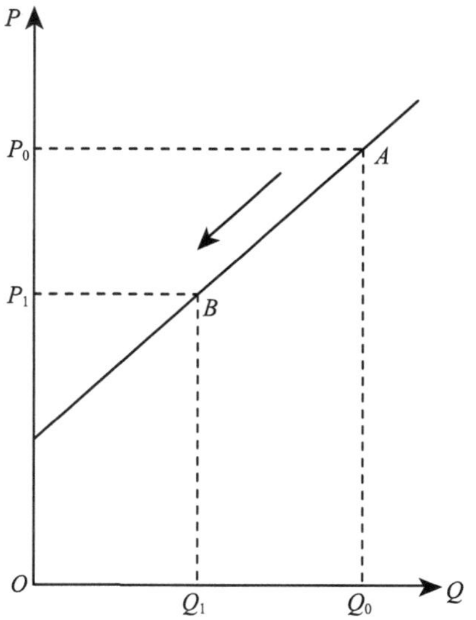

图 2-5　供给量的变动

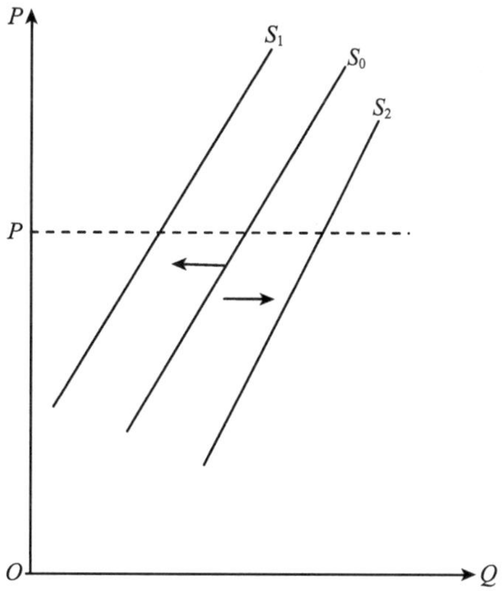

图 2-6　供给的变动

2.3 均衡理论及其应用

2.3.1 市场需求和市场供给

前面已经分别讨论了需求和供给，现在我们把两者结合起来讨论，就可以得到市场竞争下的均衡价格和均衡数量。**市场均衡**是指市场上的供给量等于需求量，由于前面所提及的需求和供给都只是个人行为，因此我们必须先进一步说明如何由个人供给曲线与需求曲线来得到整个市场的供给曲线和需求曲线。

我们前面提及的需求表和需求曲线只是个人的行为，市场上应该还有许多消费者存在，因此，整个市场需求就是这些个人需求的加总。我们先假设市场只有两个消费者——东港和春秀，两个人对稻米的需求如表 2-3 所示，其中春秀比东港对稻米的需求少一些，而市场的需求量就是个人的加总。

表 2-3 稻米需求表

价格和数量组合	价格（元）	东港的需求量	春秀的需求量	市场的需求量
A	10	2	1	3
B	8	2.5	1.5	4
C	6	3	2	5
D	4	4	3	7
E	1	5	4	9

由于市场需求量是由个人需求量的简单加总，因此市场需求曲线就是个人需求曲线的水平加总。如图 2-7 所示，由于个人的需求曲线是向右下方倾斜的，市场的需求曲线也是向右下方倾斜的，换句话说，市场的需求曲线也是斜率为负。

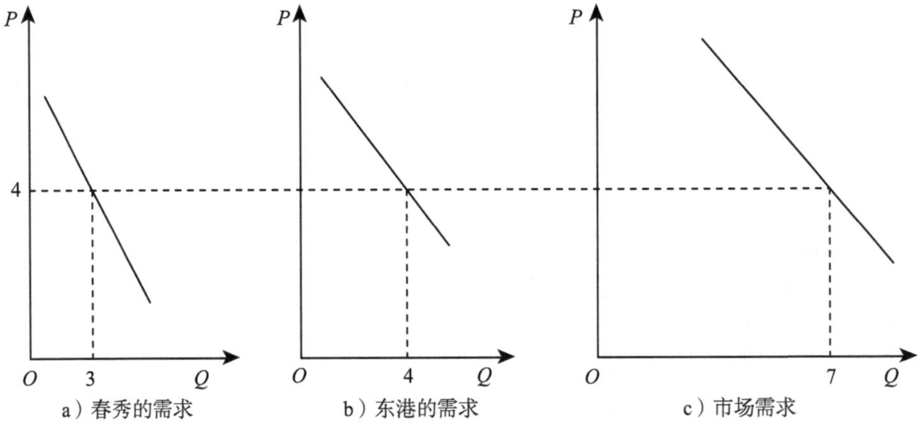

图 2-7 市场需求的形成

同样，市场的供给量也是单个厂商供给量的加总。因此市场的供给曲线也是单个厂商供给曲线的加总。市场的供给曲线也和单个厂商的供给曲线一样向右上方倾斜，其斜率为正。这个请同学们自己画出，并请比较单个厂商供给曲线和市场供给曲线的斜率。

2.3.2　均衡价格和均衡数量

到目前为止，我们孤立地分析了供给和需求。我们知道市场上有消费者也有生产者，有需求也有供给。当我们把市场需求和供给两个方面放在一起，会发生何种情况？答案是：需求和供给两种力量相互作用，直至达到平衡状态，产生均衡的价格和均衡的数量，即实现市场均衡。这时需求和供给的力量相等，需求量等于供给量，这就是**均衡数量**。市场的价格稳定不变，这时的价格就是**均衡价格**。市场相对静止。

均衡价格和均衡数量出现在需求曲线和供给曲线相交的交点上，这个交点就是均衡点，如图 2-8 所示。在图中，横轴 Q 代表商品的数量（需求量和供给量），纵轴代表价格（需求价格和供给价格），D 为需求曲线，S 为供给曲线，D 和 S 相交于 E 点，E 为均衡点。在 E 点确定了均衡价格 P_0 和均衡数量 Q_0。在 E 点时，市场上既没有商品的过剩，也没有商品的短缺，市场正好出清。

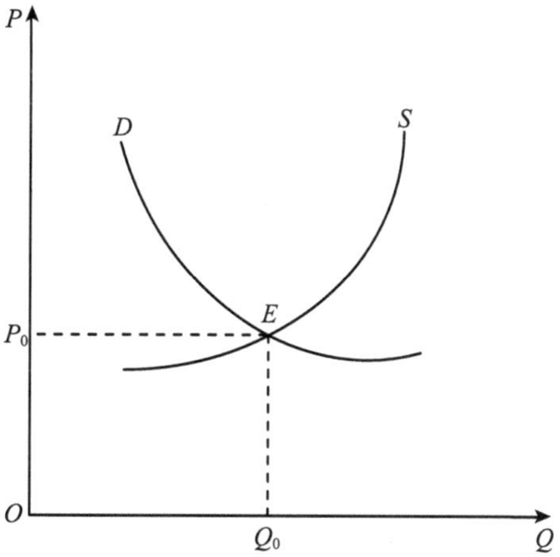

图 2-8　均衡价格的决定

2.3.3　均衡的变动

1. 需求的变化与均衡的变化

在供给不变的情况下，需求增加会使得需求曲线向右平移，从而使得均衡价格和均衡数量都有所增加；需求减少会使得需求曲线向左平移，从而使得均衡价格和均衡数量都有所减少。在图 2-9 中，既定的供给曲线 S 和最初的需求曲线 D_0 相交于 E_0 点，此时均衡价格为 P_0，均衡数量为 Q_0。需求增加使需求曲线向右平移至 D_2 曲线位置，D_2 曲线与 S 曲线相交于均衡点 E_2，此时均衡价格上升为 P_2，均衡数量增加为 Q_2。相反，需求减少使需求曲线向左平移至 D_1 曲线位置，D_1 曲线与 S 相交于均衡点 E_1，此时均衡价格下降为 P_1，均衡数量

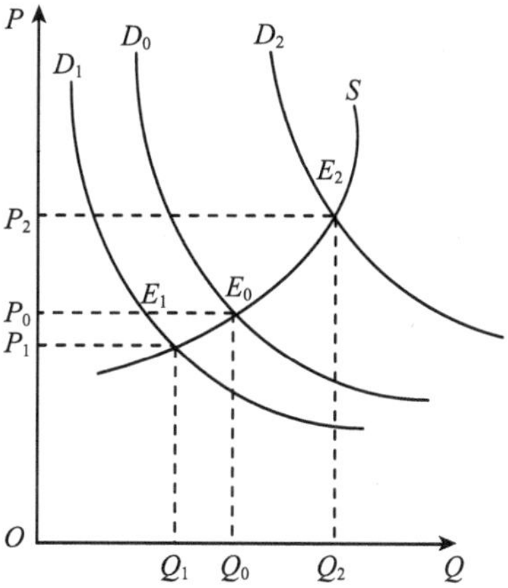

图 2-9　需求变动对均衡价格的影响

减少为 Q_1。

由此可见，需求变动引起均衡数量和均衡价格同方向变动。

2. 供给变动与均衡的变动

在需求不变的情况下，供给增加会使供给曲线向右平移，从而使得均衡价格下降，均衡数量增加；供给减少会使得供给曲线向左平移，从而使得均衡价格上升，均衡数量减少。在图 2-10 中，既定的需求曲线 D 和最初的供给曲线 S_0 相交于均衡点 E_0，此时均衡价格为 P_0，均衡数量为 Q_0。供给增加使供给曲线向右平移至 S_2 曲线的位置，S_2 曲线与 D 曲线相交于均衡点 E_2，此时均衡价格下降为 P_2，均衡数量增加为 Q_2。相反，供给减少，供给曲线向左平移至 S_1 曲线的位置，S_1 曲线与 D 曲线相交于均衡点 E_1，此时均衡价格上升为 P_1，均衡数量减少为 Q_1。

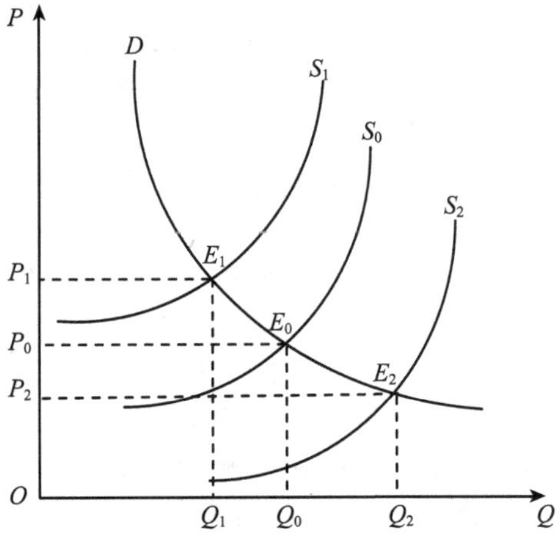

图 2-10 供给变动对均衡价格的影响

由此可见，供给变动引起均衡价格向供给反方向变动，均衡数量向供给同方向变动。

3. 供求定理

从以上关于需求与供给变动对均衡的影响的分析可以得出**供求定理**：在其他条件不变的情况下，需求的变动引起均衡价格和均衡数量的同方向变动；供给变动引起均衡价格的反方向变动，均衡数量的同方向变动。

应该指出的是，如果需求和供给同时发生变动，则商品的均衡价格和均衡数量的变动是难以确定的，这要结合需求和供给变化的具体情况来决定。

补充阅读

菜单营销学

一套组合拳

当你衣着整齐地走进一家米其林餐厅，踏着若隐若现的背景音乐，被引导到订好的餐桌旁，一场颇有仪式感的进餐就开始了。或许你之前对吃什么做好了功课，可在戴着白手套的服务员恭敬地递上那本深色皮封面菜单时，计划似乎要被打乱了。

这样的高级餐厅会将菜单做得很有质感。因为当服务员把菜单递给顾客时，顾客注意到的第一件事可能是菜单的重量。较重的菜单暗示这家餐厅的档次较高，会使顾客期望得到较高水平的服务。接过有分量的菜单，翻开封面即可看到页面上印着紧凑的斜体字。斜体字会让人感受到较高的品质。瑞士研究人员的一项研究发现，葡萄酒的标签文字使用较难读懂的字体比使用较简单的字体更受欢迎。经济学家斯彭斯的研究也发现，消费者常常把圆体字和甜味联系起来，而棱角分明的字体则暗示着咸、酸或苦的体验。“餐厅会利用这一点促使人们去点比较贵的菜。”英国牛津大学实验心理学和多感官感知学科教授查尔斯·斯宾塞说。

感受完菜单的分量和字体后，顾客的目光开始被菜单里一些对菜品天花乱坠却又不知所云的描述吸引，这时菜单中语言的重要性显现出来。在一些情况下，给菜品添加描述性的名称有可能让其销量增加 27%。“报出种蔬菜或养猪的农民的名字等，都有助于增加产品的可信度。”斯宾塞说，“即使是杜撰的，对消费者来说，这也是品质的标志。感性的词语也会增加菜品的吸引力。”

让人花更多的钱

菜单上的门道其实都指向同一个方向：让顾客心甘情愿地花更多的钱。这套本领并不仅仅是米其林的高档餐厅独有的，在街边的小店里也能看到这个套路，比如在以卖咖啡著称的某咖啡馆菜单上，一直有瓶装依云水的一席之地。

20 元 / 瓶的依云水是不少店里销量最差的单品，之所以会牢牢地在菜单上占据一席之地，老板并非真的希望顾客购买更多的依云水，而是拿依云水垫底，让新顾客感觉店里的咖啡价格并不算贵。一瓶依云矿泉水的价格比店里绝大多数主打产品要便宜，比如小杯的美式咖啡价格是 25 元，依云水是 20 元。在这种情况下，很多人就会觉得，与其买一瓶水，还不如多花一点钱买一杯咖啡。在这种思路下，水就成为菜单上让人花更多钱的“托儿”。

在餐馆的菜单设计上，还有另一种让人多花钱的思路，即对菜品进行尽可能详细乃至累赘的描述，比如人们看到“喂食草料的 69 天阿伯丁安格斯牛菲力和迷迭香厚切炸薯条”时，第一反应是这要比平时见到的“牛排配薯条”高档得多。美国斯坦福大学计算语言学教授丹·朱拉夫斯基分析了 6 500 份菜单上的 65 万种菜品的用词和价格。他发现，描述菜品的用词越长，菜品价格就越高。每超过平均词语长度一个字母，菜品的价格就会增加 18 美分。描述越详细，菜品的价格越高，顾客就越会觉得物有所值。研究人员发现，如果只写“纽约牛排 43 美元”，这样就显得很贵，但如果写上一段话，解释它来自什么地方、成熟的时间有多长，顾客就会觉得比较划算。

向顾客发送信号的不仅是菜单上的文字，还有菜单使用的颜色。绿色常常被用来暗示健康、新鲜的食品，而橙色被认为是对胃口的模仿——这是佛罗里达州奥兰多全球餐厅咨询师、菜单设计心理学专家亚伦·艾伦的看法。艾伦说，红色代表紧迫感，可能会暗示顾客，这是主厨最想要他们点的菜，因为这些菜的利润要更高一些。

大数据时代的新菜单

位置是不可替代的稀缺资源，知道这一点的不只是房地产开发商，也包括菜单设计者。调整菜单上菜品的顺序会对顾客的选择产生较大的影响。把最贵的菜品放在最前面，会让后面的菜品价格看起来比较合理。艾伦说：“仅仅依靠重新调整菜单上菜品的顺序，就可以让餐厅增加利润。”

通过眼动追踪技术，研究人员发现顾客看菜单的方式很固定。他们看菜单就像看书一样，不过在每一页上都有一些聚焦点。顾客通常会看右上角，所以菜单上的这个位置是最佳位置。黄金位置总是有限的，在有限的空间里放置过多的菜名会适得其反，因为过多的选择会影响顾客的决定。

一般来说，超过7种菜品就有可能让顾客选不过来。为了解决这个问题，菜单专家建议餐馆把菜单分成区块，每一部分包含5种到7种菜。数年前，英国伯恩茅斯大学的一项研究发现：在快餐店，顾客希望每种类别包含6种菜；在高级餐馆，他们希望选择的范围更大一些，在7～10种菜品之间。

值得注意的是，新兴的数据分析能让菜单的黄金位置放置菜品更加精确，这为一些大型连锁餐馆提供了菜单设计的依据。虽说羊羹虽美，众口难调，但数字化时代却让满足每个人偏好的个性化电子菜单成为可能。

资料来源：张燕．菜单营销学[J]. 瞭望东方周刊，2018（3）.

2.4 均衡价格理论的应用：价格政策

在市场自由竞争的条件下，需求、供给两种力量的对比决定了市场的均衡价格，而均衡价格又影响着供求的变化。因此，在现实的经济生活中，运用均衡价格理论来调整社会的供求关系，将对经济活动起到积极的作用。

2.4.1 价格对经济的调节作用

在市场经济中，经济的运行、资源的配置都是由价格这只“看不见的手”来调节。美国经济学家弗里德曼把价格在经济中的作用归纳为：第一，传递情报；第二，提供一种刺激，促进人们采用最节省成本的生产方法，把可得到的资源用于最有价值的目的；第三，决定谁可以得到多少产品，即收入的分派。价格的作用可以具体化为以下3个方面。

第一，价格作为指示器反映市场的供求状况。市场的供求受各种因素的影响，每时每刻都在变化。这种难以直接观察的变化都可以反映在价格变化上。人们可以通过价格的变化及时、准确地了解供求的变化。某种商品价格上升，表示该商品供不应求，价格下降表示供过于求。价格作为供求状况的指示器的作用是任何东西都不能替代的。

第二，价格变动可以调节需求和供给。消费者根据市场价格变动决定自己的购买和消费。当商品的价格下降时，消费者会增加购买，商品价格上升时，消费者则减少购买，从而实现价格对市场需求的调节。同样，厂商也按照市场价格的变化来进行生产和销售。当商品价格上升时，生产者增加产量，商品价格下降时，生产者就会减少产量，从而实现价格对市场供给的调节。

第三，价格可以使得资源的配置达到最优。通过价格对需求和供给的调节，最终使得需求等于供给。此时，消费者的欲望得到充分满足，生产者的资源得到充分利用。社会资源通过价格分配于各种用途上，这种分配使得消费者的效用最大化和生产者的利润最大化得以实现，从而实现资源配置的最优状态。

2.4.2　价格政策

价格的调节作用在理论上是最优的，但是在现实中，有时由于各种原因，价格调整不一定就是一个理想的状态，或者这种调节速度太慢，人们无法忍受过程中的痛苦。这时就需要政府价格政策来调节市场以便实现我们想要的结果。政府对市场的干预方式主要有两种：支持价格和限制价格。

支持价格也称为最低价格，它是政府规定某些商品价格下限以便把价格保持在市场均衡水平以上，故最低价格总是高于市场的均衡价格。下面我们用图 2-11 来说明实行最低限价后对市场的影响。如图 2-11 所示，市场上某种农产品的供求曲线 D 和 S 相交于 E 点，对应的均衡价格为 P_0，均衡数量为 Q_0。政府为了扶植农业生产，规定一个高于 P_0 的最低限价 P_1，这样农民在出售该农产品时可以得到较多的收入。但是，我们可以从图中看出在 P_1 价格下，需求量为 Q_1，供给量为 Q_2，这时会出现供过于求，农产品会有 $\Delta Q=Q_2-Q_1$ 的剩余量，此部分不能被市场所消化，应由政府按照 P_1 的价格收购。政府实行支持价格，就意味着政府通过财政支出补贴了该行业。

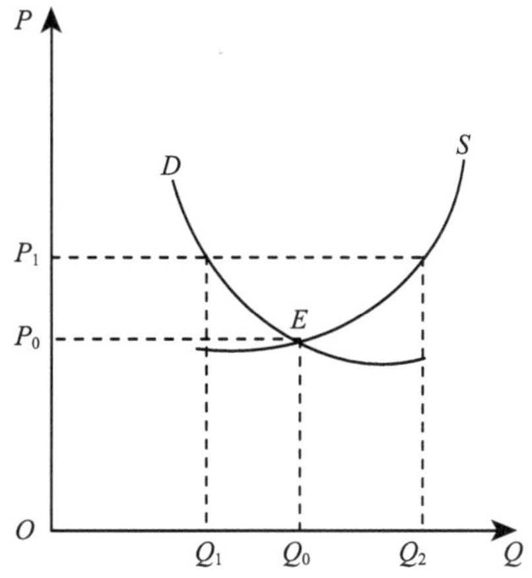

图 2-11　支持价格图

政府实行最低限价的目的是为了扶植某些行业的发展。农业产品的支持价格是一些西方国家普遍采用的政策，在实行这一政策时，政府通常会收购市场过剩的农产品来解决市场的失衡。在某种情况下，支持价格的运用对经济发展和稳定具有积极作用。

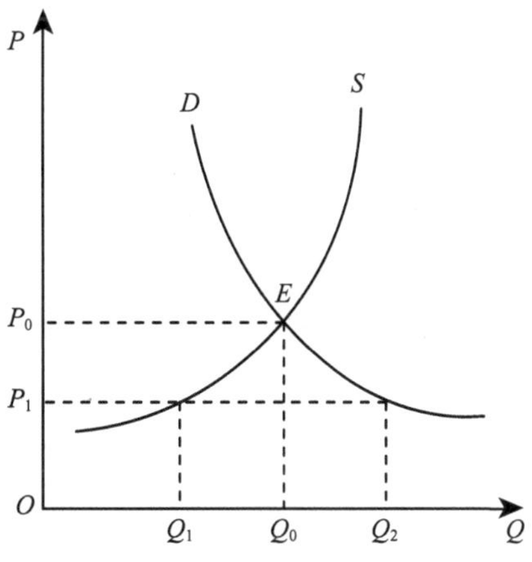

图 2-12　限制价格图

限制价格也称为最高限价，是指政府为了限制某些生活必需品的价格上涨而规定这类产品的价格上限，以便把价格压低到市场均衡价格以下，从而抑制涨价，最高价格总是低于市场的均衡价格的。在图 2-12 中，市场上某种商品的供求曲线 D 与 S 相交于

E 点，对应的均衡价格为 P_0，均衡数量为 Q_0，但在这种价格下，穷人无法得到必需的生活品，政府为了制止过高的价格，规定了限制价格为 P_1（即该产品的市场最高价格）。从图中可以看出，这时的需求量为 Q_2，供给量为 Q_1，产品供不应求。$\Delta Q = Q_2 - Q_1$ 为缺口。为了维持限制价格，政府一般通过配给的办法来解决这种市场失衡。这样市场可能出现抢购现象或黑市交易，较低的市场价格也会挫伤了厂商的积极性。

政府规定该产品的最高价格的目的是抑制某些产品的价格上升的速度过快。尤其是为了对付通货膨胀。有时政府为了限制一些垄断性很强的公共事业的价格，也会采用最高限价的做法。限制价格在某些情况下有利于实现社会平等，有利于社会的安定团结。

小案例

为什么出租车费要分为固定的起步价和变动的里程价

从 2018 年 5 月 15 日起，广州市出租车调整为起步价 12 元，3 公里后外加每行驶 1 公里收取 2.6 元，全世界各大城市都有类似的收费规定。为什么管理部门不采取一套看似简单的办法，取消起步价直接收取较高的里程价呢？这是因为出租车所有成本中只有一部分和行驶里程成等比关系，如燃料、保养、车辆折旧、人工费等，这部分成本是变动成本；可还有一部分成本并非如此，例如，投资出租车的机会成本、保险支出、营运执照使用费等，这部分成本是固定成本。

最有效的出租车费结构，应该是让消费者尽可能根据自己用车给司机带来的额外成本，判断是否搭乘出租车。如果出租车光靠行驶里程的收费方式来涵盖所有成本，那每公里的里程费必然会上涨，这样对于行程较远的消费者是不公平的，会打消这些潜在消费者乘坐出租车的念头。而对于 3 公里以内的消费者吸引力增强，这部分客源的增加会使出租车经营者失去搭载获利较多的远程客机会，降低了经营者的收入，同时也造成了资源和能源的浪费。

既有固定部分又含可变部分的收费结构，更接近大部分出租车的实际成本结构。这种收费结构降低了出租车的里程费，乘客无须为较长的里程支付高于实际成本的价格。这样一来，只要乘客搭乘出租车行驶较长里程所获得的收益大于自己支付的费用，他们必然愿意打的。

资料来源：作者根据相关资料整理。

2.5 弹性理论

供给和需求的理论可以普遍用来解释现实问题。例如，提高最低工人工资标准对于工人来说究竟有利还是有弊？航空公司降低机票价格是否足以吸引更多的乘客，使得总收益事实上得到提升？

为了将供给和需求曲线转化为真正有用的工具，我们需要知道供给和需求在多大程度上对价格的变动做出反应。一些购买，比如观光旅游，对于价格的变动十分敏感；而另一些物品，如食物、电力等必需品的消费，则对价格的变动几乎就无动于衷。这些问题可以运用一个重要的概念来分析——弹性。

2.5.1　弹性的一般定义

弹性是一个物理学名词，指一种物体对外部力量的反映程度。富有弹性的物品像一个充满气的篮球，轻轻往地上一丢，就会高高弹起。反之，缺乏弹性的物品则如泄了气的篮球，再用力也不会高高弹起。在经济学中，**弹性**是指在经济变量之间存在函数关系时，因变量对自变量的反应程度，其大小可以用两个变化的百分比之比来表示，即弹性系数。

$$\text{弹性系数 E} = \frac{\text{因变量变化的百分比}}{\text{自变量变化的百分比}}$$

如果我们把函数写成 $Y=f(x)$，则上式为：

$$E = \frac{Y_2 - Y_1}{X_2 - X_1} = \frac{\Delta Y}{\Delta X} \cdot \frac{X_1}{Y_1}$$

式中，E 表示弹性系数，ΔX，ΔY 分别表示 X，Y 的变化量。该式表示：当自变量变化百分之一时，因变量 Y 变化百分之几。

需要指出的是，由弹性的公式可以清楚地看出，弹性是两个变量各自变化比例的一个比值，它与自变量和因变量的度量单位无关。

弹性系数的数值可以是正值，也可以是负值。如果两个变量为同方向变化则为正值；反之，如果两个变量为反方向变化则为负值。价格与需求量呈反方向变动，所以当价格增加，即价格的变动为正值时，需求量减少，即需求量的变动为负值；同理，当价格的变化为负值时，需求量的变化为正值。所以，需求弹性的弹性系数应该为负值。但是在实际运用时，为了方便起见，一般都取其绝对值。

2.5.2　需求弹性

1. **需求弹性**

需求弹性又称需求的价格弹性，是指价格变动的比率所引起的需求量变化的比率，即需求量变化对价格变化的反应程度。根据弹性的定义，可以写出需求弹性的数学表达式

$$E_d = \frac{\Delta Q}{\Delta P} \cdot \frac{P}{Q}$$

式中，E_d 表示需求弹性，ΔQ 表示需求量，P 表示商品的价格。

当价格变动无限小时，即 $\Delta p \to 0$ 时，上式可以写为：

$$E_d = \lim_{\Delta p \to 0} \frac{\Delta Q}{\Delta P} \cdot \frac{P}{Q} = \frac{\mathrm{d}Q}{\mathrm{d}P} \cdot \frac{P}{Q}$$

由于价格与需求量反方向变化，所以 $\frac{\mathrm{d}Q}{\mathrm{d}P}$ 为负值，实际运用中上式可以写为：

$$E_d = \lim_{\Delta p \to 0} \frac{\Delta Q}{\Delta P} \cdot \frac{P}{Q} = -\frac{\mathrm{d}Q}{\mathrm{d}P} \cdot \frac{P}{Q}$$

2. 需求弹性的分类

价格与需求变动的一般关系是价格上升或下降会引起需求量的减少或增加。但是人们对不同商品的需求程度不同，因而不同商品的需求量对价格变动的反应程度不同，从而需求的相应变动率也不一样。

根据需求弹性的弹性系数的大小，需求的价格弹性可以分为五类。

第一类：需求完全无弹性，即 E_d=0，在这种情况下，需求价格弹性为零，需求曲线表现为一条与横轴垂直的直线，这类商品无论价格怎样变化，需求量都不会发生变化，如图 2-13 所示。人们对于丧葬品的需求近似于这种情况。在这种情况下，价格提高，在图 2-13 中从 P_0 提高到 P_1，厂商总收益会增加；反之，则减少。两者成同方向变化。

第二类：需求弹性无穷大，即 $E_d \to \infty$。这类商品价格的微小变动，会引起需求量无限大的变动。即价格稍微下降，需求量便无穷大；价格稍微有所上升，则需求量将减少到零。在这种情况下，需求曲线的斜率为零，需求价格弹性为无穷大，需求曲线表现为一条与横轴平行的直线，如图 2-14 所示。

如果政府按照既定的价格收购黄金，多多益善，不受数量的限制。这种需求曲线上各段的弧弹性和每一点所表示的点弹性均为无穷大。在这种情况下，由于价格既定，厂商的总收益是随着需求量的增减而增减，成同方向变化的。如图 2-14 中，需求量从 Q_1 增加到 Q_2，总收益会增加，反之，则会减少。

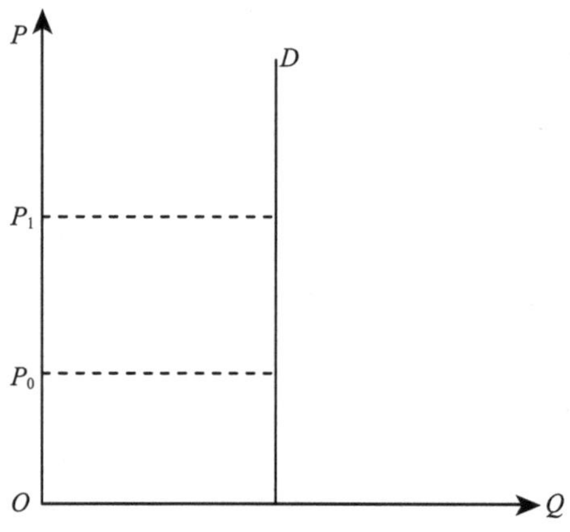

图 2-13　需求完全无弹性

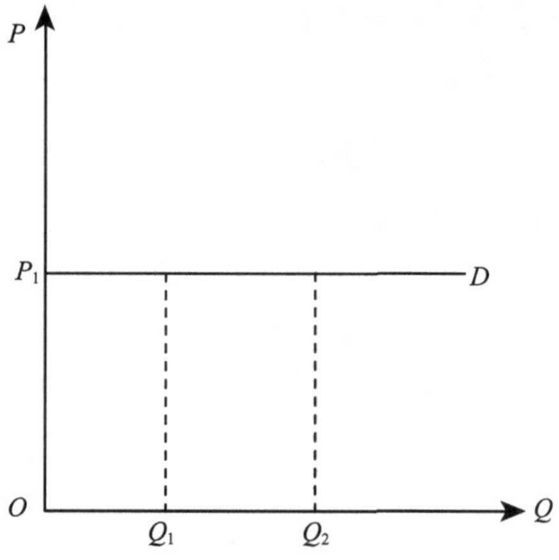

图 2-14　需求弹性无穷大

第三类：需求弹性系数等于 1，或称为需求单位弹性，E_d=1。对这类商品，消费者总是愿意用固定数量的货币来购买。因此，每种价格与购买的数量组合的结果都是相同的。也就是说，其需求量变化的比率和价格变化的比率始终相等，需求弹性系数等于 1。其需求曲线表现为一条正双曲线，如图 2-15 所示。

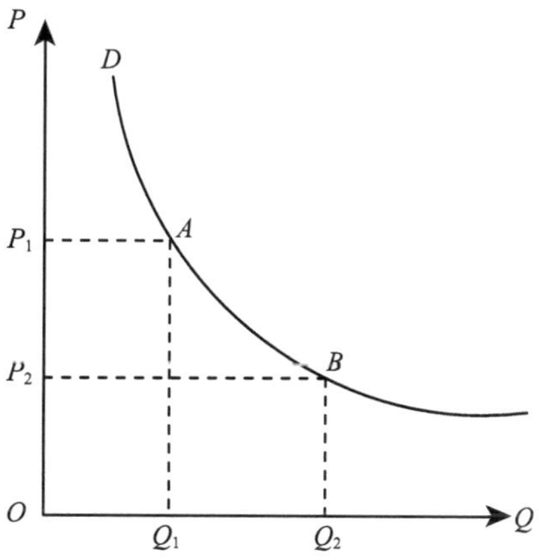

图 2-15　需求单位弹性

第四类：需求弹性系数小于 1，或称为需求缺乏弹性，即 $0 < E_d < 1$。在这种情况下，需求量变动的比率小于价格变动的比率。需求曲线表现为一条比较陡峭的曲线，如图 2-16 所示。生活必需品多属于这类商品，如粮食、蔬菜等。

第五类：需求弹性系数大于 1，或称为需求富有弹性，即 $1 < E_d < \infty$，其需求量变动的比率大于价格变动的比率。在这种情况下，需求曲线表现为一条比较平坦的曲线，如图 2-17 所示。

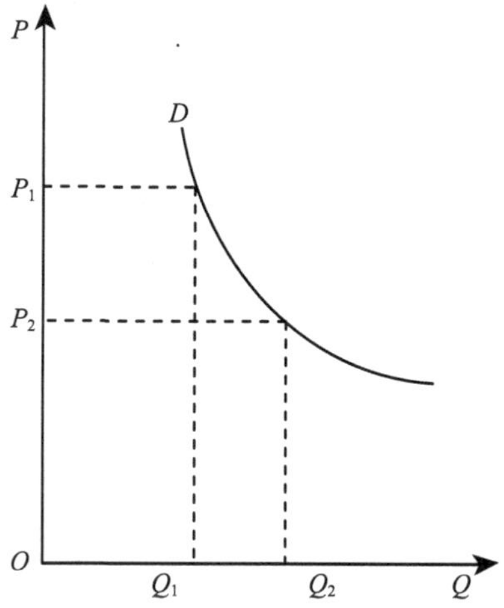

图 2-16　需求缺乏弹性

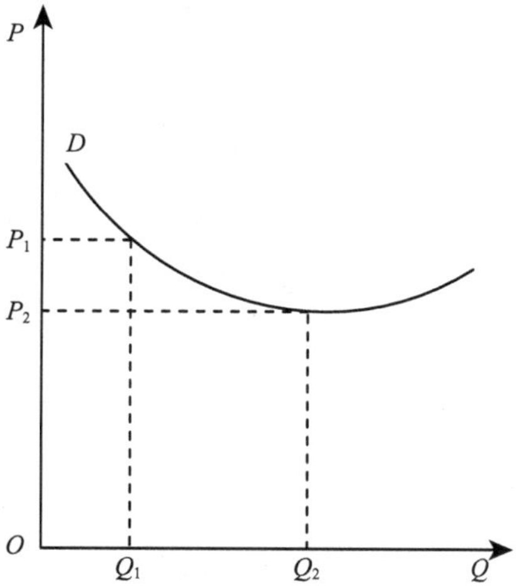

图 2-17　需求富有弹性

奢侈品、耐用品，如汽车、珠宝、国外旅游等属于这种情况。在图 2-17 中，当价格为 P_1 时，需求量为 Q_1；价格下降为 P_2 时，需求量为 Q_2，价格下跌幅度小于需求量增长的幅度，这时厂商的总收益就会增加。

3. 影响需求弹性的因素

影响需求弹性的因素很多，其中主要有以下几个。

第一，商品的可替代性。一般说来，一种商品的可替代品越多，相近程度越高，该商品的需求弹性就越大，一种商品的可替代品越少，相近程度越低，则该商品的需求弹性就越小。因为价格上升时，消费者会转而购买其他替代品；价格下降时，消费者会购买这种商品来取代其他替代品。例如，各种品牌的电视机，可以相互替代，其需求弹性大。而食盐和药品的替代性就小。

第二，商品用途的广泛性。一般来说，一种商品的用途越广泛，其需求弹性就越大，用途越狭窄，其需求弹性就越小。这是因为一种商品具有多种用途，当它的价格较高时，消费者只能购买较少的数量用于最重要的用途。当它的价格逐步降低时，消费者购买量就会逐步增加，将商品越来越多地用于其他用途。

第三，商品对消费者生活的重要程度。一般来说，生活必需品需求弹性较小，非必需品需求弹性较大。例如，馒头的需求弹性是较小的，电影票的需求弹性是较大的。

第四，商品的消费支出在消费者预算总支出中所占的比重。消费者在某商品的消费支出在预算总支出中所占比重越大，该商品的需求弹性越大，反之则越小。例如，火柴、盐、铅笔、肥皂等商品的需求弹性就是比较小的，其原因是消费者每月在这些商品上的支出很小，往往不太重视这类商品的价格变化。

第五，所考察的消费者调节需求量的时间。一般说来，所考察的消费者调节需求时间越长，则需求的弹性就可能越大，其原因是当消费者决定减少或停止对价格上升的某种商品的购买之前，他一般需要花费时间去寻找和了解该商品的可替代品。例如，当石油价格上升时，消费者在短期内不会较大幅度地减少需求量。但是从长期来看，消费者可能找到替代品，于是，石油价格上升会导致石油需求量较大幅度的下降。

一种商品需求弹性的大小是各种影响因素综合作用的结果。所以在分析一种商品的需求弹性的大小时，要根据具体情况进行全面综合的分析。

2.5.3 供给弹性

供给弹性是供给价格弹性的简称。供给弹性和需求弹性同样重要，因为它们是市场的一体两面。由于前面已经较详细地阐述了需求弹性，这里对供给弹性只做简略说明。

1. 供给弹性的含义和分类

供给弹性是指价格变动的比率与引起其供给量变动的比率之比，它是用来衡量商品的供给量变动对它的价格变化反应灵敏程度的概念，其弹性系数表示为：

$$E_s=\frac{\frac{\Delta Q}{Q}}{\frac{\Delta P}{P}}=\frac{\Delta Q}{\Delta P}\cdot\frac{P}{Q}$$

式中，E_s 表示供给弹性系数，Q 为供给量，ΔQ 为供给量的变化量，P 为市场价格，ΔP 为价格变化量。

同样，根据供给弹性系数 E_s 的大小可以分为五类：$E_s>1$ 表示富有弹性；$E_s<1$ 表示缺乏弹性；$E_s=1$ 表示单位弹性；$E_s=\infty$ 表示完全弹性；$E_s=0$ 表示完全无弹性。

2. 影响供给弹性的因素

供给弹性大小取决于供给的难易程度和供给时间的长短。概括起来，影响供给弹性的因素主要有以下 4 种。

第一，生产时间的长短。一般而言，当调整时间很短时，供给并不容易增加；但是如果时间可以调整，供给弹性就会比较大。例如面包师可以很容易在短时间内增加产量，而中石油的炼油量则无法调整。但是，如果我们允许，中石油就可以用两三年的时间去兴建另一座炼油厂，产量就可以大量增加，供给弹性也会比较大。

第二，厂商生产成本对产量变化的反应。有些厂商可以在增加很小成本的条件下提高产出，有些厂商则需要增加很多成本才能扩大生产。因此，前者产量对价格的反应就会远比后者来得大。比方说，一家面包店通常一天出炉 3 ～ 4 次面包，现在由于顾客数目突然增加，老板可以立刻增加每天新鲜面包出炉的次数到 6 ～ 8 次。在增加出炉次数的同时，生产成本并不会增加多少，因此其供给弹性应该是比较大的。反之，中石油的炼油厂每天最多可以提炼 60 万桶原油。当需求再增加时，公司就无法立即扩大生产来应对，所以其供给弹性较小。

第三，生产的储藏成本。有些商品的储藏成本很低，厂商可利用淡季生产旺季销售的方式，达到调整供给的目的，因此供给弹性比较大。一般而言，工业产品储藏成本较低，在淡季旺季之间存货调整比较容易，供给弹性较大；农产品储藏成本较高，供给弹性较小。农产品中海产品及叶类蔬菜的储藏成本较高，故其供给弹性较小，其价格在不同季节之间波动也较大。稻米、马铃薯之类的农产品的储藏成本较低，农民较容易利用调整存货的方式来达到改变供给的目的，故其供给弹性较大。

第四，供给弹性与所使用的生产要素能否广泛在其他地方使用。如果一家厂商所使用的生产要素可以随时供作他用，则厂商较容易将生产要素供其他目的使用，或将用于其他使用的生产要素移至过来增加产出，这时的供给弹性比较大。例如，面包师傅做面包用的面粉可以随时转用其他用途，如做面条、馒头等，较易调整面包的供给量。而核电厂使用的核燃料除了发电以外，其他用途较少，因此核电厂就不容易改变其产量，供给弹性较小。

2.5.4 收入弹性

在影响消费者需求的因素中，除了价格是最重要的因素外，还有许多因素，包括收入、相关商品的价格、偏好以及对未来价格的预期等，其中又以收入对价格的影响最大。一般而言，当一个人的收入增加时，他对商品的购买与消费都会有所增加，例如食物、衣服、家电、旅游、住宅等。就整个国家来看，全国的收入增加时，对公共物品例如道路、公园等的需求可能会增加，但是这些商品是否一定会随收入的增加而增加呢？如果增加，那么增加量是多少？

通常，在收入增加的初期，人们在乎的主要是能否填饱肚子，然后要求享受较好的生活品质，对住宅、家电的需求较高。当这些需求都得到满足后，人们对于居家附近的环境要求也会有所提升。对道路、公园、学校、干净的空气、安宁的环境等的需求，在收入增加到某一个水准后就会迅速出现。

一般而言，收入增加时，对大多数商品的需求会增加，我们称为这些商品为正常品，但是有少数商品的需求随收入增加会减少，我们称为“劣等品”，例如黑白电视机。还有一些商品会在收入较高时才会出现，而且其需求增加的比例超过收入增加的比率，我们称为奢侈品。

在仔细区分上述商品的差异后，我们给出收入弹性的定义。根据前面弹性的定义。**收入弹性**定义为，收入变化百分比所引起的需求量变化的百分比。数学表达式为：

$$E_I = \frac{\frac{\Delta Q}{Q}}{\frac{\Delta I}{I}} = \frac{\Delta Q}{\Delta I} \cdot \frac{I}{Q}$$

式中，E_I 为收入弹性，Q 为需求量，I 为收入，ΔQ，ΔI 分别为各自的变化量。

如果一种物品的收入弹性小于 1，我们称为必需品，因为它们大都属于生活上必要的商品，例如食物、衣服、大众运输的交通等。

小案例

恩格尔曲线和收入弹性

19 世纪德国统计学家恩格尔发现，家庭对于不同的商品支出的比例与家庭收入之间有着非常明显的关系。在低收入家庭中，食物与衣服支出占据绝大部分，当收入逐渐增加时，住宅、交通、医疗、教育等支出的比例就会逐渐上升，而食物与衣服等支出比例则逐渐缩小，此外储蓄占收入的比例也会迅速上升。由于这种现象普遍存在于不同的国家之间，故我们将之称为“恩格尔法则”。其中食物占收入的比率称为“恩格尔系数”，其能够衡量出一个家庭、国家的生活水平的高低，恩格尔系数越小说明生活越富裕。后人将需求量与收入之间的关系所形成的曲线称为“恩格尔曲线”。

$$\text{恩格尔系数} = \frac{\text{食物的支出}}{\text{总支出}}$$

请同学们自己收集资料比较 20 世纪 90 年代之后我国家庭的恩格尔系数的变化。试着画出必需品、劣等品和奢侈品的恩格尔曲线。

补充阅读

商家的鬼把戏

今天，几乎所有的商家都在发放各式各样的打折券或优惠券，故事就从这小小的打折券开始吧。

“我”这样不富裕的人，对待货币的态度比较谨慎。经济学家用“需求弹性”这个词把“我”这样的人和那些大手大脚的人区分开来。“我”是需求弹性大的消费者，价格降了，“我”就会考虑买，或者多买点儿。“我”愿意打印肯德基的优惠券，拿着去吃一顿早餐，而比较有钱的顾客往往就不愿费力到处找优惠券了，想吃就直接去吃，经济学家因此称他们的需求弹性相对较小。

打折券是最典型的价格歧视。由于富人的需求弹性小，而穷人的需求弹性大，因此商家打折总是设置各种名目。富人不在乎，想买就买，而穷人只需要多“算计”一下，也能买到。那么，是不是所有的产品都适合用打折券促销呢？当然不是。越是奢侈品，或者替代品越多、在家庭支出中所占比例大的物品，需求弹性越大；相反，像大米、油、盐这样的生活必需品，替代产品少，在家庭支出中所占比例小，就缺乏需求弹性。

使用打折券看似节省，但事实上需要花费不少的时间和精力。当然，打折券只是商家的促销手段之一，目的就是让更多的穷人消费，相对而言就伤害了富人的利益，为此富人就必须得到补偿，补偿的结果就是让穷人得到相对较差的产品。这一招虽不高明，但在商业社会中屡试不爽。在超市中，经常能看到所谓的超值系列产品，无论酸奶还是面包，其外观设计都非常粗糙。厂家设计并印刷更吸引人的包装本不是什么难事，并且似乎不需要多花多少钱，之所以这样设计，部分原因就是为了让愿意多付钱的客户望而却步，阻止他们去买便宜的产品。

19 世纪，法国火车的普通车厢里没有桌子，虽然不合理，但事实就是如此，原因只有一个：如果普通车厢里舒服，那么人们就会选择购买便宜的车票，而不去选择头等车厢。更令人吃惊的例子来自 IT 业。IBM 曾经推出过低档激光打印机 Laser Writer E 系列和高档打印机 Laser Writer 系列。这两个系列的打印机几乎完全相同，唯一不同之处在于，便宜的产品里有一块芯片，使它的速度慢下来。这听上去似乎有些离谱，可事实的确是这样。英特尔公司也曾玩过同样的把戏，以不同价格销售两款非常相似的芯片，实际上低性能的芯片真实生产成本更高，原因是需要对高级芯片进行额外加工，将一些功能废掉。事实上，我们看到的很多所谓专业版、企业版、豪华版、家庭版软件，都是在这样的思路下生产出来的。

有时，商家觉得打折券会影响自身品牌的声誉，因此试图取消打折券，但这样的做法却无法得到消费者的认可。

1985 年，芝加哥大学的理查德·塞勒教授提出了著名的“交易效用”理论，可以让我们从另一个角度理解打折券。“交易效用”理论指出，消费者购买一件商品时，会同时获得两种效用：获得效用和交易效用。其中，获得效用取决于该商品对消费者的价值以及消费者购买它所付出的价格，而交易效用则取决于消费者购买该商品所付出的价格与该商品的参考价格之间的区别，即与参考价格相比，是否从该交易中获得了优惠。

商家谙熟我们的这些小癖好，因此会使出各种把戏，下面就再讲几个类似的例子。

电商平台针对一款原本定价 4 美元的面膜，采取了新的定价策略：0.01 美元 +

3.99 美元运费。显然这是换汤不换药的做法，但结果显示，这种改变赢得了更多消费者的青睐。购物者通常会关注产品的购买价格，而较少关注运费。在信息爆炸的今天，看似不怎么高明的鬼把戏似乎总能吸引我们的眼球。

健身俱乐部通常让新会员从以下付费方案中选择：①按次计费；②按月支付固定费用；③支付固定年费。大多数消费者会选择按月支付，但对于大多数顾客而言，采用按次付费更划算。统计数据显示，一半以上的健身费用纯属浪费。这样的付费方案自然把我们区分为“富有经验”和“缺乏经验”两类人，结果可想而知。

聪明的商家还善于使用“隐蔽属性”来“欺负”消费者。最典型的有关“隐蔽属性”的例子就是喷墨打印机。买家关心的是打印机的价格，但事实上，商家真正的利润来自后续的墨盒。在一次关于某款打印机的购买者调查中，只有 3% 的受访者在购买时明确知道墨盒的价格。显然，商家也有意隐藏这些信息。在所有的购物网站中，打印机的价格非常醒目，但墨盒的价格信息则散落在非常不起眼的角落。

滑雪场经常采取套票销售计划：10 次滑雪套票，包括 5 张周末票和 5 张平日票，10 月 15 日前购买可以打 6 折。很显然，6 折听上去确实很划算，难道滑雪场在做亏本买卖吗？当然不是。你知道套票的真正使用率吗？60% 滑雪场的套票在零售价的基础上打了 6 折，然而只有 60% 的套票真正被使用，这相当于滑雪场按原价销售了门票，而且钱还提前几个月到账，这种销售模式的确很成功。

后印象画派代表人物凡·高，在完成了举世瞩目的 7 幅《向日葵》后，选择了自杀，年仅 37 岁。凡·高死后，其震撼人心而富于想象力的绘画，才赢得了评论界的高度赞扬。其中一幅《向日葵》现藏于英国国家美术馆，在伦敦拍卖会上，凡·高的另一幅《向日葵》以 3 990 万美元的天价被人买走。这里仅从经济学的角度分析画家的死与作品升值的关系。

画家死后，其艺术品的升值空间只能是一种猜测，但作为一种商品，其作品的供给已经确定了，需求的增加必然会导致价格的上升。因此只要画家的画被评论家、媒体炒热，那么升值就是必然的结果。事实上，凡·高的作品《加歇医生像》以 8 250 万美元的天价成交，创下了当时艺术品拍卖的最高纪录。

唯一的物品比稀缺品更珍贵，但人为创造的稀缺性却造成了社会福利的损失。据说世间有两枚清朝大龙邮票，各值 10 万元，善贾者必然撕毁一枚，另一枚的价值就不只是两枚之和的 20 万元，可能是 30 万元、40 万元。虽然以这种方式追求的稀缺性并不为人称道，但市场上所谓的“限量版”“珍藏版”等邮票及纪念卡，都反映出了人为创造的稀缺性。

商家同样会利用需求的变化对人们进行“敲诈”。苹果公司的黑色 iPod 获得无数人的追捧。人们对黑色机型的需求，远远超出了公司的预计。尽管白色款式有现货，但很多人宁愿加钱也要预订黑色机型。于是苹果公司在推出笔记本电脑时，黑色机型的价格明显高于白色。这样的定价策略的确为苹果公司带来不少的超额利润。

资料来源：常青. 商家的鬼把戏 [J]. 读者，2018（14）.

2.6　弹性理论的应用

2.6.1　需求弹性与支出的关系

讨论需求弹性的一个重要目的是用来判断当价格变动时，消费者的支出会有什么变化。这个问题不但对消费者而言很重要，对生产者而言也同样重要，因为消费者的购买支出就是厂商的总收益。需求理论告诉我们：当价格上升时，消费者的购买数量会减少；而价格下降时，消费者的购买数量会增加。消费者的总支出等于价格乘以数量，因此，厂商是应该采用薄利多销的方式还是提高价格、增加利润的方法，而不必在乎销售量的减少呢？

显然上述问题的答案与需求弹性有关。若消费者价格弹性大，只要价格下降一点点，就会大量增加购买，此时厂商应该采用薄利多销的方式，来增加收益。反之，若消费者的价格弹性小，则厂商可以提高价格，增加收益，因为此时数量并不会减少太多。

当弹性大于 1 时，价格上升会使销售收入减少，价格下降会使得销售收入增加；当需求弹性等于 1 时，价格上升或下降销售收入都会保持不变；当需求弹性小于 1 时，价格上升会使销售收入增加，价格下降会使得销售收入减少，如表 2-4 所示。

表 2-4　需求弹性影响销售收入一览表

需求弹性 E	销售收入	
	降价时	提价时
$E>1$ 富有弹性	增加	下降
$E=1$ 单位弹性	不变	不变
$E<1$ 缺乏弹性	下降	增加

由上述分析可知，在需求弹性大时，厂商宜采用薄利多销的方式来增加收益；而当需求弹性小时，则可以考虑以提高价格的方式来达到增加收益的目的。而对消费者而言，政策含义也十分清楚。消费者应该采取何种消费行为，才能不至于受到厂商的剥削呢？当然是应该随时保持较高的需求弹性，使得厂商只能采取薄利多销的方式来面对消费大众。那么，又如何使需求弹性变大呢？最直接的答案是货比三家，贵了就不买。如果消费者坚持自己的需求习惯，坚持自己的消费品牌、坚持自己的产品忠诚度，势必降低自己的需求弹性，自然就容易受到厂商的剥削了。

2.6.2　丰收悖论

农民兄弟都期待着风调雨顺，有一个丰收的年景。可是却存在着这么一个经济现象：在丰收的年份，农民的收入反而减少了。这种现象在我国民间被形象地概括为“谷贱伤农”。其实，这种表面看起来难以理解的现象，是可以用弹性原理加以解释的。

在前面分析需求的价格弹性与厂商的销售收入时，我们得到这样的一个结论：对于缺乏弹性的商品来说，商品的价格与厂商的销售收入成同方向变化。现在，我们可以把这个结论具体运用到农产品中。其实，造成这种“谷贱伤农”经济现象的根本原因在于：农产品的需求价格弹性往往小于1，即当农产品的价格发生变化时，农产品的需求往往是缺乏弹性的。下面我们具体地利用图2-18来解释这种经济现象。在图2-18中，农产品的需求曲线D是缺乏弹性的。农产品的丰收使得供给曲线S的位置向右平移至S_1的位置，在缺乏弹性的需求曲线的作用下，农产品的均衡价格大幅地由原来的P_1下降到P_2。由于农产品均衡价格的下降幅度大于农产品的均衡数量的增加幅度，最后致使农民总收入减少。总收入的减少量相当于图中矩形$OP_1E_1Q_1$和$OP_2E_2Q_2$的面积之差。

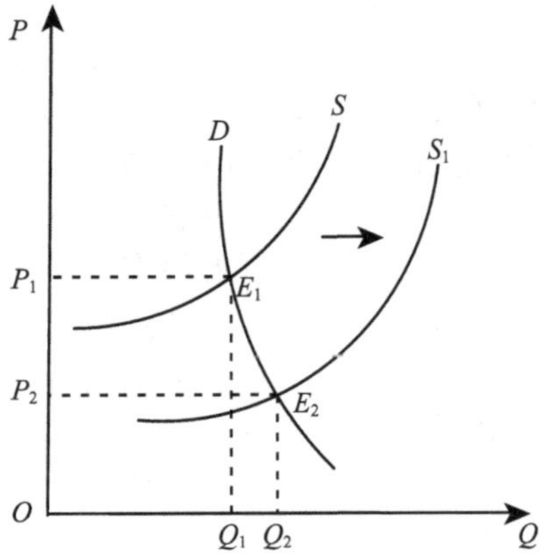

图2-18　丰收悖论示意图

基于以上的经济事实及其经验，在不少国家，为了保护农民的利益及支持农业的发展，都纷纷实行农产品的支持价格政策。比如在我国就是以保护价收购农民余粮。

补充阅读

嫌面条价格离谱，你的货币选票不能让它靠谱吗

“贵州小面馆价格高得离谱，引起消费者公愤……该店被工商局责令整改。”贵州有关方面的官方微博还加了句评论：“做生意要对得起良心，胡乱加价只会咎由自取。”

近些年，先后有兰州牛肉面、星巴克拿铁咖啡等，因所谓的“高定价”而遭质疑，甚至引起了有关专家或官媒呼吁实施严厉管制的动议。而这次，贵州食客对小面馆“高价格”的质疑升级为“公愤”，而工商局把它提到了“对不起良心”的新高度。这个高度让市场经济越来越近还是渐行渐远？

一、面馆市场的进入壁垒不高，消费者的货币投票权有保障

面条，是再平常不过的中国人的吃食了。达官显贵、贩夫走卒大概都爱吃面条这种食物。天南海北，凡是有中国人聚集的地方，必有面馆。面馆有一个特点，投资成本可高可低，高堂陋室都可容纳，市场进入容易，退出不难。投资高，可开在北京国贸、上海金茂，把它搞成价格高高在上的豪华食品，服务于对价格不敏感的达官显贵、高端食客。投资低，可开于街巷里弄，服务街坊邻居。早些年，甚至可

以在城市里看到肩挑背扛、走街串巷的面食小贩，服务于贩夫走卒。《清明上河图》里就有“各色鲜鱼面”的招牌，临街敞篷摆桌设摊，估计是服务于“低端食客”。可见，中国面食业相当古老，市场进退容易。宋代商贸经济繁荣，在中国历史上有其特殊地位，恐怕与市场进入自由有关系。在一个城市街区，在消费者的活动半径里，只要政府不刻意提高卫生、消防等进入的非经济壁垒，总会有足够的面馆供食客选择。即便生客，如果愿意付出搜寻成本，一般也可以吃到满意的面食。而现在的搜寻成本也已被移动互联网降到了最低。这就意味着只要政府没有设置进入壁垒，阻止开面馆，面食消费者的选择权或货币投票权，不会受到多大损害。

二、用货币选票去惩罚高定价

吃面条，跟买车这种几乎是“一锤子的买卖”不一样。常理，食客如果觉得价格明显高于它“应该的”价格，嫌贵，可以选择认为不贵的。感觉挨了宰，吃了亏，以后不去就是了。手里的货币选票就能惩罚你认为的离谱定价——货币选票不再投给它，它的价格自然会降到“应该的”水平，这就是来自市场的自动惩罚或激励。消费者在有足够选择权的情况下，把货币选票转投给更值得消费的商品。再不济，还可以把这个你认为价格高得偏离了品质的信息传递给周边人，也是一种惩罚机制。除非遇到了价格欺骗、欺诈等行为，通常没必要纠结于面条价格的高低而诉诸市场机制以外的强制力量，如工商局来实施惩罚。

惩罚或激励的关键是消费者有足够的选择权。只有在消费者有选择权的情况下，才能有实质性的货币投票行为。也就是说，面馆经营者有进入或退出市场的自由，不被市场以外的其他力量，比如政府的法律法规、已进入市场的面馆之间的排他性勾结协议所阻止，这时所谓的货币投票才有意义。市场经济里经常发生的情况是，来自市场合理的阻止或限制行为也会限制潜在的进入，比如先进入市场的面馆通过扩大经营规模、制定低价格的办法，使那些试图进入者因预期无利可图而不进入。这既是在位企业对潜在进入者实施的策略性阻遏行为，同时也是潜在进入者通过“进入威胁”对已进入的企业可能制定离谱价格而实施的限制行为。哪怕市场里只有一家面馆，只要政府不限制进入，它制定具有可维持性的高价格就不可能。经济学里，这种情况有个专门术语叫：“可竞争”市场。

可竞争市场与实际竞争市场的区别是，前者只是少数几家企业甚至仅仅一家企业是在位企业。虽没有实际的生产者与之竞争，但那些虎视眈眈的潜在进入者的威胁，会让这个看起来更接近垄断的生产者不能制定具有可持续性的高价格。而后者，是实实在在的竞争行为。竞争的本质是替代，就是消费者在不同企业之间能找到功能相同或相近的替代品。

三、为什么不使用货币投票对离谱价格实施惩罚

贵州这家小面馆的食客们，不能使用货币投票对离谱价格实施惩罚而诉诸工商局的价格管制，无非有两种情况。

第一种情况，政府对面馆的市场进入设置了很高的行政限制条件或干脆就不

让第二家进入。也就是说，政府设置了行政性进入壁垒，导致市场里的面馆没有竞争者，也没有潜在竞争者的进入威胁，使面馆制定了具有可维持性的高价格，在长时期内损害了消费者利益。这种情况下，消费者的抱怨和投诉当然是合理的，不过投诉的对象应该是设置进入限制的政府而不是面馆，消费者若怀疑政府官员和面馆之间可能存在勾结、利益分享或者收买与被收买的情况，也是合理怀疑。在管制经济学里，有几个专门术语是描述这种情况的，如“设租”“寻租”和“被俘获”等。消费者要高度重视自己的消费选择权，对政府戕害消费自由或货币投票权的行为说“不”，要求政府放开市场进入限制，由替代品生产者实施来自竞争的价格“约束”。在品质相差不多的情况下，谁制定高价格谁的客户就会流失，而不是在只允许一家进入的情况下由政府实施价格管制。后面这种情况，一般会发生在所谓的自然垄断行业里或者政府特许的某些公用事业里。而从新闻报道和面食市场自身特点看，这种情况不太可能存在。

第二种情况，这家面馆虽然面对了同行竞争，但它的面食做得有特色，好吃，能制定具有“可维持性的”、明显高于市场平均价格的高价格。新闻里那么多的食客死乞白赖地非得在这家面馆吃面，如果不是因为好吃，难道是因为它价格便宜？他们抱怨小面涨价离谱却不去别家面馆吃面，很显然，大概这家面馆经营有道，面食做出了特色和品质，积累了好吃的声誉。吃面是一回事，吃好吃的面是另一回事。品质、特色、声誉，这些看不见摸不着的东西，当然也是产品的一部分。若觉得吃了一碗平均品质的面花 10 元钱合理，为高品质付费，多花 3 元钱吃好吃的面，当然也是合理而应该的。至于什么叫“价格高得离谱”“乱涨价”，比如你认为它应该涨 3 元钱但它明目张胆地涨了 5 元钱，这就是价格离谱，是乱涨价，这种情况下，不吃它就可以了。不吃的人多了，它自然会降到你愿意付出的靠谱价格，经济学把这个你愿意付出的最高价格叫保留价格。如果贵州小面馆不存在违反相关法规所应规制的诸如价格欺诈、不明码标价、有意误导消费等情况，这个所谓离谱的乱涨价，交给市场的竞争性机制去惩罚就可以。话又说回来，如果吃到一碗觉得值 13 元的面，但只付出了 10 元的价格，食客会不会主动多给 3 元钱呢？一般人不会这么做，原因很简单，没有必要这么做。并没有多付的这 3 元钱，经济学上叫消费者剩余，它是消费者满足感的一部分。

四、高价“可维持”的原因是面好吃

排除上述政府限制进入的情况，高价具有可维持性的原因是产品有难以替代的特点。这家小面馆涨价，原因可能是面好吃而吸引了越来越多的食客，需求更大了，此时涨价自然没什么不对。面涨不涨价是面馆的定价权，这就与消费者有吃与不吃的选择权一样，应该有这个自由。市场的供需两方，谁的自由和权利都应该得到保障。如果面馆愿意保持价格不变，那也是它的自由。面好吃，吃的人太多而不涨价的话，食客排队的时间会增加，对于时间机会成本极低的人，他可能宁愿排很长时间队吃到不涨价的面，而对于时间机会成本高的人，他或许希望面馆涨价而减少等待时间。在面馆做不到用差别定价或歧视性定价来同时满足不同消费者的不同期待的情况下，涨价是最简单的市场调节行为。

面涨价，还有可能是房租、水电费、面粉等价格上涨引起的。涨两元钱就可以补偿这个成本上涨时，面馆搭车涨了5块，也有可能。还是那句话，涨了价嫌贵，不吃就是对它“乱”涨价的惩罚，何必聚众要求工商局出面管制呢？这里还有个宏观经济学里的循环问题，如果真是因为房租、水电费、面粉等价格全面上涨引起的最终产品面食的涨价，对应的这些投入品或服务的提供者的收入恐怕也是要增加的。在交换的经济里，人和人之间提供的东西其实是互为投入产出的关系。如果你的工资在上涨，雇用你的人，他的生产成本是增加的，他生产的产品的价格也必须是上涨的。

五、面好吃，它本身就形成了应获取回报的无形资本

从这家面馆的面好吃来说，它本身就形成了无形资本。任何资本，不管它是有形的还是无形的，都是用投入积累而来的，都应该获得市场回报。这也是市场经济的天然法则。高的无形资本获取高回报，合情合理。好吃的面，定高价格是再正常不过的市场行为。

此事中的工商局，不仅认可了食客关于面馆涨价离谱的投诉，而且认为这“对不起良心”。这个觉悟的高度有点吓人了！良心值钱吗？当然值钱了。如果面馆做了实实在在的良心面，它承诺不用陈麦磨的面粉、用新鲜的压榨油、绝不用过期食材等，这就是商家的良心。如果不让它制定高价格，它拿什么去维持良心产品呢？如果大家都用地沟油而你不用，在消费者无法识别的情况下，你这个好面馆会被市场淘汰，均衡的结果是所有面馆都用地沟油。高质量的生产者需要通过消费者可以识别的东西把自己筛选出来，而高价格和承诺等本身，就可以向消费者发出高品质的信号而有效解决“逆向选择”问题。

在高铁列车上买饭吃，只能选择吃与不吃，没有选择购买竞争者产品的可能性，很容易挨宰，诉诸价格监管有其必要。而贵州小面馆的面条涨价，真没有那个必要，交给市场竞争足矣！不过，无法禁止携带食品上高铁列车，也是一种惩罚“铁老大”制定离谱价格的机制。高铁上不但不禁止带方便面，还提供可泡面的开水，倒也说得过去。

资料来源：孟晶. 嫌面条价格离谱，你的货币选票不能让它靠谱吗？[J]. 经济学家茶座,2017(4).

学习指导

1. 学习建议

在本章的学习过程中，特别要重视对基本概念的理解和运用。通过学习要了解需求和供给是进行经济学分析的基本工具，也是均衡价格形成的基础。了解均衡价格的形成机制，进一步分析需求和供给变动对均衡价格的影响。要重点掌握弹性的含义、需求的弹性和总收益的关系。

2. 学习重点与难点

学习重点

（1）需求是消费者在一定时期，在各种可能的价格水平上，愿意而且能够购买的该商品的数量。需求是购买欲望和支付能力的统一，需求与价格呈反方向变动。

（2）供给是生产者在一定时期内，在各种可能的价格水平上，愿意和能够出售的该商品的数量。供给是购买欲望和生产能力的统一，供给与价格呈同方向变动。

（3）均衡价格是某种商品需求量与供给量相等的价格。它是市场供求自发调节而形成的，相对应的是均衡价格和均衡数量。需求或供给的变动会引起均衡价格与均衡数量的变动，这个就是供求定理。

（4）需求弹性有五种分类：需求完全无弹性、需求弹性无穷大、需求富有弹性、需求缺乏弹性和需求单位弹性。

（5）供给的弹性类型有：供给完全无弹性、供给弹性无穷大、供给富有弹性、供给缺乏弹性和供给单位弹性。

学习难点

（1）需求量的变动与需求的变动：商品自身价格引起需求量的变动，表现为需求曲线上的点的移动。除了价格以外的因素引起需求的变动，表现为整条需求曲线的移动。

（2）供给量的变动与供给的变动：商品自身价格引起供给量的变动，表现为供给曲线上的点的移动。除了价格以外的因素引起供给的变动，表现为整条供给曲线的移动。

（3）需求富有弹性的商品，价格下降总收益增加，价格上升总收益减少。需求缺乏弹性的商品，价格下降总收益减少，价格上升总收益增加。学会运用弹性理论分析一些经济现象。

核心概念

需求　需求量　需求曲线　供给　供给量　供给曲线　供求定理
均衡价格　支持价格　限制价格　弹性　需求弹性　供给弹性
需求富有弹性　供给富有弹性　需求缺乏弹性　供给缺乏弹性

课后思考与练习

1. 需求和需求量有什么区别？
2. 需求的价格弹性有哪些类型？影响弹性的因素有哪些？
3. 替代品和互补品有什么区别？下列物品哪些是替代品哪些是互补品？
   ①轮胎和汽车；②巴士与飞机；③煤和汽油；④米饭与面包。

4. 指出发生下列几种情况时某种蘑菇的需求变还是不变？为什么？
   ①卫生组织发布报告称该种蘑菇会致癌；②另一种蘑菇涨价；③消费者收入增加；④该蘑菇的价格下降。
5. 香烟的需求弹性为 0.4，如果现在每盒香烟的价格为 12 元，政府想要减少 20% 的香烟销量，价格应该提高多少？
6. 某商品的原先价格为 10 元，销量为 1 000 公斤，已知该商品的需求弹性为 2.4，如果该商品降价为 8 元，此时销量为多少？总收益增加还是减少了？
7. 有些地方规定电影票价最高不得超过 25 元，最低不得低于 10 元。你认为这种做法会引起什么后果？这种做法有利于还是有害于电影事业的发展？

实训应用

市场调研：结合当地市场，就某一产品市场进行调研，说明供给和需求对产品的影响，分析其市场走势（价格变动的趋势及销售情况）。

具体步骤：

1. 分组：在教师的指导下，把学生分成若干小组，进行人员分工，并选出各组负责人。
2. 收集资料：各组学生分别采取实地调查、电话访谈、问卷调查、网上搜集等办法收集资料。
3. 分析资料：根据所学经济学原理，将收集的资料进行归纳、分析、整理，并形成报告。
4. 组织课堂讨论：各组将调查分析结果进行课堂讨论交流。

补充阅读

消费降级，现实还是假象

“消费降级”一词近期频频出现，高峰期在拼多多充满争议的上市风波。刚刚上市就被扣上“消费降级”帽子的拼多多，因为平台存在山寨假货产品，被全网舆论所抵制。

拼多多的问题在于用山寨低价商品满足低端城乡消费群体的需求。中等收入人群每人每日收入下限为 10 美元，即月收入为 1 800 元左右，这意味着，拼多多的用户涵盖了很大一部分中等收入人群。事实上，拼多多号称用户覆盖 3.4 亿，这意味着，每四个中国人，就有一个人在使用拼多多。很多人认为，拼多多的火爆，意味着这个社会进入了消费降级通道。但这真是事实吗？这或许是一个假象。

一、消费确实转向了

消费降级目前并没有权威的定义，但消费升级在经济学中有严格的定义：消费升级一般指消费结构的升级，是各类消费支出在消费总支出中的结构升级和层次提高，它直接反映了消费水平和发展趋势。

用通俗的话说，消费升级的意思是，消费生态从有形物质转向无形服务、从注重量的满足转向追求质的提升。

根据国家统计局的数据，2017年我国居民人均消费支出1.8万元，城镇、农村人均消费支出分别为2.4万元和1.1万元。在居民消费支出中，依然是传统消费占据主导，食品、居住类消费占比分别在30%、20%左右，交通通信消费占比也超过10%，加上服装类和日用品类，传统消费占比约为78%，而以教育、文化、娱乐、医疗保健为代表的新兴消费，占比仅在20%左右。

中国居民传统消费比重为78%，这明显偏高。在各主要发达国家中，日本、美国、韩国和法国的传统消费占比均低于我国，这些国家的新兴消费占比普遍在30%左右，高于我国的22%。

不过，从这些年来中国八大类商品和服务的价格涨幅看，食品、衣着等生活必需品的涨幅很小，但教育、娱乐、文化、交通、通信、医疗保健、住宅、旅游等方面的消费涨幅较大，全社会的恩格尔系数在下降，这其实是消费升级的一个体现。

如果将消费降级作为经济学含义中消费升级的反义词，那么消费降级这个判断其实并不成立。

不同人群的消费习惯不同。年轻人消费与收入强相关，老年人消费与习惯强相关，中年人是最理性的消费群体，他们对自身当下的收入情况和未来收入的预期，是判断中国人消费降级是否属实的一个重要依据。

只要处于正常生活轨迹，中年人普遍要承受住房、教育、医疗这些大宗消费，这些费用近些年来水涨船高。不少城市新中产在承担着高额房贷车贷的同时，还要背负养娃、医疗和养老的负担，典型的“有资产，但不宽裕”。

这些开支中，最大的支出可谓是住房贷款。持续的城市化、“80后”和“90后”步入婚育高峰期，直接推动了房地产市场的繁荣，而动辄百万元计的房产往往是许多人一生中最为庞大的一笔支出。

中国人民银行历年统计数据显示，在居民贷款里，高达70%以上都是中长期的房贷。从2017年开始，不少人开始通过消费贷购房，消费贷大量流入房屋首付之中。你可以理解为有能力购买房屋的人群增多了，但另一方面是需要偿还房贷的人大大增加了。

另一组数据是，过去两年，家庭债务上升了8%，而政府和企业债务则分别才上升了4%和1%。房地产去库存，使地方政府和开发商财务状况得到大幅改善，但更多人加入了偿还房贷的队伍中。

中国人对教育的投入全世界闻名，教育的投入也是个人收入的一个主要吸水海绵。医疗费用更不用说，因病返贫是事故不是故事，为了免于陷入这样的事故，越来越多人将保险和定期医疗费用列为刚性支出。

再来看代表着消费升级的服务类消费，如文化、旅游、养老、家政等消费的数据。根据文化和旅游部的数据，上半年国内旅游人数达到 28.26 亿人次，同比增长了 11.4%，旅游收入 2.45 万亿元，增长 12.5%；全国电影票房 320.3 亿元，观影人次达到 9.01 亿，分别增长 17.8% 和 15.3%。全国居民人均体育健身活动支出增长了 39.3%，运动型多用途汽车（SUV）销售同比增长了 9.7%。包括旅游、文化、体育、养老、家政等在内的服务消费已经占到了国内居民消费支出比重的 40% 以上。

三大刚性支出的逐年攀升，加上服务消费需求增大，降低了基础实物的日常消费。

二、降了什么

既然从宏观层面上看，中国居民的消费结构事实上是优化了，离橄榄型社会越来越近了，为什么还会出现有关“消费降级”的社会层面探讨呢？

泡沫经济破灭后的日本，出现了主力消费群体（“80 后”群体）大面积厌恶消费现象，即使收入增加，消费也没有随之增长，使得日本的经济一直陷入低迷，只能靠出口拉动带动经济增长。日本消费品行业后来形成了一些自有规律，典型的趋势是本土化、强性价比化、强调消费者心理感性诉求。

日本社会受西方影响很深，西方商品带来一个历史时期的炫耀性消费风潮，但从 20 世纪 70 年代开始，日本大量本土品牌涌现，它们在与国际大牌的较量中胜出，成为家喻户晓的品牌；本土品牌开始强调高性价比：为消费者提供更好更便宜的商品，消费者对于商品的价值与价格判断力也逐步增强，供应链效率提升使得零售环节缩短，消费品的性价比增高；日本的消费单位从家庭变为个体，消费风格从追求一致到彰显自我，商品精神属性增强。

从 2017 年开始，新零售风潮开始在中国兴起，其核心本质在于利用互联网平台和人工智能、大数据等新技术的力量，以高效和低成本的方式实现全球范围内产业链条的缩短和高效重组，打破线上线下界限，店仓一体化，用更低的成本满足消费者消费升级的需求，并营造新的消费需求和新场景，满足个人对商品消费的精神需求。

这与日本本土品牌追求“更好更便宜”的诉求本源是一致的。事实上，中国人已经可以在更多的线上线下平台上找到如春笋一般冒出的“平价高质”消费品，在价格和品质之间寻求平衡点，不为无谓的溢价买单，其本质是商品品质与价格回归到合理定位。

值得特别强调的是，这一轮零售升级的重点是日常消费频率高的消费品和消费场景。消费者心态的变化和技术的成熟共同推动了商业模式的改变，降的是单价和成本，升的是服务和体验。从消费者的角度来说，这其实是一件好事。

既然付出相同的价格，收获的消费体验越来越好，消费品质越来越高，为什么中国人还如此焦虑？一位宏观经济研究员说，消费降级的错觉源自社会集体焦虑，而这种集体焦虑的原因，涉及个人和社会两个方面。个人层面的焦虑包括：房贷过重、看不起病、养不起老、工作压力大等；社会层面的焦虑，则聚焦在物价涨得比工资快、社会保障不足的不安全感、社会资源不均衡引发的被剥夺感、权力不受制约的不公正感几方面。

个人层面的焦虑，直接导致了很大一部分人转变了消费观念，从炫耀性消费，转变为务实消费，社会层面的焦虑，则衍生了“对未来的不确定性让我不敢消费”的集体情绪。

商业角度的消费趋势改变对消费者是好事，没必要逃避，但宏观层面和个人层面的焦虑，则是消费者主动收缩基础消费品总支出的根源，这些问题的解决涉及多方面政治经济因素，也是一个时代发展的必经阶段，换句话说，这些焦虑无处可逃，只有面对。

资料来源：谢丽容. 消费降级，现实还是假象 [J]. 财经，2018（20）.

第3章 Chapter3

消费者理论

学习目标

知识的掌握

1. 欲望与效用。
2. 边际效用分析与消费者均衡。
3. 无差异曲线与消费者均衡。

技能的提高

1. 能够用边际效益递减规律分析生活中的经济现象。
2. 能够用消费者剩余理论解释某些经济现象。

引言

框架效应

1999年，腾讯作为一家初创的互联网公司，陷入了一个窘境：用户量上涨太快，导致现金消耗也非常快。一天，马化腾正焦头烂额地坐在自己的办公室里，首席技术官张志东走了进来，坐到他的对面说："现在有一个天大的好消息和一个坏消息要告诉你，你愿意先听哪一个？好消息是，仅仅发布9个月，QQ的注册用户就已经超过了100万；坏消息是，腾讯公司的账上只剩下1万元现金。"

记得我在写《腾讯传》时，就曾想：如果我是马化腾，愿意先听哪一条消息？这个情节很像我们读过的朝三暮四的故事。宋国有一个老人，喜欢猴子，把它们成群地养着。养猴的老人宁可减少他与家人的食物，也要满足猴子的需求。但不久后，他家里的粮食出现短缺，因此不得不限定给猴子的食物量。但是老人害怕猴子不顺从自己，就商量着对猴子说："早上给你们3个橡果，晚上4个橡果，可以吗？"猴子们都站起来恼怒地抗议。老人又说："那早上4个橡果，晚上3个橡果，可以吗？"猴子们听后非常高兴，都服服帖帖的。其实橡果只有7个，养猴人只不过换了一下表达顺序，就让猴子改变了态度。这个现象包含了一个行为经济学原理：框架效应。

框架效应是由美国行为经济学家卡尼曼和特沃斯基提出的。它是指对于相同的信息，采用不同的表达方式，会使人产生不同的判断决策。2006年，美国爆发了次贷危机，联邦政府为了刺激经济，想尽各种办法。美联储主席在国会上宣布："明天，我要坐着直升机到华尔街去撒美元。联邦政府则决定对全体公民实施一种退税政策。"该政策议定后，随即就有专家指出，如果政府的目标是希望民众增加消费，那么就应该将这笔钱称为"税收红利"，而非"退税款"。

因为"退"字，意味着这笔钱本就是属于你的，现在它回来了，你便会更倾向于维持现状，而不是将它花出去；而"税收红利"则意味着这笔钱是一笔额外收入，那么，你会乐于将它花掉。所以，用"税收红利"替代"退税款"更能刺激老百姓的消费行为。

框架效应在生活中的应用比比皆是。比如，给超市供货的牛奶商家大多会标明"95%脱脂"，而不是"含脂肪5%"。虽然两者的脂肪含量并没有区别，但不同的表述，会使消费者对同一盒牛奶产生不同的心理期许。根据框架效应，芝加哥大学行为科学教授理查德·塞勒提出了4个公布消息的原则。第一，如果你有几个好消息要发布，应该把它们分开发布。因为分别听到几个好消息所带来的愉悦感，要大于把这几个好消息一起宣布带来的愉悦感。第二，如果你有几个坏消息要公布，应该把它们一起发布。因为几个损失结合起来所带来的痛苦，要小于分别经历这几次损失所带来的痛苦之和。第三，如果你有一个大大的好消息和一个小小的坏消息，应该把这两个消息一起告诉别人。这样，坏消息带来的痛苦会被好消息带来的快乐冲淡，负面效应也就减少很多。第四，如果你有一个大大的坏消息和一个小小的好消息，应该分别公布这两个消息。这样好消息带来的快乐不至于被坏消息带来的痛苦淹没，人们还是可以享受好消息带来的愉悦感。

总之，人是一种复杂的生物，也是一种容易被欺骗或者愿意自我欺骗的生物。

资料来源：吴晓波. 框架效应[J]. 读者，2018（9）.

同样的东西在不同的时间和地点，会带来不同的效果。其实我们消费物品也就是追求物品给我们带来的满足。当我们面临各种各样的需求和欲望时，我们应该如何选择自己的生活方式。隐藏在消费者选择和消费者行为背后的机制是什么呢?

第2章中我们介绍了供求理论，明白了商品的市场价格是由需求和供给两种力量决定的，那么，需求和供给又是由什么来决定的呢?经济学认为，需求来自消费者，是由消费者的行为决定的，供给来自生产者，是由生产者的行为决定的。因此，要更深入地了解需求和供给，必须了解消费者与生产者的行为是如何决定的。本章的分析是第2章的延续。

3.1　基数效用论：边际效用分析

消费者是指经济中能做出统一的消费决策的单位，它可以是个人，也可以是由若干人组成的家庭，消费者通过向厂商提供生产要素，如劳动、资本等，获得相应的收入并把收入用于消费，消费者进行消费的目的是为了获得幸福，那么幸福是什么？美国经济学家萨缪尔森提出了“幸福方程式”，即：

$$幸福=\frac{效用}{欲望}$$

3.1.1　效用论的概述

效用是指商品满足人的欲望的能力，或者说，效用是指消费者在消费商品时所感受到的满足程度，一种商品对一个消费者是否具有效用，取决于消费者的心理感应程度，其大小完全在于消费者本人的感觉，本身没有客观的衡量标准。例如一支香烟，对于吸烟者来说可能有很大的效用，而对于不吸烟者则可能完全没有效用，甚至可能会带来痛苦，即负效用。

对消费者行为的分析是以效用论为基础的，所以消费者理论也称为效用论。效用论主要研究在收入既定的条件下，消费者如何用有限的收入，购买适当的消费品，使自己的需求得到最大的满足，实现效用的最大化。在衡量效用大小的问题上，经济学家先后提出了基数效用论和序数效用论，这两种理论分别采用了边际效用分析法与无差异曲线分析法。

3.1.2　基数效用论和序数效用论

基数和序数这两个术语来自数学。基数是指 1、2、3、…，基数是可以加总求和的。例如，基数 3 加 9 等于 12。序数是指第一、第二、第三、……，序数只表示顺序或等级，是不能加总求和的。例如，序数第一、第二和第三，仅仅表示的是第二大于第三，第一大于第二，至于第一、第二和第三相加是没有意义的。

基数效用论者认为，效用和重量、长度一样可以具体衡量并加总求和。例如：对一个人来说，吃一顿丰盛的晚餐的效用是 10，看一场精彩的足球比赛的效用可以是 5，两者一起消费，消费者得到的效用是 15，且前者是后者的 2 倍。

序数效用论者认为，效用大小是无法具体衡量的，效用之间可以通过比较表示出等级或顺序。例如：在上面的例子中消费者无法计算效用的大小，只能根据消费者的偏好选择，即哪一种消费的效用是第一的，哪一种消费的效用是第二的。或者说，要回答的是宁愿吃一顿丰盛的饭，还是宁愿看一场高水平的足球赛。

3.2　边际分析和消费者均衡

3.2.1　总效用和边际效用

我们先来说明总效用（total utility，TU）和边际效用（marginal utility，

MU）的概念，因为这两个效用在经济学中非常基本也非常重要。**总效用**（TU）是指消费者在一定时间内从一定数量的商品的消费中所得到的效用的总和。**边际效用**（MU）是指消费者在一定时间内每增加一单位商品的消费所带来的效用量的增加量。假定消费者对一种商品的消费量为 Q，则总效用函数为

$$TU = F(Q)$$

相应的边际效用函数为

$$MU = \frac{\Delta TU}{\Delta Q} \tag{3-1}$$

式中，TU、MU 分别代表总效用和边际效用，ΔTU、ΔQ 分别代表各自的变化量。

当商品的增加量非常小，趋近于无穷小，即 $\Delta Q \to 0$ 时有：

$$MU = \lim_{\Delta Q \to 0} \frac{\Delta TU(Q)}{\Delta Q} = \frac{\mathrm{d}TU(Q)}{\mathrm{d}Q} \tag{3-2}$$

在这里要指出，在经济学里，边际分析是最基本的分析方法之一，边际是很重要的一个基本概念。边际效用是本书出现的第一个边际概念。在此，我们有必要强调一下，边际量的一般含义是表示一单位的自变量的变化量所引起的因变量的变化量。抽象的边际的定义公式为

$$边际量=\frac{因变量的变化量}{自变量的变化量}$$

根据表 3-1，可以做出总效用和边际效用的曲线。如图 3-1 和图 3-2 所示，横轴代表商品的数量 Q，纵轴代表总效用 TU 或边际效用 MU，TU 是总效用曲线，MU 是边际效用曲线。

表 3-1 总效用与边际效用的关系

某商品的消费数量	总效用	边际效用
0	0	—
1	10	10
2	18	8
3	24	6
4	28	4
5	30	2
6	30	0
7	28	−2

从表 3-1 可以看出，当消费第 1 个该种商品时总效用为 10 单位，而边际效用为总效用的总量。开始时总效用为 0，所以这时边际效用也为 10。当消费第 2 个商品时总效用增加至 18，边际效用为总效用的增量，边际效用为 8。依此类推。当消费第 6 个商品时总效用为 30 单位，此时边际效用为 0，同时总效

用达到最大。当消费第 7 个商品时边际效用为负，总效用开始递减。

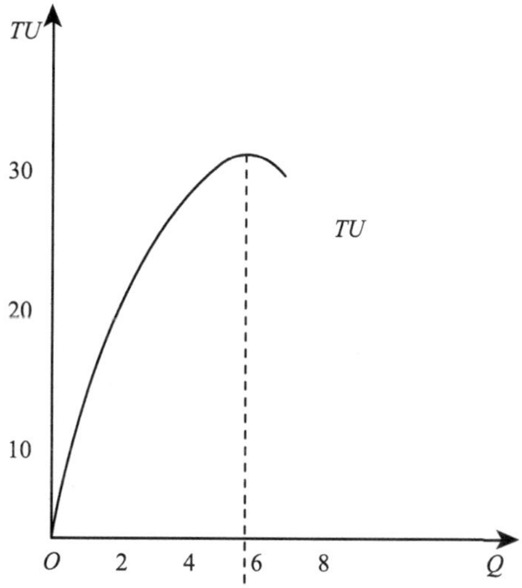

图 3-1 总效用图

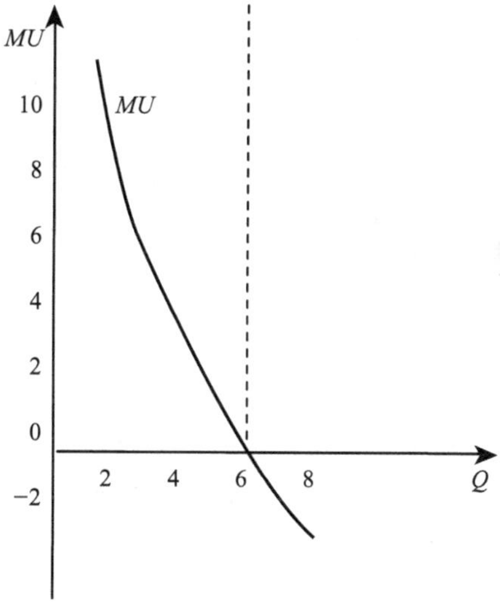

图 3-2 边际效用图

在图中，*MU* 曲线是向右下方倾斜的，它反映了边际效用递减规律，相应的 *TU* 曲线是先上升后下降的。当边际效用为正值时，总效用曲线呈上升趋势，当边际曲线效用递减为零时，总效用曲线达到最高点；当边际效用继续递减为负值时，总效用曲线呈下降趋势。

边际效用递减规律是指在一定时期内，在其他物品的消费量不变的条件下，随着消费者对某种物品消费量的不断增加，消费者从该物品连续增加的每一个消费单位中得到的效用增量即边际效用是递减的。

基数效用论从两个方面解释边际效用递减规律。第一，从人的生理与心理角度讲，随着相同消费品数量的连续增加，消费者从每一单位消费品中所感受的满足程度和对重复刺激的反应程度是递减的；第二，由于同一商品具有多种用途，消费者总是将第一单位消费品用在最重要的用途上，第二单位消费品用在次重要的用途上，这样消费品的边际效用便随着消费品用途重要性的递减而递减。

例如消费者有两块面包，他把第 1 块用于最重要的充饥（满足生理需求），若继续消费第 2 块面包，其所带来的边际效用可能小于把第 2 块面包用于赠送朋友（满足爱的需要）所带来的边际效用，该消费者有可能把第 2 块面包用于赠予。这块面包用途的重要性是不同的，从而其边际效用也就不同。由此看来，边际效用递减规律是符合实际情况的。

课堂讨论

播放陈佩斯、朱时茂主演的小品《吃面》，讨论以下问题

1. 小品中存在经济学中的效用、边际效用和边际效用递减规律，请分别分析

说明。

2. 生活中还有哪些现象中存在效用、边际效用和边际效用递减的现象，请举出两个例子。

3. 看了案例后对你有什么启发？

补充阅读

人们为什么不愿徒劳地等待

有一名工程师专门从事航空公司的工作流程优化工作。有一天他注意到一个问题，一些环形行李传送带距离到达口很近，而另外一些传送带距离到达口很远。这个称职的工程师决定优化一下行李传送带的设计，让每趟航班上的行李可以被运送到距离这架飞机停泊地点最近的传送带上。在这一优化方案实施之前，乘客下飞机后要走很长一段路，他们的行李会在传送带上放很久。实施新的方案之后，传送带距离飞机停泊地点很近，人们不需要走多远就可以到达传送带旁，在那里等待领取他们的行李。

让航空公司万万没想到的是，旅客们讨厌这个新方案，因为他们不得不把时间花费在原地不动的等待上；更糟糕的是，有些人还会胡思乱想，怀疑自己的行李可能丢了。这种无所事事的状态让旅客们很不愉快，于是他们开始投诉，最终航空公司放弃了这个更有效率的方案。

为什么人们宁愿浪费时间来回奔波，而不愿省事地等待呢？答案就是：在徒劳的等待中，人们会有失去掌控力的感觉。美国经济学家泰勒·考文说："掌控力需求源自人类内心深处的欲望，这也是感觉到失去掌控力是如此折磨人的原因之一。"

以色列经济学家阿扎尔研究发现，如果一名足球守门员待在中路不动，扑住点球的概率为33.3%，扑向左右两侧的概率分别只有14.2%和12.6%。但是事实上守门员守在中路不动的概率极低，其原因就是守门员如果等在原地不动，认为球会直直打向中路而被拦截，那他看起来就像个白痴，而飞起身来扑向一侧则让人觉得他更有掌控力。

在《神雕侠侣》中，杨过看到断肠崖崖壁上"十六年后，在此相会，夫妻情深，勿失信约"的留言后，黄蓉告诉他，小龙女是跟南海神尼去了，16年后一定会病愈归来，夫妻团聚。于是杨过求生欲念大增。在这16年中，杨过在江湖上干出惊天动地的事，成为一代大侠。

而在哈金的小说《等待》中，男主人公孔林为了离婚和心上人在一起，苦苦等了18年。这18年却摧毁了他对爱情和人生的信念。最后孔林自言自语道："你错把冲动当成爱情。你根本不懂什么是爱情，事实上，你等了18年，只是为了等待而等待。"

为什么同样是等待，结局会不一样？其中最大的差别是杨过有一个时间期限，他知道自己要等多久，所以他对未来还具有部分掌控力；而孔林却恰恰相反。

掌控力是人类的基本欲望，徒劳的等待会让人绝望，相反，无论做一点什么都会让人感觉好一点。就像我们在停车时，普遍不愿意待在一个地方等空位，而是喜欢毫无目的地四处转悠寻找空位。

行为经济学家丹·艾瑞里说："与采取行动相比，无所事事地原地等待更让人心烦意乱。我们无所事事地等待的时候，时间会过得很慢，耐心会渐渐消失……"

资料来源：岑嵘. 人们为什么不愿徒劳地等待 [J]. 读者，2018（9）.

3.2.2 消费者均衡

由于边际效用具有递减规律，因而人们对一种商品的消费数量并不是越多越好。在货币收入一定的条件下，消费者对一种商品消费量的增加，就是对另一种商品消费量的减少。就消费者来说，他怎样才能花费一定数量的货币使购买各种商品所获得的总效用，或者说满意与享受达到最大化呢？**消费者均衡**（consumer equilibrium）是研究单个消费者如何把有限的货币收入分配在各种商品的购买上以获得最大效用。也就是说，它是研究单个消费者在既定收入下实现效用最大化的均衡条件。这里的均衡是指消费者实现效用最大化时，既不想再增加也不想再减少任何商品购买数量的一种相对静止的状态。

在研究消费者均衡时，我们假设：第一，消费者的偏好是既定的，也就是说，消费者对商品的满足程度不发生变化；第二，消费者的收入是既定的；第三，商品的价格是既定的。消费者均衡正是要说明在这些假设条件下，消费者如何把有限的收入分配到各种商品的购买与消费上，以获得最大效用。

基数效用论认为，消费者均衡的条件是：消费者用既定收入购买各种商品所带来的边际效用，与为购买这些物品所支付的货币的比例相等，或者说每 1 单位货币购买商品所得到的边际效用相等。

假设消费者收入为 M，消费者购买并消费 X 和 Y 两种物品，X 与 Y 的价格分别为 P_X 和 P_Y，所购买的 X 与 Y 的数量分别是 Q_X 和 Q_Y。X 与 Y 所带来的边际效用分别为 MU_X 和 MU_Y，每一单位货币的边际效用为 MU_M。消费者均衡条件可以用公式表示为：

$$P_X \cdot Q_X + Q_Y \cdot P_Y = M \tag{3-3}$$

$$\frac{MU_X}{P_X} = \frac{MU_Y}{P_Y} = MU_M \tag{3-4}$$

式（3-3）说明消费者均衡的限制条件，说明消费者收入是不变的，购买 X 与 Y 两种商品的支出不能超过该收入，也不能小于该收入，超过该收入是无法实现的愿望，小于该收入消费者不能实现效用的最大化。式（3-4）是消费者均衡的条件，表示消费者应该选择最优的商品组合，即所购商品所带来的边际效用与其价格之比相等，且等于货币的边际效用，也就是说，每 1 单位货币不论用于购买 X 商品，还是 Y 商品，所得的边际效用相等。

为什么说只有当消费者实现了 $\frac{MU_X}{P_X}=\frac{MU_Y}{P_Y}=MU_M$ 的均衡条件时，才能获得最大的效用呢？或者说，该均衡条件的经济含义是什么呢？

我们来看一下 $\frac{MU_X}{P_X}=\frac{MU_Y}{P_Y}$ 的经济学含义。MU_X 代表增加一单位 X 商品带来的总效用的增量；$\frac{1}{P_X}$ 代表一单位货币能够买到的 X 商品的量；$MU_X \cdot \frac{1}{P_X}$ 代表增加一单位货币用来购买 X 商品所带来的总效用的增量。

假如 $\frac{MU_X}{P_X}<\frac{MU_Y}{P_Y}$ 时，这说明对于消费者来说，同样的 1 元钱购买 X 商品所获得的边际效用小于购买 Y 商品所获得的边际效用。这样，理性的消费者就会调整这两种商品的购买数量：减少 X 商品的购买量，增加 Y 商品的购买量。

在这样的调整过程中，一方面，在消费者用减少 1 元的 X 商品的购买来相应地增加 1 元 Y 商品的购买时，由此带来的 X 商品的边际效用的减少量小于 Y 商品的边际效用的增加量，这意味着消费者的总效用增加了。另一方面，在边际效用递减规律的作用下，X 商品的边际效用会随着购买量的不断减少而递增，Y 商品的边际效用会随着购买量的不断增加而减少。当消费者一旦将其购买组合调整到同样 1 元钱购买这两种商品所得到的边际效用相等时，即达到 $\frac{MU_X}{P_X}=\frac{MU_Y}{P_Y}$ 时，他便得到了最大效用。

相反，当 $\frac{MU_X}{P_X}>\frac{MU_Y}{P_Y}$ 时，这说明消费者在花相同的 1 元钱时，从 X 商品处得到的边际效用大于 Y 商品，这时，理性的消费者就会增加 X 商品的购买，减少 Y 商品的购买。同样的道理，直至调整到 $\frac{MU_X}{P_X}=\frac{MU_Y}{P_Y}$ 时，消费者达到效用最大化。以表 3-2 为例，进一步具体说明消费者均衡的条件。

表 3-2　消费者均衡的条件

商品数量（Q）	1	2	3	4	5	6	7	8
X 商品的边际效用（MU_X）	11	10	9	8	7	6	5	4
Y 商品的边际效用（MU_Y）	19	17	15	13	12	10	8	6

在表 3-2 中，假设某消费者在某一时期内将 8 元钱全部用于 X 商品和 Y 商品的消费，两种商品的价格分别为 $P_X=1$ 元，$P_Y=1$ 元。那么，能给消费者带来最大效用的购买组合应该是：

$$P_X \cdot X + P_Y \cdot Y = 8$$

$$\frac{MU_X}{P_X}=\frac{MU_Y}{P_Y}$$

由于 $P_X = P_Y = 1$，所以应有 $MU_X = MU_Y = 10$，即 $X = 2$，$Y = 6$ 时，消费者取得效用最大化。

3.2.3　消费者均衡和需求曲线

前面我们给出了需求曲线，是一条向右下方倾斜的曲线，但是为什么会向右下方倾斜呢？我们运用消费者均衡这一法则给予解释。在这里我们假定货币的边际效用不会递减，这时如果 X 商品的价格提高的话，$\frac{MU_X}{P_X}$ 的值就会变大。因此，消费者就会调整自己消费商品的数量。调整的过程是：增加 X 商品的消费，引起 MU_X 的减少，$\frac{MU_X}{P_X}$ 的值下降，直到 $\frac{MU_X}{P_X}$ 的值回到 $\frac{MU_X}{P_X} = \frac{MU_Y}{P_Y}$，即消费者花费每 1 元的新的边际效用再次等于在其他物品上的每 1 元的边际效用。我们可以看出，一种物品价格降低就增加了消费者对该种物品的消费量，这也说明了为什么需求曲线向右下方倾斜。同时也说明了需求曲线上的每一点都是消费者满足均衡条件时的点。

3.2.4　消费者剩余

最后我们再介绍一个重要的概念，即**消费者剩余**（consumer surplus）。在消费者购买商品时，他对每一单位商品所愿意支付的最高价格取决于这一单位商品的边际效用，在前面分析过边际效用是随着消费商品数量的增加而递减的，故他对商品愿意支付的价格也是逐步下降的。但是在现实生活中，消费者在购买商品时，为第一件商品和最后一件商品支付相同的价格——市场价格。也就是说，有时他愿意支付的价格高于市场的价格，这时消费者获得了消费者剩余。消费者剩余是指消费者愿意支付的价格总额与其实际支付的价格总额之间的差额。

可以用表 3-3 来说明消费者剩余。

表 3-3　消费者剩余表

消费者愿意支付的价格	某商品数量	市场价格	价格之间的差额
5	1	1	4
4	2	1	3
3	3	1	2
2	4	1	1
1	5	1	0

对某个消费者而言，其对商品愿意支付的价格取决于该商品的边际效用，由于边际效用递减，所以他所愿意支付的价格由 5 元逐步降低至 1 元，而市场的价格是由供求决定的，只有 1 元。这样在购买第 1 个商品时，该消

费者就会有 4 元的剩余。依此类推，总的剩余为消费者剩余，消费者剩余 = 4+3+2+1+0=10 元。

消费者剩余可以用几何图形来表示。简单地说，消费者剩余可以用消费者需求曲线下、市场价格线之上的面积来表示。如图 3-3 所示的阴影的面积。

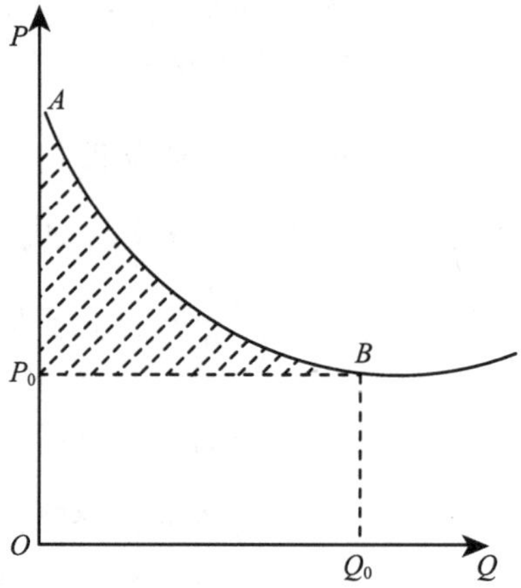

图 3-3

课堂讨论

播放赵本山和范伟主演的小品《卖拐》和《卖车》，分小组讨论其中的经济学问题

1. 为什么赵本山的拐和车都能卖给范伟？

2. 赵本山的“忽悠”是一种什么样的营销策略，这种策略是怎样提高消费者剩余的？

3. 从这两个小品中你学到了什么样的经验和教训？(例如：信息收集和分析、心理暗示和保持清醒的消费心理等。)

补充阅读

“掀桌”砍价法

所谓“掀桌”，就是掀翻谈判桌，也可以叫翻脸。最常见的就是买东西的时候，你给我个价，我嫌贵，扭头就走，等你在我身后喊“回来回来，我给你打五折”。但是，我们会发现，很多时候我们扭头就走，然后就真的走了，因为没人叫我们回来。

这种假借条件不合就掀桌翻脸、逼迫对方让步的方式，很容易弄巧成拙。而这其实是因为我们没有意识到，掀桌前也是需要做一些准备工作的。因为如果对方压根儿就没和我们坐在一张谈判桌上，或是并没有什么无法接受的翻脸成本，我们这时候掀桌，自然很容易就白掀了。

一个朋友特别会砍价。如果在商店看到一个心仪的东西，他会很小心地拿起包装盒，反反复复地看很久。如果身边有朋友，他还会跟朋友交流几句，流露出对这个玩意儿的喜爱。他也会跟店家聊，但绝不开口问价，只问跟这个商品有关的细节，一直细到保修能保多少年，说得好像已经买了一样。同时，他还会很不情愿地表达出一些犹豫，哼哼唧唧地说："老婆对于我总是买这样的东西很不爽。""我自己其实并不需要它。"到最后已经把钱包从兜里拿出来放手上了，他才开口问店家："我要付你多少钱？"而不管店家报出什么价格，如1 000元，他都会立刻做出极度震惊状，并迅速把钱包收起来，一边对店家说："开玩笑呢，要我命呢！"一边对朋友说："唉，可惜了。"这个时候，店家要么会立刻抛出一个大折扣，要么会说："那你说多少钱好了。"而我这位朋友就可以十分从容地说："我原以为一两百元就搞定了，谁知道这么贵啊，买回去还不得跪搓衣板啊！但我确实挺不好意思砍价的，这样吧，400元，我也不勉强，不行我就当认识个朋友。"整个过程持续10～20分钟。在这个过程里，我这位朋友十分完整地完成了3个步骤。第一步，表达上桌意愿，把对方也拉到谈判桌上来。第二步，等对方上桌，再讲出还有不太友好的其他人也在桌上。第三步，时机成熟，果断掀桌。即便不成功，我们也是有退路的，我们完全可以做痛心疾首状，说："今儿我就不管我老婆了，老板，就按你的价买了！"

相比之下，那些一进店就问价，然后砍一半的传统做法，大部分会"掀桌"失败。问题在哪儿呢？第一，前戏没做足，压根儿没把对方拉到谈判桌上，这笔买卖成不成，对方根本不在乎。第二，没有设置安全网，虚拟一个第三方敌人。如果你只知道掀桌，把对方一脚踢开，当然效果不会好。

明白了这一点，我们就会知道，很多时候谈判不成功，并不是因为我们哪句话没说好，而是在表达策略上没有一个清晰的布局。

资料来源：邱晨．"掀桌"砍价法[J]．读者，2017（17）．

3.3　序数效用论：无差异曲线分析

一个世纪以前一个叫帕累托的经济学家发现，即使在没有效用概念的情况下，也可以分析消费者行为，这个工具就是无差异曲线。

3.3.1　无差异曲线

1. 无差异曲线的含义

序数效用论者认为，商品给消费者带来的效用是不能用数量来衡量的，只能比较大小和排列顺序。为此，序数效用论提出了消费者偏好的概念。所谓偏好，就是爱好或喜爱的意思。正是这种偏好程度的差别，反映了消费者对这些不同的商品组合的效用水平的评价。具体地讲，假设你是一个消费者，在给定的价格下，你购买不同组合的两种商品，比如是衣服和食物。对于这两种商品的每一种组合，你会偏好其中的一种；或者认为两种组合对你是无差异的。例如：A 组合是 1 单位的食物和 6 单位的衣服，B 组合是 3 单位的食物和 4 单位的衣服，你可能认为 A 好于 B，或者 B 好于 A，或者 A 和 B 是无差异的。

无差异曲线（indifference curve）是指用来表示给消费者带来相同效用水平的两种商品不同数量的组合的曲线。下面用表 3-4 和图 3-4 具体说明无差异曲线的构建。

表 3-4 无差异曲线表

组合方式	X 商品	Y 商品
a	5	25
b	10	18
c	15	13
d	20	9
e	25	7

假设消费者只消费 X、Y 两种物品，他们有 a、b、c、d、e 五种组合方式，这五种组合方式给消费者带来的效用相同。这样可以做出表 3-4，根据表 3-4 可以做出图 3-4。

在图 3-4 中，横轴 X 代表 X 商品的数量，纵轴 Y 代表 Y 商品的数量，I 为无差异曲线。无差异曲线上任何一点 X 商品与 Y 商品不同数量的组合给消费者带来的效用是相同的。

2. **无差异曲线的特征**。

无差异曲线有四个特征，分别说明如下。

第一，无差异曲线有无数条且布满整个平面，过平面上的任意一点有且只有一条无差异曲线通过。距离原点越远的无差异曲线表示消费商品的数量组合越多，给消费者的效用越大。如图 3-5 所示，I_1、I_2、I_3 是三条不同的无差异曲线，它们代表不同的效用，其顺序为：$I_1 < I_2 < I_3$。

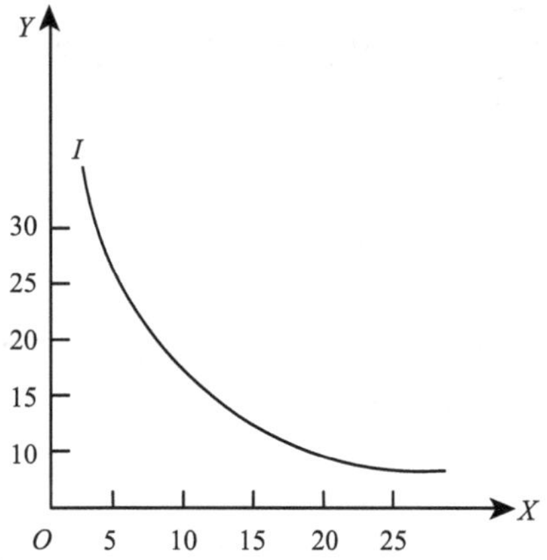

图 3-4 无差异曲线图

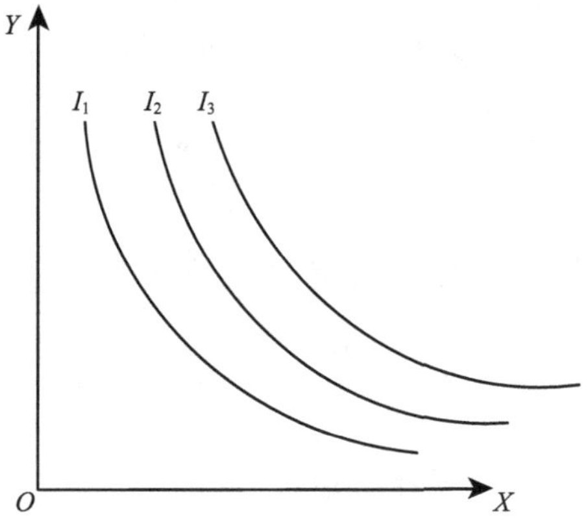

图 3-5 无差异曲线图

第二，任何两条无差异曲线都不能相交。因为每一条无差异曲线都代表不同的效用水准，所以它们不可能相交。假设两条无差异曲线相交于 M 点，如图 3-6 所示，I_1 为无差异曲线，V 与 M 为 I_2 上的两个点，故消费者对于 V 与 M 有相同的偏好。M、T 点在无差异曲线 I_1 上，所以可以得到 T 与 M 相同偏好的关系，因此 V 与 T 的偏好相同。但事实上 V 是高于 T 的，因为 T 比 V 更接近原点。基于这种矛盾现象，我们不允许无差异曲线相交。

第三，无差异曲线的斜率为负，即无差异曲线向右下方倾斜。因为 X 商品与 Y 商品都可以带来消费者效用，任何一种商品的增加，都会使消费者的效用增加。既然无差异曲线上的商品组合必须使消费者的效用维持不变，因此当消费者对一种商品的消费增加时，对另一种商品的消费必须减少，只有负斜率的无差异曲线才能符合这种反向关系。

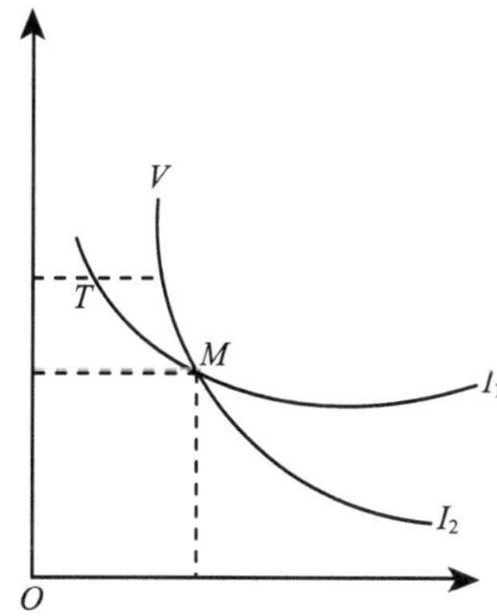

图 3-6

第四，无差异曲线“凸向原点”。消费者沿着无差异曲线移动时，就是用一种商品替代另一种商品，随着该商品数量的增加，消费者的效用递减，而另一种商品数量的减少，消费者的效用则递增。所以该商品对另一种商品的替代率就减小了。这就使得无差异曲线凸向原点。

3. **边际替代率**

当消费者沿着一条无差异曲线上下移动时，两种商品的数量组合不断发生变化，而总效用不变，这说明，在维持总效用不变的条件下，消费者要用一种商品去替代另一种商品。由此经济学家定义了商品的边际替代率。

边际替代率（marginal rate of substitute）是指在维持总效用不变的前提下，消费者增加一单位某种商品的消费量时需要减少另一种商品的消费数量。可以数学表示为：

$$MRS_{XT} = -\frac{\Delta Y}{\Delta X} \tag{3-5}$$

式中，ΔY 和 ΔX 表示 Y 商品和 X 商品的变化量。由于 ΔX 是增加量，ΔY 是减少量，两者的符号相反，所以为了使 MRS_{XY} 的计算结果是正值，为便于比较，就在公式中加了一个负号。

在两种商品的替代过程中，普遍存在这么一种现象，这个现象被称为商品的边际替代率递减规律。具体地说，在维持效用水平不变的前提下，随着一种商品消费量的连续增加，消费者为了得到每一单位的这种商品所需放弃的另一种商品的消费量是递减的。其原因在于：随着一种商品消费量的逐步增加，消费者想要获得更多这种商品的愿望就会递减，从而，他为了多获得一单位的这种商品而愿意放弃的另一种商品的数量就会越来越少。

如图 3-7 所示，增加相同的 X 商品的消费量 ΔX，需要放弃的 Y 商品的量 ΔY 是递减的，即 $\Delta Y_1 > \Delta Y_2$，根据 $MRS_{XT} = -\frac{\Delta Y}{\Delta X}$ 的定义，MRS_{XY} 也是递减的。从几何意义上来讲，$\frac{\Delta Y}{\Delta X}$ 的比率代表着无差异曲线上任意点的斜率。所以边际

替代率递减规律决定了无差异曲线的斜率的绝对值是递减的，即无差异曲线是凸向原点的。

边际替代率递减规律与边际效用递减规律很类似，但是这两种概念是不同的。边际效用表示其他条件不变的情况下，消费者对某一种商品的消费增加时，此商品的边际效用递减，因为新增加的商品使每一单位商品的重要性降低。边际替代率递减规律是在消费者总效用不变的情况下所发生的一种现象。当消费者沿着一条无差异曲线向下移动时，他以 X 替代 Y，商品的组合改变，但是他获得的效用不变。

4. 消费者预算线

无差异曲线描述了消费者对不同商品组合的偏好，它仅仅表示了消费者的消费愿望。这种愿望构成分析消费者行为的一个方面。另一方面，消费者在购买商品时，必然会受到自己的收入水平和市场价格限制，这就要用到预算线。

预算线（budget line）也称为消费可能性曲线，是一条表明在消费者收入与商品价格既定的条件下，消费者用全部收入所能购买到的两种商品数量最大组合的曲线。

假定某消费者的收入为 60 元，X 商品价格为 20 元，Y 商品的价格为 10 元，如果用全部收入购买 X 商品，可以买 3 单位；如果全部买 Y 商品，可以购买 6 单位。这样可以做出如图 3-8 所示的曲线。

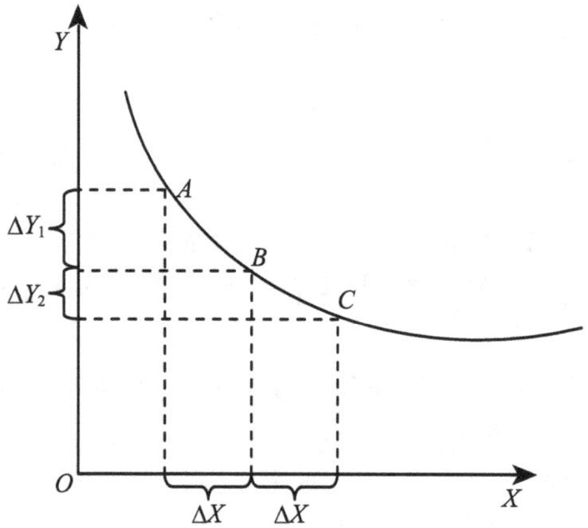

图 3-7　边际替代率递减规律

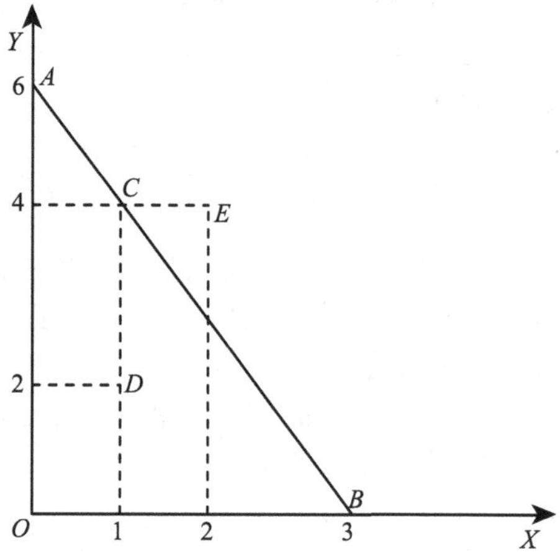

图 3-8　消费者预算线

在图 3-8 中，*AB* 线即为预算线。该线上的任何一点都是在收入与价格既定条件下，能够买到的 X 商品与 Y 商品的最大数量的组合。例如 *C* 点，购买 4 单位 Y 商品，1 单位 X 商品，正好用完 60 元。在该线内的任何一点，所购买的 X 商品和 Y 商品的组合是可以实现的，但不是最大数量组合，即没有用完全部收入。例如在 *D* 点，购买 1 单位 X 商品用 20 元，2 单位 Y 商品用 20 元，只用了 40 元。在该线外的任何一点所购买 X 商品和 Y 商品的组合均无法实现，因为所需花费超过了收入，例如 E 点。如果用 I（income）表示消费者的收入，P_X 和 P_Y 分别为 X 商品和 Y 商品的价格，Q_X 和 Q_Y 分别为两种商品的数量，则预算线一般表示式为

$$P_X \cdot Q_X + P_Y \cdot Q_Y = I \tag{3-6}$$

这就是预算线方程。预算线是消费者收入和商品的价格既定的情况下，消费两种商品的最大组合。如果消费者的收入和商品的价格发生变化时，消费者的预算线也会发生变化。

预算线的变动可以归纳为以下 4 种情况。

第一种，商品价格没有变化，消费者的收入发生变化。此时相应预算线的位置发生平移。收入增加，预算线会向右移，收入减少，预算线就向左移，如图 3-9a 所示。

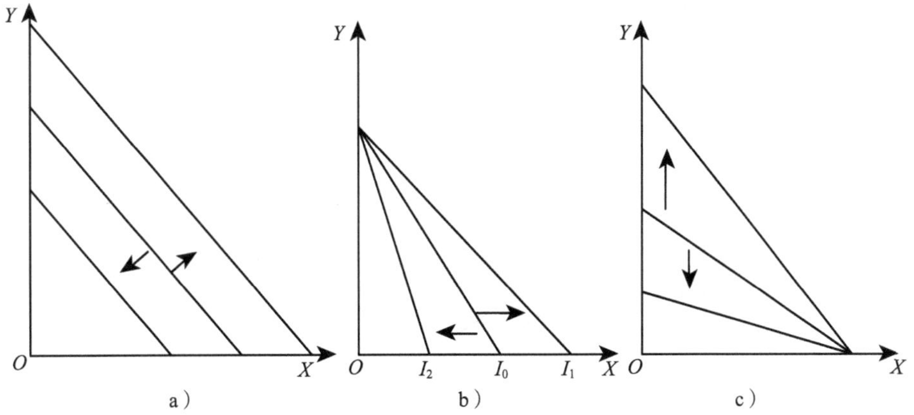

图 3-9　预算线的移动

第二种，消费者收入不变，两种商品的价格 P_X 和 P_Y 同比例同方向变化。这时相应的预算线的位置也会发生平移。原因是预算线的斜率为 $-\dfrac{P_X}{P_Y}$，如果 P_X、P_Y 同比例变化就不会影响其比值，只会影响其预算线的位置。如果 P_X、P_Y 同比例上升，预算线就会向左移动；如果 P_X、P_Y 同比例下降，预算线就会向右移动，如图 3-9a 所示。

第三种，消费者收入不变，一种商品的价格不变，另一种商品的价格发生变化，这将使得预算线发生旋转。若 P_Y 不变，P_X 下降，则在不改变 Y 商品的购买量的同时，可以增加 X 商品的购买量，消费者的预算线逆时针旋转如图 3-9b 所示，由 I_0 旋转至 I_1；相反当 P_X 上升时，在保持 Y 商品数量不变时，X 商品购买量会减少，预算线会顺时针旋转。如图 3-9b 所示，预算线由 I_0 旋转至 I_2。

第四种，相同道理，如果收入和 X 商品的价格不变，Y 商品的价格发生变化就会发生如图 3-9c 所示的变化。Y 商品的价格 P_Y 下降，预算线顺时针旋转，

价格上升，预算线逆时针旋转。

3.3.2 消费者均衡

消费者均衡是指在收入及价格既定的情况下，求得最大的效用或者满足，也就是说希望在众多的无差异曲线中，设法达到最高的那一条无差异曲线。序数效用论认为，只有既定的预算线与其中一条无差异曲线的相切点，才是消费者获得效用最大的均衡点。

如图 3-10 所示，把无差异曲线和预算线放在同一张图上，那么预算线和无差异曲线中的一条切于一点，在这一点上实现了消费者均衡。

在图 3-10 中，3 条无差异曲线效用的大小顺序为：$I_1 < I_2 < I_3$。预算线 *AB* 与 I_2 相切于 *E* 点，这时实现了消费者均衡。这就是说，在收入与价格既定的条件下，消费者购买 *OM* 的 X 商品，*ON* 的 Y 商品，就能获得最大的效用。

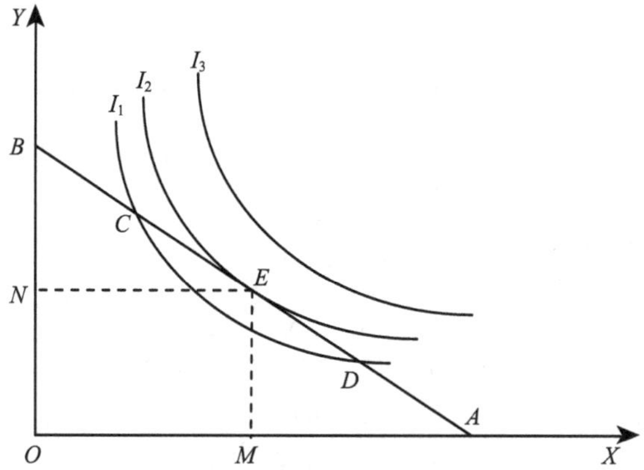

图 3-10　消费者均衡图

为什么只有在这个切点才能实现消费者均衡呢？从图 3-10 可以看出，只有在这一点上所表示的 X 商品与 Y 商品的组合才达到在收入和价格既定的条件下，效用最大。无差异曲线 I_3 所代表的效用大于 I_2，但是消费者预算线 *AB* 同它既不相交又不相切，这说明达到 I_3 效用水平的 X 商品与 Y 商品数量组合在收入和价格既定的条件下是无法实现的。而无差异曲线 I_1 虽然与预算线 *AB* 有两个交点 *C* 和 *D*，说明在 *C* 点和 *D* 点上所购买的 X 商品与 Y 商品的数量也是收入与价格既定条件下的最大组合，但是 $I_1 < I_2$，*C* 点和 *D* 点的 X 商品与 Y 商品的组合并不能实现最大的效用。此外，I_2 除了 *E* 点之外的各点都在 *AB* 线之外，即其他各点所要求的 X 商品与 Y 商品的数量组合是在收入与价格既定条件下无法实现的。可见，只有在既定的预算线 *AB* 与其中一条无差异曲线 I_2 的相切点上，才能实现消费者均衡。

同时，我们还要说明在均衡点 *E*，无差异曲线通过 *E* 点的切线和预算线重合。切线的斜率为边际替代率 MRS，而预算线斜率为 $-\frac{P_X}{P_Y}$，所以在切点有

$MRS_{XY}= -\frac{P_X}{P_Y}$，即消费者均衡是使两种商品的边际替代率等于两种商品的价格之比。

补充阅读

设计菜单

客人的饭量如何，喜欢喝什么酒，酒量如何？这些问题都可以从客人落座后点的第一道菜、第一杯酒中找到答案。虽然也有例外，但一般来说，能喝酒的人会毫不犹豫地一饮而尽，他们喝第一杯酒的速度都非常快。

一个人喝第一杯酒的速度，基本上与他的酒量成正比。只能喝一杯啤酒的客人，很少出现大口喝掉第一杯后接下来只喝茶水的情况。所以，当我根据喝第一杯酒的速度判断出这是一位酒量很好的客人时，我会考虑根据他的喜好为他做一些下酒菜。像这样的客人，最后的主食不适合吃富含碳水化合物的菜蒸饭，最好吃点清淡食物，比如菜粥，夏天的话就吃点清水煮面。

前两道菜吃得很快的客人，一般是食量比较大的人。因此，我会在兼顾成本的前提下，为客人设计菜量相对较大的菜单。

每一位客人的情况都不同。有时候来的是一对银发老夫妇，有时候是年轻女士和她的朋友，还有和上司一起来喝酒的年轻男士。如果接待客户，就不适合那种吃起来很麻烦、影响谈话的食物，比如带刺的鱼。如果是年长者，味道清淡的炖菜应该很合他们的口味。如果是外国人，做的菜最好不要太过偏离他们本国的饮食习惯。我们努力的终极目标，是让所有客人用餐后，都能由衷地感到美味和愉悦。为此我们既要下功夫钻研食谱，又要细心体察客人的需求。这才是我理想中的吧台烹饪。

资料来源：神田裕行．设计菜单 [J]. 读者，2018（22）.

3.3.3　消费者均衡的变动

前面我们分析消费者均衡时，总是假定商品的价格和消费者的收入不变。如果商品的价格和消费者收入发生了变化，消费者均衡也会发生相应的变化。

1. 价格变化：价格—消费曲线

在其他条件均保持不变时，一种商品的价格发生变化会使消费者效用最大化均衡点的位置发生移动，由此形成一条价格—消费曲线。价格—消费曲线是指在消费者偏好、收入以及其他商品的价格不变的条件下，与某一种商品的不同价格水平相联系的消费者效用最大化的均衡点的轨迹，具体可用图 3-11 加以说明。

假设消费者偏好和消费者收入不变，Y 商品的价格也保持不变，而 X 商品的价格上升。如图 3-11 所示，预算线将以 A 点为中心旋转到 AB'。如果 Y 商品的价格不变，X 商品的价格下跌，预算线以 A 点为中心旋转到 AB''。预算约束线的旋转又会引起消费者均衡点的移动，把这些消费均衡点连接起来，便得到一条价格—消费曲线。

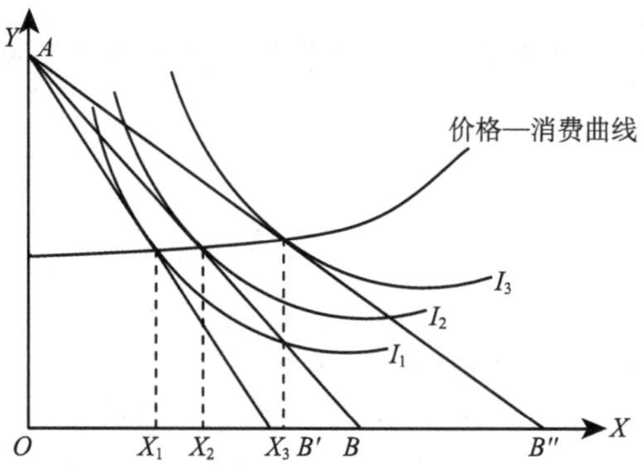

图 3-11　价格－消费曲线

2. 收入变化：收入—消费曲线

在其他条件不变而消费者的收入水平发生变化时，也会改变消费者效用最大化的均衡位置，并由此可以得到一条收入—消费曲线。收入—消费曲线是指在消费者的偏好和商品的价格不变的条件下，与消费者的不同收入水平相联系的消费者效用最大化的均衡点的轨迹，具体可用图 3-12 来说明。

假设消费者偏好和商品价格不变，而消费者收入发生变化，这将会使预算线平行移动。如图 3-12a 所示，当收入增加时，在图上表现为预算约束线平行地向外移动；反之，则平行向内移动。预算约束线的移动又会引起预算线和无差异曲线的切点的移动，即引起消费者的均衡点的移动。如图 3-12a 所示，把所有这些均衡点连接起来，就可以得到一条新的曲线。这条新的曲线被称为收入—消费曲线。

收入—消费曲线的主要贡献如下。

第一，用来表示在偏好和价格不变的情况下最优消费组合如何对收入的变化做出反应而发生变动。

第二，推导出恩格尔曲线，反映在价格保持不变的情况下，收入的变化与某一商品消费数量变化之间的关系。结合图 3-9a、图 3-9b 描述恩格尔曲线。图 3-12b 所示就是恩格尔曲线。

3. 替代效应和收入效应

一种商品价格的变化会引起该商品需求量的变化。会对消费者产生两种影响：一种是消费者的实际收入发生变化，另一种是商品的相对价格发生变化。正是这两种变化改变了消费者的需求量。因此这种变化可以被分解为收入效应和替代效应两个部分。

例如，消费者购买 X 商品和 Y 商品的情况下，当 X 商品的价格下降时，一方面对于消费者来说，虽然货币收入没有提高，但是现在的商品价格降低了，相当于实际收入提高了。实际收入的提高就会增加对商品的购买。另一方面 X 商品价格降低了，相对商品价格不变的 Y 商品就变贵了。这种变化也会使得消费者增加 X 商品来替代 Y 商品。如果提高 X 商品的价格，情况就会恰恰相反。我们把第 1 种情况称为收入效应，第 2 种情况称为替代效应。

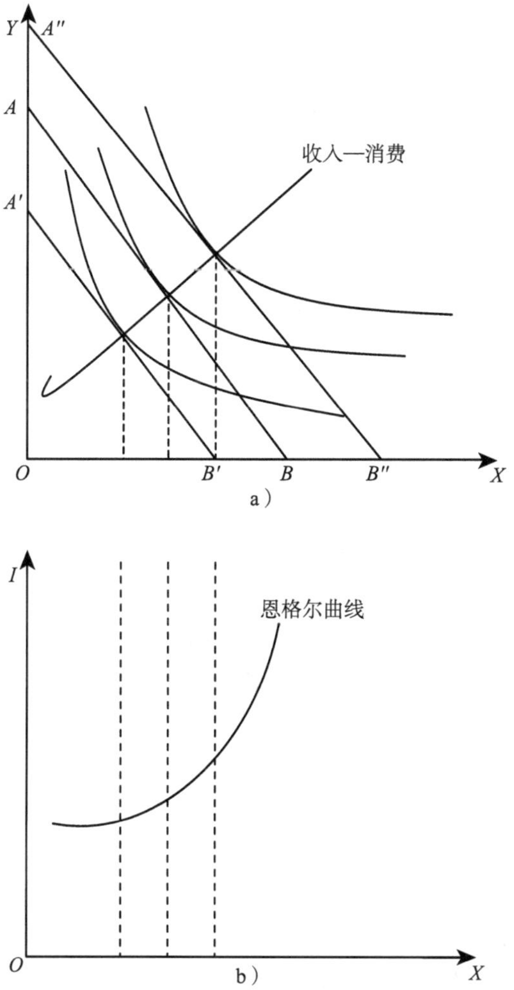

图 3-12　收入—消费曲线

替代效应（substitution effect）是指由商品的价格变动所引起的商品相对价格的变动，进而由商品的相对价格变动所引起的商品需求量的变动。

收入效应（income effect）是指由商品的价格变动所引起的实际收入水平变动，进而由实际收入水平变动所引起的商品需求量的变动。

价格引起的需求量的变化称为总效应，总效应 = 替代效应 + 收入效应。

学习指导

1. 学习建议

本章学习中使用了经济学中几种最基本的分析方法，是大家掌握的重点。通过本章的学习，同学们应该掌握边际效用递减规律。理解基数效用论中消费者均衡的条件$\left(\frac{MU_X}{P_X}=\frac{MU_Y}{P_Y}\right)$，能正确地说明无差异曲线和预算线是怎样决定消费者均衡的，能描述当收入变动或两种商品中一种商品的价格变动时，消费者均衡如何变化。

2. 学习重点与难点

学习重点

（1）效用可以用来具体地描述消费者的偏好。它表示消费者从不同商品的消费中获得的满足程度。

（2）边际效用递减规律指出，随着所消费的某一物品的量的增加，最后增加的一单位带给你的满足程度就会越小。

（3）消费者剩余等于消费者对一种商品的支付意愿减去他们实际为此支付的量。我们可以用需求曲线与价格线之间的面积来衡量消费者剩余。

（4）无差异曲线用于描绘偏好程度相同的消费组合点。无差异曲线有负的斜率，并且同一坐标图上的两条无差异曲线不会相交。高的无差异曲线上的市场组合比低的无差异曲线上的市场组合能提供更多的满足。

（5）预算线说明了给定消费者的货币收入和每种商品价格，他能够购买的商品组合。预算线的斜率取决于两种商品的市场价格之比，该线离开原点的远近取决于消费者的收入。

（6）价格变化对需求的总效应，可以分解为替代效应和收入效应两部分。

学习难点

（1）收入的下降会使预算线平行地向内移动。其他条件不变，一种商品价格的变动会引起预算线发生旋转，从而改变其斜率。在一种商品的价格或收入发生变化之后，消费者将得到一个新的最大满足的切点。

（2）在几何图上，预算线与无差异曲线的结合，就可以决定消费者的最优选择。这两条曲线相切之点即为消费者均衡点，此点上的商品组合是消费者在既定条件下所能选择的最优商品组合。

核心概念

效用　边际效用　边际效用递减规律　消费者剩余　无差异曲线
边际替代率　预算线　恩格尔曲线　替代效应　收入效应

课后思考与练习

1. 分析总效用和边际效用的关系。

2. 如图 3-13 所示，比较 *A*、*B*、*C* 的效用的大小。为什么？

3. 叙述无差异曲线的特征。

4. 已知某人每月收入 120 元，全部花费在 X 和 Y 两种商品上，其效用函数为 $U=XY$，X 商品的价格是 2 元，Y 商品的价格是 3 元。求：为使效用最大，该消费多少 X 商品和 Y 商品？

5. 图 3-14 是某人的预算线和无差异曲线，如果 X 商品的价格是 30 元，①计算该消费者的收入是多少？②用数学式表示其预算线。③ Y 商品的价格是多少？④均衡时其边际替代率是多少？

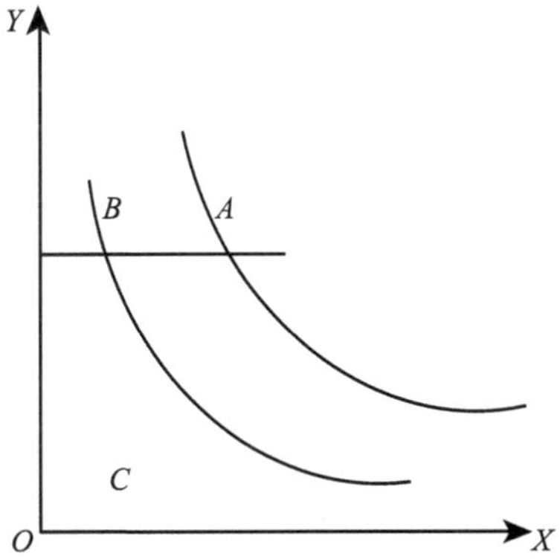

图 3-13

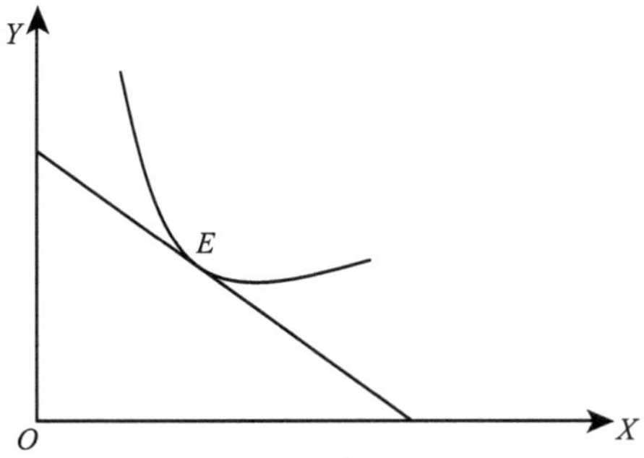

图 3-14

案例分析

运用消费者剩余理论学会杀价

当你在水果摊看到刚上市的荔枝时，新鲜饱满的荔枝激起了你强烈的购买欲望，并且这种欲望溢于言表。卖水果的人知道你看中了他的荔枝，他会考虑以较高的价格卖给你。其实，你对荔枝的较强购买欲望，表明你愿意支付更高的价格，从而有更多的消费者剩余。所以，当你询问价格的时候，摊主会故意提高价格，由于你的消费者剩余较多，或许你对这个价格还挺满意，毫不犹豫把荔枝买了下来。结果，你的消费者剩余就转化为水果摊主的利润。

这个例子告诉我们在购买商品时维护自身利益的一些经验，比如，当我们想购买某种商品时，不要眼睛直勾勾地看着这件商品，不妨表现出无所谓的态度，甚至表现出对该商品的“不满”，这样，商家以为你不太想买，就不敢提高价格。

再比如说，你去服装店买衣服，看见一件衬衣标价 380 元，但实际上 80 元就能够买下来。为什么标价这么高呢？这是因为商家想把你的消费者剩余都赚去。这些衣服的成本不足 80 元，但是有人特别喜欢这些衣服，他们愿意出高于 80 元甚至远远高于 80 元的价格买下来，这里面就存在着消费者剩余。因此，当你看上某件衣服时，最好不要流露出满意的神色，否则你就要花费较多的钱买下这件衣服。对于那些没有购买经验的顾客来说，当他以较高的价格买下这件衬衣时，或许还以为自己占了个便宜，殊不知在他高高兴兴花费380元钱买下这件衣服时，商家也高高兴兴地发了一笔小财。商家想方设法把消费者剩余转化为利润的例子在日常生活中比比皆是，大公司也不例外。例如，在我国，奶粉这种产品一直是低价销售，每袋奶粉的价格在10元钱上下。改革开放以来，外国生产商大量进入中国，它们也运用消费者剩余的概念寻觅发大财的机会。一些奶粉生产商了解到中国奶粉的价格低，但是有一部分中国母亲生下孩子后，由于缺乏人奶，她们对适合婴儿食用的高质量奶粉的需求十分迫切。于是，这些外国公司研制出添加各种营养成分的较高质量奶粉，使用更为漂亮、防潮的包装方式，以每袋80～100元的价格销售。年轻的中国母亲为了婴儿的健康成长，愿意花较多的钱去买质量较好的婴儿奶粉。这样，中国母亲在购买婴儿奶粉时的消费者剩余就转移到了外国生产商的口袋里。外国生产商利用消费者剩余的概念确实发了一笔大财。

请根据所学知识分析生产者如何剥夺更多的消费者剩余?

补充阅读

“剁手党”一定要了解的经济学原理

2017年的诺贝尔经济学奖被授予美国经济学家理查德·泰勒。泰勒被视为现代行为经济学和行为金融学领域的先锋经济学家。也许对泰勒的名字你还感到陌生，但是他的理论早已深入我们生活的方方面面，比如在“购物节”抢购商品。

我们的大脑是一个精明的管家。我们打开购物网站，看到喜欢的商品，这个阶段是大脑的伏隔核在起作用，让我们两眼放光。接下来我们会关注价格，这个阶段是大脑内侧前额叶皮质和脑岛在起作用——付钱让我们感到犹豫和痛苦。是否要购买这件商品，就取决于大脑对愉悦和痛苦的比较。我们在“购物节”成为“剁手党”，是因为我们的大脑产生了神奇的变化——对得到过度兴奋，而对付出的痛苦则不那么敏感。这一切是怎么发生的呢?

重点一：禀赋效应。我们为什么会看重红包?首先红包不是免费的，抢红包这件事情有很高的成本，这就是“机会成本”。如果我今天去登山，就不能待在家里看球赛，那么我登山的机会成本就是看球赛的乐趣。当然，和实际支付的现金相比，机会成本是模糊而抽象的。商家把抢红包这件事情设计得很复杂，会让很多时间很值钱的人失去抢红包的意愿。然而这样设计并不是没有道理的。因为它起到了“分离均衡”的作用，就是说，这些复杂的设计起到一个筛选的作用，让真正想要得到红包的人得到红包。

我们看重红包的另一个原因是“禀赋效应”，也就是人们不愿意割舍自己已经拥有的东西。泰勒教授说，他的同行芝加哥大学商学院前院长罗塞特教授喜欢收藏葡萄酒，他从拍卖会购买葡萄酒，出价从不会高过每瓶35美元，但是一旦拥有，即使对方出价高达100美元，他也不愿意卖出。作为一个商学院的院长，他一定知道这样做显然不符合经济学常识，但因为他和这些酒“建立了联系”，所以它们不再是普通的酒，而是在收藏过程中的美好回忆。同理，当我们千辛万苦得到这些红包时，它们就在我们眼里有了特殊的价值。这些红包包含了你和朋友之间合作的故事，也就是说，你已经和红包建立起了感情，因此你会看重这些红包的价值，不会轻易把它们浪费，并千方百计地想使用它们。

重点二：支付隔离。刷支付宝为何让我们愉悦地付款？我们把各种抢购来的商品放进购物车，然后迅速地合并付款，看着“付款成功”的提示，我们心头有一种说不出的舒服。经济学家发现，在大额交易中，要求使用信用卡时的支付意愿，比要求使用现金时要高得多。他们观察到在对波士顿凯尔特人队篮球赛门票的密封投标拍卖中，要求使用信用卡支付的意愿比要求使用现金交易高出近 100%。我们把这种情况称为“支付隔离”。支付宝付款和信用卡付款一样，起到了消费和支付的隔离作用，大大减弱了我们购物时支付现金的痛苦，同时它还会淡化我们购买花费的成本。比如经济学家索曼就观察到，在校园书店中学生如果使用现金，而不是使用信用卡支付价款后，当他们走出书店店门时，能更为精确地记住花费的价钱。

另外，当众多的商品放在购物车中合并付款时，每件单个物品会失去凸显性。泰勒说：单买 50 美元的影响要大于在 843 美元账单的基础上再买 50 美元的东西。当你的购物车里有几千块的东西时，你很容易手一痒，又把一百来块的东西拖进了购物车，这时的支付痛苦远远小于单独购买这件物品的痛苦程度。

重点三：交易效用。打折商品为何会让人上瘾？当你在整理衣柜时，你发现去年抢购的衣服还包装完好，虽然价格便宜，但似乎超出了实际需求。你于是很犹豫，今年到底还要不要再去抢购一大批商品。

于是泰勒教授给你讲了一个故事。你在炎热的沙滩上想喝一杯冰镇啤酒。这时有个同伴起身要去打个电话，他说可以给你带瓶冰镇啤酒回来。沙滩附近只有两个地方可以买啤酒，一家是高档的度假酒店，一家是又小又破的杂货店。同伴问：啤酒可能卖得很贵，如果啤酒的售价与你愿意支付的钱一样多或者更低，就会帮你买一瓶，但如果高于你能承受的价格，那就不买了。那么你愿意出多少钱呢？泰勒做了一个调查，人们愿意为在度假酒店和杂货店购买啤酒所支付的现金分别为 7.25 美元和 4.1 美元，那为什么同样的啤酒在同样的地方饮用，人们却愿意为购买地点不同而支付不同的钱呢？这里的原因就是“交易效用”在起作用。

交易效用指的是实际支付的价钱和“参考价格”之差，而参考价格是消费者的期望价格。如果是正的交易效用，你会觉得很划算，如果是负的交易效用，你会觉得被人敲了竹杠而感到不快。消费者会迷上交易效用所带来的兴奋感，在面对巨大的折扣时，我们会觉得捡了大便宜，而划算的交易很容易引诱我们购买没有价值的商品。但想要断掉人们期待划算交易的瘾头，那可不是一件容易的事情。

泰勒总结说：对消费者来说，希望在购物节买到物美价廉的商品是理所当然的，精明的消费者可以从中节省下不少钱。但是，我们不应该上“交易效用”的当，仅因为东西太划算，而去购买根本不需要的东西。

资料来源：岑嵘．“剁手党”一定要了解的经济学原理 [J]. 读者，2018（2）．

Chapter4 第4章

厂商理论

学习目标

知识的掌握

1. 总产量、平均产量、边际产量的关系。
2. 边际报酬递减规律，规模报酬。
3. 生产要素的最优投入组合。
4. 总成本、平均成本、边际成本的关系。
5. 各种短期成本与长期成本的关系。
6. 利润最大化的原则。

技能的提高

1. 能够用生产要素的最优组合原理确定厂商的均衡产量以及合理的要素投入量。

2. 能够用收益和成本的概念以及利润最大化的原则确定厂商的最优生产规模。

引言

被专利毁掉的莱特兄弟

20世纪初，充满想象力同时又极具创造力的美国莱特兄弟第一次飞上蓝天，圆了人类数千年的飞翔梦。可他们在造出飞机以后，不是用心钻研怎样继续提高飞机的性能，反而是生怕别人偷去了自己的技术，把全部的时间和精力都花费在了申请专利上面。

莱特兄弟把飞机锁在机库里，不向任何人透露飞行技术。美国政府听说了他们的事迹，跑来要求他们先进行一个飞行表演，然后购买他们的飞机，他们却说必须先付钱，才能看到飞机，美国政府当然不愿意。当时飞机坠毁事件常有发生，不进行飞行表演怎么知道飞机质量到底如何。尽管失去了一笔生意，但是莱特兄弟依然不肯在这方面让步，他们觉得飞机进行试飞可能会让别人偷窃技术。

在他们之前的飞机经常有坠毁事件发生，那是因为高空中气流瞬息万变，而机翼是不能动的，没有办法进行调节，莱特兄弟的飞机则是将机翼改成了可以扭动的，这样就可以帮助飞机转弯，从而实现平稳飞行。莱特兄弟将他们的这个设计申请了专利，以后任何人如果制作飞机采用了他们这种设计方式，都必须要向他们缴纳一笔天价费用。

当时有一些公司借用到了他们的设计制造飞机，因为有所改造，所以没有交钱给他们，但他们执意认定这是侵权行为，便将那些公司告上了法庭。那些公司在打官司的过程中依旧在不断地对飞机进行改造，这样造成了法院审判时间的延长，因为每修改一次，法院就得重新审一遍，而莱特兄弟却完全投入到了打官司中，固执的莱特哥哥决心要让那些公司身败名裂，最终积郁成疾，一病不起，早早地离开了人世。莱特弟弟为了给哥哥报仇，更是一鼓作气将官司打到底。

1914 年，美国法院做出判决，莱特兄弟被宣布为“航空事业的先驱”，所有在美国生产的飞机，都必须支付 20% 的专利金给他们。不久后，第一次世界大战爆发，美国飞机因为受到莱特兄弟诉讼协议的制约，飞机技术水平十分落后，数量更是远远不足，美国只能向法国购买当时的先进飞机。美国政府只好给莱特兄弟发了 200 万美元的一次性补偿，然后将专利使用费降到了 2%。在专利之战结束以后，美国的航空业才开始回升，在“二战”中期赶上了欧洲各国水平。

莱特兄弟确实因为专利赚了一些钱，但因为他们的技术早已落后于世界水平，从 1915 年开始，他们就没有卖出过一架飞机了。就这样，莱特兄弟将大部分精力花费在打官司这件事上，恍若井底之蛙，止步不前，一次次错失了让飞机技术升级的好时机。这也证明了一味防御对手的专利保护，在竞争对手面前并没有那么强大，最好的专利保护在于永恒的创造和创新。

资料来源：李泽汇．被专利毁掉的莱特兄弟 [J]．文史博览，2018（6）．

4.1 厂商的投入与产出

4.1.1 生产、生产要素与生产函数

我们每天享用的物品和劳务都是厂商生产供给的。我们吃的粮食是农民生产的，穿的衣服是服装厂生产的，住的房子是建筑企业生产的，出门逛街乘坐的公共汽车是公交企业为我们提供的。这些生产者也称厂商，指能够做出统一生产决策的单个经济单位，包括个人、合伙和公司性质的经营组织形式。厂商被假定为是合乎理性的经济人，提供产品的目的在于追求利润最大化。

1. 生产要素

厂商进行生产的过程就是通过一定的技术手段，把投入的生产要素转化为产品的产出的过程。生产要素是指生产中使用的各种资源。在西方经济学中一

般被划分为以下 4 种。

（1）劳动（L）：这是指人类在生产过程中提供的体力和智力的总和。

（2）土地（N）：这包括土地和地上、地下的一切自然资源，如森林、矿藏、水、石油等。

（3）资本（K）：这包括资本品（实物形态，如厂房、设备、原材料、专有技术等）和货币资本（货币形态）。

（4）企业家才能（E）：这是英国经济学家马歇尔提出的第 4 种要素，指企业家组织建立和经营管理企业的才能。

2. 生产函数

生产要素的投入量与产品的产出量之间的关系，可以用生产函数来表示。假定 X_1，X_2，…，X_n 依次表示某产品生产过程中所使用的 n 种生产要素的投入数量，Q 表示所能生产的最大产量，则生产函数可写为

$$Q=f(X_1, X_2, \cdots, X_n)$$

在经济学分析中，由于土地一般可视为是固定的，而企业家才能又难以估算，因此，通常假定生产中只使用劳动（L）和资本（K）两种生产要素，则生产函数可简化为：

$$Q=f(L, K)$$

生产函数的前提条件是一定时期内既定的生产技术水平，一旦生产技术水平变化，原有生产函数就会发生变化，从而形成新的生产函数。

4.1.2 短期生产函数：一种生产要素的连续合理投入

1. 短期与长期的划分

在生产过程中投入的生产要素，有些是较容易改变的，其投入量随着产出量的变化而变化，如劳动、原材料和易耗品等。而厂商的厂房和机器设备等固定资产则难以迅速改变，在一定时期内其投入量不随产出量的变化而变化，则这一段时期在经济学中被定义为短期，这些固定的投入称为不变投入。

在这里，短期和长期的划分是以厂商能否变动全部生产要素的投入数量为标准的，并不是一个具体的时间跨度。对于不同的产品生产，短期和长期的具体时间划分界限是不一样的。如变动一个大型冶炼厂的规模可能需要 5 年时间，则其长短期的划分界限是 5 年，而变动一家小食店的规模可能只需要 1 个月时间，则其长短期的划分界限仅为 1 个月。

2. 短期生产函数的相关概念

一般在短期内，资本的投入量是不变的，用 K_0 表示，而劳动投入量可变，用 L 表示，则得到短期生产函数

$$Q=f(L, K_0)$$

可简化为 $Q=f(L)$。

短期生产理论要研究的问题就是在其他生产要素投入量不变的情况下，某一要素投入的最优使用。为此我们要掌握以下相关概念及它们之间的关系。

（1）总产量（Q 或 TP）：这是指在其他条件不变的情况下，某种可变生产要素（L）的投入能够得到的最大产量，公式为

$$TP = Q = f(L)$$

（2）平均产量（AP）：这是指每单位可变生产要素提供的产量，是总产量与所使用的可变要素劳动的投入量之比，公式为

$$AP = Q \div L$$

（3）边际产量（MP）：这是指增加一单位的可变要素投入所带来的总产量的增加量，公式为

$$MP = \Delta Q \div \Delta L$$

或

$$MP = \mathrm{d}Q \div \mathrm{d}L$$

那么总产量、平均产量和边际产量之间存在什么样的关系？随着劳动投入量的增加，它们又会有怎样的变动趋势呢？下面将通过例子对这些问题进行分析。

例题：假设某模具厂加工生产模具需要两道工序，每道工序用一台机床完成。开始只用 1 名工人，由于既要操作机床，又要做必要的辅助工作，效率很低，日产量只有 6 件。当增加 1 名工人后，可以由 1 名工人负责操作机床，1 名工作人员做辅助工作，则此时总产量增加至 14 件，平均产量为 7 件，增加的这第 2 名工人的边际产量为 8 件，而不只是 6 件。再增加 1 名工人后，就可以由 1 人各负责操作 1 台机床，1 人做辅助工作，充分发挥两台机床的效率，总产量增至 24 件，平均产量为 8，第 3 名工人的边际产量为 10，总产量增加的速度较快。当增加到 4 名工人时，由于第 4 名工人没有具体的分工，看哪个环节紧张就到哪儿帮手，所以总产量虽然增加至 32 件，但边际产量却下降到 8。此后，随着工人数量的不断增加，由于工人之间互相干扰，效率降低，总产量增长的速度放慢，劳动的平均产量和边际产量下降。当劳动的投入量增加到 7 名工人时，总产量达到最大，边际产量为 0。若继续增加工人数量，将导致边际产量为负，总产量开始下降。以上数据可列表 4-1 并做出图 4-1 来说明。

表 4-1　劳动投入量与总产量、平均产量和边际产量

劳动投入量 L	劳动的总产量 Q	劳动的平均产量 AP	劳动的边际产量 MP
0	0	0	0
1	6	6	6
2	14	7	8
3	24	8	10
4	32	8	8
5	38	7.6	6
6	42	7	4
7	42	6	0
8	40	5	-2

根据表 4-1 和图 4-1，我们可以看出如下 3 点。

第一，在其他生产要素不变的情况下，随着一种生产要素的增加，总产量曲线、平均产量曲线和边际产量曲线都是先上升而后下降。

第二，当边际产量大于零时，总产量递增；当边际产量为零时，总产量达到最大；当边际产量为负数时，总产量就会绝对减少。

第三，连接 *TP* 曲线上任一点和坐标原点的线段的斜率，即为该点上的 *AP* 值。边际产量曲线与平均产量曲线相交于平均产量曲线的最高点 *F*。在相交前，平均产量是递增的，边际产量大于平均产量（$MP > AP$）；在相交后，平均产量是递减的，边际产量小于平均产量（$MP < AP$）；在相交时，平均产量达到最大，边际产量等于平均产量（$MP = AP$）。

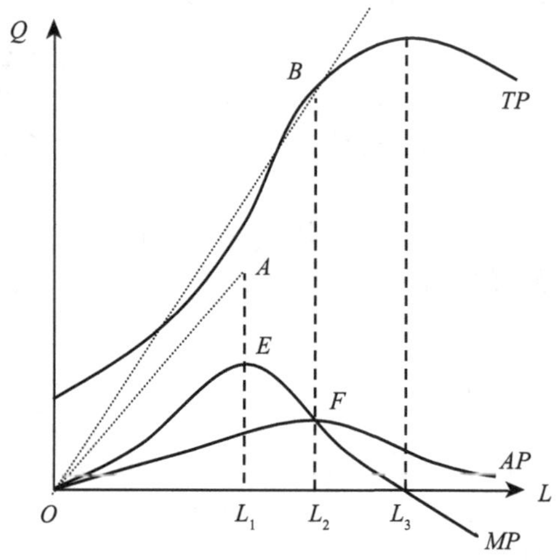

图 4-1　总产量、平均产量和边际产量曲线

3. **边际报酬递减规律**

在技术水平不变的情况下，当把一种可变的生产要素投入到一种或几种不变的生产要素中时，最初这种生产要素的增加会使产量增加，但当它的增加超过一定限度时，增加的产量将要递减，最终还会使产量绝对减少，这就是**边际报酬递减规律**，也称为边际收益递减规律，或边际产量递减规律。

边际报酬递减规律在生活中普遍存在。如一块农田的耕作，开始增加劳动时，田地更加精耕细作，灌溉沟渠更加整齐，产出会大大增加。但是，增加的劳动带来的产出会越来越少。一天中的第 3 次除草和第 4 次给机器上油只能增加很少的产出。最后，当大量劳动力涌向农田，产出不会再增加，过多的耕作者反而会毁坏农田。

以上现象的出现，是由于在产品的生产过程中，不变要素投入和可变要素投入之间存在着一个最佳组合比例。由于不变要素投入量总是存在的，随着可变要素投入量逐渐增加，生产要素的组合逐渐接近最佳组合比例，可变要素的边际产量递增。生产要素的组合达到最佳组合比例时，可变要素的边际产量达到最大值。此后，随着可变要素投入量继续增加，生产要素的组合逐渐偏离最佳组合比例，可变要素的边际产量递减。

在理解边际报酬递减规律时，要注意以下几点。

第一，这一规律发生作用的前提是生产中所使用的技术没有发生重大变革，并且所投入的要素都是同质的。

第二，这一规律所指的是生产中使用的生产要素分为可变与不变的两类。边际产量递减规律研究的是其他生产要素固定不变，只有一种生产要素的投入量不断增加时对产量所发生的影响。

第三，在其他生产要素不变时，一种生产要素增加所引起的产量或收益的变动可以分为三个阶段：产量递增、边际产量递减、产量绝对减少。

边际报酬递减是在可变投入增加到一定程度之后才出现的。

第四，边际报酬递减规律是研究一种生产要素合理投入的出发点。

小案例

三季稻不如两季稻

在1958年，有个时髦的口号就是“人有多大胆，地有多高产”。于是一些地方把传统的两季稻改为三季稻。结果总产量反而减少了。从经济学的角度看，这是因为违背了一个最基本的经济规律：边际产量递减规律。

两季稻是农民长期生产经验的总结，它行之有效，说明在传统农业技术下，固定生产要素已经得到了充分利用。改为三季稻之后，对土地的过度利用引起土地肥力下降，设备、肥料、水利资源等由两次使用改为三次使用，每次使用的数量不足。这样，三季稻的总产量就低于两季稻了。江苏省邗江县1980年的试验结果表明，两季稻每亩总产量达2 014斤，而三季稻只有1 510斤。更不用说两季稻还节省了生产成本。群众总结的经验是“三三见九，不如二五一十”。这就是对边际报酬递减规律的形象说明。

资料来源：梁小民. 微观经济学纵横谈[M]. 北京：三联书店，2000.

4. 一种可变生产要素的合理投入区域

根据边际报酬递减规律，可知在其他要素的投入量不变的条件下，某一种可变生产要素的投入量并不是越多越好。为了确定可变生产要素的合理投入区域，我们根据平均产量和边际产量的关系，把可变生产要素劳动的投入分为三个阶段。

第一阶段（见图4-2中的Ⅰ区域）：劳动的投入量从零增加到L_2。这一阶段劳动的平均产量一直在增加，边际产量大于平均产量，说明不变要素资本的投入量相对过多，而劳动投入量不足。厂商将会继续扩大生产以使资本得到充分利用。

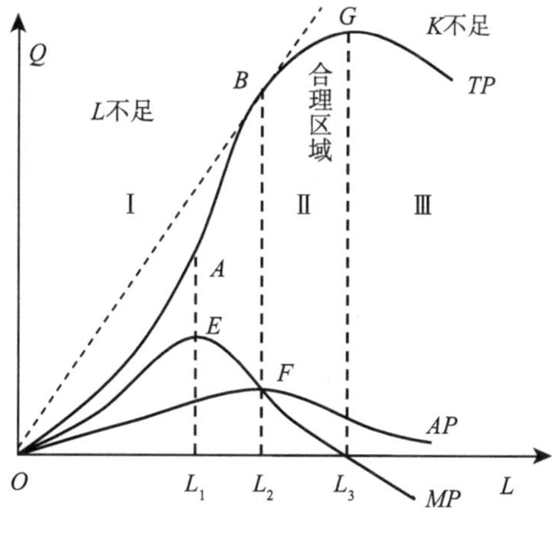

图4-2 一种可变生产要素的合理投入区域

第二阶段（见图4-2中的Ⅱ区域）：劳动的投入量从L_2增加到L_3。这时平均产量开始下降，边际产量递减。由于边际产量仍然大于零，总产量仍在增加。在劳动量增加到

L_3 时，总产量达到最大 G。

第三阶段（见图 4-2 中的Ⅲ区域）：劳动的投入量大于 L_3。这时边际产量为负数，总产量绝对减少。由此看来，劳动量的增加超过 B 之后是不利的。这说明：可变要素劳动的投入量相对过多。厂商将会缩减生产至第Ⅱ阶段。

可见，Ⅱ区域是可变生产要素劳动的合理投入区域。但具体在Ⅱ区域的哪一点上，就还要考虑其他因素。如果企业的目标是平均产量最大，那么，劳动的投入量为 L_2；如果企业的目标是使总产量达到最大，那么，劳动的投入量为 L_3；如果企业以利润最大化为目标，那就必须结合成本与产品价格来确定。

小案例

经济学家马尔萨斯（1766—1834）提出了著名的人口论。他认为，随着人口的膨胀，越来越多的劳动耕种土地，地球上有限的土地将无法提供足够的食物，最终劳动的边际产出与平均产出下降，但又有更多的人需要食物，因而会产生大的饥荒。人口论的一个主要依据便是边际报酬递减规律。幸运的是，人类的历史并没有按马尔萨斯的预言发展。

资料来源：平狄克，鲁宾费尔德．微观经济学 [M]. 北京：中国人民大学出版社，2009.

请同学们思考：人类历史为什么没有按照马尔萨斯的预言发展？ 既然马尔萨斯的预言失败，那么你认为边际报酬递减规律还起作用吗？

4.1.3 长期生产函数：两种可变生产要素的最优投入组合

在长期，厂商投入的所有生产要素都是可以调整的，因此对长期生产函数的研究，将以两种可变生产要素的生产函数，来分析如何最好地组合两种生产要素的投入和生产，以达到利润最大化。

1. 长期生产函数

假定生产者使用劳动和资本两种可变生产要素生产一种产品，则两种可变生产要素的长期生产函数可以写为

$$Q=f(L,\ K)$$

2. 等产量曲线

与第 3 章效用论的分析要借助无差异曲线很相似，生产理论的研究也要引入等产量曲线的概念。

例如，为了生产 1 000 公斤粮食，可以多投入劳动进行耕作，而使用较少的资本，也可以选择多投入资本采用农耕设备，而少用劳动的方法来生产，即在技术水平不变的条件下生产同一产量的两种生产要素投入量可以有各种不同的组合。这些组合点连成的轨迹就是等产量曲线，如图 4-3 所示。与无差异曲线相似，等产量曲线具有如下特点。

第一，在同一平面图上，可以有无数条等产量曲线。不同的等产量曲线代表不同的产量水平，离原点越远的等产量曲线代表的产量水平越高。

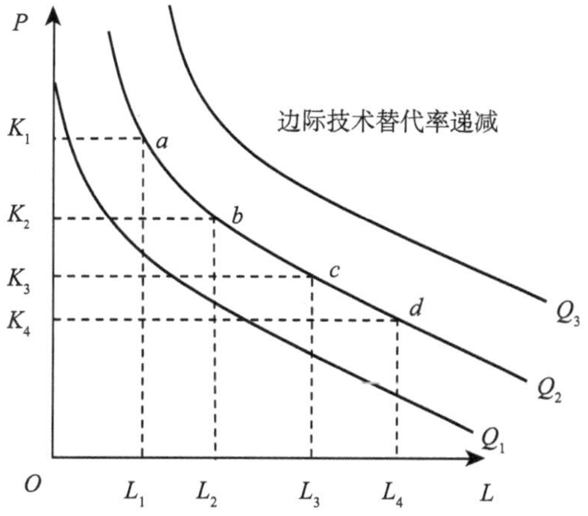

图 4-3　等产量曲线

第二，在同一坐标平面上的任意两条等产量曲线不会相交。因为在交点上两条等产量线代表了相同的产量水平，与第一个特征相矛盾。

第三，等产量曲线凸向原点，这是由边际技术替代率递减所决定的。

在等产量曲线上，为维持既定的产量，增加一种要素的投入量，必须减少另一种生产要素，两种生产要素之间存在替代关系。边际技术替代率（MRTS）就是指在维持产量水平不变的条件下，增加一单位的某种要素投入量时所能替代的另一种要素的投入量。

根据边际产量递减规律，可得出边际技术替代率递减规律。边际技术替代率递减规律是指在维持产量不变的前提下，当一种生产要素的投入量不断增加时，每一单位的这种生产要素所能替代的另一种生产要素的数量是递减的。从而也决定了等产量曲线是一条凸向原点的曲线。

3. 等成本线

由于资源的稀缺性，厂商并不能随心所欲地使用各种生产要素，而是要花费一定的代价去取得。因此，厂商在选择要素组合时，必须考虑成本。

等成本线又称企业预算线，是一条表明在生产者的成本与生产要素价格既定的条件下，生产者所能购买到的两种生产要素数量的最大组合的曲线。

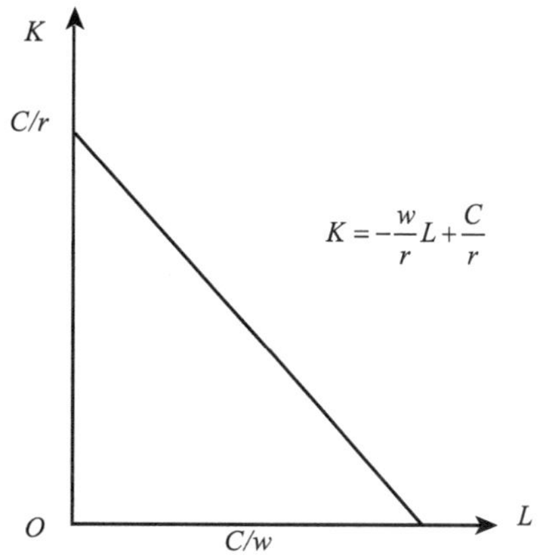

图 4-4　等成本线

假设既定的成本为 C，w 和 r 分别为已知的劳动的价格（工资率）和资本的价格（利息率），则等成本方程为 $C = rK + wL$（见图 4-4）。成本与生产要素价格的变动，都会使等成本线发生变动。等成本线的变动与预算线的变动相类似。

4. **两种生产要素的最优投入组合**

生产要素的最优投入组合就是能以最小的成本支出获得最大产量，使厂商获得最大利润的要素组合，也即厂商在生产中的均衡条件。它表现为成本一定时获取最大的产量，或产量一定时使成本支出最小。这就需要我们把上述等产量曲线与等成本线结合起来分析。

（1）一定成本下产量最大的投入组合。如图 4-5 所示，企业用于购买两种要素的成本 C 是既定的，则只有一条等成本线 AB。图中等产量曲线 Q_3 所代表的产量高于 Q_2，但唯一的等成本线 AB 和 Q_3 既无交点又无切点，是无法实现的产量。而 Q_1 虽与 AB 相交于 C、D 两点，但其代表的效率较低。只有等成本线 AB 与等产量曲线 Q_2 的切点 E 才是生产的均衡点，即实现既定成本条件下的最大产量的要素组合。在切点 E 上，两线斜率相等，则均衡条件为：

$$MRTS_{LK} = w/r$$

或

$$MPL/w = MPK/r$$

这说明厂商应该通过对两要素投入量的不断调整，使花费在两种要素上的最后一单位的货币成本所带来的边际产量相等。

（2）既定产量条件下成本最小的投入组合。如图 4-6 所示，假设企业计划生产 Q_2 单位的产品，则此时只有唯一的一条等产量曲线 Q_2。它与其中一条等成本线 A_2B_2 相切于 E 点，该点即为生产的均衡点，劳动投入量和资本投入量分别为 M 和 N。

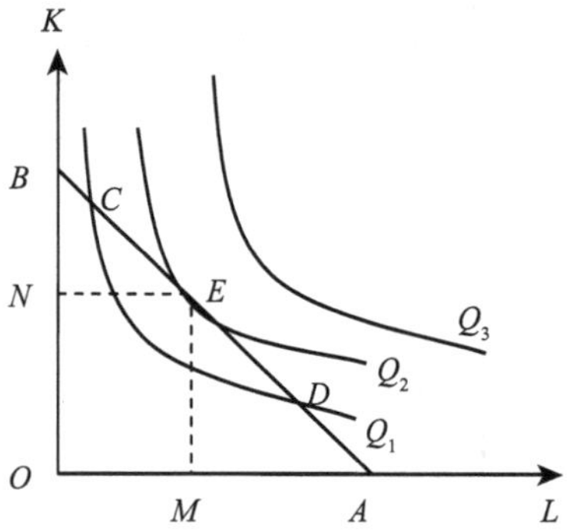

图 4-5　产量最大的投入组合

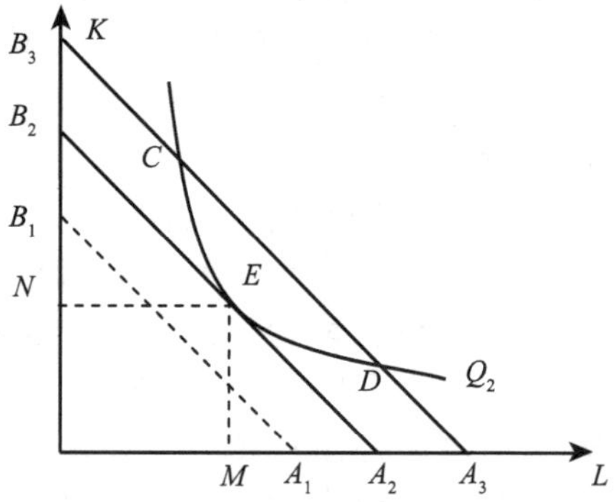

图 4-6　产量既定，成本最小

等成本线 A_3B_3 虽然与既定的等产量曲线 Q_2 相交于 C、D 两点，但其代表的成本过高。等成本线 A_1B_1 虽然代表的成本较低，但其无法实现等产量曲线 Q_2 所代表的产量。

厂商生产的均衡条件是代表既定产量的等产量曲线与可能达到的最低等成本线相切，可见，厂商在既定产量条件下实现最小成本与最大产量两要素的最优组合原则是相同的。

4.1.4 规模报酬

规模报酬是研究其他条件不变的情况下，各种要素按相同比例变动，即生产规模扩大所引起的产量变动的情况。

在一定的技术水平下，随着生产规模的扩大，规模报酬的变化一般会经历以下三个阶段。

1. 规模报酬递增

规模报酬递增指产量增加的比例大于各种生产要素增加的比例，即劳动和资本扩大一个很小的倍数就可以导致产出扩大很大的倍数。如图 4-7 所示，劳动和资本投入为两个单位时，产出为 100 个单位，但生产 200 单位产量所需的劳动和资本投入分别小于 4 个单位。产生规模报酬递增的主要原因是企业生产规模扩大能够进行更为合理和专业化的分工、采用更先进的技术和机器设备等所带来的生产效率的提高。

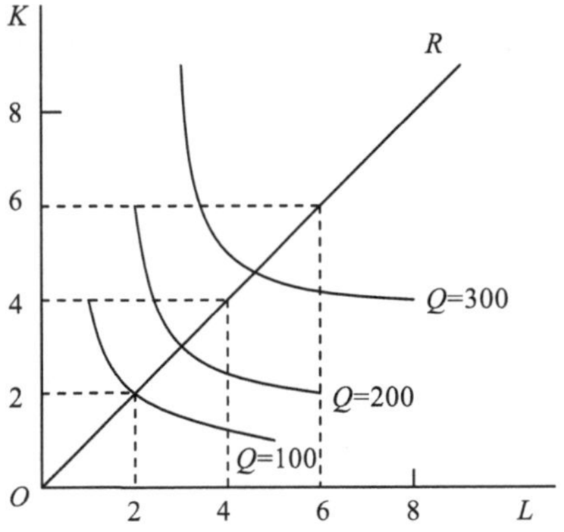

图 4-7 规模报酬递增

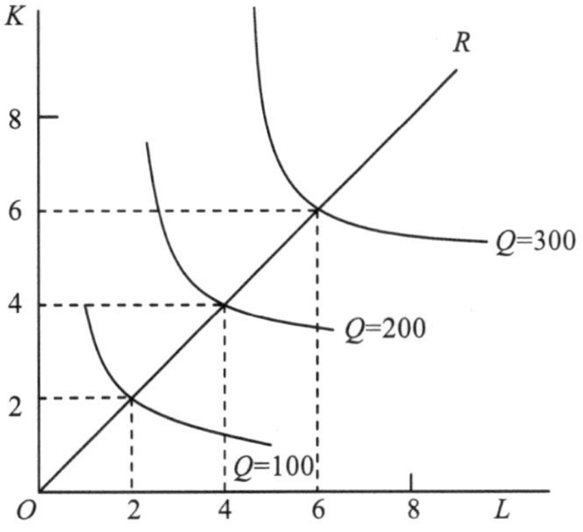

图 4-8 规模报酬不变

2. 规模报酬不变

当生产规模扩大到一定程度时，大规模生产的优势得到充分发挥，进一步扩大生产规模已不能带来产量的更快增长，这时便进入规模报酬不变阶段。规模报酬不变指产量增加的比例等于各种生产要素增加的比例。如图 4-8 所示，劳动和资本投入分别为 2 个单位时，产出为 100 个单位；当劳动和资本分别增加 2 倍达到 4 个单位时，产出为 200 个单位。

3. 规模报酬递减

若继续扩大生产规模，则企业迟早会进入规模报酬递减阶段。规模报酬递减指产量增加的比例小于各种生产要素增加的比例。如图 4-9 所示，劳动与资本投入为 2 单位时，产出为 100 单位；当劳动与资本分别投入为 4 单位时，产出低于 200 单位，投入是原来的两倍，但产出却不及原来的两倍。产生规模报酬递减的主要原因是由于企业生产规模过大，超过了客观条件允许的范围，使生产的各方面难以协调，从而降低了生产效率。

企业的规模是不是越大越好？不是，而是应根据规模经济规律确定企业的适度规模。适度规模就是使两种生产要素的增加，即生产规模的扩大正好使收益递增达到最大。当收益递增达到最大时就不再增加生产要素，并使这一生产规模维持下去。在确定适度规模时应该考虑到的因素主要有以下两点。

第一，本行业的技术特点。一般来说，需要的投资量大，所用的设备复杂先进的行业，适度规模也就大，生产规模越大经济效益越高，如汽车制造、钢铁生产等重工业企业。

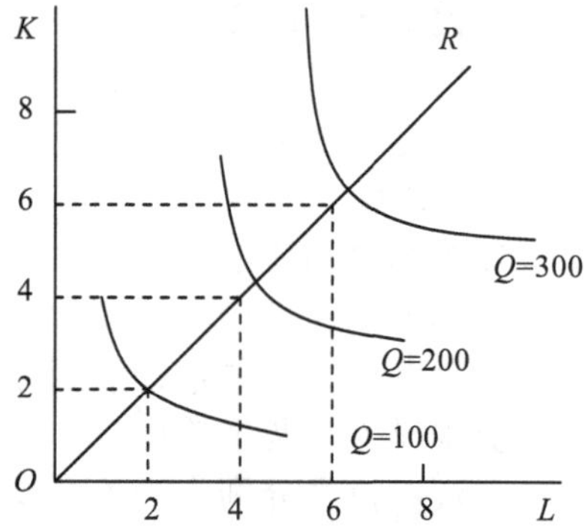

图 4-9 规模报酬递减

第二，市场条件。一般来说，生产市场需求量大、标准化程度高的产品的企业，适度规模也应该大。相反，生产市场需求量小、标准化程度低的产品的企业，适度规模也应该小，如鞋业的适度规模就较小。

4.2 成本分析

4.2.1 成本的概念

厂商在做出最优的生产投入组合时，要考虑各种生产要素的价格，即成本问题。但这个成本的内涵远远要比在生产经营中的各种实际支出丰富得多。

1. **会计成本与机会成本**

我们通常所说的成本，是指厂商在生产过程中按市场价格实际支付的一切费用，这些费用可以通过会计账目反映出来，称为**会计成本**。西方经济学家认为，经济学是研究一个经济社会如何对稀缺的经济资源进行合理配置的问题。由于经济资源的稀缺性，从而产生了机会成本的概念。

那什么是机会成本呢？生产一单位某种商品的**机会成本**指生产者所放弃的使用相同的生产要素在其他生产用途中所能得到的最高收入。例如一块土地本来是可以种小麦的，但现在种了大豆，那么大豆的机会成本就是本来可以种小麦而得的收益；再如某企业拥有 500 万元资金，如果用于别的一项投资，企业可以获利 40 万元，但现在只获利 30 万元，那么获利 30 万元的投资的机会成本是 40 万元。可见，机会成本不是指实际的货币开支，而是指本来可以得到，但实际没有得到的损失。机会成本也可以说是由于经营了某项业务而放弃了除此项业务之外的最好（从收益角度看）业务的损失。我们进行企业经营决策必须懂得机会成本的概念，这样才能真正评价企业投资究竟是否最为有利，是否最大限度地获得了经济效益，还是尚有可挖掘的空间。

补充阅读

中国企业阻击高通“专利霸权”

2017年年初，苹果公司将高通公司告上美国加利福尼亚州法院，并开始停止支付当季度的专利使用费。两大巨头的纷争，把高通再次拉入人们视线。成立近30年来，高通公司凭借自己的优势地位建立起一个独特的生态圈，圈子里包含的是自己制定的“游戏规则”，这也是其引以为傲的生存模式。然而政府的监管、过时的收费模式和本土厂商崛起的科技实力等因素，都让其在中国市场遭受摩擦不断。高通绝不会放弃这个庞大的市场，因其超过一半的营收都来自中国。

一、专利，高通的“印钞机”

对于业外人士而言，高通不是一个相对熟稔的名字，但是几乎没有人能离开其发明的专利技术。

在不同的移动通信时代，通信标准各异。20世纪80年代末，美国市场正从第一代模拟移动通信技术过渡到第二代数字蜂窝通信技术的时代，由7位创始人成立的高通公司大幅改善了当时并不流行的CDMA通信技术的功率问题，最终，挑战了当时具有主导地位的GSM标准，并成功将其商用化。

在公司成立初期，高通汇聚了众多的技术工程师，他们除了埋头于技术发明之外，做了最重要的两件事情，一是将其CDMA技术提交到美国的标准组织TIA和世界标准组织ITU，申请将其确立为世界移动通信标准；二是把CDMA研发过程中涉及的大小技术都申请为专利。

当时所有的通信巨头都为GSM浪潮所席卷，无暇顾及这间初创公司，自然也就没有人和高通争夺这些专利的申请。标准和专利，成为高通日后抵御比自己强大百倍的对手并发展壮大的利器。

目前世界上通行的三大主流3G通信标准：W-CDMA、TD-CDMA和CDMA2000都离不开CDMA技术的运用，而手握接近4 000项相关专利的高通可谓是3G时代最大的赢家。沿袭了3G时代的优势，4G时代来临之时，高通仍然掌握了相当数量的专利，因此作为全球最大的专利许可收费公司和无线通信芯片制造商，高通依然可以骄傲地宣称：“每一部3G和4G手机中，都有我们的发明。”

高通所赖以为生的专利发明，是知识产权领域的重要分类之一，而高通赶上了知识产权“变现”最好的时代。法学教授郑成思曾引用数据称，如今国际贸易中，在货物买卖额无明显增加或减少的情况下，知识产权的转让额一直大幅上升。对企业而言，其作用可能已经比设备、资金更为重要，在高新技术和新兴领域，专利几乎成为“入场证”。

在中国，涉及知识产权“费用”的相关纠纷也在直线上升。国内知识产权领域的资深律师、京都律师事务所合伙人王菲介绍说：“从各法院的通报总结中可以直观地感受到。近5年来，案件数量每年能达到15%～20%的增长，一些经济发达地区的增长率还要更高。”

高通拥有三个主营业务——CDMA 技术集团（主要负责研发和销售芯片）、技术授权部门和战略投资业务，其中 2/3 的利润都来自专利授权。去年因受苹果拒付专利费影响，高通公司的利润受到大幅影响，2017 年财报显示，技术授权费为 64.45 亿美元，占营业收入的 28.91%。

在通信行业，占据行业金字塔顶尖的不是设备制造能力，而是标准制定能力。凭借其深厚的基础积累，高通获得了对下游产业的议价能力和话语权。对知识产权的保护行为本身无可厚非，权利的设立原意也是为了保护和促进创新，但事情总会改变。近年来，高通凭借其强势地位而制定的“游戏规则”，在中国引发了各种质疑。

二、过时的模式

在前述的高通三大主营业务中，前两项组成了营业收入的最重要部分，具体到实际交易中，分别可以简单表述为芯片的出售和专利授权费用。其中，后者的交易模式最受关注。

高通在计算授权费用时，使用的参考标准是整机销售的价格。也就是说，即使手机厂商使用的不是高通设计的芯片，但只要芯片里包含了高通专利池里的专利，就要向其付费。这笔钱高通没有向芯片厂商索要，反而是向手机厂商索要，以整机的售价为基数，收取 3% ～ 6% 的授权费用。高通 CEO 莫伦科夫曾阐释理由称，“没有高通的技术，你几乎不能做任何事情，这是让 OEM（原始设备制造商）确保产品‘稳定’的最好办法。”

而且，业内人士表示，这笔费用“很难逃”。据半导体服务平台摩尔精英的创始人张竞扬透露，基本不会发生有厂商虚报销售额或者不交的情况，因为高通“做得很聪明”，它会间接从芯片公司的财报了解销售情况，所以绝大部分数据都是真实可靠的，很少有厂家能“躲得过”。手机厂商无法绕开 3G 制式来生产手机，因此不得不承担这笔费用，但是，它们的怨气也普遍很大。

高通 2013 财年年报显示，其专利授权业务以 30% 的营收占比，为高通贡献了高达 87% 的税前利润；芯片和许可费收入共计 243 亿美元，其中 49% 来自中国。而同年国产手机利润率均值不足 0.5%，授权费用远高于我国终端企业的利润水平，给企业的成本形成了极大的压力。

不仅于此，有业内人士曾算了一笔账，在微博上“叫板”高通：“一部 799 元的手机和一部 2 799 元的手机用到的通信专利技术可能完全一样，后者贵出的 2 000 元是因为用了更好的显示屏、更大的内存、更高画质的相机、更贵的机身工艺技术、加了指纹识别模块、快充、HiFi，提供更好的软件体验和售后服务。这些都和高通所拥有的通信技术专利没有关系，为什么高通可以主张后者要比前者多付 2 000 元 ×65%×5%=65 元的专利费？”

当通信模块成为手机成本中越来越小的一部分，整个行业格局发生变革之时，高通仍然故我的收费模式已经显得过时和“倔强”。通信专家陈志刚表示，“智能手机行业已经发生了重大变化，屏幕大小、摄像头和内存等，这些技术都和高通的通信专利没有关系”。

另外，高通专利授权费用中还包含了其他厂家的专利，具体的操作是，高通公司利用自身的专利优势与手机厂商签订合约，此厂商须将自身所持专利免费授权给高通，再由高通来收取专利费，如果有另外的生产商使用该专利，原专利发明厂商就不得向其收取费用。短期来看，该种模式对于国内企业初期成长有一定的保护作用，也在一定程度上利于中国企业出海发展，但是从本质上而言会损害国内手机芯片底层产业的核心竞争力，无异于让专利变成一张废纸。

2013年年底，因为“部分国内公司的举报”，称高通违反了FRAND（公平、合理、无歧视）原则，存在不正当竞争行为，中华人民共和国国家发展和改革委员会（简称“发改委”）随即对其展开调查。最终，发改委对高通“滥用市场支配地位实施排除、限制竞争的垄断行为依法做出处理”，开出60.88亿元的罚单，创下国内反垄断罚款的历史新高。

这次判罚最重要的两点，一是取消了强制的免费反向授权模式，二是将整机100%作为基数对比修改为65%。这次的整改，最显而易见带来的利润在于基数的改变，粗略以每台手机1 000元的价格计算，2014年中国智能手机出货量是4.52亿部，假设每台减少15元的专利授权费用，能节省超过60亿元。

但是，高通最为核心的商业模式——“以整机价格为基础”收费的模式仍然没有改变。不少分析人士也发现，高通在不同国家接受反垄断调查，即使接受高额罚款也不愿改变其商业模式。

苹果对于高通的诉讼引起了不少关注，巨头的效应值得关注，未来或许会带动更多中国厂家的效仿。占行业利润超过九成的巨头也对高通正面提出挑战，那么示范作用是可想而知的。如果这个模式在苹果那里也不成立，在中国同样也可以不成立。事实上，苹果CEO库克也曾对高通的模式发出了类似的抱怨：“当前我们的处境是，苹果的创新越多，高通收取的专利费就会越多。”

三、中国市场的挑战

高通的收费模式促使国内手机厂商“自力更生”的速度加快。华为从2004年就开始布局芯片自主研发，2009年研制出第一颗K3芯片试水智能手机，经历了2012年K3V2的失败，到2014年海思麒麟手机芯片开始跻身业界主流，发展至今已经平稳地跻身高端智能手机芯片市场。2017年，小米创始人雷军在国家会议中心的大堂里，公布了小米史上研发周期最长的一款产品——澎湃S1芯片，按照官方说法，其同样定位的是中高端智能手机。

其实研发芯片需要的时间和金钱投入都非常巨大，但是长期依赖包括高通在内的芯片厂家并不现实。事实上，2017年就曾传出因高通的骁龙处理器供货不足的问题导致小米6首发延期的消息，而众多国内厂商的产品尤其是旗舰机型都很大程度上受到高通芯片产能的影响。

张竞扬分析说，高通的芯片产能有限，“给你还是给别人，就决定了你这间公司能不能最先开发新手机，这种状态对于小米这样体量的公司，就会觉得不安全了，华为也同样。”而如果能进行芯片的自主研发，那么就可以跟手机的研发进度相匹配，从而决定手机的发布进度，这个重要性不言而喻。

眼下，中国企业的机遇可能在5G时代。相比于3G时代，5G时代高通所拥有的专利数量也在逐渐减少，这意味着留给中国企业的机会在增加。此外，产业界的气候也在悄然变化。2017年博通欲凭借1 300亿美元收购高通的消息，让不少行外人震惊，半导体行业的垄断集中度持续在增加。

通信专家陈志刚分析称，并购增加的原因在于全球智能手机的增长进入瓶颈期，表现在每年的出货量维持在相对稳定的状态，而以此为代表的移动设备是半导体行业最大的需求方，因此加大了半导体行业的生存压力，加剧了企业间“抱团取暖”的状态。这也意味着，像高通这样的企业的议价能力和话语权会被进一步削弱。

资料来源：黄靖芳. 中国企业阻击高通“专利霸权”[J]. 南方窗，2018（1）.

2. 显成本和隐成本

企业生产的总成本可以分为显成本和隐成本两部分。**显成本**指厂商在生产要素市场上购买或租用所需要的生产要素的实际支出，这些支出将在厂商的会计账目上作为成本反映出来。例如，厂商雇用一定数量的工人，取得一定数量的银行贷款，租用一定数量的土地，为此，需要向工人支付工资，向银行支付利息，向土地出租者支付地租。

隐成本指厂商本身所拥有的且被用于该企业生产过程的那些生产要素的总价格。例如，厂商使用自有资金和土地，并亲自管理企业，应向自己支付利息、地租和工资。但这些支出并没有在会计成本账目上表现出来，不如显成本明显，因而被称为隐成本。

小案例

陈先生想开办一个玩具厂，需要投资40万元，但其自有资金只有20万元，于是他以5%的年利率从银行借了20万元，并每年向银行支付1万元利息。那么陈先生拥有这个玩具厂的成本是多少呢？对此，经济学家和会计师有不同的答案。王先生的会计师只衡量显成本，将支付给银行的1万元利息作为成本，因为这是从企业流出的货币量。与此相比，根据经济学家的看法，陈先生拥有该厂的成本是2万元。因为陈先生使用的20万元自有资金，也应获得报酬，应作为隐成本考虑进来。

3. 沉没成本与新增成本

所谓**沉没成本**，是指已经发生的或者已经承诺的，无法收回的成本。沉没成本是一种历史成本，对当前决策而言是不可控成本，不应该对当前行为和未来的决策发生影响。因此，沉没成本是决策非相关成本，在生产决策时无须考虑。相对地，**新增成本**是决策相关成本，在生产决策时必须考虑。

小案例

某企业打算生产新产品 A，需添置设备 B，购置成本 20 000 元，而企业目前已经拥有闲置的设备 C，其账面成本为 30 000 元，并在主要性能上与设备 B 相同，但要利用起来生产 A 产品，还必须对其进行改造，改造成本为 5 000 元。

这样就有购置和改造两个方案。对购置方案而言，设备成本为 20 000 元，而对改造方案则为 35 000（=30 000+5 000）元，如果以两方案的设备成本进行比较，那么购置方案的设备成本更低，减少了 15 000(=35 000−20 000）元，这样一比较，好像应该选择购置方案了。那么，是否意味着真的应当做出如此的决策吗？

答案是否定的。因为在购置方案中，设备成本 20 000 元在决策时尚未实际发生，如果决定采用该方案时，新增成本也为 20 000 元；而在改造方案中，由于闲置的设备 C 的账面成本在决策前已经实际支出，无论决策结果如何，都无法收回该账面成本（假设该设备无转让价值），因此，账面成本 30 000 元即为沉没成本，而改造成本 5 000 元才是新增成本。通过这样的分析，购置方案在新增成本上要比改造方案高 15 000（=20 000−5 000）元，所以，在不考虑其他因素的条件下，应当选择改造方案，而不是购置方案。

4.2.2 短期成本分析

在上一节中，我们将生产函数划分为短期和长期，与之相对应，对成本的分析，也有短期和长期之分。

由于在短期内企业根据其所要达到的产量，只能调整部分生产要素的数量，因此，厂商的短期成本分为固定成本和可变成本。

1. 短期总成本

短期总成本（*STC*）是短期内生产一定量的产品所消耗的全部成本。它由**总固定成本**（*TFC*）和**总可变成本**（*TVC*）构成。公式表示为：

$$STC = TFC + TVC$$

其中总固定成本是厂商在短期内为生产一定量的产品对不变生产要素所支付的总成本，这种成本不随产量的变化而变化，如建筑物和机器设备的折旧费等。

总可变成本是厂商在短期内为生产一定量产品对可变生产要素所支付的总成本，这些成本会随产量的变化而变化。例如，原材料、燃料动力和工人工资等。

如图 4-10 所示，*TFC* 是一条水平线，*TVC* 是一条从原点出发向右上方倾斜的曲线，而 *TC* 就是从 *TFC* 出发，与 *TVC* 曲线形状完全相同的向右上方倾斜的一条曲线。

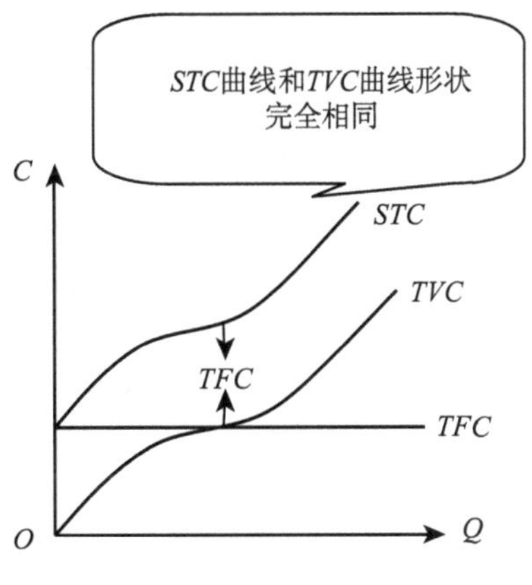

图 4-10 短期总成本曲线

2. 短期平均成本

短期平均总成本（*SAC*）是短期内平均每生产一单位产品所消耗的全部成本。它是平均固定成本和平均可变成本之和。公式表示为

$$SAC = STC / Q = AFC + AVC$$

其中，**平均固定成本**（*AFC*）是厂商在短期内平均每生产一单位产品所消耗的固定成本。在短期内，固定成本不变，随着产量增加，分摊到每一个单位上的固定成本即平均固定成本将越来越少。平均固定成本的公式为

$$AFC = TFC/Q$$

平均可变成本（*AVC* ）是厂商在短期内平均每生产一单位产品所消耗的可变成本。随着产量的增加，平均可变成本将出现先下降而后上升的变动规律。这是因为起初随着产量的增加，生产要素的效率逐渐得到发挥，因此平均可变成本趋于减少；但随着产量增加到一定程度后，边际报酬递减规律发生作用，平均可变成本又趋于增加。平均可变成本的公式为

$$AVC=TVC/Q$$

AFC 曲线是一条随产量不断下降增加而不断下降的双曲线。

AVC 曲线呈“U”形。它表明最初随着产量的增加，生产要素的效率得到充分发挥，平均可变成本不断下降，但下降到一定程度之后，由于边际收益递减规律的作用，平均可变成本随着产量的增加而增加。

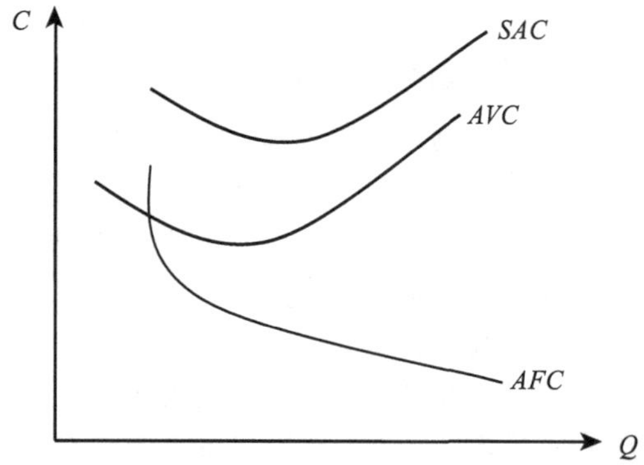

图 4-11 平均成本曲线

短期平均成本（*SAC*）是平均固定成本和平均可变成本之和，其曲线也呈“U”形，但它开始时比 *AVC* 曲线陡峭，说明下降的幅度比平均可变成本大，以后的形状则与平均可变成本曲线基本相同，如图 4-11 所示。

3. 短期边际成本

短期边际成本（*SMC*）是厂商在短期内增加一单位产品时所增加的成本。其公式为

$$SMC = \Delta STC / \Delta Q$$

SMC 曲线也呈“U”形，如图 4-12 所示，边际成本曲线是一条先下降后上升的曲线。这同样是由于边际收益递减规律作用的结果。

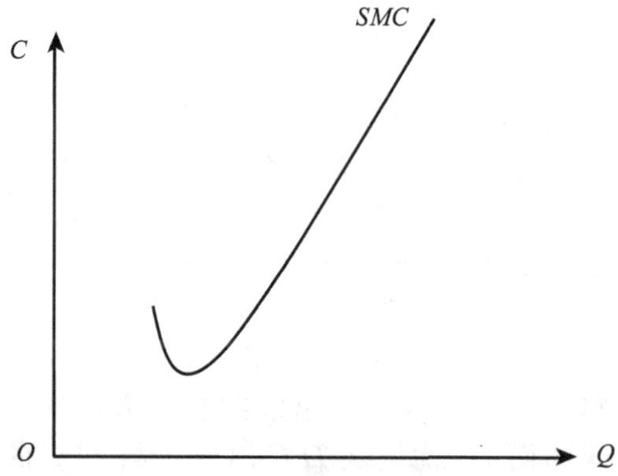

图 4-12 短期边际成本曲线

小案例

有些设在景点的饭店，为什么在淡季仍然不关门

对于饭店来说，其需要支出的成本分为固定成本和可变成本。固定成本就是用于固定投入的成本，它不随顾客的数量增减而发生变化，如店面、桌椅、厨具等；可变成本是指用于可变投入的成本，它会随着饭店接待顾客数量的不同而有所变化，如各种食物的原料、燃料、工人的工资等。可变成本会随着饭店消费量的增大而增加，也会随着消费量的减少而降低。固定成本和可变成本共同构成了总成本。

设在景点附近饭店的生意会因为游客多少而发生变化，旺季时游客众多生意红火，淡季时游客稀少生意冷清，但饭店一般不会在淡季关门来节省支出，这是因为饭店支出中固定成本占大部分，店面也租了，桌椅也买了，各种机器、用具也都配齐了，即使你不用，这部分的成本还是要支付的，各种用具照样还是会折旧的。因此，放着也是放着，还不如继续开门营业，只要收入能够支付可变成本，就不会赔本。如果饭店选择在淡季关门，而又在旺季开门，则可能导致员工大量流失，可能导致饭店在旺季也无法正常经营，还会给自身的声誉带来负面的影响。

由此可见，固定成本是不变的，既然已经支出，商家就不会选择让其闲置，只要收入能够支付可变成本，就可以继续经营下去。

资料来源：赵建勇. 图解日常经济学 [M]. 郑州：中原农民出版社，2009.

4.2.3 长期成本分析

在长期内，厂商所有的成本都是可变的，因此厂商长期成本的分类只有长期总成本、长期平均成本和长期边际成本三种。

1. 长期总成本

从长期看，厂商总是可以在每一个产量水平上选择最优的生产规模进行生产。**长期总成本**（*LTC*）指厂商在长期中调整生产规模，生产各种产量所需的最低成本点的轨迹。

2. 长期平均成本

长期平均成本（*LAC*）指厂商在长期内按产量平均计算的最低总成本。公式为

$$LAC = LTC / Q$$

长期平均成本也是生产各种产量所需的最低平均成本点的轨迹。

3. 长期边际成本

长期边际成本（*LMC*）指当厂商有足够的时间根据生产产量调整其固定要素时，每增加一个单位的产量所增加的总成本，长期边际成本的公式为

$$LMC = \Delta LTC / \Delta Q$$

4.3 收益、利润与产量

在资源稀缺的条件下，经济活动追求的是利润最大化，这就要求收益最大、成本最低。因此在分析了成本之后，还要将之与收益进行对比，按照利润最大化的原则，确定均衡产量。

4.3.1 收益分析

收益是指厂商出售产品所得到的收入，即价格与销售量的乘积。一般可分为总收益、平均收益和边际收益。

1. **总收益**

总收益（*TR*）是指厂商销售一定量产品所获得的全部收入，其公式为

$$TR = PQ$$

2. **平均收益**

平均收益（*AR*）是指厂商销售每一单位产品平均所得到的收入，其公式为

$$AR = TR / Q = PQ / Q = P$$

3. **边际收益**

边际收益（*MR*）是指每增减一个产品的销售所引起的收益的变动量，其公式为

$$MR = \Delta TR / \Delta Q$$

（1）价格不变条件下的收益。设 $P = P_0$，如图 4-13 所示，则

$$TR = P_0 \times Q；\ AR = TR / Q = (P_0 \times Q) / Q = P_0$$

$$MR = \Delta TR / \Delta Q = P_0$$

所以在价格不变条件下厂商的 $AR = MR = P$，即平均收益曲线、边际收益曲线和需求曲线同为一条平行于横轴的直线。

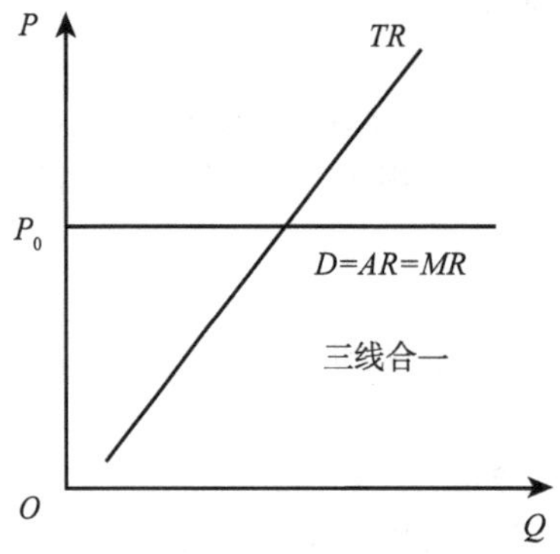

图 4-13 价格不变时的收益

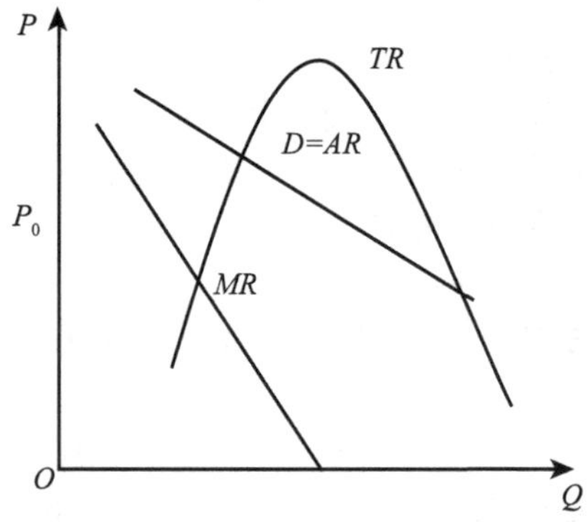

图 4-14 价格变动时的收益

（2）价格变动条件下的收益。设 $P = f(Q)$，如图 4-14 所示，则：

$$TR = f(Q) \times Q$$

$$AR = TR / Q = (f(Q) \times Q) / Q = f(Q) = P$$

$$MR = \Delta TR/\Delta Q < P$$

所以在价格变动条件下厂商的 $AR = P$ 但不等于 MR，而是 $P = AR > MR$，即平均收益曲线与需求曲线同为一条向右下方倾斜的曲线，边际收益曲线也向右下方倾斜，但是比平均收益下降得更快，位于平均收益曲线的下方。而总收益曲线的形状取决于边际收益，当边际收益为正值时，总收益递增；当边际收益为 0 时，总收益达到最大水平；当边际收益为负值时，总收益递减。

4.3.2 利润与产量分析

1. 利润与产量

利润（π）是指总收益与总成本的差额，由于总收益和总成本都是产销量的函数，所以利润自然也是产销量的函数，公式为

$$\pi(Q) = TR(Q) - TC(Q)$$

注意：经济学中的利润，是指经济利润或超额利润，不同于我们通常所说的会计利润。会计利润是指厂商销售产品的总收益减去会计成本（即显成本）后的余额，而经济利润是厂商销售产品的总收益减去经济成本（即显成本加隐成本）后的余额。可用公式表示为

$$会计利润 = 总收益 - 会计成本$$

$$经济利润 = 总收益 - 经济成本 = 会计利润 - 隐成本$$

正确掌握经济利润的概念，还需进一步区分经济利润和正常利润。正常利润是指厂商对自己提供的企业家才能所支付的报酬，是一个厂商继续留在原有的行业经营所必须获得的平均利润，是隐成本的一个组成部分。因此，经济利润中不包括正常利润。

由于会计学家和经济学家对利润的看法不同，对同一个企业的经营状况，就会做出不同的评价。例如，一个企业，它的会计账户上显示出一个较低的资金利润 3%，而当时社会同存款利率为 5%，在会计学家看来，该企业经营效果虽不太好，但略有盈利。而经济学家则讲，该企业经营效果很差，不仅没有盈余，而且亏损 2%，那么 3% 则称为会计利润，−2% 则为经济利润。

2. 厂商利润最大化的原则

在其他条件不变的情况下，厂商应该选择最佳的产量，使得最后一单位产量所带来的边际收益等于所付出的边际成本，即 $MR = MC$，这就是厂商利润最大化的原则。这是因为，如果 MR 大于 MC，表明厂商多生产一单位产品所带来的收益大于生产这一单位产品所增加的成本，增加一单位的产量，就增加利润；减少一单位的产量，就减少利润。所以，要增加产量。如果 MR 小于 MC，表明厂商多生产一单位产品所带来的收益小于生产这一单位产品所增加的成本，这时增加一单位的产量，就减少利润；减少一单位的产量，就增加利润。所以，要减少产量。只有 MR 等于 MC 时，厂商才不会调整产量，达到均衡，由此可以确定使厂商获得最大利润的价格与产量，即均衡条件。

学习指导

1. 学习建议

建议主要掌握以下内容。

（1）生产要素的投入量与产品的产出量之间的关系，可以用生产函数来表示。

（2）短期和长期的划分是以厂商能否变动全部生产要素的投入数量为标准的，并不是一个具体的时间跨度。

（3）边际报酬递减规律是研究一种生产要素合理投入的出发点。根据边际产量递减规律，可得出边际技术替代率递减规律。

（4）生产要素的最优投入组合就是能以最小的成本支出获得最大产量，使厂商获得最大利润的要素组合，也即厂商在生产中的均衡条件。厂商生产的均衡条件是代表既定产量的等产量曲线与它可能达到的最低等成本线相切。

（5）在一定的技术水平下，随着生产规模的扩大，规模报酬的变化一般会经历规模报酬递增、规模报酬不变、规模报酬递减三个阶段。

（6）生产一单位某种商品的机会成本指生产者所放弃的使用相同的生产要素在其他生产用途中所能得到的最高收入。隐成本指厂商本身自己所拥有的且被用于该企业生产过程的那些生产要素的总价格。沉没成本是一种历史成本，对当前决策而言是不可控成本，不应该对当前行为和未来的决策发生影响。

2. 学习重点与难点

学习重点

（1）边际收益递减规律和最优生产要素投入组合。

（2）短期平均总成本曲线、短期平均可变成本曲线以及短期边际成本曲线的U形特征和相互关系。

学习难点

经济利润是厂商销售产品的总收益减去经济成本（即显成本加隐成本）后的余额。经济利润中不包括正常利润。在其他条件不变的情况下，厂商应该选择最佳的产量，使得最后一单位产量所带来的边际收益等于所付出的边际成本，即 $MR = MC$，这就是厂商利润最大化的原则。

核心概念

边际报酬递减规律　规模报酬　边际技术替代率

等成本线　等产量线　最优生产要素投入组合　显成本

隐成本　沉没成本　经济利润　利润最大化

课后思考与练习

一、选择题

1. 当边际产量大于平均产量时，(　　)。

A. 平均产量递增　　B. 平均产量递减　　C. 平均产量不变

2. 当总产量达到最大时，(　　)。

A. 边际产量为正　　B. 边际产量为负　　C. 边际产量为零

3. 在下列行业中，企业规模应该最大的行业是(　　)。

A. 服装业　　B. 钢铁业　　C. 饮食业

4. 边际收益递减规律的适用条件是(　　)。

A. 生产技术没有发生重大变化　　B. 不考虑生产技术是否变化

C. 生产技术发生变化

5. 规模经济所研究的问题是(　　)。

A. 两种生产要素中一种不变而另一种增加时对产量的影响

B. 两种生产要素同时变动对产量的影响

C. 两种生产要素配合的比例变动对产量的影响

6. 经济学分析中所说的短期是指(　　)。

A.1 年内　　B. 全部生产要素可随产量而调整的时期

C. 只能根据产量调整的时期

7. 短期固定成本是指(　　)。

A. 厂商在短期内必须支付的不能调整的生产要素的费用

B. 厂商要增加产量所要增加的费用

C. 厂商购进生产要素时所要支付的费用

8. 下列项目中可称为可变成本的是(　　)。

A. 管理人员的工资　　B. 生产工人的工资　　C. 厂房和机器设备的折旧

9. 已知产量为 9 单位时，总成本为 95 元，产量增加到 10 单位时，平均成本为 10 元，由此可知边际成本为(　　)。

A. 5 元　　B. 10 元　　C. 15 元

二、判断题

1. 当其他生产要素不变时，一种生产要素投入越多，则产量越高。(　　)
2. 在农业中并不是种植越密越好，施肥越多越好。(　　)
3. 只要总生产量减少，边际产量一定是负数。(　　)
4. 一个企业生产规模过大会引起其中各个厂商竞争加剧，这样所引起的产量或收益的减少属于内在不经济。(　　)
5. 在同一平面图上，可以有三条不同的等产量线。(　　)

6. 利润最大化就是实现无限的利润。(　　)

三、计算题

根据短期总成本、短期固定成本、短期可变成本、短期平均成本、短期平均固定成本、短期平均可变成本、短期边际成本之间的关系，依据下表中已给出的数字进行计算，并填写所有的空格。

产量	固定成本	可变成本	总成本	边际成本	平均固定成本	平均可变成本	平均成本
0	120	0					
1	120		154				
2	120	63					
3	120		210				
4	120	116					
5	120		265				
6	120	180					
7	120		350				
8	120	304					
9	120		540				

第5章 Chapter5

市场结构

学习目标

知识的掌握

1. 完全竞争、完全垄断、垄断竞争、寡头垄断四种市场结构及其特点。
2. 不同市场结构中产量和价格的确定。
3. 不同企业的市场均衡条件以及企业的目标选择。

技能的提高

1. 能够用市场结构理论解释现实中的价格差异。
2. 能够区分现实中各行业的市场结构。
3. 能够分析企业在不同市场结构下的策略。

引言

为什么可乐几乎没涨价

在生活中，我们常常会感叹“××最近又涨价了”。涨价的商品之外，少数没有涨价的商品则常常被我们所忽略。10年前我们买一份报纸只要5毛钱，现在买一份报纸还是5毛钱。10年前到电脑城买一台当时主流配置的电脑，可能要花四五千元，现在你到电脑城或者在网上买一台同样是目前主流配置的电脑，价格还是四五千元。

最典型的“不涨价”的例子还是可口可乐——20年前，一瓶可乐是3元钱；10年前，一瓶可乐也是3元钱；现在，一瓶可乐还是3元钱。涨价的原因好解释，因为这是一种我们生活中的通胀现象，很常见而且很直观。一来这10年里，广义货币供应量增长了3倍，经济规模增加了1.8倍；二来百姓总体的收入增加了，不管买东西还是卖东西，价格提升都是自然的。而分析那些不涨价的东西，则要相对复杂一些，或许给我们带来更多的启示。

一种解释是，可乐、电脑、报纸是工业品，可以依靠规模化生产来降低成本。比如可口可乐的自动化生产线，一分钟可灌装成千上万瓶可乐。相应的成本结构中，人力占比很少，这几年人力成本的大幅度增加对其影响不大，因此售价就可以维持在比较稳定的状态。而很多涨价的商品、服务，比如理发、早餐店卖的油条等，涉及的人力环节很多，这几年人力成本一再增加，价格也就噌噌往上涨了。不过，规模化生产和低成本，只解释了可口可乐确实具备不涨价的能力，但是并没有解释其不涨价的意愿。要想明白可乐为什么不涨价，还要涉及可乐的市场结构。

可乐作为一种饮料，是有很多替代品的。如果可乐价格涨一倍，消费者可能就会改喝别的。不过，对于替代品的考虑，还是一种短期的竞争策略，还不足以解释为什么可口可乐在长达几十年的时间里都没有涨价。那么可乐没涨价的关键可能就是另外一种因素。可乐行业是一个双寡头垄断竞争的行业，基本上就是两个大玩家——可口可乐和百事可乐在玩，它们出于市场竞争的目的选择不涨价。在目前的价位上，2016 年整个碳酸饮料业的产值是 800 多亿，而利润率则只有大约 5%，这还是在大部分市场由可口可乐、百事可乐这两家超大规模厂商占领的前提下实现的。我们粗一看，觉得这是个辛苦行业——规模不小，利润率却很低。其实还可以反过来理解，可口可乐和百事可乐这两家公司都已经这么大规模了，把成本压得低到不能再低，也才这么一点利润率。如果有竞争对手想要进入这个行业，做不到这么大的规模，没办法把单位成本降到像可口可乐和百事可乐一样低，那么根本就不可能赚到钱。因此，这个行业有着非常高的竞争壁垒，虽然利润率不高，但是两个大玩家靠着规模，也能赚到钱。反之，如果把价格提高，一开始利润率是提高了，但新的竞争对手就会不断进入。随着价格战的开启，产品的价格会越来越低，利润也会越来越低。

在经济学上，这种竞争格局有个专用名词，叫作“古诺均衡”，说的就是这样一种情况：一种产品市场上只有两个卖家，卖的东西基本无差别，两个卖家相互之间没有任何串通行为，不过都知道对方将生产多少、怎样定价，这样，双方就都可以确定最优的产量来实现利润最大化。在这种均衡之下，低价格和微薄的利润，将大部分竞争对手阻挡在行业之外，而少数巨头则依赖于规模生存下来，获得尚属可观的利润总量。

在商业中，价格是一种综合现象，它不是单纯由成本决定的，同样也不是单纯由需求决定的。影响它的因素还有市场结构——不管买方还是卖方，货币供应量还是消费者结构，最终都体现为供需双方的均衡。对于中国的企业而言，新一轮产业升级是一种伴随市场结构调整、重新建构竞争壁垒的过程。一种竞争策略是提供差异化的产品，提升与消费者议价的能力，获得更高的利润率；另一种策略，则是像可口可乐和百事可乐一样，整合行业竞争，维持微薄的利润。这种低成本的策略，不能建立在人力、土地、环境这些已经逝去的优势上，而需要建立在定位能力、产品能力、信息化能力和消费者关系的维护能力这些新的要素上。

资料来源：巴九灵.为什么可乐几乎没涨价？[J]. 读者，2018（2）.

5.1 市场结构

一个小农场和一个大汽车制造厂所面临的市场是不同的。在农产品市场上，一个小农场面临着与其他无数小农场的激烈竞争，而一个大汽车制造厂则面临着和它相似的几个汽车制造厂的竞争。每个企业都面临着不同的市场。不同市场上的企业都要决定应该如何确定自己的产量与价格，以便实现利润最大化。

市场结构就是指市场的垄断与竞争程度，不同的企业处于不同的市场，其竞争目标与手段都不同。所以，市场结构对企业竞争战略影响重大。在分析市场结构时，市场就是指行业，一个行业就是一个市场。例如，电信行业就是电信市场，旅游行业就是旅游市场。

5.1.1 划分市场结构的标准

根据各个市场的竞争与垄断程度的不同，微观经济学将市场划分为四种结构，即完全竞争市场、完全垄断市场、垄断竞争市场和寡头市场。划分市场结构的标准主要有以下几个方面。

1. 行业的市场集中程度

市场集中程度指大企业在市场上的控制程度，用市场占有额来表示。对于某一行业来说，企业规模越大，企业数量越少，大企业的市场占有份额越大，这些企业对市场控制程度越高，则市场集中程度越高，市场的垄断程度就越高。反之，一个行业企业规模小、企业数量多，即使有较大的企业，市场占有份额也不大，对市场控制程度低，则市场集中程度低，市场的竞争程度就高。

例如我国的航空运输市场，就被中国国际航空公司、东方航空公司、南方航空公司等少数几家大航空公司占有，这些企业规模大、数量少，市场占有份额大，对市场控制程度高，因此垄断程度较高。而公路运输市场则企业众多且规模相对不大，市场占有份额相对较小，因而竞争程度较高。

2. 行业的进入限制

一个行业的进入限制低，则企业容易进入，从而竞争程度较高。反之，一个行业进入限制高，则企业进入困难，从而垄断程度较高。

例如公路运输市场进入限制低，企业容易进入，从而竞争激烈，而铁路运输市场由于国家政策方面的原因，进入限制高，企业进入非常困难，形成独家经营的格局，因而垄断程度较高。

进入限制的原因有自然原因和法律原因。自然原因主要指资源控制与规模经济。如果某个企业控制了某个行业的关键资源，其他企业得不到这种资源，就无法进入该行业。例如，中国电信集团公司拥有世界第一大固定电话网络，其他电信企业就很难进入中国的电信行业。

在一些行业中，规模经济特别重要，极大的产量可以带来最低的平均成本。在这些行业中，企业规模很大，只需要几个超大规模的企业就可以满足整个市场的需求，其他企业要想进入非常不容易。例如，中国移动通信市场存在少数规模巨大的企业，如中国移动通信集团公司、中国联合通信有限公司等，这几家大企业就可以满足市场需求，其他企业难以进入与之竞争。

立法原因是指法律对于某些行业设置了准入限制，主要包括三种形式。

一是特许经营，政府通过立法把某个行业的经营权交给某个企业，其他企业不得从事这个行业。例如，我国铁路由铁道部独家特许经营，铁道部下属各铁路局或铁路集团企业负责具体经营。

二是许可证制度。一些行业由政府发放许可证，没有许可证不得进入，从而增加了进入的难度。例如，在我国从事金融业务必须具备金融许可证，金融许可证是由中国银行业监督管理委员会依法颁发的、特许金融机构经营金融业务的法律文件，这就使得其他机构不易进入金融行业。

三是专利制。专利是指给予某种产品在一定时期内的排他性垄断权，其他企业不得从事这种产品的生产，无法进入该行业。例如：摩托罗拉注册了“手机翻盖自动接听功能”专利，致使摩托罗拉手机产品一度垄断翻盖手机市场。

3. 产品差别

产品差别是同一种产品在质量、商标、形式、包装等方面的差别。一种产品不仅要满足人们的实际需要，还要满足人们的心理需要。产品差别是为了满足消费者的不同偏好，用自身的特色吸引消费者，从而在喜爱这一特色的消费者中形成垄断地位。产品差别越大，垄断程度越高。

例如，美国可口可乐公司推出可口可乐系列饮料，包括可口可乐、雪碧、芬达、健怡可乐、醒目（多口味汽水）、酷儿（果汁型饮料）等，满足不同消费群体的需要，从而在饮料市场中形成了自己的垄断地位。广州王老吉药业股份有限公司生产的王老吉凉茶，以其独特的中药配方和文化，形成了与众不同的特色，2005 年销售量达 400 万吨，超过同年可口可乐的销售量（317 万吨）。

产品差别越高则市场垄断程度越高，产品差别越低则市场竞争程度越高，通过产品差别可以划分市场结构。

5.1.2 市场结构与企业行为的关系

不同的市场结构决定企业的不同竞争目标。企业目标是利润最大化，但在不同的市场上，利润最大化的表现形式各不相同。

在完全竞争市场上，竞争的最终结果是价格等于平均成本。由于每家企业规模太小，不能通过改变自己的产量来影响市场价格，且由于企业数量多，也不可能形成勾结，因此只能在市场价格既定时决定产量和进入或退出。从全行业来看，利润最大化时经济利润为零。平均成本是整个行业的平均成本，如果一家企业效率高，成本低于行业平均成本，则市场价格等于行业平均成本时，成本低于行业成本的企业可以有利润。因此，实现利润最大化就在于提高企业效率以降低成本。

在垄断竞争市场上，企业可以凭借自己的产品差别形成垄断地位，从而获得高价格并实现利润最大化。

在寡头垄断市场上，如果产品无差别，寡头之间激烈竞争的结果使整个行业价格下降，使得这些行业成为微利行业，只能通过大量生产来实现利润最大化。

在完全垄断市场上，企业可以根据市场需求，高价少销实现利润最大化，也可以低价多销实现利润最大化。

处于不同市场结构的企业所用的竞争手段也不同。在垄断竞争市场上，竞争的重要手段是创造产品差别，使自己的产品不同于同类其他产品。在寡头垄断市场上价格竞争十分重要。在完全垄断市场上关键在于如何定价。在不同的市场结构中运用不同的手段才能成功。

补充阅读

中国互联网需要反垄断吗

10年前，关于垄断与反垄断的讨论基本上指向大型国有企业。但今天，轮到了互联网。互联网巨头曾一度是突破旧有经济体制的先锋，它们冲破管制，破除“垄断”。而现在，它们本身已然具备成为新的垄断者的可能性。垄断削弱竞争，损害效率，在互联网领域，更是如此。由于线上扩张的几何级速度，以及线下强大的网络和规模效应，互联网巨头正在变得越来越大。那么，它们的扩张还有边界吗？我们该如何应对？

一、越来越大与数据集权

财富和控制力集中在互联网巨头之中已经持续很多年了。174项交易，累计投资1 124亿美元（约合7 418亿元人民币）。这是并购市场资讯Mergermaket在2017年发布的《亚洲大买手档案：BAT互联网三巨头》里，关于BAT（百度、阿里巴巴、腾讯）过去5年在国内外的并购数据。市场调研机构eMarketer发布报告称，2017年中国数字广告市场规模达到500亿美元，而BAT占据了超过62%的份额。这些数据显示互联网商业的“准垄断”已经开始。数据改变了竞争，它赋予了互联网巨头巨大的控制力。

互联网巨头一方面掌控了这个时代所有线上业务的基础，比如云、支付、信息传输。另一方面掌控了消费者。比如百度看到人们在搜索什么，微信知道人们在分享什么，淘宝了解人们在买什么。用这些数据可以做很多事，而且，“数据集权”正在愈演愈烈。但这到底是不是垄断呢？

在一些观点看来，资源诸如数据、渠道等向巨头的集中并不是一定是坏事。垄断，在很多时候，是个促进生产力发展的事情。比如，20世纪七八十年代，芝加哥大学的学者通过论辩颠覆了反垄断法。他们认为反竞争行为主要是通过企业对消费者的积极影响来实现的，而超大规模的企业对于经济效率提升所带来的益处足以超越对企业规模的任何担忧。同样，在中国，现实的情况是，互联网巨头的发展表面上不仅没有令消费者利益受损，而且消费者似乎还乐于看到它们的发展。比如，廉价产品和免费服务是互联网巨头一直在努力为消费者提供的，几乎每周还会推出改进的新型产品和服务。

查阅中国互联网的反垄断诉讼，很容易发现，到目前还没有一个明确的对互联网巨头“开刀”的案件。就算是冠以“反垄断第一案”之名的奇虎360与腾讯间的纠葛，曾深度参与此案的中央财经大学法学院副院长吴韬指出，奇虎360与腾讯案之后，业界出现了“如果腾讯都不构成垄断，则互联网企业均不存在垄断”的误读。就企业而言，追求垄断是其天然属性。而且，垄断也是可以增进消费者福利的——但这只是表面。

反垄断的经济学家指出，如果垄断巨头要转嫁成本，并不是直接让消费者支付费用，而是通过其他的形式来实现。1887年，亨利·哈夫迈耶将17家炼糖厂兼并为托拉斯，最后产生了多米诺糖业，这时糖的价格就以税的面貌出现了。哈夫迈耶说：“谁在乎每磅14美分？”意思是，他已经能像政府一样，哪怕消费者只是在便利店购买一杯可乐，他都能不动声色地从消费身上收取几美分。他已经不需动用自己在供应糖上积累的力量就能胡乱地影响消费者。

这也是为什么反垄断的最终目的并非防止收费太高，而是防止企业以某种或多或少的永久方式，垄断某些物品的供应，以提高它们相对于我们其他人的权力。今天的互联网巨头亦然，无论购买哪种产品，只要经过它们的生态系统，都要间接地向它们支付费用。

互联网巨头的垄断不仅在产业领域，也扩展到了金融领域。埃里克·杰克逊在其畅销书《支付战争》中说：“商业最终都是为了交易，而交易是通过支付实现的，因此透过支付更容易看清商业的本质。”支付代表了购买、交易、货币的流通，是互联网巨头手中亿级账户变现的决胜之地。

互联网巨头在支付领域的超大规模发展，让金融交易安全以及金融业务交叉风险不断聚集，使得金融大数据的保护面临挑战。央行支付结算司副司长樊爽文在2018年4月指出，支付机构不要想方设法去漠视规则，特别是市场上一些大的机构，不能以为自己“大而不能倒、大而不能管”。

正是因为“大”，一位业内人士用俄罗斯寡头来对比中国互联网巨头，担心其在实现了经济领域的垄断后，是否会渗透和控制社会生活的各个领域，尤其是非市场化的领域。

二、如果巨头在国外

事实上，人们对互联网巨头的争议一直层出不穷。百度网盘被突然清空而不予解释，支付宝隐藏了霸王条款，腾讯手游《王者荣耀》与青少年沉迷游戏之争……这些事件已经流露出人们对互联网巨头的不满。人们开始意识到互联网行业的集中化存在问题。

但是有人认为，互联网巨头的“大”是为了应对彼此间的追赶而产生的，它们不仅要面对竞争对手，更多是要面对它们服务的行业、社会以及政府监管所带的压力。可是，这些压力已经被轻松地释放了。

2018年5月，长期以来备受关注的网约车安全问题，再次激起了强烈的社会舆论。如果互联网巨头在国外，它们的命运会是怎样？像标准石油或AT&T那样被美国政府分拆？还是像微软和谷歌那样一直被欧美的反垄断机构紧盯不放？

如今的互联网巨头是互联网经济的“值班警察”“守夜人”，要知道，标准石油和AT&T也曾经是它们那个时代的巨头。它们除了对各自市场的份额几乎一手遮天外，还通过专有技术和物理网络建立起了强大的进入壁垒。和互联网巨头一样，这样既能降低成本，又能锁定客户。然而，就是这样，曾经对美国的经济基础设施至关重要的它们，仍成为反垄断的经典案例。

20世纪初的约翰·洛克菲勒，依靠对石油行业的强大控制力，给铁路运输业施加压力，通过掠夺性定价等侵略手段挤垮了大量独立的石油公司，而AT&T的垄断故事也很相似。总之，最终它们都迅速发展为富可敌国的超级托拉斯垄断集团。

在美国政府看来，一个建立在法治基础上的、适宜企业迅速发展的市场竞争环境，要远比某一家超级垄断企业的成功或被拆散后的命运重要得多。最终，在被称为“自由企业的大宪章”《反垄断法》下，标准石油和AT&T分别被拆分为33个地理区域的独立石油公司和8家贝尔系公司。

到了数字时代，一些科技巨头企业依靠所占市场份额，客观上形成的垄断已无法遏止。有人提出按标准石油和AT&T的先例来分拆，但现实情况是，分拆科技巨头并不那样简单。

1998年，美国司法部以微软利用Windows的垄断地位为IE保驾护航，进而沉重打击网景，阻碍了技术创新者潜能的发挥为由，把微软告上了法庭。2000年，微软被判要一分为二。一年后，微软提出上诉成功逃脱了被分拆的命运。

与石油大王约翰·洛克菲勒传统型资本家面临的分拆不同，比尔·盖茨是靠知识起家的“知本家”。他建立起来的知识与标准的壁垒，若是拆了，也不见得有哪家公司可以在短期内开发出与Windows媲美的产品。但是美国政府并没有放过微软。现在的微软被要求每年提交大量的报告，表明在这一年里自己没有做过妨碍市场公平竞争、阻止同业进入的行为。

三、反垄断，靠市场还是靠政府

从美国司法部对微软的处理来看，反垄断的焦点已经从企业的地位，转向了滥用的行为。反垄断的终极价值观并非一成不变，尤其在数字时代，还要审视能否保持创新的活力。美国司法部作为“正义的使者”，也从工业时代走向了信息时代。

随着技术的进步，同样遭遇反垄断诉讼的还有谷歌。谷歌提供免费服务，从表面上看，它不采用诸如低价倾销以窃取市场份额的老一套掠夺行为，而是将自己的网页在标注为“广告推广”的前提下提高了广告的排序。但是事实上这样一来，就像20世纪AT&T决定了在电话系统上使用什么设备一样，谷歌决定了谁可以在互联网上被人找到。

对于谷歌这样的行为，在美国和欧洲同样持反对的态度，但是出现了两种截然不同的结果。2013年，美国联邦贸易委员会认定，即使谷歌损害了竞争对手，也是为了更好地服务于消费者，这是自然而良性的结果，拒绝了提起诉讼。而欧盟从另一个方向展开了调查。

2017年，欧盟结束了历时7年的谷歌反垄断调查，最终以谷歌认罚24.2亿欧元告终。他们的方法是，虽然谷歌的竞价排名是目前认可的搜索引擎商业模式，并无不妥，但竞争对手的页面在被降权后，流量均出现不可被其他原因解释的断崖式下降。这破坏了其他公司的竞争机会，让消费者并没有享有真正选择的权利，因此谷歌就涉嫌滥用垄断地位。

类似谷歌这样的互联网巨头的存在，意味着规模较小的公司总是会被财大气粗的竞争对手收购，或者击败，或者复制。这样的现象同样存在中国互联网企业中。数据显示，在中国互联网未上市、估值前30名的创业公司中，80%的背后都有BAT的身影。换言之，在巨头体系外的“独角兽”企业实在凤毛麟角。

从这一点来看，互联网领域的反垄断势在必行。但是关于垄断行为的实体规则仍有许多灰白地带，政府如果仅仅依赖《反垄断法》等相关法律，来反对互联网巨头的垄断，激活互联网经济，是不能够达成的。对于互联网巨头的垄断，一些其他的意见或许值得借鉴。

曾供职于美国司法部的反垄断部门，也曾为谷歌做过咨询的加州大学伯克利分校经济学家卡尔·夏普罗发现的一个共通模式：当大型企业收购临近领域中“能力很强”的公司时，竞争就会减少。换句话说，要让互联网巨头不形成垄断，就需要临近领域中“能力很强”的另一家公司的一直存活。

但经济学家戴维·伊万斯和理查德·史美伦斯组织的调查进一步发现，多数互联网巨头的优势在破坏性的竞争面前有减弱的趋势。他们提供的最新想法更为直接，也就是希望有朝一日能推出一个明显更具优势的新科技产品，让消费者能够更换搜索引擎、社交网络，或者在线商店。在互联网领域达成这样的想法，比一个世纪前更换电话或石油公司更加容易。

无论是政府以法律的形式来抑制互联网巨头形成垄断，还是扶持新的企业激活互联网经济，关键的问题是，要在合适的时机行动起来。尽管反垄断的表面成本很高，但随着竞争秩序和公众福祉的失去，社会未来将付出的隐性成本更不可估量。

资料来源：何子维. 中国互联网需要反垄断吗？[J]. 南风窗，2018（11）.

5.2 完全竞争市场结构

在国外，农产品价格是最低的。在国内，农民增产不增收的问题也引起广泛关注。农产品价格低几乎是一个世界性问题，引起这个问题的原因除了诸多制度性因素之外，关键的一点是农产品处于完全竞争的市场。

完全竞争是一种只有竞争而不存在垄断的市场结构。在这种市场上企业很多，每家企业规模都很小，无法通过调整产量来影响市场价格。

5.2.1 完全竞争市场结构的形成条件

完全竞争市场结构的形成包括以下四个条件。

第一，市场上有大量买者和卖者，每个买者和卖者的购买量和销售量只占市场份额的极小部分，无法通过自己的买卖行为影响市场价格，市场价格完全由供求关系自发决定，买卖双方只能接受已形成的市场价格。在完全竞争市场中，企业对市场没有任何影响能力，不是市场价格的制定者，而是市场价格的接受者。

第二，市场上所出售的商品和劳务都是同质的，不存在任何产品差别，无法形成由产品差别带来的垄断。这里所说的产品差别是指同种产品在质量、包装、牌号或销售条件方面的差别。对于有特色的产品，总有一部分消费者愿意付出更高的价格，因此产品差别可以形成垄断并影响价格。

第三，能自由进入或退出。这种市场没有任何进入限制，进入与退出都是无成本的。只要有利润，其他企业就会迅速进入，导致供给增加，利润消失。而一旦有亏损，原有企业会迅速退出，直至供给减少、亏损消失，这就导致产品价格在竞争中降到最低。

第四，市场信息是畅通的。生产者、消费者和资源的所有者都可以迅速获得完整的市场供求信息，不存在供求以外的因素对价格决定和市场竞争的影响，不存在由于一方垄断信息而引起的信息不对称，以及由此产生的垄断。

5.2.2 完全竞争市场上的价格、需求曲线、平均收益与边际收益

在完全竞争市场上，整个行业和一家企业面临着不同的需求曲线。

对于整个行业来说，需求曲线是一条向右下方倾斜的曲线，供给曲线是一条向右上方倾斜的曲线，整个行业产品的价格由供给与需求决定。

而对个别企业来说，当市场价格确定之后，无论如何增加产量都不能影响市场价格，在既定的价格下，市场对个别企业产品的需求是无限的，其需求曲线是一条由既定市场价格出发的平行线，如图 5-1 所示。

在完全竞争市场，企业按既定的市场价格出售产品，每单位产品的售价就是每单位产品的平均收益，因此价格等于平均收益。

在完全竞争条件下，个别企业销售量的变动不会影响市场价格，企业每增加一单位产品的销售，市场价格仍然不变，从而每增加一单位产品销售的边际收益不会改变，因此平均收益等于边际收益。

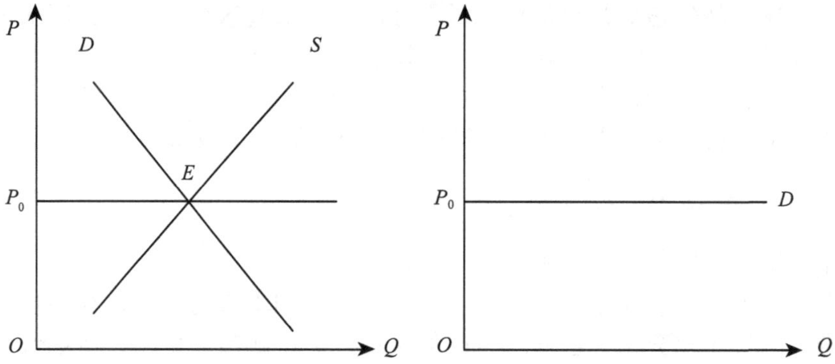

a）行业供求决定的价格　　b）个别企业的情况

图 5-1　完全竞争市场的行业均衡与一个企业的需求曲线

总收益是价格与产量的乘积，即

$$TR = P \cdot Q$$

平均收益等于总收益除以销售量，即

$$AR = TR \div Q = PQ \div Q = P$$

则平均收益一定等于价格。

边际收益是增加一单位销售量所得到的收益，对于一个企业来说，无论增加多少销售量，市场价格是不变的，因此

$$MR = \mathrm{d}(TR) \div \mathrm{d}Q = \mathrm{d}(PQ) \div \mathrm{d}(Q) = P$$

可得：$MR = AR = P$

由此可见，在完全竞争市场上，对个别企业来说，平均收益、边际收益和价格是相等的，因此平均收益曲线、边际收益曲线与需求曲线都为同一条曲线。

5.2.3　完全竞争市场上的短期均衡

在短期内，企业不能根据市场需求来调整产量，因此从整个行业来看，有可能出现供给小于需求或供给大于需求的情况。如果供给小于需求，则价格水平高，如果供给大于需求，则价格水平低。

1. 完全竞争市场上供给小于需求时的情况

当供给小于需求时，价格水平高。图 5-2 中，市场价格为 *ON*，对个别企业来说，需求曲线 *dd* 是 *N* 引出的一条平行线，这条需求曲线是平均收益曲线 *AR*，也是边际收益曲线 *MR*。*SMC* 为短期边际成本曲线，*SAC* 为短期平均成本曲线。

企业为了实现利润最大化，就必须使边际收益等于边际成本，因此边际收益与边际成本的交点 *E* 就决定了产量为 *OM*。此时企业的总收益为平均收益乘产量，即图中的 *OMEN*。总成本为平均成本乘产量，当产量为 *OM* 时平均成本为 *OG*，所以总成本为图中的 *OMKG*。从图上看，总收益大于总成本，即

OMEN 大于 *OMKG*，因此存在超额利润，在图中表现为 *GKEN*（阴影部分）。

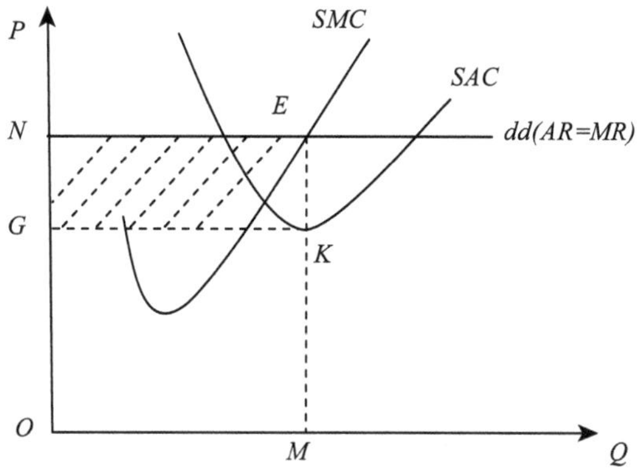

图 5-2 完全竞争市场供给小于需求的短期均衡

2. 完全竞争市场上供给大于需求时的情况

当供给大于需求时，价格水平低。在图 5-3 中，产量 *OM* 由边际收益与边际成本的交点 *E* 决定。企业的总收益为平均收益乘产量，即图中的 *OMEN*。总成本为平均成本乘产量，即图中的 *OMKG*。从图上看，总收益小于总成本，即 *OMEN* 小于 *OMKG*，因此存在亏损，在图中表现为 *NEKG*（阴影部分）。

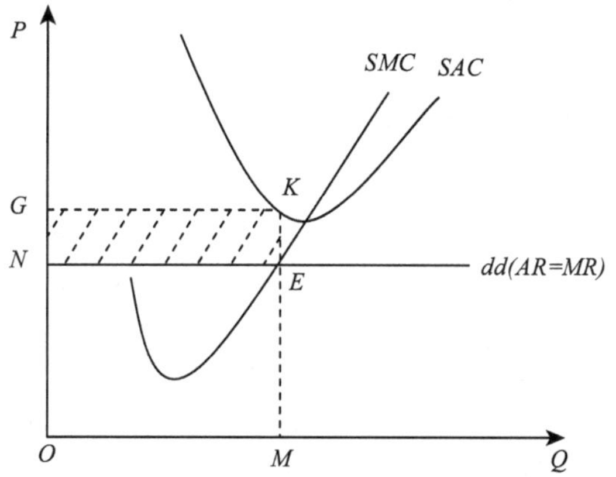

图 5-3 完全竞争市场供给大于需求的短期均衡

在短期中，企业均衡的条件是边际收益等于边际成本，个别企业是从自己利润最大化的角度来决定产量的，而在边际收益等于边际成本时就实现了这一原则。

如果整个行业供大于求，市场价格低，个别企业处于亏损状态，则该企业是否继续生产就涉及停止营业点的问题。

在图 5-4 中，市场价格 P_1 低于均衡价格 P_2，企业有亏损。此时企业是否生产取决于平均可变成本 *AVC* 的状况。价格 P_1 所决定的需求曲线 *dd* 与 *AVC* 相切于 E_1，E_1 就是停止营业点，也就是说，当价格为 P_1 时，所得到的收益正好抵偿平均可变成本。由于短期中固定成本是不变的，无论是否生产都要支出，因此只要收益能弥补可变成本，企业就要生产。但如果价格低于 P_1，企业连可变成本都无法弥补，则绝对不能生产了。停止营业点是由平均成本与价格水平决定的，在这一点上平均成本等于价格水平。

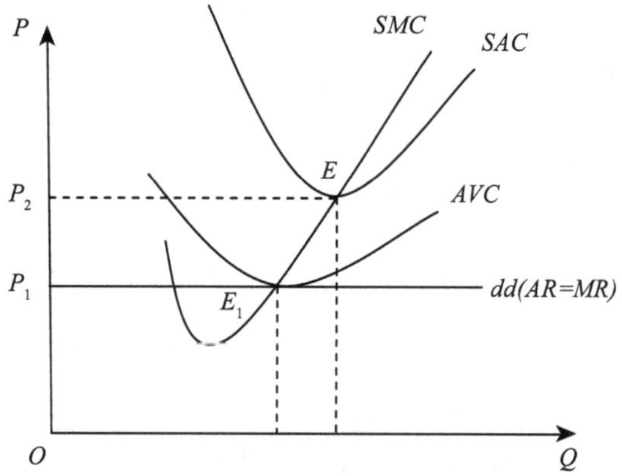

图 5-4　完全竞争市场短期内个别企业的停止营业点和供给曲线

在停止营业点以下，企业停止生产，在停止营业点以上，企业随价格上升而增加产量，因而停止营业点以上的短期边际成本曲线，即 E_1 以上的 *SMC* 部分，就是完全竞争市场上一个企业的供给曲线。

5.2.4　完全竞争市场上的长期均衡

在短期，由于企业无法调整所有的生产要素，所以企业没有能力根本改变其成本状况。但在长期中，各个企业可以根据市场价格来充分调整产量，也可自由进入或退出该行业。企业在长期中要做出两个决策：一是退出还是进入该行业；二是生产多少。

当供不应求，产品价格升高时，各企业会扩大生产，其他企业也会涌入该行业，从而使整个行业的供给增加，价格水平下降。当供过于求，产品价格降低时，各企业会减少生产，有些企业会退出该行业，从而整个行业供给减少，价格水平上升。价格水平最终会达到各个企业都没有超额利润和亏损的状态。此时整个行业供求均衡，各个企业的产量也不再调整，于是就实现了长期均衡，如图 5-5 所示。

在图 5-5 中，*LMC* 是长期边际成本曲线，*LAC* 是长期平均成本曲线。虚线 dd_1 为整个行业供给小于需求时个别企业的需求曲线，虚线 dd_2 为整个行业供给大于需求时个别企业的需求曲线。

当整个行业供给小于需求时，由于价格高会引起整个行业供给增加，从而导致价格下降，个别企业的需求曲线 dd_1 向下移动。当整个行业供给大于需求时，由于价格低会引起整个行业供给减少，从而导致价格上升，个别企业的需

求曲线 dd_2 向上移动。这种调整的结果使需求曲线最终移动到 dd。这时边际成本曲线（LMC）与边际收益曲线（MR，即 dd）相交于 E，决定了产量为 OM。这时总收益为平均收益乘产量，即图上的 $OMEN$，总成本为平均成本乘产量，也是图 5-5 上的 $OMEN$，也就是说，总收益等于总成本，企业既无超额利润也无亏损，因此也就不再调整产量，从而实现了长期均衡。

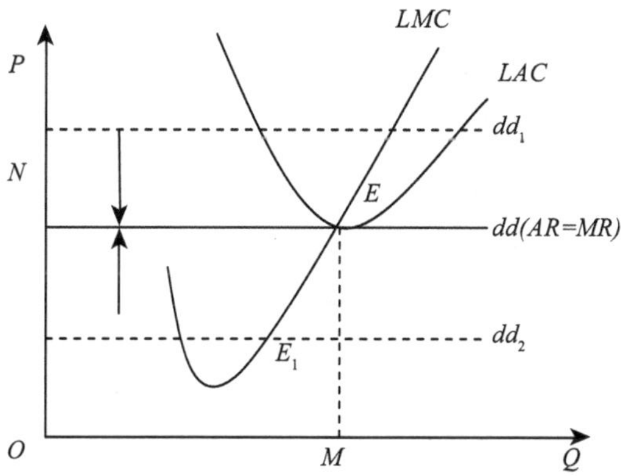

图 5-5　完全竞争市场上一个企业的长期均衡

当实现长期均衡时，长期边际成本曲线（LMC）、长期平均成本曲线（LAC）相交于 E 点，表明长期均衡的条件是：$MR = AR = MC = AC$。长期均衡的 E 点为收支相抵点，此时成本与收益相等，企业只能获得正常利润。

5.2.5　完全竞争市场的评价

在完全竞争市场上，价格可以充分发挥“看不见的手”的作用，调节经济的运行，使社会的供给与需求相等，使资源得到最优配置，生产者的成本不会有不足或过剩，消费者的需求也得到了满足。

在完全竞争市场上，长期均衡时所达到的平均成本处于最低点，说明通过完全竞争与资源的自由流动，使生产要素的效率得到了最为有效的发挥。同时平均成本最低决定了产品的价格也是最低的，这对消费者是有利的。

完全竞争市场也有一定的缺点，如产品无差别，无法满足消费者的多种需求，生产者规模小，没有能力实现重大的科学技术突破等。

小案例

只能获得零利润的竞争企业为什么还在经营

在我国电视机产品市场中，竞争异常激烈，电视机的价格也在不断下降。我国彩电企业的毛利率在 15% ～ 17%，渠道商要拿走毛利率中的 13%，这样的话再扣除物流、人员、库存费用，厂商所剩的毛利率空间可以想象。然而尽管如此，为什么几乎所有的电视机厂商依然在维持电视机的生产呢？

从对厂商的长期均衡的分析中可以了解，竞争最终的结果是使超额利润消失，电视机产品的生产同样如此。厂商经营企业的目的是获得利润，如果企业的利润为零，看来似乎就没有什么理由再经营下去了。实际上，电视机厂商在决策时与经济学家的分析思路是一致的，即成本中包括企业的所有机会成本，也就是说，决策时所考虑的成本包括了企业所有者用于经营的时间、金钱及其他自有资源机会成本。在零利润时，企业的收益应该补偿所有者用于企业维持的时间和金钱。因此，竞争最终消灭的是超额利润。对于电视机厂商来说，虽然高额的超额利润已经消失，但依然可以获得包含以上机会成本的正常利润。正常利润的获取虽然不会使电视机厂商欣喜若狂，但足以使厂商认为值得继续从事电视机生产。毕竟，如果电视机厂商退出并从事其他经营，一方面要承担退出成本，因为并不是所有的资产都可以变卖，另一方面，从事其他的经营可能并不会获利更多。这就是电视机厂商在无利可图的情况下依然维持经营的原因所在。

资料来源：陈建萍．微观经济学：原理、案例与应用 [M]. 北京：中国人民大学出版社，2006.

5.3 完全垄断市场结构

完全垄断是只有一家企业的市场，一个企业就是一个市场、一个行业。因此完全垄断企业的行业均衡与单个企业均衡是相同的。

5.3.1 完全垄断市场的需求曲线、平均收益与边际收益

在完全垄断市场上，一家企业就是整个行业，因此整个行业的需求曲线也就是一家企业的需求曲线，此时需求曲线就是一条表明需求量与价格呈反方向变动的向右下方倾斜的曲线。

在完全垄断市场上，每一单位产品的卖价就是它的平均收益，因此，价格仍等于平均收益。但当销售量增加时，产品的价格会下降，从而使边际收益减少，这样，平均收益就会大于边际收益，如图 5-6 所示。

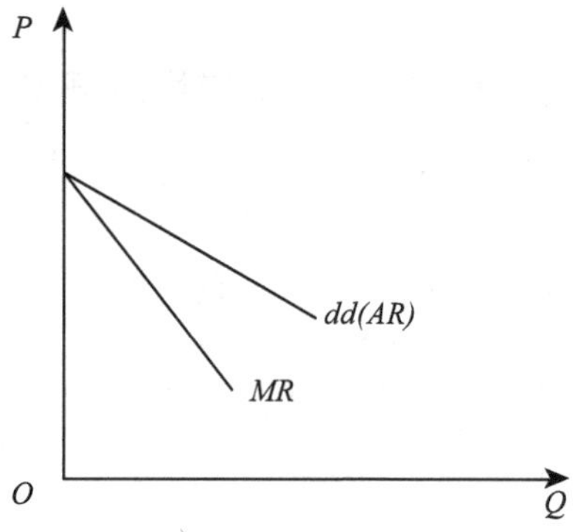

图 5-6

5.3.2 完全垄断市场上的短期均衡与长期均衡

1. 完全垄断市场上的短期均衡

在完全垄断市场上，企业可以通过对产量和价格的控制来实现利润最大化，但也要受市场需求状况的限制。如果价格太高，消费者会减少需求，或购买其他替代商品。

在完全垄断市场上，企业要根据边际收益等于边际成本的原则来决定产量，短期内企业对产量的调整要受到固定生产要素，如厂房、设备无法调整的

限制，难以完全适应市场需求进行调整，就可能出现供大于求或供小于求的情况。当供大于求时会有亏损，供小于求时会有超额利润，供求相等时只有正常利润。

完全垄断市场上的短期均衡分析实际上是一种理论分析，现实中由于一家企业控制市场，不会让它出现亏损。

2. 完全垄断市场上的长期均衡

长期中垄断企业可以通过调节产量与价格来实现利润最大化，此时企业均衡的条件是边际收益与长期边际成本和短期边际成本都相等，即 $MR = LMC = SMC$。

短期内垄断企业无法调整全部生产要素，因此不一定能实现利润最大化，但在长期中，企业可以调整全部生产要素，因此可以实现利润最大化。这时就存在垄断利润。

5.3.3 完全垄断市场的定价策略

在完全垄断市场上，垄断企业实现利润最大化的关键是确定一个合理的价格。垄断企业以利润为目标时，可以通过控制产量而控制价格，即先确定要达到的价格，然后根据这一价格确定产量。但完全垄断并非垄断企业自己说了算，其定价仍要受市场需求的制约。垄断者可以定高价，但消费者可以拒绝购买，这样也就无法实现利润最大化。

一般来说，当某种产品需求缺乏弹性时，垄断企业采用高价少销是有利的，可以通过高利润率获得利润最大化。当某种产品需求富有弹性时，垄断企业采用低价多销是有利的，可以实现薄利多销。

完全垄断市场的定价策略有两种，即单一定价和歧视定价。单一定价是指垄断企业对卖给不同消费者的同样产品确定相同的价格。歧视定价是指同样商品向不同消费者收取不同的价格。

歧视定价可以实现更大的利润，其基本原则是对需求富有弹性的消费者收取低价，而对需求缺乏弹性的消费者收取高价。这样，需求富有弹性的消费者在低价时会增加需求量，总收益增加，需求缺乏弹性的消费者在高价时不会减少需求量，总收益也增加。

根据价格差别的程度可以把价格歧视分为以下三种。

第一，完全价格歧视。这是指每一单位产品都有不同的价格，此时垄断者了解每一消费者为购进单位产品所愿付出的最高价格，并据此来确定单位产品的价格。

第二，二级价格歧视。垄断企业了解消费者的需求曲线，把这种需求曲线分为不同段，根据不同的购买量确定不同的价格。在这种情况下，垄断企业可以把部分消费者剩余转变为超额利润。

第三，三级价格歧视。垄断企业对不同市场的不同消费者实行不同的价格。这就可以在实行高价格的市场上获得超额利润，把这个市场上的消费者剩余变为超额利润。

在现实中，完全价格歧视比较少见，常见的是二级价格歧视和三级价格歧视。

补充阅读

谁动了你的数据

互联网公司对用户数据的收集和滥用早已不是行业秘密，然而大多数消费者似乎被蒙在鼓里。

前不久，《纽约时报》《卫报》《观察家报》一起爆出消息，效力于特朗普2016年总统竞选的数据分析公司和企业战略通信实验室剽窃并秘密保存了5 000万个Facebook用户的数据，用以影响大选。Facebook创始人扎克伯格此后还在国会听证会上就此事致歉。

数据泄露的风声传到中国，牵连了以收集和运用大数据著称的互联网玩家们。如梦初醒，基于对大数据及自身隐私的重视，用户们疯狂地细数哪些App是如何收集自己的地理位置、购买偏好、购买行为等信息，把用户心智和市场的自由压榨干净的。用户开始渴望保护自己的数据财产，提倡书写现代契约来维护自己的权益。

一、正在消失的大众市场

解剖互联网公司对数据的运用，首先要从市场说起。曾经的大众市场以消费者为主导，很多方面都是消费者说了算。后来细分市场开始逐渐取代大众市场，其也不再同时为所有人服务，而是为某些人提供专属服务，打出专属价格——它会掏空你的钱包。

在20世纪20年代，通用汽车就是通过提供一些福特不能提供的东西——多种车型以及个性化定制，来与福特争夺市场。通用汽车公司建立了5个不同的子品牌，将市场细分成不同的价格区间。为了刺激消费，通用汽车公司甚至每年推出一款新车。这些举措的效果很惊人。短短4年，通用汽车公司的市场份额增至20%，而福特降至40%。到20世纪30年代，福特亏损严重，两家公司的市场地位彻底互换。1940年，通用汽车以48%的市场份额称霸于全球市场，而福特只有19%的市场份额。通用汽车的巨大成功掀起了一场从单一、标准化产品转变为细分市场和个性化产品的浪潮，这一趋势直到今日还在继续。

当我们和标准化产品及服务渐行渐远时，那些曾经在大众市场时代叱咤风云的公司，现在又试图对市场进行越来越小的细分，从而拉开价格档次，获取更多的消费者剩余。

当公司把市场分割得越来越小时，每一小块市场里的消费者都减少了，他们集中在一起所产生的影响力也在减小。从逻辑上说，市场细分可以一直进行到每一种商品只有一个消费者。与此同时，消费者能获得的信息也相应减少，如果市面上有50种不同的洗衣液，每种的成分和价格都不同，那么消费者想从中选出最好的就不是一件容易的事。

数字的变化伴随着影响力的变化，单个消费者再也没有和大公司“叫板”的资格。企业甚至进一步扩大了与消费者之间的信息差距，这意味着市场上的力量对比已经发生了改变。

二、专属于你的价格

当卖家对消费者的价格区间了如指掌的时候，价格歧视就会产生。这是一种获取消费者剩余非常有用的工具，它会利用各种各样的形式让不同的人付出不同的价格。

优惠券是价格歧视的一个常用工具。针对同一件商品，使用优惠券的顾客可以比直接从街上走进来的顾客支付更低的价格。其中的秘密在于，关注优惠券信息需要花费一定的时间和精力。繁忙、富裕的人非常重视他们的时间而无暇去收集优惠券信息，因此最终会支付一个较高的价格。

同时，会员忠诚度计划在最近几年有了更广泛的运用，为调整价格提供了另一个方法。当零售商想要进行针对性打折的时候，除了收集客户数据，会员忠诚度计划也是一种可操作的方式。经常性的宣传单计划、旅店和汽车租赁忠诚度计划曾一马当先，如今杂货店和药店也加入这个游戏，甚至咖啡店和书店如今都有它们自己的会员忠诚度计划。

20世纪90年代，经济学家弗雷德里克·雷齐汉和厄尔·萨瑟通过研究发现：忠诚的客户买得更多并且愿意支付更高的价格。他们还总结出一个经验法则：客户保留率每增加5%，就能使企业利润率增加25%。

为了获得更多的“忠诚”会员，消费者一进入消费场景，就会获得卖家精心安排的定制服务。公司的精准营销方法基于数据分析，而每家数据公司都梦想设计出一套根据每个人的个性量身定制信息的算法。

2009年12月4日，谷歌的技术专家公布了有关谷歌搜索的一个变化：每个用户在使用搜索时，都将是个性化的。谷歌已经可以访问每一个搜索者的信息，包括住址、朋友圈、雇主、喜好、购物记录等。而且，个性化搜索再也不可能从用户的谷歌搜索中分离出来。这意味着任何一次搜索都不会有一套标准或典型的搜索结果。

搜索一直处于互联网个性化体验的最前沿，每一家网站都在跟随这个潮流。从搜索到浏览网站，你的所有体验都在朝着量身定制的方向发展，网站的目的不在于卖给你更多的东西，而是卖给你更昂贵的东西。

三、唤醒消费者

当知识鸿沟、价格歧视、大规模定制的限制一起发酵时，消费者剩余就会被压榨到临界值。自由市场会逐步瓦解，再也无法保护消费者。取而代之的是自然垄断蓬勃发展，巨大的经济权会高度集中在少数人手中，而消费者和政府需要做好迎接这种数据层面垄断的准备。

面对强大的数据技术，消费者要敢于维护自己的权利。一开始要牢牢掌握自己的数据访问权。接下来，可以要求对数据的商业用途设定一个界限，而且当消费者不希望某家公司使用这些数据时，该公司就必须删除他们的个人资料。如果呼吁数据改革的客户足够多，一个限制数据巨头掠夺消费者的运动就可能成功。

政府应该制定相关法律来保护消费者。数据经济需要监管，就像公共网络权限问题、照片及电话通信的隐私问题，都是重中之重。在美国，现有的法案中有几条可以发挥作用，例如，隐私权和个人身份的商业利益保障所有权是得到公认的原则。还有一种已经存在的法律原则有望在数据巨头和消费者之间找到一些良性平衡，那就是信托责任法。

信托责任法要求信托责任经纪人将自己客户的利益放在首位，严格禁止经纪人在没有充分披露和未经客户允许的情况下牺牲其利益来谋取私利。人们很容易将信托责任法的概念从投资领域延伸至个人数据的保护。

像自然环保运动一样，数据保护运动首先要从尽心尽力的个人开始，然后发展成团体、国家组织，最终发展成全球性运动。企业的重点必须转向创造持久的价值，而不是为了利润将用户玩弄于股掌之间。

资料来源：安娜．谁动了你的数据 [J]. 财经国家周刊，2018（15）.

5.3.4 完全垄断市场的评价

完全垄断对经济是不利的，具体表现在以下两个方面。

一是资源的浪费。与完全竞争相比，完全垄断市场中产品的平均成本与价格高，产量低。

二是社会福利的损失。完全垄断市场中消费者所付出的价格高，使消费者剩余减少，这种减少是社会福利的损失。

但完全垄断市场也存在一些有利的因素，具体表现在以下三个方面。

一是可以在一些行业实现规模经济，形成规模经济引起的自然垄断。

二是垄断企业可凭借雄厚的资金与人才实力实现重大技术突破，有利于技术进步。

三是尽管在国内垄断会导致效率损失，但在国际上有竞争力，有利于一国的国际竞争力的提高。例如美国政府批准波音公司与麦道公司合并，使美国波音公司在与欧洲空中客车公司的竞争中获得了主动。

5.4 垄断竞争的市场结构

垄断竞争是现实中存在最广泛的一种市场结构。它与完全竞争市场的不同之处在于，每一家生产有差别产品的企业面临的不是水平的需求曲线，而是向右下方倾斜的需求曲线，这说明每个企业由于产品差别都有一定控制价格的能力，从而价格高需求少、价格低需求多。它与垄断不同之处在于市场上企业数量众多，进入限制极低，竞争仍然是激烈的。

5.4.1　垄断竞争市场上的均衡

在短期内每一个垄断竞争企业都是一个垄断者，它以自己的产品差别在一部分消费者中形成垄断地位。而且，短期中其他企业生产不出与之竞争的有差别产品。这样垄断竞争企业就可以像垄断者那样，高价少销、低价多销或歧视定价，以获得最大利润。因此，垄断竞争企业短期均衡的条件与完全垄断市场是一样的，即

$$MR = MC$$

在长期中，垄断竞争市场上也存在着激烈的竞争，各个企业可以仿制别人有特色的产品，可以创造自己更有特色的产品，也可以通过广告来创造消费需求，形成自己产品的垄断地位。

所以垄断竞争市场上长期均衡的条件是

$$MR = MC，AR = AC$$

由此可见，垄断竞争市场的均衡在短期内与垄断市场相同，但在长期中不同于完全竞争市场。

5.4.2　垄断竞争条件下的产品差别竞争

在垄断竞争市场上，长期竞争的结果是经济利润为零，但短期中可以凭借产品特色形成的垄断地位获得经济利润。因此，垄断竞争企业实现利润最大化的途径是把长期变成一个个短期，而这样做的关键是创造产品差别，以不断变化的产品特色保持自己的垄断地位。这样，在垄断竞争市场上企业的成功取决于产品差别竞争。

有些产品差别是实际产品差别，消费者可以轻而易举地认知，如产品质量、外形、包装等，企业创造产品差别就是使自己的质量、外形、包装不同于同类其他产品，这样就可以在一部分消费者中形成垄断地位。

另一些产品差别是消费者不易识别，甚至可能是产品本身并没有什么实际差别，仅仅是消费者认为它有差别。这就需要垄断竞争企业通过广告等营销手段来创造产品差别。广告的作用是使消费者认识那些不易辨认的产品差别，甚至使消费者承认本无差别的产品有差别，这正是垄断竞争企业花费巨资做广告的重要原因。

在产品差别中，品牌是一种重要的产品差别，它既有实际差别，又有消费者对它的认知。名牌首先需要高质量、受消费者欢迎，但还要靠广告宣传让消费者认知。所以在垄断竞争行业中，企业创造品牌十分重要。

5.4.3　垄断竞争市场的评价

垄断竞争市场具有以下优点。

第一，完全竞争市场条件下厂商所生产的产品过于单调，而垄断竞争条件下厂商所生产的产品是多样化、有差别的，因而能更好地满足不同消费者的不

同偏好，由于品牌、服务态度等都能构成产品的差别，有利于促使厂商保持其品牌信誉，提高产品质量，改进服务态度。

第二，垄断竞争有利于鼓励创新。在垄断竞争市场上，由于存在竞争压力，迫使垄断竞争企业进行技术创新，由此获得超额利润。由于有一定的垄断成分，可以保护垄断竞争企业创新的收益，所以垄断竞争能促进创新和技术进步。为了维持自己在竞争中的地位，垄断竞争厂商必须把这些超额利润投资于新产品的研制和新工艺的开发上。

垄断竞争市场也有缺陷，主要表现在以下两个方面。

第一，与完全竞争市场相比，垄断竞争市场中消费者不得不接受较高的价格，生产者乃至整个社会的生产资源没有得到最有效利用，没有实现资源的最优配置。

第二，与完全竞争市场相比，垄断竞争厂商没有充分利用现有的生产要素，垄断竞争厂商存在多余的生产能力，这意味着垄断竞争对消费者来说成本更高。

5.5 寡头垄断的市场结构

寡头垄断市场是几家大企业控制的市场。这种市场形成的关键原因是规模经济的存在。寡头垄断市场主要存在于规模经济至关重要的行业，如钢铁、石油、汽车、民航、香烟等。

5.5.1 寡头垄断市场的特点

寡头垄断是介于完全竞争和完全垄断之间的，以垄断为主要特征的一种市场结构。在寡头垄断市场上，每家厂商在该行业的总产量中都占有相当大的份额，以至于其中任何一家厂商的产量或价格的变动，都会对市场的价格和供给量产生重大影响。

寡头垄断市场具有以下三个特点。

第一，相互依存。在寡头垄断市场上，每个厂商的收益和利润不仅取决于自己的产量，而且要受到其他厂商产量的影响。因此每个厂商总是首先推测其他厂商的产量，然后再根据最大利润原则来决定自己的产量，每个厂商既不是价格和产量的创造者，也非价格和产量的接受者，而是价格和产量的寻求者。面对其他厂商，寡头的选择是合作或者竞争。

第二，进出困难。由于规模、资金、信誉、市场、专利、法律等原因，使其他厂商很难进入，由于投入巨大，寡头退出也相对困难。

第三，操纵价格。与完全竞争不同，寡头垄断条件下的价格不是由市场供求决定，而是由少数寡头通过无形的勾结、形式不同的协议或默契等方式决定，这种价格被称为操纵价格。寡头价格一般低于完全垄断价格，寡头价格一经确立不易改变，如果生产条件没有发生较大变化，寡头厂商一般不会随着需求的变动而调整价格，而只有调整产量来应付需求的变化。在经济衰退或商品滞销时，寡头厂商通常会采用减少产量的办法，而在经济好转时，则通过扩大产量来增加收益。

5.5.2 寡头垄断市场的形成原因

寡头垄断市场之所以存在，归根结底在于该市场存在明显的进入障碍，主要包括以下几个方面。

第一，规模经济的存在。许多工业部门具有大规模生产的经济利益，其平均成本随着产量的增加而下降。但是，平均成本的降低不会是无止境的。当成本在一个很大的产量范围内降低时，它鼓励了大企业的发展。但如果在企业的产量还达不到市场总需求量以前，平均成本已经开始上升，那就不可能再鼓励大企业继续扩大规模而发展成为独家垄断的局面，而是由几家企业都在最低的平均成本情况下从事经营，以满足整个市场的需要，这就形成了寡头垄断。

第二，行业中现有寡头垄断厂商拥有重要原材料和关键技术，阻止了竞争者进入该行业，从而少数几家厂商就可实现寡头垄断。

第三，由几家厂商控制了分销渠道。控制产品供给的另一种方法就是控制分销渠道。如果厂商能够说服分销商不去销售任何其他厂商的竞争性产品，就可以增加厂商在市场中的控制力。

第四，现有寡头垄断厂商可能受到政府的保护，或政府的规定提供了反对完全垄断的抵消力量，从而形成了寡头垄断。

5.5.3 寡头垄断市场的分类

寡头垄断市场可以按不同的标准进行划分。

（1）按产品差别程度划分，可分为纯粹寡头垄断和差别寡头垄断。

纯粹寡头垄断是指各厂商所生产的产品性质一致，产品之间彼此没有差别，如钢铁、石油等产品。顾客购买这类产品可不选具体品牌，只需根据品种、规格等技术指标和价格订货。因此，顾客在购买这类产品或服务时，非常关心技术指标和价格。纯粹寡头垄断厂商彼此关系密切，相互依存的程度很高，一家厂商在产量和价格上的决策必然影响其他厂商的生产经营。

差别寡头垄断是指各厂商所生产的产品性质一致，但存在一定程度的差别，如汽车、香烟、飞机、机电产品等。顾客购买这类产品或服务时，往往非常关心价格、品牌及生产厂家。差别寡头厂商一般通过广告宣传、增加产品特点等方法，来促使顾客购买自己的产品，从而扩大自己的市场份额。差别寡头垄断厂商之间彼此依存程度较低。

（2）根据寡头厂商的行动方式，寡头垄断市场可分为勾结行为的寡头垄断和独立行为的寡头垄断。

勾结行为的寡头垄断是指各寡头厂商相互勾结起来，形成一个像垄断厂商那样的整体，并像垄断厂商那样行动，由此各厂商就可以联合获取最大利润。所谓勾结是指在一个行业中厂商相互间有着明示或暗示的不再竞争的协议，最典型的勾结行为的寡头垄断是卡特尔组织。卡特尔是一个行业的各独立厂商之间，通过对有关价格、产量和市场划分等事项达成明确的协议而建立的组织，寡头垄断厂商组建卡特尔的目的是维持高价，使联合利润最大化，最有名、最成功的卡特尔是石油输出国组织（OPEC）。

独立行为的寡头垄断是指各寡头厂商相互竞争，独立决策。在这种情况下，各厂商考虑的是采取什么策略能够最大限度地维护自己的利益，避免被对手欺骗或击败，而不会顾及行业的利益。

补充阅读

二马相争

在中国，一个消费者衣食住行的每一笔花销，几乎都能找到阿里和腾讯的足迹。2017 年开始，阿里和腾讯的交锋无论从频次还是力度都超过以往，这种趋势在 2018 年表现得更为明显，共享单车、外卖、出行、线下零售等领域的头部企业先后各自站队。一个普通人走出家门，甚至足不出户花出的每一笔钱，几乎都会跟阿里和腾讯扯上关系。互联网圈内的企业、资金和人也是一样，所有的变动，最终恐怕都难绕过阿里和腾讯。

2018 年 4 月 3 日深夜，摩拜股东会通过美团收购方案，美团以 27 亿美元作价收购摩拜，包括 65% 现金和 35% 美团股票，摩拜和 ofo 这两个共享单车巨头，最终不是在一起，而是分别站到腾讯和阿里这两个对手的队伍里。拿下摩拜，美团的背后是其第一大股东腾讯的支持，这一步棋，是对于刚刚宣布却早有风声的阿里、蚂蚁金服收购知名餐饮公司“饿了么”的回击。美团在城市中的短物流配送能力，是腾讯“新零售”战略布局中的重要一环。腾讯助力美团获得更好的发展，使其能与阿里的口碑网、饿了么进行对抗。

几年前还是你做你的游戏、社交，我做我的电商、支付，各自偏安一隅，偶有交集，但近两年来腾讯和阿里开始把手伸向对方领域，双方在支付、数字娱乐、新零售、出行、外卖等多个领域厮杀。经营多年并与支付宝形成对峙局面后，腾讯切入了阿里的支付领域，大力扶植的京东商城，已经在电商领域成长为能够挑衅天猫的角色。无论是电商平台还是共享单车，抑或是崛起中的新零售，阿里和腾讯以各种形式存在，“二选一”是最终无可逃脱的隐性和显性的选择。

数据显示，自 2009 年至 2018 年 3 月 30 日，腾讯共对外进行了 463 笔投资，是阿里巴巴对外投资 210 笔的两倍之多。同时，自 2014 年起，两家公司开始加大了投资力度。从近一年数据来看，腾讯投资了 151 家公司，是阿里巴巴的 3 倍之多。但阿里巴巴对每一次投资的金额更高，是腾讯的 2 倍多。

2018 年 3 月发布的《2017 年中国独角兽企业发展报告》称，阿里、腾讯等平台型企业领跑独角兽布局，其中阿里系独角兽估值总和达 3 028.4 亿美元，腾讯系达 1 568.2 亿美元。在这 10 家企业中，阿里布局的阿里云（390 亿美元）、宁德时代（200 亿美元）、菜鸟网络（200 亿美元）分列第 4、第 6 和第 8 名，腾讯布局的美团点评（300亿美元）位列第5名。此外，阿里布局了口碑网、饿了么、小猪短租、阿里音乐、VIPKID、旷视科技、商汤科技等企业。腾讯布局了自如、威马汽车、斗鱼、猿辅导等企业。

资料来源：曹蓓.二马相争[J]. 凤凰周刊，2018（13）.

学习指导

1. 学习建议

建议主要掌握以下内容。

（1）根据各个市场的竞争与垄断程度的不同，微观经济学将市场划分为四种结构：完全竞争市场、完全垄断市场、垄断竞争市场和寡头垄断市场。

（2）处于不同市场结构的企业所用的竞争手段也不同。在垄断竞争市场上，竞争的重要手段是创造产品差别，使自己的产品不同于其他同类产品。在寡头垄断市场上价格竞争十分重要。在完全垄断市场上关键在于如何定价。

（3）完全竞争是一种只有竞争而不存在垄断的市场结构。在这种市场上企业很多，每家企业规模都很小，无法通过调整产量来影响市场价格。

（4）在完全垄断市场上，企业可以通过对产量和价格的控制来实现利润最大化，但要受市场需求状况的限制。

（5）在垄断竞争市场上，长期竞争的结果是经济利润为零，但短期中可以凭借产品特色形成的垄断地位获得经济利润。因此，垄断竞争企业实现利润最大化的途径是把长期变成一个个短期，而这样做的关键是创造产品差别。

（6）在寡头垄断市场上，每家厂商在该行业的总产量中都占有相当大的份额，以致其中任何一家厂商的产量或价格的变动，都会对市场的价格和供给量产生重大影响。

2. 学习重点与难点

学习重点

（1）四种市场结构的特征。

（2）划分市场结构的标准

（3）完全垄断市场上的歧视价格。

（4）垄断竞争市场上的产品差别竞争

学习难点

完全竞争市场上的短期与长期均衡。

核心概念

完全竞争市场　完全垄断市场　歧视定价

垄断竞争市场　寡头垄断市场　卡特尔

课堂练习

看赵丽蓉主演的小品《打工奇遇》，讨论如下问题

1. 经济学中将市场结构分为完全竞争、完全垄断、垄断竞争、寡头垄断四种市场结构。小品中太后酒楼所在的餐饮业的市场结构是哪一种，说明原因并分析这种市场结构的特点。
2. 太后酒楼采取了什么样的竞争策略来赢得顾客，请点评一下这种策略的优缺点，并结合实际说明在这种市场结构下应采取怎样的竞争策略来获得市场。
3. 看了案例后对你有什么启发？

课后练习题

一、选择题

1．根据完全竞争市场的条件，下列哪个行业最接近于完全竞争行业？（　　）。

A. 自行车行业　　B. 玉米行业　　C. 糖果行业　　D. 服装行业

2．当一个完全竞争行业实现长期均衡时，每个企业（　　）。

A. 都实现了正常利润　　B. 超额利润为零

C. 行业中没有任何厂商再进出　　D. 以上说法都对

3．下列各项中，并非完全竞争市场的假设条件是（　　）。

A. 每一个厂商都面临一条向右下方倾斜的需求曲线

B. 信息完全

C. 所有供给者和需求者都是价格的接受者

D. 厂商可以任意进出市场

4．根据完全垄断市场的条件，下列哪个行业最接近于完全垄断行业？（　　）。

A. 自行车行业　　B. 玉米行业　　C. 电力行业　　D. 汽车行业

5．在完全垄断市场上，厂商（　　）。

A. 可以任意定价　　B. 价格一旦确定就不能变动

C. 根据市场来定价　　D. 没有权力确定价格

6．在垄断竞争市场上，平均收益与边际收益的关系是（　　）。

A. 平均收益大于边际收益　　B. 平均收益小于边际收益

C. 平均收益等于边际收益　　D. 无法确定

7．垄断竞争厂商实现最大利润的途径有（　　）。

A. 调整价格从而确定相应产量　　B. 品质竞争

C. 广告竞争　　D. 以上途径都可能使用

8．寡头垄断市场上的厂商数量（　　）。
A. 一家　B. 几家　C. 许多　D. 无数

9．寡头垄断市场形成的最基本条件是（　　）。
A. 对资源或技术的控制　B. 产品差别的存在
C. 厂商之间共谋的实施　D. 产品同质

10．厂商之间关系最密切的市场是（　　）。
A. 完全竞争市场　B. 完全垄断市场
C. 垄断竞争市场　D. 寡头垄断市场

二、问答题

1. 垄断竞争市场和完全竞争市场的特征有什么异同？和完全垄断市场的特征又有什么异同？
2. 举出两个价格歧视的例子，并分别解释垄断者采取该价格政策的原因。
3. 形成寡头垄断市场的原因主要有什么？

补充阅读

中国独角兽梦想与现实

2018年，创投圈最热的词有两个：一是区块链，另一个就是独角兽。一家公司，只要贴上了“独角兽”的标签，就会立时成为自带流量的风投宠儿，身价倍增、潜力无限，跻身世界500强似乎只是一瞬间的事。可是，知名财经作家吴晓波发文，对当下的“独角兽热”提出不同的看法。吴晓波披露，某些企业为获得资本市场的垂青，或攫取政府的优惠政策，不惜弄虚作假，把自己装扮成独角兽企业。这样的独角兽多了，容易造成典型的泡沫经济。面对财经作家的质疑，人们开始追问：究竟什么是独角兽？我们应该如何理解独角兽？中国“独角兽热”的背后推手又是谁？

硅谷新宠

第一个用“独角兽”定义初创企业的，是美国人艾琳·李。作为著名投资人，艾琳·李长期致力于创投市场的研究。她观察到，2003～2013年的10年间，全球共涌现出39家估值超过10亿美元的新创公司。毫无疑问，它们是资本市场的宠儿。不过，用什么词来形容这些飞速成长的新公司呢？艾琳·李踌躇颇久。起先她想用“全垒打”，后来是“经典”，但都觉得不太合适。直到有一天灵光闪现，她想到了“独角兽”这个词。

独角兽（unicorn）是西方神话里的虚拟生物，外形如白马，额头上长一只螺旋角，象征着高贵和纯洁。据说，遇见独角兽代表着好运。“感觉不错，既贴切又有趣，而且没有被使用过。”艾琳·李后来这样对媒体说。2013年，她发表了《欢迎来到独角兽俱乐部：学习10亿美元的初创企业》一文，阐述了自己对独角兽企业的理解。成立时间少于10年、估值超过10亿美元的公司，便可称为独角兽企业。这些公司从残酷的竞争中脱颖而出，拥有良好的成长性和巨大潜力，未来的微软、谷歌将从中诞生。艾琳·李勾画的蓝图引起了美国创投圈的浓厚兴趣，“独角兽”一词随之流行起来，成为硅谷企业家、风险投资人的口头禅。有了硅谷的加持，独角兽概念的传播速度大幅度提升，从美国传向全世界。

在这个过程中，关于独角兽的认定标准逐步细化：两年内估值就突破10亿美元的，被称作初生独角兽；估值在10亿～100亿美元的，为一般独角兽；估值高于100亿美元的，是超级独角兽。如果估值不足10亿美元，但有望在短期内达到，则被称作潜力独角兽。当然，时间限制是刚性的，即一旦公司成立超过10年，就自动退出独角兽行列。过去几年，独角兽的数量有了明显的增长。据知名创投研究机构CB Insights统计，从2013年至2018年3月，全球共有237家独角兽企业。其中，美国有118家，占49.78%；中国有62家，占26.16%；第三和第四名为英国、印度，分别有13家和9家。这237家独角兽企业的总估值达到8 370亿美元。

新经济引擎

根据CB Insights的报告，美国和中国在独角兽企业的数量上领跑。中国拥有的独角兽企业多达62家，仅次于美国，比第三名英国、第四名印度的总和还要多。那么，中国的独角兽企业具备哪些特点呢？

从行业分布看，中国独角兽涉及十几个行业，细分的话超过30个。但归纳起来，都离不开互联网。例如，被多份榜单收录的今日头条、爱奇艺、小米、斗鱼等，要么本身就是互联网企业，要么是基于互联网生态。即便是母婴、家具、生鲜等传统行业，时至今日，也必须依托互联网开展业务。“这充分表明，互联网已然成为新经济的引擎。”上海市人民政府决策咨询专家董锡健说。形成这一现象的原因是，中国互联网产业的发展十分迅猛，带动了居民的消费热情。据国家发改委近日公布的数据，我国移动互联网用户已达12.8亿，与此同时，2018年的前两个月，社会消费品零售总额增长9.7%。这两组数据之间存在着某种相关性。因为，有相当比例的消费行为通过移动互联网产生。举一个简单的例子，美团和大众点评是在互联网餐饮领域最成功的两家公司，其交易额的95%来自移动终端。“强劲的购买力和消费潜力，必定会吸引资本涌入互联网领域，也促使企业更多地投入研发，设计和生产能抓住消费者痛点的产品。”董锡健分析。

中国独角兽企业还有着较强的地理特征——集中于北京、上海和深圳。根据恒大研究院的报告，北京的独角兽企业数量最多，上海和深圳紧随其后。参考其他机构如胡润研究院的榜单，独角兽企业在地理分布上大同小异。“这就是所谓的先发优势。”董锡健说，“北、上、深是中国互联网企业最早兴起的地方，有集聚效应。”这跟吴晓波的观点不谋而合：“互联网科技企业因为技术、人才、资本等因素，往往会集中出现在某些国家或者一个国家的某些城市。所以独角兽集聚效应非常明显。”

不过，准一线城市的能量也不容小觑。斗鱼直播是武汉的骄傲。估值逾4 000亿的蚂蚁金服和估值逾500亿的生活服务平台口碑网，则在杭州。更不要提它们背后的投资方阿里巴巴集团，总部也在杭州。如果只以计算估值而论，杭州在独角兽企业的发展上已超越上海、深圳，跃居第二。有专家甚至预计，未来杭州可能与北京比肩。此外，无锡、南京、东莞、成都、天津等城市也都拥有独角兽企业。实际上，这一波“独角兽热”与准一线及二线城市的大力推动不无关系。

幕后推手

这几年，杭州对于企业和人才的吸引力是我们有目共睹的。相关数据显示，2017年，北京、上海、天津3个直辖市，常住人口和外来人口同时出现下降。相反，杭州的常住人口却增加了20多万，其中有不少是年轻人才。目前，在杭州云集着大量互联网企业，除了阿里系，还有网易、丁香园、蘑菇街、花瓣网等。有如此强大的基本盘，冒出几个独角兽，并不意外。

武汉在这一方面同样势头强劲。创立于1988年的武汉光谷，一直是当地重点打造的高新产业开发区。经过30年的发展，它已是中西部地区实力最强的产业园区，估值15亿美元的全球最大直播平台——斗鱼直播就诞生于此。武汉还有几家独角兽企业，也被市场看好。杭州和武汉的成功让准一线城市看到了曙光，不少地方纷纷上马“独角兽孵化”项目。

成都拥有《王者荣耀》、货车帮这样的独角兽团队，然而，它们的注册地和税源地都不在成都。为了扭转“为他人作嫁衣裳”的尴尬局面，2017年，成都花6亿元引锤子科技落户，随后更是宣布在天府新区打造占地面积10 006亩的“独角兽岛”，并面向全球征集整体规划设计方案。“独角兽岛”的远景是，用5年时间，培育一家超级独角兽企业、5家独角兽企业及一批瞪羚企业（指成长性好、能实现跳跃式发展的企业）。重庆、西安、珠海等地也制定了各自的孵化政策。从专项基金、财政补贴，到人才落户、子女入学，可谓无微不至。目的只有一个——催生独角兽。这也是中美两国在推动独角兽企业方面的不同之处。在美国，谁能成为独角兽企业，由市场评估；而在中国，地方政府积极参与。

估值迷雾

估值，是认定一家企业是不是独角兽的硬指标。那什么叫估值呢？雪球财经的专栏作者唐朝给出了清晰的表述：“所谓估值，就是估算一下这家公司大概值多少钱。”“估算”“大概”等词，表明估值的不确定性很大。

一般而言，估值的方法有两大类：绝对估值和相对估值。前者主要指自由现金折现法和股利折现法，比较靠谱，但很难用来估算独角兽企业。因此，业内通行的是相对估值，即找一家同行业的公司做参照，然后估算出目标公司的价值。

“那弹性就很大了。”唐朝说。能有多大呢？吴晓波讲过一个案例。前不久，分众传媒的创始人江南春告诉他，在电梯广告行业，分众传媒占据了87%的市场份额，市值约1 200亿人民币。有一家新创企业宣称要做到行业第二，占据余下的市场份额。这样，该企业自我宣称的估值就达到 240 亿元，成为独角兽企业。

还有比这更夸张、更随意的。小米谷仓 CEO 郭剑飞说，他遇到过一个做智能垃圾桶的创业者，脑回路十分“清奇”。“他说中国有 4 亿个家庭，每个家庭需要 3 个垃圾桶，总共就是 12 亿个，每个垃圾桶我卖 100 元，我公司的估值就有 1 200 亿元。”郭剑飞转述道。这梦呓般的算术背后是精明的算计——吸引风投，或其他机构的扶持资金。“当然，风投机构并不傻。它们愿意融资，是算准有‘接盘侠’，会出更高的价格接手。”唐朝说。

在这样的格局下，我们很难对独角兽企业的估值做出正确判断，也很难确认依据独角兽企业估值制作的榜单，有多大公信力。当估值像一根橡皮筋能被随意伸缩时，我们就失去了对独角兽企业的基本判断。

资料来源：唐骋华. 中国独角兽梦想与现实 [J]. 新民周刊，2018（19）.

第6章 Chapter6

分配理论

学习目标

知识的掌握

1. 收入分配目标：公平与效率。
2. 工资、地租、利息、利润的决定。
3. 收入分配不平等的原因。

技能的提高

1. 能够用均衡价格理论解释价格变动的原因。
2. 能够用均衡价格理论判断价格的变动方向。
3. 能够用弹性理论说明收益的变化特点。

引言

被误用的“平均”

假设你正和另外49名乘客一起乘坐一辆公交车，在某一站全德国最胖的人上了车。问题是：公交车上乘客的平均体重将会增加多少个百分比？4%或5%——大概是这个数值。假设你还在同一辆公交车上，全德国最富有的人卡尔·阿尔布雷希特上了车，那么这辆公交车上的人均财产会增加多少个百分比呢？4%或5%？远远不止！

让我们好好计算一下第2个假设。假设这50名随机选择的乘客每人有5.4万欧元的财产，这时卡尔·阿尔布雷希特的加入就使总财产增加了将近250亿欧元，公交车上的人均财产变成了5亿，提高了1万倍。一个单一的特殊个体导致了整个局面的改变。在第2个假设中，“平均”这个概念已经没有了意义。纳西姆·塔勒布曾警告世人：“不要试图去过一条平均一米深的河流。”这和我举公交车的例子是一个意思。一条河流可以在很大的范围内只有几厘米深，但在中心位置有10米深，人就会被淹死。总使用平均值来考虑事情很可能是有害的，因为平均值掩盖了事情背后的真实情况。还有一个例子是夏日里紫外线的平均辐射强度。如果你整个夏天都在被遮住光线的办公室度过，然后飞到马略卡岛，并且在那里不做任何防护措施地晒太阳，那你的健康肯定会有问题——尽管你受到的平均紫外线辐射强度并不比那些定期进行户外活动的人高。

以上不是什么新的认识，这里面的逻辑是可以理解的。新的认识是：在一个复杂的世界里，分布情况正在变得越来越不规律。或者我们可以回到那个有关公交车的假设上。在一个复杂的世界里，实际的分布情况更接近第2个假设，因此用平均值来进行解释就越来越不合适。平均一个网站有多少访客？没有平均情况下的网站，只有很少的网站（Facebook或谷歌）能吸引绝大部分访客；而剩下的网站，可以说有无数个，只有很少的访客。数学家将这种情况称为“幂律分布”。一旦有极为特殊的个体在控制分布情况，那么平均的概念就没有意义。

什么是一个公司的平均规模？什么是一座城市的平均居民人数？什么是一场战争的平均规模（是战争人数还是战争天数）？什么是DAX（德国重要的股票指数）每日的平均变化？建筑项目的平均超支是多少？一本书的平均版次是多少？一次龙卷风造成的平均损失是多少？一位银行家获得的平均红利是多少？一次市场营销活动的平均成功率有多少？电影演员们的平均收入是多少？以上这些，人们当然都可以计算出来，却是没有意义的。在这些例子中，分布情况都与幂律分布有关。用最后一个例子说明一下。有小部分演员每年收入超过千万欧元，但也有成千上万的演员，他们的收入仅仅能维持温饱。如果因为电影演员的平均收入看起来很可观而建议你的子女去当演员，那你最好还是再考虑一下。

资料来源：罗尔夫·多贝里. 被误用的“平均”[J]. 读者，2018（6）.

分配理论要解决为谁生产的问题，即生产出来的产品按什么原则分配给社会各阶层。分配问题之所以重要还在于它涉及效率与公平问题。

市场经济中，分配的原则是按贡献分配，即每种生产要素在生产中做出了多少贡献，就得到多少报酬。各种生产要素的报酬取决于生产要素的数量与价格。所以分配理论首先要解决生产要素的价格决定问题。

生产要素的价格与产品价格一样，是由供求关系决定的。也就是说，生产要素的需求与供给决定了生产要素的价格。因此，分配理论是价格理论在分配问题上的应用，分配是由价格决定的。

6.1 收入分配的原理

在现实生活中，人们以各种方式获取收入。工人以工资的形式获取收入，土地、资本所有者和企业家以地租、利息和利润的形式获取他们的报酬。要确定是什么因素决定了总收入中多少归工人，多少归土地所有者、资本所有者和企业家，就必须了解生产要素的价格及其决定。

6.1.1　要素市场供求的基本原理

所谓生产要素是指为社会总产品的创造做出了贡献的资源。在生产要素市场上，作为买卖对象的是四大要素，分别为：劳动、资本、土地和企业家才能。就如同消费者购买产品必须要支付一定的费用一样，企业使用这些生产要素也应支付一定的报酬，土地所有者获得地租，劳动所有者获得工资，资本所有者获得利息，企业家才能所有者获得利润。从生产者角度看，地租、工资、利息和利润是生产要素的价格，而从要素所有者角度看，则分别是各所有者的收入，因此要素价格的决定问题也就是收入分配的问题。收入分配理论就是分析地租、工资、利息和利润是如何被决定的理论。

生产要素市场是市场经济中市场体系的一个部分，要素市场与产品市场非常相似，但二者也存在着较大的差异（见图 6-1），具体表现在以下几个方面。

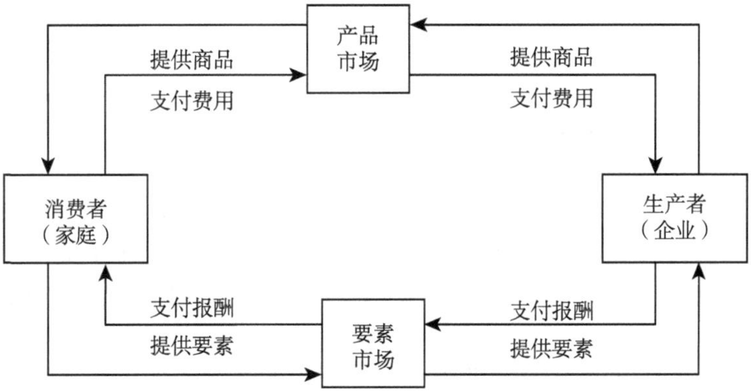

图 6-1　要素市场与产品市场

第一，企业和家庭分别处于产品和要素的两边，但作用不同。在产品市场上，需求来自消费者，供给来自生产者；在要素市场上情况正好相反，需求来自生产者，供给来自消费者，即需要并购买生产要素的是作为生产者的企业，提供生产要素的是家庭。

第二，企业对生产要素的需求和消费者对产品的需求有所不同。在产品市场上，消费者为满足自身的某种欲望而对产品产生需求，属于直接需求，而在要素市场上，企业对生产要素的需求并不取决于自身，而是取决于消费者对产品的需求。为了获得利润，企业向市场提供产品，为了能将产品生产出来，企业才需要生产要素。因此，是消费者对产品的需求引发了企业对生产要素的需求，经济学上称为派生需求。

第三，产品市场价格是指购买产品本身的价格，产品被消费者购买后即为购买者所有；要素市场价格是指使用要素的价格，购买者仅在一定期限内有使用权。

要素市场与产品市场虽然有所不同，但两者是相互依存的。一方面，要素的价格取决于要素的供求，而要素的供求又取决于产品市场。如果产品市场面临萧条，产品积压，必然导致生产下降，降低对生产要素的需求，从而影响要素的价格。另一方面，要素价格也会影响到产品的价格。要素价格的上涨，意味着企业产品成本的提高，从而导致产品价格的上涨。

6.1.2 生产要素的需求

生产要素需求是一种派生的需求，企业之所以需要生产要素是为了用它生产出各种产品，实现利润最大化。

生产要素的需求也是一种联合的需求或相互依存的需求。任何生产行为所需要的都不是一种生产要素，而是多种生产要素，这样各种生产要素之间就是互补的。如果只增加一种生产要素而不增加另一种，就会出现边际收益递减现象。而且在一定范围内，各种生产要素也是可以相互代替的。生产要素相互之间的这种关系说明了它们的需求之间是相关的。

由以上生产要素需求的性质可以看出，影响生产要素需求的主要有以下因素。

1. 市场对产品的需求及产品的价格

这两个因素影响产品的生产与企业的利润，从而也会影响对生产要素的需求。一般而言，市场对某种产品的需求越大，产品的价格越高，则生产这种产品所用的各种生产要素的需求也就越大。反之，市场对某种产品的需求越小，产品的价格越低，则生产这种产品所用的各种生产要素的需求也就越小。

2. 生产技术状况

生产技术状况决定了对某种生产要素需求的大小。如果技术是资本密集型的，则对资本的需求大，如果是劳动密集型的，则对劳动的需求大。

3. 生产要素的价格

各种生产要素之间有一定程度的替代性，是否替代和如何替代在一定范围内取决于各种生产要素本身的价格。企业一般要用价格低的生产要素替代价格高的生产要素，从而生产要素的价格本身对其需求就有重要的影响。

生产要素需求的联合性与派生性，决定了生产要素的需求比产品的需求更加复杂，因此在分析生产要素的需求时应注意以下问题。

一是产品市场结构的类型是完全竞争还是不完全竞争；二是一家企业对生产要素的需求与整个行业对生产要素需求的联系与区别；三是只有一种生产要素变动与多种生产要素变动的情况；四是生产要素本身的市场结构是完全竞争还是不完全竞争。

6.1.3 生产要素的供给

生产要素多种多样，不同种类的生产要素各有自己的特点。一般来说，可以把生产要素分为三类。

第一类是自然资源，在经济分析中假定这类自然资源的供给是固定的。

第二类是资本品，资本品是利用其他资源生产出来的，也是和其他产品一样的产品。在经济中，这一行业的产品往往是另一行业的生产要素。因此这种生产要素的供给与一般产品的供给一样，与价格同方向变动，供给曲线向右上方倾斜。

第三类是劳动，劳动的供给取决于工资变动所引起的替代效应和收入效应。替代效应是指工资增加引起的工作对闲暇的替代，随着工资的增加，在替代效应的作用下，劳动供给会增加。收入效应是指工资增加引起的对闲暇需求的增加，随着工资的增加，在收入效应的作用下，劳动供给会减少。

在替代效应和收入效应同时发生作用的情况下，当替代效应大于收入效应时，劳动的供给会随着工资的增加而增加，而当收入效应大于替代效应时，劳动的供给会随着工资的增加而减少。一般来说，当工资较低时，替代效应大于收入效应，当工资达到某个水平时，收入效应大于替代效应。因此，劳动供给曲线是一条向后弯曲的供给曲线，也就是说随着工资上升，劳动供给会增加，当工资上升到一定程度之后，随工资上升，劳动供给会减少，如图 6-2 所示。

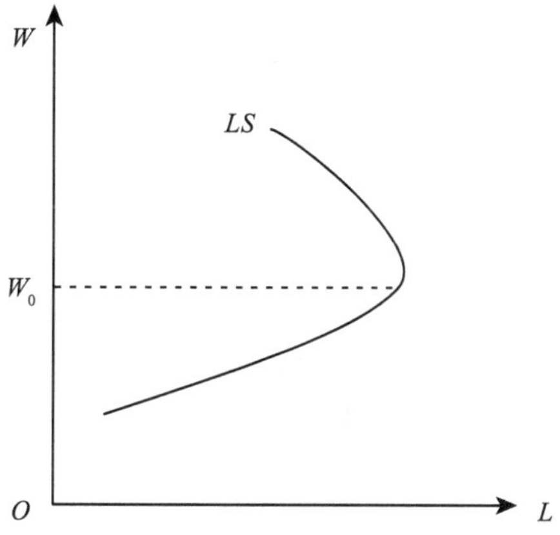

图 6-2 劳动的供给曲线

在图 6-2 中，横轴 L 代表劳动供给量，纵轴 W 代表工资率（每小时劳动的工资），LS 为劳动供给曲线。当工资水平低于 W_0 时，替代效应大于收入效应，劳动供给随工资增加而增加，劳动供给曲线向右上方倾斜。当工资水平高于 W_0 时，收入效应大于替代效应，劳动供给随工资增加而减少，劳动供给曲线向左上方倾斜。LS 是一条向后弯曲的曲线。

6.1.4 生产要素价格的决定

在完全竞争市场，生产要素的价格与产品的价格一样，是由要素的供求所决定的。一般来说，生产要素的需求曲线向右下方倾斜，供给曲线向右上方倾斜，因此决定了生产要素的价格，如图 6-3 所示。

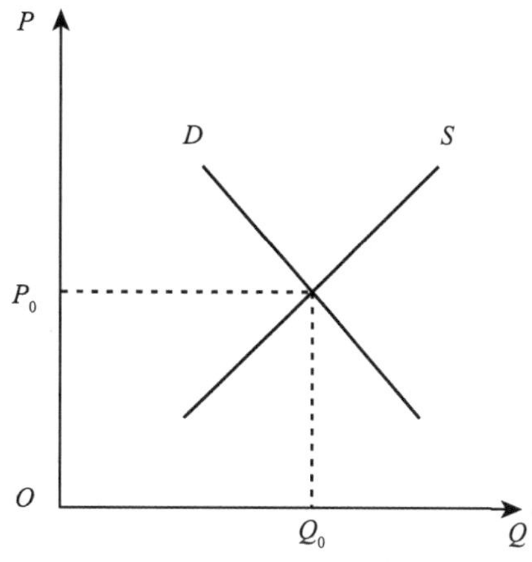

图 6-3 生产要素价格的决定

在图 6-3 中，生产要素的需求曲线 D 与供给曲线 S 相交，决定了生产要素的价格为 P_0，数量为 Q_0。这与产品价格和数量的决定完全一样。

但各种要素有不同的需求与供给特征，也有不同的市场结构，因此，各种要素价格与收入的决定也有所不同。

6.2 工资理论

工资是指使用劳动所支付的价格。劳动者不仅指从事各种体力劳动的工人，还包括各种高级专业人员，如律师、教师和科学家等，以及提供服务的小企业所有者，如理发师、零售商等。

货币工资与实际工资是两种不同的概念。货币工资是指劳动者在单位时间里由于付出劳动而获得的货币收入；实际工资是指劳动者在单位时间里获得的货币工资所能换取的商品和劳务的实际数量，也就是说，实际工资是指货币工资的购买力。因此，实际工资同商品和劳务的价格紧密相关。西方经济学中所研究的工资都是实际工资，即在假定社会商品和劳务价格不变的情况下考察货币工资的变动。

6.2.1 社会工资水平的决定

不同国家之间或者同一国家不同地区之间，工资水平是不同的，有的差别还很大。西方经济学所讲的社会工资水平，通常是某一个经济社会内的平均工资率，并不区分该经济社会内工资率的差别。

西方经济学是以均衡价格理论来解释工资水平的决定的。按照这一观点，一个社会的工资率水平，取决于该社会对劳动的需求和劳动的供给两种因素。劳动的需求曲线就是劳动的边际收益产品曲线。因此一个社会对劳动的需求，取决于劳动的边际收益产品，即取决于劳动要素的边际生产力和产品的价格。也就是说，社会的边际生产力水平越高，对劳动的需求就越多；反之，社会的边际生产力水平越低，对劳动的需求就越少。而一个社会的劳动边际生产力水平，主要取决于该社会的资本、自然资源、生产技术水平、劳动力素质以及社会政治、经济环境、组织结构、管理水平和市场规模等因素。

假如一个社会资本数量很多，自然资源丰富，生产技术水平和管理水平很高，劳动力素质很好，同时社会的经济组织和市场结构都比较发达，那么该社会劳动的边际生产力必然很高，反之亦然。在不同生产力水平的国家，劳动的需求曲线的位置不同，通常发达国家劳动的需求曲线位置较高，而落后国家劳动的需求曲线位置偏低。劳动的需求还与产品的价格有关，如果产品价格提高，即使劳动的边际生产力不变，劳动的边际收益产品也会增加，即对劳动的需求会增加。

一个社会劳动的供给量通常与工资水平呈正向关系，工资水平高，劳动者愿意提供的劳动则多；工资水平低，劳动者愿意提供的劳动则少。也就是说，劳动的供给曲线通常是一条正斜率曲线。从另一方面看，工资反映了提供劳动的成本。在一定时间里，比如一天中，人们提供的劳动越多，为此付出的代价就越大。例如加班劳动会使人感到格外劳累和辛苦，会使人遇到工作与家务的额外矛盾。人们为提供一定量劳动所付出的代价越高，他们所要求得到的工资也就越高。但是当一个社会的工资率达到一定水平时，劳动的供给曲线会出现内弯现象，这是因为劳动者的精力和能够提供的劳动时间是有限的。当工资达到一定程度后，劳动者便会觉得休息以及从事文化、教育和娱乐等方面活动的价值越来越高。因此，当工资继续提高时，劳动的供给反而减少了。此外，劳动的供给还取决于人口增长率、劳动力的流动性、移民的规模等因素。

不同国家劳动的供给曲线也不一样。发达国家劳动者的生活和教育费用较高，劳动的成本较高，因而供给曲线也较高，偏于左上侧，反之，落后国家的劳动供给曲线较低，偏于右下侧。

将劳动的需求曲线与劳动的供给曲线放在一起，便可分析社会均衡工资水平的决定。如图 6-4 所示，W 代表工资率，L 代表劳动的数量，D_L 和 S_L 分别代表社会的需求曲线和供给曲线。E 点是劳动的供求均衡点，从图中可见社会的均衡工资率水平为 W_E，均衡的劳动数量为 L_E。

由于发达国家和落后国家的劳动需求曲线与供给曲线都不相同，均衡的工资水平和劳动数量也不同。通常发达国家劳动的需求曲线和供给曲线都较高，因而整个社会均衡的工资率水平较高，而均衡的劳动数量较少。落后国家的情况则恰好相反，劳动的需求曲线和供给曲线都偏低，因而整个社会均衡工资率低，均衡的劳动数量较多。这种情况可以用图 6-5 进行说明。

图 6-5 中，D_1 和 S_1 为发达国家劳动的需求曲线和供给曲线；D_2 和 S_2 为落后国家劳动的需求曲线和供给曲线。显然，发达国家均衡的工资率 W_1 较高，均衡的劳动数量 L_1 较少；而落后国家均衡的工资率 W_2 较低，均衡的劳动数量 L_2 较多。

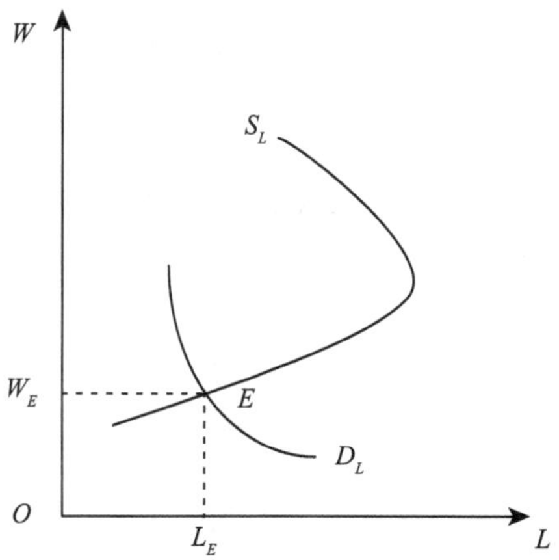

图 6-4 工资水平的决定

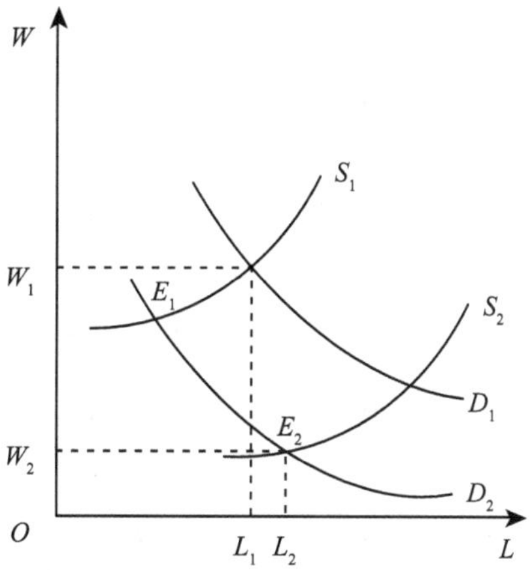

图 6-5 发达国家与落后国家工资的决定

6.2.2 工会对工资的影响

在西方国家中，工会是工人自己的组织，工会为了争取更好的工作条件与工资水平，与资方进行各种形式的斗争。工会一般是按行业组织的，不受政府或政党的操纵，完全是独立的，是维护工人权益的经济组织。在西方社会中，工会、政府、企业被认为是三个并列的组织。在工资决定中，工资水平一般是由工会与企业协商确定的，政府在其间起一种协调作用。因为工会控制了入会的工人，而且工会的力量相当强大，所以，在经济学中被作为劳动供给的垄断者。

1. 工会的影响方式

工会对工资的影响主要有两种方式。

一是增加劳动的需求。在劳动供给不变的条件下，通过增加对劳动的需求的方法来提高工资，不但会使工资增加，而且可以增加就业。工会增加厂商对劳动需求的最主要的方法就是增加市场对产品的需求，因为劳动需求是由产品需求派生而来的。增加对产品需求的重要方法是通过对议会施加影响或其他活动来增加出口、限制进口，实行贸易保护政策。此外，机器对劳动的替代是劳动需求减少的一个重要原因，因此工会也会从增加对劳动需求这一日的出发，反对用机器代替工人。

二是减少劳动的供给。在劳动需求不变的条件下，通过减少劳动的供给同样也可以提高工资，但这种情况会使就业减少。工会减少劳动供给的方法主要是：限制非工会会员受雇，迫使政府通过强制退休、禁止使用童工、限制移民、减少工作时间的法律等。

2. 工会影响工资决定的限制条件

工会对工资决定的影响有一定限度。从劳动需求来看，要受到三种因素影响。

一是产品的需求弹性。劳动的需求也是一种派生的需求，取决于对产品的需求。如果产品的需求弹性大，则工资增加引起产品价格上升，会使产品需求量大幅度减少，从而使工资无法增加。如果产品需求弹性小，则工资增加较为容易。

二是劳动在总成本中所占的比例。如果劳动在总成本中所占的比例大，则工资增加引起总成本增加较多，工资的增加就有限。如果劳动在总成本中所占比例小，工资增加对总成本影响不大，则工资增加较易。

三是劳动的可替代性。如果劳动不易被其他生产要素所替代，则提高工资较容易。如果劳动较容易被其他生产要素所替代，则工资提高就有限。

从劳动的供给来看，要受到三种因素的影响。

一是工会所控制工人的多少。如果工会的力量较大，控制的工人多，则易于增加工资。也就是说，工会的垄断程度越高，要求增加工资的力量就越大。

二是工人的流动性大小。如工人流动性大，某一行业或地区可以从其他来源得到工人，则工会难以增加工资，反之亦然。

三是工会基金的多少。如果工会保证罢工期间工人生活的基金多，提高工资就会容易一些。

此外，工会提高工资的斗争能否成功，在很大程度上还要取决于整个经济形势的好坏、劳资双方的力量对比、政府干预的程度与倾向性、工会的斗争方式与艺术、社会对工会的同情与支持程度，等等。工会只有善于利用各方面的有利条件，才能在争取提高工资的斗争中取得胜利。

在劳动市场上还有厂商买方的垄断因素。当厂商的垄断程度高时，就会竭力把工资压低到劳动的边际生产力之下。

补充阅读

有偿离职

被亚马逊以超10亿美元收购的Zappos公司已经成为业内流传的经典案例。这家公司最让人匪夷所思的是，如果新员工在培训后立即离职的话，会获得4 000美元的奖金。这种企业文化从招聘环节就已经开始体现。公司对造就企业文化的核心价值非常明确，并在招聘过程中表达。因为这个条款，Zappos公司放弃了很多优秀的人才，但是培训阶段过后几乎没人拿钱走人，如果面试流程顺利，大多数人会留在他们选择的岗位。即使只有少数人在培训后选择离职，公司也依然花了一笔冤枉钱。但是，很多特别有效、高妙的手段，恰恰都是听起来有点荒唐的。

亚马逊收购Zappos后，离职奖金制度的实行方式也随之改变。员工们不仅在培训中可以选择接受离职奖金，而且每年都有这样一次机会，每一年的离职奖金水涨船高。第1年的离职奖金是2 000美元，此后每年上涨1 000美元，直至5 000美元封顶。看到这里，你会不会觉得这家公司疯了？员工流动是必然的，如果一名员工不想为公司服务，凭什么还要付给他“离职奖金”呢？

面对股东们质疑给员工最高5 000美元的离职奖金是一种浪费时，亚马逊高管如此解释：“我们的目的是让员工有机会思考真正要的是什么。长久来看，把员工留在不情愿的岗位，无论对于他本人还是对于公司，都不是一件有益的事。”他还认为渎职员工会为公司带来经济和情感上的损失，即使付给这样的员工5 000美元让其自行离开，也都不是件吃亏的事。然而亚马逊只有很少一部分员工接受该条件离职，说明员工对公司的评价相当高。

其中一个原因可能来自“后决定失调”的效果。拒绝离职奖金加强了亚马逊员工对公司的认可信念。要不然，为什么不拿着钱离开呢？但是和Zappos的员工不同的是，亚马逊员工每年都要做出这个决定，所以他们的“后决定失调”每次都会被刷新。因此，亚马逊公司获得了最佳结果：员工继续投入地工作，他们的投入让工作中的高效率更为持久。

实际上，亚马逊只是希望员工能留在公司更为积极地工作，而不希望有人离开。员工拿到的这份合同，第一页就写着“请不要接受这份奖金”。在每一年提供离职奖金的过程中，公司收获了员工更投入的工作和高效率，公司几乎从未真正付出5 000美元的离职奖金。支付5 000美元给离职员工，看上去很多，但是有一家公司把这个数字又提高了。美国的一家游戏公司为新员工提供最多2.5万美元的离职奖金，并允许新员工在60天内离职。这家游戏公司的管理者认为，现在就付给那些未来会变得消极并最终离开的人10%的薪水，远胜于用一年的薪水换来糟糕的表现和不适应。与其让不适合的人固定下来，还不如让他们尽早离开。无论提供 4 000 美元、5 000 美元还是 2.5 万美元，这些公司用实践证明了为员工提供有偿离职有其合理性。

资料来源：戴维·布尔库什. 新管理革命：知识经济如何重塑组织和管理 [M]. 赵竞欧，译. 北京：中信出版社，2015.

6.3 地租理论

地租是土地生产要素的价格，是使用土地所支付的报酬，土地所有者通过提供土地获得地租。地租的产生首先在于土地本身具有生产力，也就是说地租是利用“土壤原始的、不可摧毁的力量”的报酬。其次，土地作为一种自然资源具有数量有限、位置不变、不能再生的特点。与资本和劳动的特点不同，地租的决定有着自己的特点。

6.3.1 地租的决定

地租由土地的需求与供给决定。土地的需求取决于土地的边际生产力，即土地的边际收益产品。由于边际收益递减规律的作用，土地的需求曲线是一条向右下方倾斜的曲线。但土地的供给是有限的，因为在每个地区，可以利用的土地总是有一定的限度。这样，土地的供给曲线就是一条与横轴垂直的线。

图 6-6 表示了土地市场的均衡，图中土地供给曲线 S 是一条垂直的曲线，表示无论价格如何变动，土地供给的数量固定不变；而土地需求曲线 D 向右下方倾斜，表示随着土地使用量的增加，其边际收益产品递减。两条曲线的交点 E 决定了社会均衡地租 R_0，所以地租的大小取决于土地的边际生产力和现有土地数量。如果土地的边际生产力提高，即土地的需求曲线上移，或者现有土地的数量有限，即土地的供给曲线左移，就会造成地租上升。

随着经济的发展，对土地的需求会不断增加，而土地的供给不能增加，这样地租就有不断上升的趋势，如图 6-7 所示。

在图 6-7 中，土地的需求曲线 D_0 移动到 D_1，表明土地的需求增加了，但土地的供给仍为 S，S 与 D_1 相交于 E_1，决定了地租 R_1。R_1 高于原来的地租 R_0，说明由于土地需求的增加，地租上升了。

以上分析地租的决定，是以土地的好坏相同为前提的，而实际上土地的肥沃程度和地理位置是不相同的，一般来说，条件优越的土地，其边际生产力大于条件较差的土地的边际生产力，二者之差就是级差地租。在很多大城市的中心地段，地租极其昂贵，形成了级差地租现象。

从土地市场均衡地租的决定中我们可以看出，级差地租产生的原因，一方面是由于中心地段土地的边际生产力较高，如可建造高级写字楼，另一方面则是和其他地段如市郊相比，中心地段的土地数量极其有限。对于那些条件较差的土地，用于生产时所花的工资和其他生产支出（即成本）较高，而所得收入只能用以弥补生产成本，故无级差地租可言，这种土地称为边际土地。

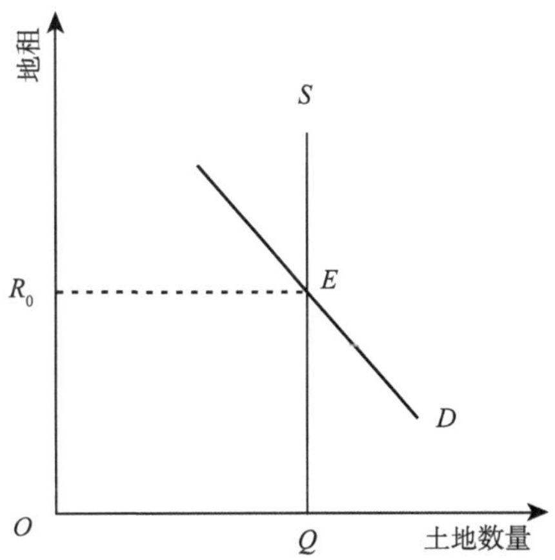

图 6-6 地租的决定

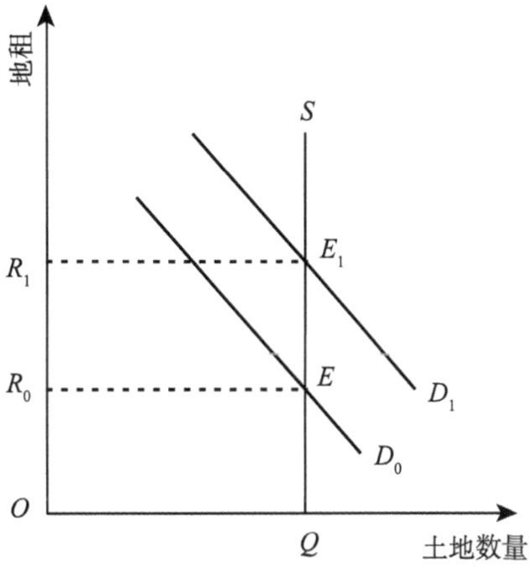

图 6-7 土地需求变动对地租的影响

6.3.2 准地租与经济租

西方经济学借用地租形态的特殊性，提出了准地租和经济租的概念。

1. 准地租

所谓准地租泛指对土地以外的，但是类似土地的，即短期内供给相对不变的各种生产要素的支付，即这些生产要素所得的收益或报酬。准地租为固定成本与超额利润之和，当超额利润为零时，准地租等于固定成本。当价格为平均变动成本时，准地租为零。准地租是一个短期的概念，长期内不存在准地租，因为长期内所有要素都是可变的，通过竞争准地租也就不存在了。

2. 经济租

租金最初是指为了获得非自有的土地、房屋、设备等的使用权而定期支付的款项，如地租、房租，但随着经济学的发展，租金的含义有了扩展，凡是支付给生产要素的超额报酬，以及报酬中超过得到要素服务必须支付的最低报酬部分，都称为经济意义上的租金，即经济租，所以经济租也就是一种要素的实际收入超过其机会成本的余额。

由于土地的供给量是固定的，即使是 0 元的支付时，仍然会有土地供给，所以土地的机会成本为零，土地的经济租大小等于全部的地租。在一切使用土地要素生产出来的产品的价格中都包含了地租这项成本。但是从整个社会来看，土地产品价格中是否包含地租，并不是土地产品（如农产品）能够被供应出来的必要条件，或者说地租的有无以及地租的高低，并不是决定土地产品价格的原因，土地产品的价格由社会对该产品的需求所决定。

不仅土地的供给存在经济租，几乎所有的生产要素的供给都或多或少存在经济租。某些高收入者，如体育明星、歌星、影星等，收入中的经济租成分很高，这是因为这些高收入者的“次佳”职业所能带来的报酬相对来说要低得多。

6.4 利息理论

利息是资本要素的价格，是资本要素的报酬。资本所有者提供了资本，得到了利息。利息与工资计算的方式不同，它不采用货币的绝对量来表示，而是用利率来表示。利率是指利息在每一单位时间内（如 1 年）在货币资本中所占的比率。例如，货币资本为 10 000 元，利息为 1 年 500 元，则利率为 5%。这 5% 就是货币资本在一年内提供生产性服务的报酬，即这一定量货币资本的价格。

6.4.1 早期的利息理论

1. 时间偏好论

持这种观点的经济学家认为，人的生命是有限的，而未来的情况是不可预测的，因此人们对于目前所拥有的财、物的估价，要比对将来拥有这些财、物的估价高。例如：人们对现在购买和 5 年后购买同一辆车的效用评价是不同的，也许他认为现在更加需要汽车，5 年之后则不如现在这样需要，因此，这辆汽车现在带来的效用比 5 年后带来的效用大。由于人们对未来财、物的估价比现在要低，所以就产生了利息。而利息的高低取决于时间偏好率的大小。如果时间偏好率大，利息率则高，如果时间偏好率小，利息率则低。

2. 节欲论

持这种观点的经济学家认为，贷款者把自己的资金借出来，就是牺牲了当前的消费。而人们牺牲当前消费时，就等于牺牲了当前欲望的满足。有欲望而不能得到满足则必有痛苦。而利息就是对节制欲望所产生的痛苦的补偿。节欲过程中所产生的痛苦越大，利息越高，反之则越低。

一些经济学家认为，能有钱借贷给别人者，其收入必然较高，当这些人把钱借出时，之所以忍受欲望不能满足的痛苦，是为了等待将来能够得到其应有的报酬。因而“等待”是经济活动的重要因素，利息是“等待”的报酬。

6.4.2 利率的决定

正如工资要由劳动要素的均衡价格决定一样，利率是由资本这个生产要素的均衡价格决定的，即利率取决于资本需求与供给的均衡状态。资本的需求主要是企业投资的需求，因此可以用投资来代表资本的需求。资本的供给主要来源于储蓄，因此可以用储蓄来代表资本的供给。而影响储蓄的主要因素有人口、平均收入和未来的预期收入等，人口数量增加、人们的平均收入提高、人们未来的预期收入降低，都会增加当前储蓄，反之会减少当前储蓄。随着储蓄水平的变化，资本的供给也将发生变化，这样就可以用投资与储蓄来说明利率的决定。

企业借入资本进行投资，是为了实现利润最大化，这样投资就取决于利润率与利率之间的差额。利润率与利率的差额越大，纯利润就越大，企业也就越愿意投资。反之，利润率与利率的差额越小，纯利润就越小，企业也就越不愿意投资。这样，在利润率既定时，利率就与投资呈反方向变动，从而资本的需求曲线是一条向右下方倾斜的曲线。

人们进行储蓄放弃现期消费是为了获得利息，利率越高人们越愿意增加储蓄，利率越低人们就越会减少储蓄，这样，利率与储蓄呈同方向变动，从而资本的供给曲线是一条向右上方倾斜的曲线。

利率由资本的需求与供给双方共同决定的，可用图 6-8 来说明。在图中，横轴 K 代表资本量，纵轴 i 代表利率，D 为资本的需求曲线，S 为资本的供给曲线，这两条曲线相交于 E，决定了利率水平为 i_0，资本量为 K_0。

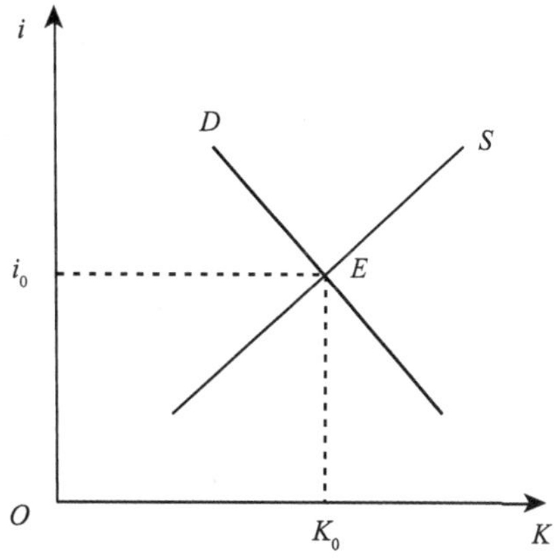

图 6-8　利率的决定

另外，还可以用信贷资金的需求与供给来说明利率的决定。信贷资金的需求包括企业的投资需求、个人消费需求与政府支出的需求，信贷资金的供给包括个人与企业的储蓄，以及中央银行发行的货币。信贷资金的需求与利率呈反方向变动，信贷资金的供给与利率呈同方向变动。

6.4.3　利率在经济中的作用

在经济中，通过利率的调节作用，资本市场实现了均衡。这也是价格调节经济的作用之一。因为利率是资本的价格，它所调节的是资本市场。这种调节作用表现在，当资本的需求大于供给时，利率会上升，从而减少资本的需求，增加资本的供给；当资本的需求小于供给时，利率会下降，从而增加资本的需求，减少资本的供给。所以，利率的调节会使资本市场处于均衡状态。

从利率的调节可以看出，利率在经济中具有十分重要的作用。首先，利息的存在可以鼓励少消费、多储蓄。增加储蓄是发展经济的关键，而刺激人们增加储蓄的最有力的手段就是提高利率。正因为如此，一般国家在经济发展初期总是采取高利率的政策。其次，利息的存在可以使资本得到最有效的利用。如果社会的利率水平既定的，那么人们就会把资本用于能获得最高利润率的部门，利润率高的部门也就是资本能最好发挥作用的部门。此外，企业在支付利息的情况下需要更节约、更有效地利用资本。因此，利息的存在是刺激企业有效地利用资本的最好手段。最后，当一个社会出现通货膨胀时，提高利率可以压抑对信贷资金的需求，刺激信贷资金的供给，从而抑制通货膨胀。正因为利息有这样的作用，所以利用利率来调节经济是十分重要的。

6.5 利润理论

利润是企业家才能这种生产要素的报酬。企业家不仅从事企业生产经营中的管理工作，而且要进行创新和承担风险。一般把利润分为正常利润与超额利润。

正常利润是企业家才能的价格，也是企业家才能这种生产要素所得到的收入。正常利润包括在成本之中，其性质与工资相类似，也是由企业家才能的需求与供给决定的。

企业家才能的需求很大，因为企业家才能是生产好坏的关键。企业家才能使劳动、资本与土地结合在一起，生产出更多的产品，而企业家才能的供给又是很少的。并不是每个人都具有企业家的天赋，并能受到良好的教育，只有那些有胆识、有能力，又受过良好教育的人才具备企业家才能。所以，培养企业家才能所耗费的成本也是相当高的。企业家才能的需求与供给的特点，决定了作为企业家才能收入的正常利润必然是很高的。正常利润可以理解为一种特殊的工资，特殊性就在于其数额远远高于一般劳动所得到的工资。

超额利润是指超过正常利润的那部分利润，又称为纯粹利润或经济利润。在完全竞争条件下的静态社会里，不会有这种利润。只有在动态的社会中和不完全竞争条件下，才会产生这种利润。动态的社会涉及创新和风险。不完全竞争就是存在垄断。

创新是指企业家对生产要素实行新的组合。创新包括五种情况：一是引入一种新产品，二是采用一种新的生产方法，三是开辟一个新市场，四是获得一种原料的新来源，五是采用一种新的企业组织形式。

这五种形式的创新都可以产生超额利润。引进一种新产品可以使产品的价格高于其成本，从而产生超额利润。采用一种新的方法和企业组织形式，可以提高生产效率降低成本，获得一种原料的新来源也可以降低成本。这样，产品在按市场价格出售时，由于成本低于同类产品的成本，就获得了超额利润。开辟一个新市场同样也可以通过提高价格获得超额利润。

创新是社会进步的动力，因此由创新获得超额利润是合理的，是社会进步必须付出的代价，也是社会对创新者的奖励。

风险是从事某项事业失败的可能性。由于未来具有不确定性，人们对未来的预测可能发生错误，因而风险的存在是普遍的。在生产中，由于供求关系发生难以预料的变动，自然灾害、政治动乱以及其他偶然事件的影响，会存在着风险，而且并不是所有的风险都可以用保险的办法加以弥补的。这样，从事具有风险的生产就应该以超额利润的形式得到补偿。

由垄断而产生的超额利润，又称为垄断利润。垄断形式可分为买方垄断和卖方垄断两种。卖方垄断也称为垄断或专卖，指对某种产品出售权的垄断。垄断者可以抬高销售价格以损害消费者的利益而获得超额利润。买方垄断也称专买，指对某种产品或生产要素购买权的垄断。在这种情况下，垄断者可以压低收购价格，通过损害生产者或生产要素供给者的利益而获得超额利润。

6.6 社会收入的分配与再分配

在市场经济中，按生产要素在生产中所做出的贡献大小，由市场决定的收入分配是第一次分配或初始分配。由于每个人拥有的生产要素数量与质量不同，市场经济中的分配必然引起收入不平等，甚至会出现两极分化。

6.6.1 社会收入分配不平均的原因

西方经济学家认为，收入分配不平均是由以下几个因素造成的。

一是财产的差别。在西方国家里，少数人掌握了绝大部分的财产，多数人只占有少量财产，甚至没有财产。这种财产分配上的不平均是造成收入分配不平均的主要原因。由于财产是可继承的，所以由财产差别导致的收入不平均的现象将会继续存在。

二是能力的差别。人与人之间客观上存在着体力、智力上的差别。身强力壮的人可以成为高收入的运动员，相反，有的体质较弱的人只能从事低收入的简单劳动。高智力的人可以从事需要专门知识的高收入职业，而智力较低的人只能从事不需要专门知识的工作，人的这种能力差别造成了收入的不平均。

三是教育的差别。不同的人受教育的程度不同，有机会接受高等教育的人能够选择高收入的职业，而由于生活困难等原因没有接受高等教育的人，就难以选择高收入的工作。这种受教育程度的差别导致了职业、技术的差别，也会造成收入的不平均。

四是冒险的差别。冒险精神的差别也会导致收入的不平均，愿意从事危险工作的人收入高，保守、畏缩的人收入低。

大多数西方经济学家并不主张收入平均化，他们认为收入的平均化必然导致效率的丧失、社会产量的降低和收入的下降。应在效率不受损害的条件下，尽可能地减少收入分配的差距。

6.6.2 社会收入再分配政策

社会收入分配不平等是合理的，但应有一定限度。如果收入分配差距过大，甚至出现贫富两极分化，既有损于社会公正的目的，又会成为社会动乱的根源。因此，各国都采用收入再分配政策纠正收入分配中较为严重的不平等问题。

市场经济是按效率优先的原则进行个人收入分配的，但每个人进入市场之前所拥有的生产要素数量不同，能力与资产不同，市场竞争中的机遇也不同，收入差别很大，甚至贫富对立是不可避免的。这种分配状态不符合人们公认的伦理原则，也不利于社会安定。因此，需要通过政府的收入政策来缓和收入分配不公平的现象，以在一定程度上实现收入分配的平等化。

各国的收入再分配政策首先是税收政策。市场经济各国出于各种目的而征收税收，但最主要目的还是通过税收为政府各种支出筹资。在宏观经济政策中，政府运用税收来调节宏观经济。在收入分配中，政府也运用税收来实现收入分配的公平，其主要手段是征收个人所得税，以及征收遗产税、财产税、赠予税等。

个人所得税是税收的一项重要内容，它通过累进所得税制度来调节社会成员收入分配的不平等状况。累进所得税制就是根据收入的高低确定不同的税率，对高收入者按高税率征税，对低收入者按低税率征税。例如：我国的个人所得税最低的税率为3%，最高的税率为45%。累进所得税制有利于纠正社会成员之间收入分配不平等的状况，从而有助于实现收入的平等化。但这种累进所得税不利于有能力的人充分发挥自己的才干，对社会来说也是一种损失。

此外，在个人所得税方面，还区分了劳动收入税与非劳动收入税。对劳动收入按低税率征收，而对非劳动收入，如股息、利息等收入按高税率征收。

除了个人所得税之外，还有遗产税和赠予税，即对财产的转移征收税收；财产税，即对不动产（土地、房产等）征收税收；消费税，即对某些商品和劳务的消费征收税收。财产分配的不平等是收入分配不平等的重要根源，遗产税、赠予税以及财产税是为了纠正财产分配的不平等，这有利于收入分配的平等化。开征消费税尤其是对奢侈性的商品和劳务征收较高的税，也是通过税收实现收入分配平等化的一种方法，因消费奢侈性商品和劳务而纳税的主要是富人。

税收政策是要通过对富人征收重税来实现收入分配平等化，社会福利政策则是通过给穷人补助来实现收入分配平等化。从当前西方各国的情况看，社会福利政策主要有以下内容。

一是各种形式的社会保障与社会保险，包括失业救济金制度、老年人退休金制度、残疾人保险制度、对有未成年子女家庭的补助、对低收入的家庭和个人的补助等。这些补助主要是货币形式，也有发放食品券等实物形式，其资金来源为企业或个人交纳的保险金及政府的税收。

二是向贫困者提供就业机会与培训。收入不平等的根源在于贡献的大小，而贡献的大小与个人的机遇和能力相关。政府可以通过改善穷人就业的能力与条件，来实现收入分配的平等化。首先是要实现机会均等，尤其是保证所有人的平等就业机会，并按同工同酬的原则支付报酬。其次是使穷人具有就业的能力，包括进行职业培训、实行文化教育计划（如扫盲）、建立供青年交流经验的青年之家、实行半工半读计划、使穷人有条件读书等。这些都有助于提高穷人的文化技术水平，使其从事收入较高的工作。

三是医疗保险与医疗援助。医疗保险包括住院费用保险、医疗费用保险以及出院后部分护理费用的保险，这种保险主要由保险金支付。医疗援助则是政府出钱资助医疗卫生事业，使每个人都能得到良好的医疗服务。

四是对教育事业的资助，包括兴办公立学校、设立奖学金和大学生贷款制度、帮助学校改善教学条件、资助学校的科研等。从社会福利的角度来看，对教育事业的资助有助于提高公众的文化水平与素质，也有利于收入分配平等化。

五是各种保护劳动者的立法，包括最低工资法和最高工时法，以及环境保护法、食品和医疗卫生法等。这些都有利于增进劳动者的收入，改善其工作与生活条件，从而降低收入分配不平等的程度。

六是改善住房条件，包括以低房租向穷人出租国家兴建的住宅；对私人出租的房屋实行房租限制；资助无房者建房，如提供低利率的长期贷款，或低价出售国家建造的住宅；实行住房房租补贴等。这种政策改善了穷人的住房条件，也有利于实现收入分配的平等化。

6.6.3 平等与效率

收入分配要兼顾公平与效率。平等是指各社会成员收入分配平均，效率是指资源配置有效，并得到充分利用。

经济学家认为，收入分配有三种标准。一是贡献标准，即按社会成员的贡献分配国民收入。这种分配标准能保证经济效率，但由于各成员能力、机遇的差别，会引起收入分配的不平等。二是需要标准，即按社会成员对生活必需品的需要分配国民收入。三是平等标准，即按公平的准则来分配国民收入。后两个标准有利于收入分配的平等化，但不利于经济效率的提高。有利于经济效率则会不利于平等，有利于平等则会有损于经济效率，这就是经济学中所说的平等与效率的矛盾。

收入分配要按贡献来分配，才能有利于经济效率的提高，有利于鼓励每个社会成员充分发挥自己的能力在竞争中取胜，这就是效率优先的分配原则。但这种分配会使不平等加剧，甚至会出现严重的贫富两极分化。因此，在收入分配中，不仅要效率优先，而且要兼顾公平。

效率优先、兼顾公平是许多国家收入分配的原则，但在现实中做起来却十分困难。各种收入平等化政策对于缩小贫富之间的差距，改善穷人的地位和生活条件，提高穷人的实际收入水平，确实起到了相当大的作用，对于社会的安定和经济发展也是有利的。但这种政策有两个严重的后果。一是降低了社会生产效率。增加个人所得税和各种各样的社会保障使人们生产的积极性下降，从而使社会生产效率下降。二是增加了政府的负担。以最著名的福利国家瑞典为例，1981 年瑞典的公共支出（主要是福利支出）已占国民生产总值的 66%。这种巨额的福利支出成为各国财政赤字的主要原因。

补充阅读

努力可以改变机会不平等吗

世界银行的相关研究指出，基尼系数达到 0.4 是收入分配差距的“警戒线”，一旦越过这条“警戒线”，贫富的两极分化容易引起社会阶层的对立甚至引发社会动荡。根据国家统计局公布的数据，虽然近 5 年来中国的基尼系数呈下降趋势，但始终维持在 0.47 以上。为什么中国的基尼系数长期处于“警戒线”之上，却未出现世界银行所预言的“阶层对立”和“社会动荡”的状态?

一个可能的解释是，在中国的收入分配平等中，存在一定比例的合理成分，社会群体接受这一合理的不平等，并将其作为激励自己努力工作、争取成功的积极因素。根据机会不平等理论，个体的收入由两类特征决定：环境和努力。前者是个体不可控从而也无法为之负责的“非责任变量”，比如，性别、种族等个体特征变量以及父母受教育程度、家庭社会等级等家庭背景因素；后者是个体可以控制从而应为之负责的“责任变量”，比如，职业选择、工作时间、受教育程度等。社会正义理论将由环境差异导致的收入不平等界定为“机会不平等”，将由努力不同导致的收入不平等界定为“努力不平等”，并认为机会不平等违背了公平正义的要求，是不合理的，而努力不平等则符合公平正义的要求，是可以接受的。

近年来，大量涌现关于中国“富二代”“官二代”和“星二代”高收入、高消费的报道，从一个侧面表明，富有家庭的子女拥有更多的成功机会，他们获得远高于普通社会群体的收入水平似乎并不难。家庭背景等外部环境因素对个体收入的高低具有较为明显的影响，现阶段中国社会的机会不平等程度可能并不低。

一、收入分配的机会不平等程度有多高

基于微观入户调查数据以及“个体受教育程度、就业状态、相对收入分位”三个努力变量，采用机会不平等的“非参数”测度方法测算发现，在现阶段的中国，居民收入分配平等中有近四成源于外部环境差异导致的机会不平等。这一结果与当前中国学术界和普通民众对收入分配的判断和认知比较接近。比如，吴敬琏教授指出，中国收入差距很大部分源于机会不平等，机会不平等造成当前贫富差距拉得很大；Whyte（2010）根据中国2004年的社会调查数据发现，虽然超过七成的受访者认为中国的收入不平等程度非常高，但仅有超过30%的受访者认为有必要进行重新再分配，大部分中国人认为收入不平等大于收入不公平；Wu（2009）基于中国内地和中国香港地区的调查数据发现，75%的中国内地受访者认为工农后代与其他人有同样多的机会成为有钱、有地位的人，机会不平等的程度远低于收入不平等。

测算结果还表明，出生在不同年代的居民，其收入分配平等中机会不平等的比重呈现出较大的差异。其中，出生于1950～1959年的“50后”居民的机会不平等占收入不平等的比重为39.26%，出生于1960～1969年的“60后”居民的这一比例为35.01%，出生于1970～1979年的“70后”居民的这一比例为42.96%，出生于1980～1989年的“80后”居民的这一比例为38.49%。“50后”和“70后”收入分配机会不平等的程度均明显高于“60后”。20世纪50年代出生的居民基本上在70年代陆续进入劳动市场，其事业“成型期”恰好是极为看重家庭背景和个人出身的时期，这一年龄段的居民在职业发展初期经历了较为严重的机会不平等，家庭背景等外部环境对个体职业选择和事业发展的影响，导致个体在事业发展的后期阶段收入水平和经济地位呈现出显著差异，其承受的机会不平等维持在相当高的水平。“60后”居民基本上在80年代陆续进入劳动市场，其事业“成型期”

正是改革开放的初期阶段，在这一时期，中国农村改革和城市国企改革大力推进，旧有的利益结构被打破，新的利益格局尚未形成，社会阶层重新“洗牌”，个体的外部条件经历了大规模的重构，家庭背景和个人出身对居民职业发展和经济社会地位的影响明显趋于弱化，这一年龄段的居民在职业发展初期经历了相对较低的机会不平等，因而延续到其发展中后期阶段的机会不平等相对也比较低。“70后”居民基本上在90年代进入劳动市场，其事业“成型期”是市场经济体系初步建立的“转型期”，经过十多年的改革开放，这一时期新的利益格局初步形成，阶层开始重新分化，拥有庞大资本的强势群体已经形成，农民工和下岗工人等弱势群体规模不断扩大，整个社会的机会不平等程度显著提高，在这一时期开始职业发展的个体不得不承受更为严重的机会不平等，并延续到其职业发展的中后期。“80后”的机会平等结果比较特殊。从机会不平等指数的取值来看，20世纪80年代出生的青年人机会不平等程度要明显低于此前三代居民，究其原因，可能是由于该年龄段群体尚处于进入劳动市场的初期，收入相对偏低，职业地位差距不大，因而收入不平等程度相对较低，机会不平等程度随之也比较低；但是，“80后”面临的机会不平等相对比重并不低，与“50后”面临的机会不平等比值相当。事实上，20世纪80年代出生居民的事业“成型期”在2000年之后，在这一时期，上一代的收入差距逐渐积累为巨大的家庭财富差距，“拼爹”和“富二代”现象屡见不鲜，家庭关系和背景成为影响个体就业机会和发展轨迹的重要因素。因此，虽然“80后”仍然处于事业发展的上升期，收入水平还没有呈现出较大的变异性，机会不平等的相对程度却已经达到较高水平。

二、努力可以降低收入分配的机会不平等吗

对于高速发展的中国而言，如果整个社会为个人努力改变自身命运提供了畅通的渠道，处于不利外部环境的弱势群体能够通过付出更高努力改善自身在收入分配中的地位，那么即使机会不平等程度相对较高，也不会导致严重的阶层固化以及增长和平等的冲突问题。

根据外部环境变量将不同出生年代居民划分为“优势环境”群组和“弱势环境”群组。通过比较不同环境群组付出最大努力后平均收入水平的变化，可以直观地揭示出不同出生年代不平等指数变化背后的再分配效应。

在努力达到最大程度后，20世纪50年代出生的“弱势环境”群组平均收入从9 799元提高到41 542元，而“优势环境”群组平均收入则从35 108元提高到74 502元，二者均呈现出显著的收入增长效应；但是两个环境群组之间平均收入的差距也从25 309元提高到32 960元，观测到的机会不平等程度反而因此加重了。可以确定的是，对20世纪50年代出生的个体来说，所有人付出最大努力后，处于不利外部环境的个体并未因此改善自己在收入分配格局中的地位。

努力提高引起的再分配效应在“60后”和“70后”群体中具有比较类似的特点。在这两个出生年代，不同环境群组在努力统一达到最大后，收入水平均大幅度提高，但是弱势环境群组平均收入增长的幅度远远超过优势环境群组。其中，

“60后”的弱势环境群组平均收入增长了6倍，而优势环境群组只增长了2.4倍；“70后”的弱势环境群组平均收入增长了3.2倍，而优势环境群组只增长了1.7倍；由此导致，“60后”两个群组的平均收入差距从实际收入的17 657元降为7 058元，“70后”两个群组的平均收入差距从实际收入的27 947元降为10 961元，弱势群体在收入分配格局中的地位有了大幅度改善，由此可以解释“60后”和“70后”机会不平等指数能够大幅度降低的原因。

对“80后”而言，虽然弱势环境群组在努力提高到最高程度后，平均收入增长额达到59 840元，但优势环境群组平均收入的增长额也达到49 508元，收入再分配的结果是，两个群组的平均收入差距从实际收入的23 305元降低到12 973元，弱势环境群组在收入分配中的地位得到一定的改善，但其改善程度要明显弱于“60后”和“70后”的情形。这有助于解释为什么“80后”的机会不平等指数虽有明显降低，降幅却只有“60后”和“70后”的一半。

三、为什么不同年代居民的努力具有不同的再分配效应

根据上面对“优势”和“弱势”环境群组的分类，我们计算了两个环境群组三个努力变量平均值的差异。结果发现，与处于弱势环境的群体相比，优势环境群组付出了更大的努力。这一结果与许多机会不平等测度文献的判断是一致的，即努力的选择受到环境的影响，处于有利环境的个体通常努力程度反而更高。也就是说，在当前的经济社会发展阶段，受不利外部环境的制约，弱势群体付出的努力程度本身要比优势群体要低。当所有个体的努力都达到最大程度后，弱势群体显然比优势群体付出了更大的努力。一方面，由于收入是努力的增函数，努力增幅越大，意味着收入增幅也越大，付出更大努力的弱势群体应该能够获得更大幅度的收入增长额；另一方面，由于努力是决定收入的投入因素，应该符合边际收益递减规律，已付出较高努力的优势群组，进一步提高努力得到的收入回报将低于付出努力较低的弱势群组。上述两点在一定程度上可以解释努力统一提升到最高程度后，都有利于弱势群体的收入再分配效应的形成。

需要进一步解释的是，“50后”和“80后”不同环境群组在努力分布上的差距非常相似，优势群组和弱势群组就业状态和收入相对差别都不大，但二者教育程度方面的差异非常明显，平均而言，优势群组的受教育年数要高出弱势群组4年多。然而，当两个群组都将努力提高到最高程度后，“50后”的机会不平等程度基本没有改变，而“80后”的机会不平等程度却大幅度降低。究其原因，有可能是因为目前整个社会的教育回报率日益提高，但“50后”已经进入事业发展的后期，差不多处于临近退休的阶段，对这一群体而言，此阶段的教育回报率远低于社会平均水平，因此，当所有个体提高努力到最高程度后，由于“50后”的教育回报率偏低，在教育程度上提高更多的弱势环境群体，并没有从中获得更大比例的收入回报。因此，其在收入分配中的地位并未发生根本性的改变。

但是，“80后”与“60后”“70后”相比，弱势环境群组在教育程度和就业状况两个努力变量上都与优势群组的差距更大，也就是说，“80后”的弱势群组在人

力资本投资和就业方面碰到的“读书难”和“就业难”的问题要远远超过此前两代人。以教育为例，条件优越的家庭通过“培优”“择校”，以及送子女去国外读书等多种途径，使其子女能够获得过多更好的受教育机会，接受更高质量的教育服务。当前，名牌高校中弱势家庭子女的比例不断降低，以至于2016年北京大学近9 000名新生中录取的农村学生仅700多名，却已经是近几年录取农村学生最多的一次。此外，即使“80后”的弱势群组通过付出更大努力获得更好教育和找到更好工作，这对改善其在收入分配格局中的地位的作用也远远弱于此前两代。

总之，在样本中，“50后”群体通过提高努力程度改变命运的作用不明显，“60后”和“70后”群体通过提高努力程度可以显著改变命运，“80后”群体努力改变命运的作用却明显降低。如果当前机会不平等模式是个体一生外部环境影响收入轨迹的集中体现的话，那么中国社会弱势群体通过努力改变命运的渠道经历了一个“倒U形”的变化历程，“60后”和“70后”成为改革开放的最大受益者，在他们事业发展的初期，中国社会为弱势群体通过努力向上流动提供了较为畅通的渠道。当前，“80后”逐渐成为社会主体，新的利益格局和社会结构正在逐步形成，外部环境对个体发展的影响依然居高不下，努力在决定个体经济社会地位中的作用有所降低。对于致力于推动实现“中国梦”的政府而言，在设计和完善分配制度与政策时，不仅要激励弱势群体付出更大的努力，而且更要为弱势群体突破不利环境的约束实现更大努力创造条件，更重要的是，还要为弱势群体通过努力改变命运创建足够的平台和畅通的渠道。具体而言，政府应致力于构建指向明确的精准扶贫和社会救助体系，确保政府救助对象是因外部环境不利陷入贫困的弱势群体；在救助方式的选择上，应注重提升弱势群体自身的发展能力，比如重点解决女性、农村居民、中西部贫困家庭“读书难”“就业难”“创业难”等问题，为弱势群体依靠自身的努力取得成功创造条件。

资料来源：龚锋，雷欣.努力可以改变机会不平等吗？[J]．经济学家茶座，2017（3）.

学习指导

1. 学习建议

建议主要掌握以下内容。

（1）收入分配取决于每种生产要素的数量和价格。生产要素的价格与产品的价格一样，取决于生产要素的供求关系。

（2）工资是劳动的报酬，取决于劳动量和劳动供求决定的价格。利息是资本的报酬，取决于资本量和资本供求关系决定的价格——利率。

（3）地租是土地的报酬，取决于土地量和地租率。土地的供给是固定的，地租主要取决于土地的需求。

（4）利润分为正常利润和超额利润。正常利润取决于企业家才能的供给和需求。超额利润取决于企业家的创新、承担风险和垄断。

（5）引起收入分配不平等的因素有经济发展程度、社会制度和习俗，以及个人在能力、努力程度和机遇上的差别。

（6）各国都通过个人所得税制、社会保障和社会福利来纠正收入分配中的不平等，但这样做也引起平等与效率的矛盾。

2. 学习重点与难点

学习重点

（1）工资的决定。

（2）收入分配不平等的原因。

学习难点

收入分配公平与效率的矛盾。

核心概念

工资　利息　利润　准地租　经济租

正常利润　超额利润　创新　累进所得税

课后练习题

1. 从劳动的供求关系解释体育、文艺明星收入特别高的原因。从经济学角度看，这种高收入合理吗？
2. 在美国历史上，排斥华工的主要势力是工会。工会为什么要这样做？
3. 在各国，企业家的收入都是最高的。你认为这种现象合理吗？为什么？
4. 如何理解在收入分配中“效率优先，兼顾公平”这句话？

补充阅读

“学区房”现象与教育资源的配置

2013 年年初，有人在微博上发布了一条房产中介的价目表，上面显示北京五道口的房价达到了 10 万元 / 平方米，并注明这是北京海淀区五道口的学区房；37 平方米的房子总价 350 万元，单价接近 10 万元 / 平方米。随后有网友调侃道，有这样的房价，五道口可谓是“宇宙中心”了。自那以后，有关“天价学区房”的报道便开始频频出现在各大媒体上，并且不断刷新房价纪录。2014 年，“宇宙中心”诞生后仅一年，北京西城区就挂出了总面积 4.4 平方米、总价 135 万元的学区房，每平方米的价格超过了 30 万元。这一次，网友们已经找不出比“宇宙中心”更给力的词汇来形容学区房了。

一、学区房现象的经济学

学区房现象不仅在北京、上海、广州、深圳这几个一线城市存在，在其他所谓的二线城市、省会城市甚至较大一些的地级市中也存在。只不过其他地方的学区房没有北京、上海那么天价，也不会那么刺痛人们的神经罢了。人们往往用“老破小”来形容学区房，也就是说，这些房子的居住功能通常都很差，房子老旧甚至破败不堪，同时面积狭小；唯一的好处就是可以让子女到学区房所属片区的重点学校就读。当然，不排除某些人购买学区房是出于投资目的，即本身并没有子女就学需求，而是希望通过房子的升值来实现盈利；但投资升值的预期仍主要建立在房子附带的“学区”功能之上，也就是预期一定会有为了子女上重点学校来购买的人。从经济学上来讲，如果不考虑投机因素，那么学区房价格高出同一地段、同样类型“非学区房”的部分，可以视作“学区”功能带来的“垄断租金”

从资源配置的角度来看，如果说以“高房价”为特征的普通住宅的价格上涨主要反映了资产资源的配置状况，那么学区房尤其是“天价学区房”现象，除了反映房产资源配置，也反映了教育资源的配置状况。由于学区房和上重点学校相挂钩，结果就是买得起学区房的人享受优质教育资源；买不起学区房的人享受普通教育资源。当然，有些人的住房可能恰好位于学区内，无须购买就能享受优质教育资源，但从机会成本的角度来看，他仍然算是“买得起”学区房的人。因此通俗地讲，学区房制度的后果是富人子女享受优质教育资源，穷人子女享受普通教育资源。那么问题就在于这样的结果是否合理？

赞成方认为，与其他任何经济资源一样，优质教育资源同样存在稀缺性。因此适用于其他资源配置的价格机制同样也适用于教育资源的配置。学区房制度无非是通过市场机制来配置教育资源，因此是合理的。而反对方则认为，教育是一种特殊的资源，不应当完全通过市场机制来配置，因为教育资源的配置除了效率，还涉及教育公平问题；学区房特别是“天价学区房”现象有悖于教育公平的理念，因此并不合理。此外，也有批评意见认为，学区房现象背后的根源在于教育资源分布不平衡。基于这种思路，教育主管部门通过重点学校开办分校、多校划片、电脑随机派位等各种手段，来促进教育资源的均衡分布。但事实上，这些做法收效甚微。

应当说，对学区房制度无论是赞成还是反对都有一定的道理，但是都没有触及问题的实质。学区房现象折射出的问题，本质上是教育资源应当如何配置的问题，更准确地说，是基础教育作为一种公共服务应当采取什么样的方式来实现其供给和需求的问题。

二、按照财富配置教育资源是否合理

在中国封建社会中，读书是殷实之家才能负担得起的开销。所谓“耕读传家”指的也不是一般的农民家庭，而是有一定经济基础的农户。购买书籍和笔墨纸砚、聘请教师、参加科举考试的费用，哪一项都是不菲的支出，绝非贫民家庭能够承担的。中华人民共和国成立之前，我国文盲率高达80%，主要原因就是大部分人因为贫穷而无法接受教育。当然，在中国传统的农业社会，读书的作用主要在于参加科举考试进而走向仕途，对从事农业生产的农民来说，读书确实用处不大。因此，除了因贫穷无法接受教育，大部分农户对教育的需求本身也不高。但不管怎么说，在传统社会里，教育本质上和食品、服装等商品一样，属于经济学中的私人物品，甚至在一定程度上具有奢侈品的特征，因此只有富人子女才能享受优质教育服务。不仅中国如此，西方国家在现代教育体系建立之前，教育资源的配置同样也是按照财富多寡来决定的。

中华人民共和国成立后，我国逐步建立起了公立教育体系，其核心特征是将基础教育作为“公共服务”提供给需要接受教育的少年儿童，通过财政资金投入，可以对入学儿童基本不收取或象征性地收取学费。而现行的九年义务教育制度，则始于1986年通过的《中华人民共和国义务教育法》，以法律形式将义务教育的提供主体、享受待遇的对象、待遇年限等固定下来。不过，我国直到2000年左右才基本普及九年制义务教育。

以义务教育为核心的基础教育体系，在很大程度上打破了“按照财富配置教育资源”的传统方式，其背后蕴含着教育公平的价值观，即人接受基本教育的权利不应受制于家庭财富的多寡，应该让穷人家的孩子也能享受基础教育。从经济学的角度来讲，接受教育是提高人力资本最重要的途径，因此教育公平就意味着财富的代际传递不应通过受教育的机会不均等而被进一步强化。通俗地讲，按照教育公平这一理念，我们能够接受富裕家庭的子女继承更多的财产，但不能接受富裕家庭的子女享受更好的教育。

然而事实是，不论是否存在学区房制度，富裕家庭子女一定能够比普通家庭子女接受更好的教育。基于“划片就近入学”而产生的学区房制度，只不过是将这一现象更加赤裸裸地呈现在大家面前。

有人说，“分数面前人人平等”才是教育公平最好的体现，富裕家庭和普通家庭的子女，都应该通过考试分数来决定谁能上重点学校。这话听起来似乎很有道理，大家比拼的不是财富而是分数，难道还不公平吗？但是，比拼分数在某种意义上还是比拼财富。在“划片就近入学”之前实行的正是“比拼分数”。然而，由于优质教育资源的稀缺，学生要想进入重点学校就读，不仅需要在升学考试中比拼分数，同时需要在奥数成绩和各种特长方面展开比拼。与普通家庭相比，富裕家庭可以为子女花更高的价钱聘请家庭教师，可以支付更高的费用学习各种特长。如果我们承认富裕家庭子女的智商和运气至少和普通家庭子女一样好，那么比分数、比奥数、比特长，归根到底还是比财富。最终，富裕家庭子女上重点学校的概率一定高于普通家庭子女。所以说，比拼奥数成绩、比拼特长和比拼学区房，本质上都是比拼财富，区别只在于前者有比拼分数的掩盖而比较隐晦，后者则更加直截了当。

只要优质教育资源是稀缺的，并且只要教育是一种“正常商品”（即需求量随收入增加而增加），那么无论采取什么方法，都无法阻止富裕家庭子女比普通家庭子女有更多的机会享受优质教育资源。

按照财富配置教育资源不仅是一个“实然”的现象，即现实必定如此；同时也具有“应然”的特征，即符合效率标准，因此也具有一定的合理性。

三、如何实现教育公平

如果我们承认“按照财富配置教育资源”的合理性，那么“教育公平”又当如何实现？首先，必须承认的是，不论教育资源分布如何均衡，永远不可能让富裕家庭和普通家庭享受完全相同的教育。即便可以让富人子女和穷人子女接受同样的学校教育，也无法阻挡富人子女通过聘请家教的方式接受额外教育。所以说教育公平不可能也不应该意味着让所有人接受一模一样的教育。

其次，教育公平的第一层含义是，在承认“按照财富配置教育资源”的前提下，确保穷人子女能够接受基础教育，就我国来说也就是目前实行的义务教育。如果以九年义务教育的普及为标准，那么这方面的教育公平已经基本实现了。

最后，教育公平的第二层含义是，主要通过财政资金投入来办学的公立教育体系，本身不能出现反向再分配；也就是说不能让富裕家庭占了普通家庭的便宜。公立学校主要依靠财政投入办学，而财政资金来自税收收入，也就是说，在公立教育体系的经费来源上，穷人的纳税贡献占比更大；而在教育资源的享有上，富人占据了更多的优质教育资源。

而学区制以及由此而来的学区房现象，并没有改变我国公立教育体系包含反向再分配因素的实质。表面上看，购买学区房的人比其他人付出了更多的金钱，即“垄断租金”，但这部分钱并没有直接进入学区房对口的公立学校，此其一。其二，即便这部分钱直接进入对口公立学校（也就是变相的赞助费或择校费），公立学校仍然从财政部门获得了办学经费，这些经费当中包含了其他纳税人缴纳的税收，这些人可能根本就不在这一学区内，或者根本就不需要教育服务。其三，即便学区房对口的公立学校特别是重点学校完全可以通过赞助费、择校费来维持自己的运营，无须财政资金投入（很多“名校”都能做到这一点），但学校占用的土地仍然是当初通过政府划拨形式无偿获得的，而学校品牌这一无形资产同样包括其他人的贡献，而不仅仅是购买学区房的人。也就是说，购买学区房的人所付出的“垄断租金”虽然已经高到了“天价”，仍不足以“买断”对口公立学校全部的有形和无形资产。

美国的学区制与我国大不相同。美国的“学区”本身就是一个独立行政单位，属于“地方政府”的一种形式，且绝大多数学区具有财政独立性；而我国的“学区”只是一个地理上的区域概念，教育主管部门本身并不具有独立的财政权。其次，美国的“学区”具有征税权，通过向区域内的居民征收财产税（主要是房产税），来为区域内的教育服务融资，也就是说，这笔资金具有“专款专用”的特点。而我国地方财政收入来源多样，既包括一般税收，也包括各种收费等。从公共选择的视角来看，人们通过集体决策机制为某种公共服务融资，其资金更具有“专款专用”的特点，公共服务供给中产生的扭曲就越少。也就是说，为教育征收的税费专用于教育，为医疗征收的税费专用于医疗，要比一揽子税费共同用于教育和医疗配置效率更高。

要想改变这种反向再分配的局面，有两种途径可以选择。一种是通过房产税为区域内的基础教育服务融资。能够承担更高税负的家庭，其子女享受优质教育资源；承担较低税负的家庭，其子女享受普通教育资源。另一种途径，整个税收制度要从间接税为主转为直接税为主，并开征具有累进税率的房产税、遗产税、赠与税等税种，从根本上消除教育公共服务中的反向再分配因素。

资料来源：张琦．"学区房"现象与教育资源的配置[J]．经济学家茶座，2017（3）．

第7章 Chapter7

公共物品与政府

学习目标

知识的掌握

1. 几个重要的宏观经济变量。
2. 公共物品理论。
3. 市场失灵与政府干预。

技能的提高

1. 能够理解和分析国内生产总值等重要的宏观经济变量。
2. 能够用公共物品理论解释有些服务的免费现象。
3. 能够用市场失灵和政府干预理论解释政府在经济中的作用。

引言

不轻言“免费”

刚到荷兰读硕士时，我去听一个关于公共卫生管理和交流的讲座，谈的是公共卫生署这类政府机构在对公众进行健康普及和宣传时的措辞问题。我印象很深的是关于“免费”这个词的内容。台上专门研究社会公共交流的教授不断强调，政府是绝不能使用“免费”这个词的。因为政府不是具有生产力的商业机构，它的每一分钱都来源于公民缴纳的税款。政府对公民的服务，已被民众提前交税了，谈何“免费”？而“提供”“给予”这类词，也是政府需要小心使用的。理由同上，政府是通过与企业或是其他机构合作，才能调配产品和提供服务的，这些不是政府自身提供和给予的，所以不能用这类词，而要用“组织”“调集”“规划”这类词语。

举个例子，荷兰公共卫生部门在针对流行病免疫的“国家免疫接种计划”里，慎重地声明这次行动“不付费”。他们谨慎地避免了“免费”这个商业性词语。因为“国家免疫接种计划”本来就是用纳税人的钱来做的公共健康项目。大家都已经缴了税，而政府要说是“免费”那就太不恰当了。“不付费”就要好很多，表明除了已缴的税，不用再二次付费了。可想而知，荷兰公共卫生部门，是不用“国家免费提供疫苗接种”这类方式说话的。若是出错，政府就要被告了。政府的做事流程和公共交流方式不当，是荷兰最容易发生的政府被告案例。

最初，我觉得好像这只是在“抠字眼”而已，后来我懂了，其实公权力和民众间的相互制衡和尊重关系，无非也就是由平时点点滴滴说话的措辞和行事的方式决定的。同时，人与人之间的礼仪和交往，不也就是在小处把握交流的分寸吗？反过来，涉及公众的责任与义务时，荷兰政府的用词和权责导向也是不容有疏漏的。比如，纳税是每个公民要有的观念和首要义务。政府不遗余力地在方方面面确认公民对此的认同感，用词更是力求准确。

有一回我选车时，一辆轻型省油的小汽车引起了我的注意。销售员告诉我，由于该车的环保轻便性能，无须每月缴纳路税，这是购买该车的优点。我怕销售员糊弄我，事后致电荷兰车辆交通税务部门查实。电话接通了，我说明事情的原委，并把汽车的型号报上，询问是否可以不用缴纳路税。那边传来税务官员和善沉稳的声音：“魏女士，在荷兰每辆车的车主都要缴纳公路税，这是公民的义务……”听到这里，我心想，见鬼，果然被那个销售员骗了。税务官员的声音继续稳稳地传来：“您刚才提到的这款车需要缴纳公路税，但每月缴纳的公路税额为 0。”

资料来源：魏蔻蔻. 不轻言“免费”[J]. 读者，2016（21）.

7.1 宏观经济变量

7.1.1 国内生产总值的含义

我们常常需要一些宏观经济指标变量来反映一个国家的宏观经济运行情况，国内生产总值就是其中一个最重要、最基本的宏观经济变量。

国内生产总值（gross domestic product，GDP）是指一个国家在一定时期内运用生产要素所生产的全部最终产品和劳务的市场价值的总和。理解国内生产总值的概念时，应该注意以下几个问题。

GDP 是按照市场价值计算的。市场价值就是商品或服务的数量与价格的乘积，所以计算出的 GDP 不仅受到计算期产量变动的影响，还会受到计算期价格水平变动的影响。为了避免重复计算，GDP 只计算最终产品的价值，中间产品不计入 GDP。最终产品是指在一定时期内生产出来直接供人们消费的产品和服务；中间产品是指生产出来后作为生产要素继续投入下一道生产程序的产品和服务，还需要经过若干次加工才能成为最终产品。

例如，某个家庭为生活使用购入一辆汽车，这辆汽车就是最终产品，而用来制造汽车的轮胎、钢铁、玻璃等则是中间产品，由于这些中间产品的价值已经包括在最后制成品的价值中了，为避免重复计算，在计算国内生产总值时只列入最终产品，这样计算出的国内生产总值才能准确地反映一国经济一定时期内在生产上的贡献。

在实际经济中，有些产品既可以作为最终产品，也可以作为中间产品。例如，煤炭在发电厂用作燃料发电时是中间产品，而用于家庭生活中的燃料使用时是最终产品。这样，把哪一部分煤炭计入最终产品，哪一部分煤炭计入中间产品就不容易界定了。为了解决这个问题，在具体计算中应采用增值法，即只计算在各生产阶段上所增加的价值，下面以面包为例来说明这一点，如表 7-1 所示。

表 7-1　最终产品价值的核算

生产阶段	产品价值	中间产品成本	增值
小麦	5	—	5
面粉	10	5	5
面包	20	10	10
合计	35	15	20

表 7-1 中，蛋糕店生产的面包是最终产品，面粉厂生产的面粉和农民生产的小麦是中间产品。面包的价值是 20，用增值法计算的结果也是 20，如果不区分最终产品和中间产品，则会得到 35 个单位的总价值，其中含重复计算的 15 个单位产品价值。可见，用增值法可以避免重复计算的问题。

GDP 一般以一年为统计核算期限。因此计算某年的 GDP 时不能包括以前年度生产出来的商品和服务，只能是当年生产出来的商品和服务。按此规则，出售以前年度生产的存货所得收入就不能计入当年的 GDP。

GDP 不仅包括有形的产品，还包括无形的劳务。所以，我们应将旅游、教育、医疗、交通运输等行业提供的劳务的市场价值计算进 GDP。

7.1.2　国内生产总值的核算方法

GDP 的核算方法有三种：支出法、收入法、部门法。

1. **支出法**

支出法（output expenditure approach）又称最终产品法，是通过核算在一定时期内整个社会购买最终产品的总支出来计算 GDP 的方法。一国的总支出包括：私人消费支出、私人国内投资支出、政府购买支出和净出口。

私人消费支出（C）即居民对最终消费品的支出，包括购买耐用品、非耐用品、劳务等的支出。耐用消费品包括家庭轿车、家用电器等商品，但不包括居民购买新建住宅的支出。非耐用消费品包括食物、衣服等商品。劳务包括医疗、教育培训、旅游、理发等。

私人国内投资支出（I）包括固定资本投资、居民住宅投资和存货投资三类。固定资本投资是指非居民购买的新生产的建筑和耐用生产设备。居民住宅投资指居民购买的新建住房。存货投资是指厂商持有的存货价值的变动。

政府支出（G）指各级政府购买商品和劳务的支出，包括政府在修筑道路、开办学校、提供国防军事设施等方面的支出和政府雇员的薪金支出等。但并非所有的政府支出都要计入 GDP，政府的转移支付不包括在内，如社会保障支出、社会救济和社会抚恤支出等。这种支出是政府单方面的支出，属于无偿转移支付的性质，并没有相应的商品或服务的交换发生，因而不能计入 GDP。

净出口（X−M）是一国出口总额减去进口总额的差额。X 表示出口，M 表示进口，净出口数值可正可负。净出口反映的是国外对本国商品和服务的净购买情况，也应计入 GDP。

把上述四个项目加总，就可得到用支出法计算 GDP 的公式：

$$GDP = C + I + G + (X-M)$$

即：

国内生产总值 = 私人消费支出 + 私人国内投资支出 + 政府支出 + 净出口

表 7-2 就是以支出法计算的中国 2009 年 GDP 的构成情况。

表 7-2　中国 2009 年 GDP 的构成与比重（支出法）

国内生产总值的构成	金额（亿元）	百分比（%）
最终消费支出	165 526.8	47.97
资本形成总额	164 463.5	47.67
货物和服务净出口	15 033.3	4.36
国内生产总值	345 023.6	100.0

资料来源：中国统计年鉴（2010）[M]. 北京：中国统计出版社，2010.

2. 收入法

收入法（income approach）又称要素支付法，指通过计算一定时期内整个社会所有生产要素获得的收入来核算国内生产总值（见表 7-3）。用收入法核算的国内生产总值包括以下一些项目。

（1）工资、利息和租金。工资包括所有的工作报酬，如酬金、佣金、津贴和福利费等，还包括工资收入者必须缴纳的所得税及社会保险税。利息在这里指人们给企业所提供的货币资金获得的利息收入，如银行存款利息、企业债券利息等，但政府公债利息及消费信贷利息不包括在内。租金指由财产所获得的收入，包括地租、房租以及专利权使用费、版权收入等。

（2）业主收入，指各种非公司企业的所有者从事经营活动应得的报酬，如医生、律师、合伙企业、农民和小店铺主的收入，他们使用自有资金并且自我雇用，其工资、利息、利润、租金经常混在一起作为非公司业主收入。

（3）公司利润，包括公司所得税、社会保险税、股东红利及公司未分配利润等。

（4）企业转移支付及企业间接税。这些虽然不是生产要素创造的收入，但要通过产品价格转嫁给购买者，从而算入企业成本。企业转移支付包括对非营利组织的社会慈善捐款和消费者呆账，企业间接税包括货物税或销售税、周转税等。

（5）资本折旧，这是为了弥补固定资产在生产过程中的价值损耗而提取的。资本折旧虽然不是要素收入，但包括在总投资中，也应该计入国内生产总值。

把上述五个部分加总，就可得到用收入法计算 GDP 的公式

$$\text{GDP} = \text{工资} + \text{利息} + \text{租金} + \text{业主收入} + \text{公司利润} + \text{间接税及企业转移支付} + \text{折旧}$$

表 7-3　美国 1996 年 GDP 的构成及其比重（收入法）

国内生产总值的构成	**金额**（10 亿美元）	**百分比**（%）
工资、薪水和津贴	4 427	57.98
净利息	425	5.57
个人租金收入	146	1.91
企业间接税、调整与统计误差	553	7.24
折旧	830	10.87
非公司业主收入	520	6.81
公司税前利润	736	9.64
国内生产总值	7 636	100.00

资料来源：保罗·萨缪尔森，威廉·诺德豪斯．经济学（原书第 16 版）[M]. 萧琛，译．北京：华夏出版社，1999.

3. **部门法**。

部门法（sector approach）又称生产法，它是从生产的角度出发，把国民经济分成若干部门，然后按各部门生产的物质产品和劳务的货币价值来计算国内生产总值的方法。由于国民经济活动中各个部门之间存在着错综复杂的投入产出关系，为了避免重复计算，我们通常采用增值法来计算，即将每个部门的产品与劳务的增值额加总求得国内生产总值。

表 7-4　中国 2008 年 GDP 的构成及其比重

行业	**增加值**（亿元）	**增加值构成**（%）
农林牧渔业	33 702.0	10.73
采矿业	19 629.4	6.26
制造业	102 539.5	32.65
电力、燃气及水的生产和供应业	8 091.3	2.58
建筑业	18 743.2	5.97
交通运输、仓储和邮政业	16 362.5	5.21
信息传输、计算机服务和软件业	7 859.7	2.5
批发和零售业	26 182.3	8.34
住宿和餐饮业	6 616.1	2.1
金融业	14 863.3	4.74
房地产业	14 738.7	4.69

（续）

行业	增加值（亿元）	增加值构成（%）
租赁和商务服务业	5 608.2	1.78
科学研究、技术服务和地质勘探业	3 993.4	1.27
水利、环境和公共设施管理业	1 265.5	0.4
居民服务和其他服务业	4 628.0	1.47
教育	8 887.5	2.84
卫生、社会保障和社会福利业	4 628.7	1.47
文化、体育和娱乐业	1 922.4	0.61
公共管理和社会组织	13 783.7	4.39
国内生产总值	314 045.4	100.0

资料来源：国家统计局. 中国统计年鉴（2010）[M]. 北京：中国统计出版社，2010.

以上三种计算方法是从不同的角度来计量国内生产总值的，从理论上说，用这三种方法核算出来的国内生产总值应该是相等的，但实际核算当中常常有误差，因而还要通过统计误差来调整。

7.1.3 实际国内生产总值和名义国内生产总值

由于我们是以货币价值来衡量国内生产总值的，因此，影响一国 GDP 变动的因素有两个：一个是所生产的商品和服务的数量的变动；另一个是商品和服务价格的变动。对于一国来讲，由于价格上升而导致的 GDP 上升是无意义的，因为商品和服务的数量没有增加，人们的消费水平并没有得到提高。所以，我们将国内生产总值变动中的价格因素抽象出来，只研究商品和服务的数量变化。这就需要区别名义国内生产总值和实际国内生产总值两个概念。

名义国内生产总值是用生产商品和服务的那个时期的价格计算出来的国内生产总值，而实际国内生产总值（real GDP）是用基期的市场价格计算出来的国内生产总值。

在核算国内生产总值时，为了消除价格变动的影响，也为了比较两个不同时期的国内生产总值，我们常常要将名义国内生产总值依照物价指数调整为实际国内生产总值。

名义国内生产总值、实际国内生产总值两者的关系是：

$$\text{实际 GDP} = \text{名义 GDP} \div \text{物价指数}$$

例如：假设 2004 年为基期，该年的物价指数就是 1。2006 年的名义国内生产总值若为 256 760 亿元的话，2006 年相对于 2004 年的物价指数为 1.1，那么计算出来 2006 年的实际国内生产总值 =256 760 ÷ 1.1=233 418.18 亿元。

7.1.4 国内生产总值和国民生产总值

与国内生产总值一样可以反映一国经济活动总水平的另一个经济变量是国

民生产总值。**国民生产总值**（gross national product，GNP）是指一国国民一年内在国内国外生产的所有物品和服务的市场价值总额。

国民生产总值与国内生产总值不同。国内生产总值是指在一国国境内一年中，本国居民和外国居民所创造的全部最终产品的市场价值，是一个地域概念，强调的是一国本土的生产能力。而国民生产总值指一国国民在一年内所创造的全部最终产品的市场价值，是一个国民概念，强调的是一国国民的生产能力。

例如，某美国公民在中国工作获得了 20 万元的收入，从中国角度来看，这笔收入是在中国本土产生的，因而应计入中国的 GDP，但这笔收入是一位在中国的美国人创造的，不是中国人创造的，因而不应计入中国的 GNP；从美国的角度来看，这笔收入是本国国民创造的，因而应计入美国的 GNP，但这笔收入是本国国民在国外创造的，因而不能计入美国的 GDP。

我们所核算出的 GDP 和 GNP 数值在大多数情况下并不相等，二者的关系是：

$$\begin{aligned}\text{GNP} = \text{GDP} &+ \text{本国居民来自国外的要素收入} \\ &- \text{本国支付给外国居民的要素收入}\end{aligned}$$

大多数国家长期采用 GNP 作为测量经济总产出的基本指标，从 20 世纪 80 年代开始，多数西方发达国家认为从地域反映产值的国内生产总值，比强调居民身份的国民生产总值更能说明一个国家的经济活动水平，从而较多地使用国内生产总值的指标。1991 年美国开始改用 GDP 指标，其他国家也逐渐开始采用 GDP 指标，我国也不例外。

7.1.5 国民收入核算体系的其他总量指标

在国民收入核算体系中，除了国内生产总值、国民生产总值外，还有国内生产净值、国民生产净值、国民收入、个人收入以及个人可支配收入等其他总量指标，这些指标和国内生产总值、国民生产总值一起统称为国民收入。

国内生产净值（NDP）是指一个国家境内在一年内新增加物品和服务的价值。GDP 是一个国家一年内全部最终产品的市场价值，最终产品的价值既包括了当年新增加的产值，也包括生产过程的资本消耗，即折旧的价值。所以，国内生产净值等于国内生产总值减去折旧后的余额。

国民生产净值（NNP）同国内生产净值一样，是指一国国民在一年内创造出来的净增加值，是国民生产总值扣除折旧后的价值。

国民收入（NI）是一个国家在一定时期内用于生产产品和提供服务的各种生产要素所获得的报酬的总和，即工资、利息、租金和利润的总和。国内生产净值扣除企业间接税，加上政府补助金就得到国民收入。企业间接税是列入产品价格的，但并不代表生产要素创造的价值或者说收入，因此计算狭义的国民收入时必须扣除。相反，政府给企业的补贴不列入产品的价格，但成为生产要素收入，因此应当加上。

个人收入（PI）是指一国所有个人在一定时期内从各种来源取得的收入的总和。国民收入并不会全部成为个人收入，一方面国民收入中有三个主要项目不会成为个人收入，即公司未分配利润、公司所得税和社会保险税；另一方面政府转移支付（包括公债利息）虽然不属于国民收入，却是个人得到的收入。因此从国民收入中减去公司未分配利润、公司所得税和社会保险税，加上政府转移支付，就得到个人收入。

个人可支配收入（PDI）是指缴纳了个人所得税以后留下的可以为个人所自由支配的收入。个人收入中减去所有由个人直接负担的税收部分，就可以得到个人可支配收入，它可用于消费，也可用于储蓄。

上述这些总量指标相互依存，从不同的角度反映了一个国家的总体经济情况，是国民收入核算体系中的重要指标。它们之间的关系表达如下：

国内生产净值 = 国内生产总值 − 折旧
国民收入 = 国内生产净值 − 间接税 + 政府补贴
个人收入 = 国民收入 − 公司未分配利润 − 公司所得税 − 社会保险税 + 政府转移支付
个人可支配收入 = 个人收入 − 个人纳税

小思考

国内生产总值能否反映一国居民的真实生活水平

国内生产总值不能完全反映一国居民的真实生活水平。因为 GDP 所衡量的是一个国家的产出水平，而产出并不等于消费，有些产品生产出来销售不出去进而积压在仓库里，这样的产品增加并不能提高人们的生活水平；而另一方面，闲暇时间、良好的工作条件、优美的生活环境等也是构成人们生活质量的一个组成部分，可 GDP 不能反映这方面的状况。

补充阅读

我经历的三次工业革命

人类历史有 250 万年，但人类的经济增长只有 250 年。经济增长在今天被当作常态，但 250 年前，经济不增长是常态。真正的经济增长主要不是表现在 GDP 统计数字上，而是表现在新产品、新技术、新产业的不断出现，表现在人们的生产方式和消费方式的不断改善。250 年前，人类生产和消费的产品种类只有 100 ～ 1 000 种，今天则是 10 亿～ 100 亿种。根据 2017 年 10 月的统计，亚马逊网站销售的商品就有 5.98 亿种。

人类过去 250 年的经济增长是三次工业革命的结果。第一次工业革命大约从 18 世纪 60 年代开始持续到 1840 年，其标志是蒸汽动力的发明、纺织业的机械化和冶金工业的变革；第二次工业革命大约从 19 世纪 60 年代开始持续至第二次世界大战之前，其标志是电力和内燃机的发明和应用，还有石油化学工业、家用电器等新产业的出现；第三次工业革命大约从20世纪50年代开始直到现在，其标志是计算机的发明、信息化和通信产业的变革。三次工业革命并不是在所有国家同时发生的。英国引领了第一次工业革命，美国和德国引领了第二次工业革命，美国接着又引领了第三次工业革命。有些国家虽然不是引领者，但在每次工业革命发生后，都能很快追赶上，而另一些国家则被远远甩在后面，其中有些国家至今还没有完成第一次工业革命。这就是富国与穷国差距的原因。

西方发达国家里像我这样年龄的人，当他们出生的时候，前两次工业革命早已完成，只能经历第三次工业革命，但作为中国人，我有缘享受“后发优势”，用短短的40年时间经历了三次工业革命，走过了西方世界十代人走过的路！

一、我的第一次工业革命

1959年秋，我出生在陕北黄土高原一个偏远的小山村。在我出生的时候，除了共产党的领导和人民公社是第一次工业革命的产物，当地人的生活方式和生产方式几乎没有受到第一次和第二次工业革命的影响。我出生的窑洞是什么时候修建的，我父亲不知道，他的父亲也不知道。

在人类漫长的历史中，生活就是衣食住行、柴米油盐，生产就是春种秋收、男耕女织。在我年幼的时候，我穿的衣服和鞋都是母亲手工纺线、手工织布、手工缝制完成的。我至今仍然能回想起，我睡梦中听到的纺车发出的嗡嗡声和织布机发出的吱咔声。

纺织业是人类最早的工业。手摇纺车在汉代就得到普遍使用，母亲使用的纺车看上去与汉画像石上的纺车没有什么区别。母亲用的木制脚踏织布机是印度人在公元500年至1000年间发明的，大约在公元11世纪时传入中国。英国人约翰·凯伊于1733年发明了飞梭，在接近1760年的时候，飞梭在英国已经普及开来，但200年之后，母亲仍然不知道有飞梭，所以不仅织布速度慢，而且只能织出窄幅匹的布，一条被子需要好几块布料拼接而成。

根据英国科技史学家李约瑟的考证，中国在公元1313年就有了三锭甚至五锭纺车，但不知为什么直到我小时候，母亲用的仍然是单锭纺车。英国工业革命期间，詹姆斯·哈格里夫斯于1765年发明了多轴纺纱机（珍妮机），使得一个人能同时纺出几根线。如果母亲当年能用上多轴纺纱机，她就不会那么辛苦了。理查德·阿克赖特于1768年发明了水力纺纱机，埃德蒙德·卡特赖特于1785年发明了机械织布机了，这些都没有影响到母亲的生活。

母亲缝制的衣服都是老式的，所以我小时候穿的裤子前面没有开口拉链。偶然会发生尴尬的事情，就是尿急时裤带打成了死结解不开，就只能尿在裤子里了。每每想起此事，总会让我觉得美国人威特康·L. 朱迪森和瑞典人吉迪昂·森贝克在100多年前发明的拉链，真是了不起。

美国人艾萨克·辛格早在1851年就发明了缝纫机并很快投入商业化生产，但我小的时候，缝纫机在我们那里仍然非常罕见。在我十多岁时，村里的一位复员军人带回了一位山东媳妇，这位嫂子心灵手巧，会用缝纫机做衣服，我穿的第一件“制服”就是她做的。

上大学之后，我就不再穿母亲用土布缝制的衣服了。后来，家里的纺车和脚踏织布机也被当作柴火烧了。

纺和织是棉纺织业的两道主要工序，但在原棉变成能纺纱的原料之前，还需要一些其他工序，其中一项是梳棉。梳棉就是通过疏松、清理和混合，将棉花纤维变得连续可纺的工艺。母亲纺纱用的棉卷是父亲用梳棉弓梳理的。根据李约瑟的考证，梳棉弓（carding bow）是印度人在公元 2 世纪发明的。梳棉弓在我们当地被称为“弹花弓”，弹花算是一门小小的手艺，能赚点小钱，父亲是从他的四舅那里学到这门手艺的。“文革”初期，父亲和他四舅及另一个人合伙买了一台梳棉机，存放在离我们村 25 华里的镇上，逢集的时候就提前一天去镇上弹棉花。梳棉机比梳棉弓的效率要高好多，每次干两天活，每人可以赚到三四块钱，这在当时算一笔不小的收入。

1979 年，村里搞起了“包产到户”。父亲把那台梳棉机从镇上搬回家，以为又可以弹棉花赚钱了。但父亲的预测完全错了。没过多久，村里人都开始买机织布了，连棉花也没有人种了，他的那点小手艺也就废了。根据我脑子里的印象，父亲他们的那台梳棉机，就是 1748 年刘易斯·保尔发明、1775 年理查德·阿克赖特改进过的那种梳棉机！

改革开放后，父亲的另一项手艺也废了。我小时候冬天穿的袜子，都是父亲自己捻毛线、自己编织而成。父亲捻毛线用的捻锤，是新石器时代的发明。我上大学后，就不再穿父亲织的袜子了，他也就不再编织了。其实早在 1598 年，英国剑桥大学的毕业生威廉·李就发明了织袜子机。

第一次工业革命的另一项重要进步发生在冶金工业。冶金工业也是一个非常古老的产业，人类掌握冶炼技术已有 5 000 年，炼铁业也有 3 000 多年的历史。但即使进入“铁器时代”，铁仍然是一种稀有的贵金属，中国宋代曾用铁做过货币。铁的稀缺性被第一次工业革命改变了。1710 年，英国企业家亚伯拉罕·达比发明了焦炭炼铁工艺，使得大规模廉价铁的生产成为可能。19 世纪 70 年代，英国海军采购代理人亨利·科特发明了搅拌炼铁法。不久，搅拌炼铁法便在全大不列颠境内成为生产熟铁的通用方法，千百万吨铁就被这样制造出来，人类真正进入铁的时代。1856 年和 1861 年又相继出现了贝塞麦转炉炼钢法和西门子平炉炼钢法，使得钢的生产成本大幅度下降，从此，钢逐渐替代铁和木材，成为机器设备和车船的主要制造材料。钢不仅架起了跨江大桥，而且托起了摩天大楼。1889 年巴黎埃菲尔铁塔的建成，标志着铁时代的结束和钢时代的开始。

进入钢铁时代，也是中华人民共和国成立初期领导人的梦想。1958 年，中国搞起了全民大炼钢铁运动。但遍地土高炉圆不了举国钢铁梦。我在农村时，钢还只能用在刀刃上，全村没有一把全钢制的斧头、镰刀、菜刀。不要说钢，铁也很稀缺，最值钱的就是做饭用的锅，所以“砸锅卖铁”就成为人们陷入绝境的隐喻。锅是生铁铸造的，空锅烧热时一沾凉水，就会裂缝，我们家的锅不知补过多少次了。当时农用工具基本都是木制的，门窗上唯一的金属是锁环。由于这个原因，尽管几乎每个村都有一两个木匠，周围数十里才有一个铁匠。

但改革开放后，随着现代化冶炼技术的引进，中国终于进入钢的时代。1996 年，中国取代日本成为世界第一大钢铁生产国。现在再回到农村，发现犁、耙子、扇车都已经变成钢制的了，木制工具已成为古董。

煤炭在工业革命中发挥了重要作用，不仅炼铁需要大量的煤，蒸汽机也要烧大量的煤。中国和英国都是煤炭资源丰富的国家，但英国的煤炭助燃了工业革命，中国的煤炭则长期躲藏在人们看不见的地方。我的老家榆林市现在已成为中国的煤都，其产量占到全国的 1/10。但在我小的时候，村民做饭、取暖用的燃料主要是柴草、树梢和秸秆，大部分庄户人家用不起煤，尽管那时候每百斤煤的价格只有 4 毛钱（现在的价格是 20 元左右）。今天政府已经开始禁止老百姓烧煤取暖了，但那个时候是烧不起煤的。

在漫长的历史中，人类生产和生活需要的动力主要是人自身和大型动物的肌肉，这一点直到蒸汽机出现之后才得到根本性改变。但蒸汽机发明 200 年之后，我在农村的时候，动力仍然是人力和畜力。农村人看一个人是不是好劳力，主要看他肩能扛多重，背上能担负多少斤。我们村没有马，因为马太贵，饲养起来也麻烦，仅有的几头驴是生产队最珍贵的生产工具，耕地、驮碳、拉磨、娶亲，都靠它们。如果一头驴死了，就是生产队最大的损失。

我小的时候不爱干家务活。当时农村磨面用的是石磨，碾米和脱壳用的是石碾。据说，石磨在公元前 2 世纪的汉代中国就有了，而古罗马在公元前 160 年也已广泛使用；石碾也是从汉代开始就被人们用来碾米和脱粒了。逢年过节或有红白喜事的时候，由于需要碾磨的量大，通常使用畜力驱动石碾和石磨，但平时小量的碾磨，只能使用人力。母亲要我帮她碾米推磨时，我总有些不情愿，围着碾盘或磨盘转圈圈让人觉得枯燥无味。

蒸汽机最初只用于矿井排水。在瓦特把蒸汽机转变为旋转动力之后，蒸汽机就逐步替代人力和马力，成为石磨旋转的动力。1786 年，瓦特和博尔顿在伦敦建立了大不列颠面粉厂，两台蒸汽机推动 50 对磨石，每周生产 435 吨的面粉。这个面粉厂的开设轰动了整个伦敦，来这里参观成为一种风气，搞得瓦特很不耐烦。

我老家的石磨和石碾从来没有被蒸汽机推动过，但在我离开家乡 30 年后，石磨和石碾基本上都被废弃了。村民们跨越了蒸汽机，直接进入内燃机和电动机时代，这或许就是人们说的“弯道超车”吧！

二、我的第二次工业革命

第一次工业革命主要发生在纺织和冶金这两个传统部门，第二次工业革命则创造了许多新的产业。第一次工业革命用蒸汽机动力代替了人力和畜力，第二次工业革命则用内燃机和电动机代替了蒸汽机。内燃机是德国人奥古斯塔·奥托于 1879 年发明的，电动机是移民美国的塞尔维亚人尼古拉·特斯拉于 1888 年发明的。但直到我上初中之前，我们村里还没有内燃机，更没有电动机。

在黄土高原，能种庄稼的地都是些沟沟峁峁的山地，祖祖辈辈都是靠天吃饭。但不知从什么时候起，村民们还是用石头在沟里垒起了一些水地。水地在当地被称为“园子”，只有少数园子可以引水灌溉，大部分只能靠人工浇灌。零散的小块园子靠挑水浇灌，稍大块的园子则使用一种叫“橘槔”的装置提水浇灌。橘槔是这样一个装置：在一个架空的横木中间垂直钩一个长木杠，长木杠的一端固定一块很重的石头，另一端用一个活动连杆挂着一个柳编水桶。提水的时候，操作者站在石墙半空突出来的台阶上，用力将连杠向下拉，等水桶到达下面的水池灌满水后，再将手松开，靠着长木杠另一端石头的重力，水桶被提到适当的高度时，操作者将桶里的水倒入引水沟。如此往复不断，就可以灌溉大片的园子。

橘槔工作的时候，从远处看起来，酷似托马斯·纽科门于1712年发明的蒸汽机水泵，只是它的原动力来自人力，而非蒸汽。橘槔的英文名字叫shaduf，早在公元前1500年前，埃及人就用它提水了。至于橘槔何时被引入中国，不得而知。但从古埃及人最初发明到我们村的人弃之不用，时间长达3500年之久，真是不可思议！

橘槔之所以被弃用，是因为柴油机的引进。柴油机是内燃机的一种，它是由德国人鲁道夫·狄塞尔于1893年发明的，被认为是自瓦特分离式冷凝器之后动力生产方面最重要的发明。狄塞尔死后，柴油机经过一系列改进，在许多应用领域（包括火车、轮船、农业机械等）代替了蒸汽机，至今仍是移动机械的重要动力。

大约在我上初中的时候，村里有了一台6马力的柴油机。柴油机配上一个水泵，就可以把沟里的水扬到园子地里，轰动了全村人。只是这台柴油机老出问题，并没有立马替代橘槔。

后来公社又给我们村奖励了一台12马力的手扶拖拉机。这个英国人赫伯特·阿克伊德·斯图尔特于1896年发明的东西，80年后，终于出现在我们这个偏僻小村。手扶拖拉机马力不大，但又好像无所不能，农忙时耕地、脱粒、抽水，农闲时带动磨面机磨面，或者跑运输。

包产到户后，拖拉机被拆成部件分了，我以为农业机械化没希望了。但没过多久，村里好几户人家自己买了拖拉机，其中还有人买了面粉机和脱粒机，开始商业化运营。慢慢地，到20世纪90年代后期，石磨和石碾被淘汰了，橘槔也被弃之不用，牛驴也没有人养了。

内燃机的最大影响发生在交通运输业。1886年，德国人卡尔·本茨和戈特利布·戴姆勒同时发明了内燃机驱动的汽车；22年后，美国人亨利·福特用自动组装线生产出了廉价的T型车，使得普通工薪阶层也能够买得起。到1930年，汽车已进入60%的美国家庭，美国由此成为“骑在轮子上的国家”。

但我小的时候，方圆几十里内见过汽车的人还屈指可数，全村没有一辆自行车，人们出行的方式仍然是步行。我既兴奋又恐惧的是每年正月初二跟随父亲去探望改嫁远村的奶奶，虽然路程不过50华里，但好像有翻不完的山峁、走不完的沟壑，早晨出发傍晚才能到达。

1973年公路修到我们村，起因是5里外的邻村变成了全国农业学大寨的先进大队，领导要去视察，必须从我们村路过。当26辆吉普车队尘土飞扬地经过时，全村男女老少都站在硷畔上观看，真是大开眼界！

我到北京工作之后，每次回家探亲，县政府总会派车把我送到村里，走时又派车把我接到县城。据说这是对在外地工作的县团级官员的待遇，我虽然不是县团级干部，但他们觉得我有点名气，又在中央机关工作，所以就视同县团级对待。我自己也欣然接受这种安排，因为，从县城到我们村80华里路程，没有班车，找顺风车也不方便。

在牛津读博士期间，我花了1 000英镑买了一辆福特二手车，从此有了自己的小轿车。回国后，我又用免税指标买了一辆大众捷达车。记得直到1999年，光华管理学院大楼前平时还只孤零零地停着我的一辆车，没想到几年之后，大楼前已是车满为患了。

更让我们没有想到的是，现在每次回老家，村里总停着几辆车，汽车在农村也已不再是稀罕物了，一个远房的堂弟还买了辆中巴跑班车，仍然住在村里的年轻人大多有摩托车。

据统计数据，中国城市人口中每百户拥有的家用汽车在1999年只有0.34辆，2015年则达到30辆。虽然普及率还不及美国1930年全国水平的一半，但在汽车发明130年后，大部分中国城市居民总算享受到了这个第二次工业革命的重要创新！

电力，是第二次工业革命的另一项重要创新。1882年，美国人托马斯·爱迪生在纽约曼哈顿建成了人类历史上第一个集中供电的照明系统，为电气化时代打开了大门。到1930年，美国近70%的人口都用上了电，1960年这一比例已达100%。在我的家乡，电气化却是姗姗来迟。

从出生到去县城上高中之前，我没有见过电灯，村里人照明用的都是煤油灯或麻油灯，有些家道贫困的人家连煤油灯也用不起，一到晚上就黑灯瞎火。有个流传的笑话说，一位客人在主人家吃晚饭，主人舍不得点灯，客人不高兴，就在主人家小孩的屁股上狠狠拧了一下，小孩顿时号啕大哭，客人说，快把灯点着，孩子看不见，把饭吃到鼻子里了。

父母鼓励我读书，说愿意为我多费二斤油钱。确实，村里好多人家就是因为怕花油钱，不让孩子晚上看书。为了省油，煤油灯的灯芯都很小，晚上在灯下看书的时候，头必须尽量靠近灯光，有时候打瞌睡，第二天上学的时候，头上就顶着一缕烧焦的头发，被同学们取笑。当时全村最亮的灯在生产大队的公用窑，是带玻璃罩的罩子灯，比小煤油灯费油好几倍。

到县城上高中时，我第一次见到了电灯，不仅宿舍里有白炽灯，教室里还有日光灯。但电压总是不稳，时明时暗，还经常断电，罩子灯仍然是宿舍的必备。

1993年我在牛津读书期间，暑期回老家看望父母，听说两公里外的村子已经拉上电了，我们村因为县上没人说话就没有拉上。知道我认识县委书记，村民们专门到我家，希望我给县委书记说说，给我们村也拉电。我说了，但没有管用。想到村里人对我的期待，这事成了我的一块心病。几个朋友愿意帮忙，一共筹集了4万多块钱，1995年，我们村终于通电了！

通了电，村民的生活就完全不一样了。电不仅能照明，而且能带动家用电器和其他机械。从21世纪第1个10年开始，不少人家相继买了电视机。电冰箱、洗衣机、电风扇、电熨斗、空调等家用电器，这些第二次工业革命时期的重要发明，虽然在农村没有很大的实用价值，但还是有个别人家买了。村里也有了由电动机驱动的磨面机、碾米机、脱粒机、电锯。更重要的是，有了电动机，家家户户都可以用上自制的自来水系统，就是在比窑洞高的地方修一个封闭的蓄水池，把井水抽到蓄水池，水管连接到屋里，水龙头一打开，水就自动流出来了。我在农村的时候，每天早晚去井里挑水是一件很愁人的事，现在再没有人为挑水发愁了。

三、我的第三次工业革命

1978年4月，我离开老家去西安上大学。我从县城搭长途汽车到山西介休，再乘火车到西安。这是我第一次坐火车，也是第一次见到火车。火车是英国企业家斯蒂文森父子1825年发明的。至1910年，美国已修建了近40万公里的铁路，而到1978年，国土面积相当的中国只有5万公里铁路。

此时距离第一台大型数字计算机的发明已有33年，微型计算机产业正处于顶峰，比尔·盖茨和保罗·艾伦的微软公司已经成立4年，斯蒂芬·乔布斯和斯蒂芬·沃茨尼亚克的苹果个人计算机也已经上市两年了，但直到进入大学后，我才第一次听说计算机这个名词。一开始，我以为计算机就是用于加减乘除运算的，可以替代我当生产队会计时使用的算盘。算盘是中国人和埃及人在公元前400年就使用的东西。但后来我就知道自己错了，计算机将替代的远不止算盘。

经济系一年级的课程有一门“计算机原理”，记得第一次上课的时候，看到硕大无比的计算机感到很新奇。后来知道，1945年宾州大学研发的第一台计算机ENIAC重量接近30吨，长100英尺⊖，高8英尺，占地面积相当于一间大教室。我们还学过二进位制、打孔卡原理和BASIC语言。但除了拿到考试成绩，整个本科四年和研究生三年期间，计算机对我的学习和生活没有发生任何影响。

1985年，我开始在北京国家机关工作。我所在的研究所买了两台电脑，但放在机房，神神秘秘，由专人看管，只有搞经济预测的人可以使用。单位还有一台四通电子打字机，由打字员操作。与手写复写纸、蜡纸刻字印刷以及传统打字机相比，电子打字机最大的好处是可以储存文本，反复修改。复写纸是在19世纪初由英国人雷夫·韦奇伍德发明的，蜡纸刻字印刷是爱迪生于1886年发明的，我在高中时和高中毕业返乡务农时都用过。英文打字机是克里斯托弗·肖尔斯等几个美国人于1868年发明的，中文打字机是山东留美学生祁暄于1915年发明的，我上高中时我们学校有一台。

我第一次使用计算机是1988年在牛津读书的时候。我把自己手写的两篇英文文章拿到学院计算机房输入计算机，然后用激光打印机在A4纸上打印出来。激光打印出来的字体真是漂亮，像印刷出版的书一样，让人无比兴奋。

激光真是一个神奇的东西。据说1960年刚发明时，贝尔实验室的专利律师甚

⊖ 1英尺=0.304 8米。

至不主张申请专利，因为它“没有什么实用价值”，但自从与康宁公司 1970 年发明的光纤玻璃结合后，它就彻底改变了通信产业，并且变得无处不在。我第一次享受激光技术是 1981 年，医生用激光切除了我脸上的一个痣。现在讲课时，我手里拿的是激光笔，不是粉笔。

1990 年 9 月，我回到牛津攻读博士学位时，买了一台 286 个人电脑，从此就告别了手写论文的时代。1994 年回国时，我还把这台电脑托运回北京。但个人电脑技术的发展是如此之快，很快出现了 486 电脑，这台旧电脑的托运费也白交了。后来又有了桌面激光打印机，这样我就有了自己的桌面出版系统。之后还换过多少台电脑（包括笔记本电脑），自己也记不清楚了。

计算机从公共教室那么大，变得办公桌上放得下（个人电脑）、书包里装得下（笔记本电脑）、甚至口袋里揣得下（智能手机），从而使得像我这样的普通人也能买得起，全仰仗于英特尔公司于 1971 年发明的微处理器。有了微处理器，个人电脑才成为可能。而微处理器建立在诺伊斯和基尔比于 1969 年发明的微芯片（集成电路）的基础上，微芯片又以晶体管为基础。所以有人说，晶体管对数字时代的意义，相当于第一次工业革命时期的蒸汽机。

晶体管是贝尔实验室的三位科学家于 1947 年发明的，不仅比真空管体积小、成本低、能耗少，而且不易损坏，其在消费设备上的第一个应用是德州仪器公司于 1954 年生产的袖珍收音机。在牛津读书期间，一位台湾来的同学送了我一个台湾产的袖珍收音机，像香烟盒大小，但音质非常好，让我爱不释手。回想起我在农村时吱吱啦啦的有线广播，真是天壤之别。

对大部分人而言，一台孤立的电脑不过是一个文字处理机，我当初买个人电脑的目的就是为了写论文方便。但多台计算机连接成一个网络，用处就大了。1969 年，第一代互联网——阿帕网诞生了。1972 年，阿帕网的第一个热门应用——电子邮件诞生了。1992 年以后，我自己也开始使用电子邮件了，但当时国内的人还无法使用电子邮件。1993 年在筹办中国经济研究中心时，我们向北京大学校领导提的一个要求就是，给我们通电子邮箱。这个愿望被满足了。但没过多久，北大所有的教员都可以使用电子邮箱了。几年之后，中国就进入互联网时代了。

记得 1993 年 12 月我儿子在牛津出生的消息，我还是先通过国际长途电话告诉国内亲戚，然后再由这位亲戚发电报告诉老家的父母。电报是美国人戈登·摩斯于 1844 年发明的，最初一条电报线只能发送一个频率，亚历山大·贝尔想让一条线路同时发送多个频率，结果于 1876 年发明了电话。到 1930 年，美国家庭电话的普及率已达到 40%，但至 1978 年的时候，除了少数政府高级官员家里装有公费电话外，中国普通老百姓家庭的电话普及率几乎为 0。我在农村的时候，生产大队的公窑里有一部手摇电话，一根电话线串着好几个村，通话时必须大喊大叫才行；不同线路的电话需要人工交换机转接，全公社只有一个交换机，接线员是很让人羡慕的工作。

转盘拨号电话是西门子公司于 1908 年发明的，按键拨号电话是贝尔公司于 1963 年发明的。上大学之前，我没有见过转盘拨号电话，更没有见过按键拨号电话，因为连县长办公室的电话都是手摇的。我第一次使用转盘拨号电话是1982年上研究生期间，在校门口的一个公用电话上，还是过路的一位老师教我怎么拨号的。在牛津读书期间，偶尔给国内家人打一次长途电话，心跳的比电话上显示的英镑数字蹦得还快。当时国际长途电话费很贵，从牛津到北京，每分钟的费用在3英镑以上。

我第一次安装家用电话是1994年，也就是贝尔发明电话118年后。当时安装电话要先申请，缴纳5 000元的初装费后，再排队等候。后来初装费取消了，但我早已缴过了。1999年，我开始使用移动电话，家里的固定电话就很少用了。但有很长一段时间，我还是没有办法和老家的父母通电话，直到老家农村也可以安装电话为止。我最后一次收到姐姐写的家信是在2000年。

2006年之后，老家农村也有移动电话信号了。我给父母买了一部手机，母亲高兴得不得了，可惜她的信息时代来得太迟了。2008年母亲下葬的时候，我把她心爱的手机放在她身边，希望她在九泉之下也能听到儿子的声音。

自从用上iPhone智能手机，短期出差我不再带笔记本电脑，也不带相机了。有了智能手机，我与父亲不仅可以通话，还可以用微信视频。父亲现在住在榆林城里，春节时能与村里的乡亲们手机拜年，他很开心。

2017年8月，我带几位朋友去了一趟我们村。朋友们有心，给村里每户人家带了一条烟、一瓶酒。我正发愁如何通知大家来领，村长告诉我，他可以在微信群里通知一下。傍晚时分，乡亲们果真都来了，烟和酒一件不剩地被领走了。回想起我在农村时，村支书需要用铁皮卷成的喇叭筒大喊大叫很久，才能把全村人召集在一起，真是今非昔比。

结束语

我祖父于1943年去世，当时只有30岁，父亲刚刚12岁。祖父出生的时候（1913年），第二次工业革命的绝大部分新技术和新产品都已发明出来并投入商业化使用，他去世的时候，西方发达国家已经进入第二次工业革命的尾声，但他连第一次工业革命也没有经历。他短暂的一生中吃的、穿的、用的与他的祖父时代没有什么区别。

父亲比祖父幸运，他和我一起经历了三次工业革命。他下半辈子吃的、穿的、用的与祖父在世时大不相同，也与他自己的前半辈子有很大不同。他坐过火车、飞机、汽车，在我写这篇文章时，也许正在看着电视、用着手机。

我比父亲更幸运，因为每次工业革命我都比他早几年经历。我坐火车比他早，坐飞机比他早，坐汽车比他早，看电视比他早，用手机比他早。我还会上网购物，他不会。

我的幸运是托中国市场化改革开放的福。正是改革开放，使得像我这样的普通中国人有机会享受到人类过去300年的发明和创造，即便我自己并没有对这些发明和创造做出任何贡献。这或许就是经济学家讲的创新的“外溢效应”吧！生活在世界经济共同体，真是一件好事。

据说第四次工业革命已经在美国的引领下开始了。如果中国晚 40 年改革开放，我就得从后半生开始，和我儿子一起同时经历四次工业革命。如果那样，我敢肯定，未来 40 年中国经济增长率会比过去 40 年的实际增长率还要高，更让世界瞩目。但我还是庆幸，历史没有这样进行。

作为经济学家，在享受三次工业革命成果的同时，我还是期待着我们的国家，能在未来第四次工业革命中做出原创性的技术贡献，而不再只是一个搭便车者。

资料来源：张维迎．我经历的三次工业革命 [J]. 读者，2018（7）.

7.2　公共物品理论

小案例

灯塔的故事

在一个靠海的渔港村落里住了两三百个人，大部分的人都是靠出海捕鱼为生。港口附近礁石险恶，船只一不小心就可能触礁沉没，人财两失。大家都觉得该盖一座灯塔，好在雾里夜里指引迷津。问题是村民们应该怎样分摊盖灯塔的费用呢?

既然灯塔是让渔船趋福避祸，就依船只数平均分摊好了。可是，船只有大有小，船只大的船员往往比较多，享受到的好处比较多。所以，依船员人数分摊可能比较好。可是，船员多不一定捕鱼就多，该看渔获量。捞得的鱼多，收入较多，自然能负担比较多的费用。所以，依渔获量来分摊比较好。

但是，以哪一段时间的渔获量为准呢？要算出渔获量还得有人称重和记录，谁来做呢？而且，不打渔的村民也间接地享受到美味的海鲜，也应该负担一部分的成本。所以，按全村人口数平均分摊最公平。

新的问题又出现了，如果有人是素食主义者，不吃鱼，难道也应该出钱吗？当然，即使素食主义者自己不吃鱼，他的妻子儿女还是会吃鱼啊。所以还是该按全村人口平均分摊。可是，如果这个素食主义者同时也是个独身主义者，没有妻子儿女，怎么办？还是船只数为准比较好，船只数明确可循，不会有争议。

马上又有人反对：虽然家里有两艘船，却只有在白天出海捕鱼，傍晚之前就回到港里，根本用不上灯塔，为什么要分摊？或者，即使是入夜之后才回港，但因为是老手，港里港外哪里有礁石早就一清二楚，闭上眼睛就能把船开回港里，当然也就用不上灯塔！

好了，不管用哪一种方式，如果大家都勉强同意，可是，由谁来挨家挨户地收钱保管呢？好吧，如果有人自告奋勇，或有人众望所归、勉为其难地出面为大家服务，总算可以把问题解决了，可是如果有人事后赖皮，或有意无意地拖延时日，就是不付钱，怎么办？大家是不是愿意赋予这个“公仆”某些纠正、惩罚等的“公权力”呢？

灯塔的故事出现在不少著名经济学家的著作中，它具体而深刻地反映了一个社会在处理“公共物品”这个问题上所面临的困难。灯塔的寓言断定私人不愿或不能有效地提供这种导航服务，以此证明市场在提供公共产品方面的失灵，因此强调由政府提供此类服务的必要性。

7.2.1 公共物品的含义

1. 公共物品的含义

在现实经济里，社会产品可分为两类：私人物品和公共物品。

私人物品（private goods）指在使用上具有竞争性和排他性的物品。一个人购买并消费了一份食物，其他人就不能再消费这种商品了，这是物品的竞争性；只有支付了价格才可以消费，这是物品的排他性。

公共物品（public goods）是指私人不愿意生产或无能力生产而由政府提供的，具有非排他性和非竞争性的物品。例如，一国的国防、警务、疾病控制、航空控制、道路、桥梁、灯塔、广播电视、公共教育等都属于公共物品。公共物品具有两个显著特征。第一，非排他性。公共物品的非排他性是指无论是否付费，任何人都无法排除他人对该产品的消费，即任何人都可以无偿享用。之所以会出现免费消费，是因为要么技术上不允许，要么由于收取费用的成本太高，在经济上不合算而放弃收费。第二，非竞争性。公共物品的非竞争性是指任何人对某一物品的消费，都不会影响到他人对该产品的消费，即人们可以共同享用公共物品，不会由于自己的加入而减少他人对该公共物品享用的质量与数量。

2. 公共物品的分类

根据公共物品所具有的非排他性和非竞争性程度的不同，公共物品可分成纯公共物品和准公共物品两类（见表 7-5）。

表 7-5　物品的分类

	非排他性	排他性
竞争性	公共资源	私人物品
非竞争性	纯公共物品	俱乐部物品

（1）**纯公共物品**（pure public goods）指同时具有非排他性和非竞争性的物品，如国防安全、外交、灯塔等。

（2）**准公共物品**（quasi public goods）指具有不完全排他性和竞争性的物品。准公共物品可分为两类：一类是俱乐部物品，即具有非竞争性和排他性的物品，如计费的道路和桥梁、有线电视广播、社区绿化等；另一类是公共资源，即具有非排他性和竞争性的物品，如公海中的鱼类资源、不收费的拥挤的公园、拥挤的免费道路等。

7.2.2 公共物品与市场失灵

1. 非排他性导致的市场失灵

非排他性使得任何购买公共物品的人都不能因付费购买而独占该物品所带

来的全部效用或收益，也不能阻止别人无偿地享用该产品。因此，尽管公共物品的社会潜在收益大于它给单个购买者带来的收益，但每一个购买者仅仅考虑自己购买的成本收益，而不会将他人可能得到的好处作为一种收益考虑在内，只有当购买者能独占收益时，他才愿意负担公共物品生产中投入的成本。公共物品无法排斥不付费的消费者，致使每个人都想不付出任何代价来享受公共物品提供的服务，于是不可避免地会出现“搭便车现象”。

例如，在某一地区修建一个防洪堤坝，可降低该地区遭受水灾的可能性，但每个居民都在想，如果有人出资建造这个堤坝，即使我不出任何钱，照样可享受堤坝的好处。这样，免费搭车的越来越多，私人厂商就会减少或不愿意提供公共物品，最终导致资源配置效率低下，造成市场失灵。

2. 非竞争性导致的市场失灵

有些物品是非竞争性的，但可以实现排他性使用，如高速公路实行收费管理，消费者必须付费以便收回成本。这种排他性使用，虽然可以提高生产者的积极性、增加供给，但如果不支付费用就不允许使用，就意味着公路的社会效用得不到有效、充分的发挥，而且产品的浪费、闲置也使资源配置效率降低，也会造成市场失灵。

由此看来，公共物品本身所具有的特性，使得私人部门不愿意或不能够充分提供，其产量往往低于合理的水平，即达不到帕累托最优状态下的产量水平，从而造成社会福利的减少和资源的浪费。所以，市场机制不能较好地调节公共物品的生产，从而会导致市场失灵。

7.2.3　公共物品与政府

1. 投票规则

在市场对公共物品调节失灵的条件下，公共物品就需要由政府来提供了。政府以社会管理者的身份组织和实现公共物品的供给，并对其使用进行监督。

应当指出，政府提供的物品并不全是公共物品，政府也提供私人物品，如邮政服务、公共电话亭等，但公共物品通常由政府提供。政府通过征税或发行政府债券等方式筹集资金，用于生产公共物品。由于生产什么公共物品和生产多少公共物品已不能由市场决定，因而常常采用投票的办法，即所谓公共选择的方法。

公共部门根据人们的投票结果来做出决策，这叫作公共选择。在私人部门里，人们对物品的偏好是通过他们所愿意支付的价格来表达的，在公共部门里，人们对物品的偏好则是通过投票来表达。当然，公共选择也要考虑到人们以投票的方式表达的偏好和生产公共物品的成本，不可能完全脱离市场。

投票是按一定规则进行的，“投票经济学”中的规则主要有两个，一致规则和多数规则。

一致规则（unanimity rule）是指公共物品的生产方案须经全体投票人一致通过才能实施。例如，某地方政府必须得到全体投票人的一致赞成，才能在本地区建造一座桥梁。一致规则保证没有人因公共物品的生产而减少了福利，也就不会使社会福利受到损失，从而能够达到帕累托最优状态。一致规则虽然可以满足全体投票者的偏好，不存在任何把一些人的偏好强加于另一些人的因素，但存在决策成本太高的缺点。一项提案要一致同意往往需要耗费大量的时间和人力。另一个缺点是招致威胁恫吓。一些人为了通过方案，不惜威胁恫吓反对者，迫使他们投赞成票。在现实的经济生活中，只有在某些情况下才会采用一致规则，在大多数情况下采用的是多数规则。

多数规则（majority rule）是指公共物品的生产方案只需经多数投票人通过就能实施。例如，某地方政府只要得到多数投票人的赞成，就可以在本地区建造一座桥梁。它又可以分为简单多数规则和比例多数规则。按照简单多数规则，只要赞成票过半数，提案就可以通过。例如，美国国会、州和地方的立法经常采用这种简单多数规则。比例多数规则规定赞成票必须占应投票的一个相当大的比例提案才可以通过，比如说，必须占 2/3 才算有效。美国弹劾和罢免总统、修改宪法等一般采用这一规则。

西方经济学家认为，多数规则使多数人得益而少数人的福利受损。当然在一定的限制条件下，例如在受益者补偿受损者的条件下，多数规则也可能达到帕累托最优状态。多数规则可以满足多数人偏好，但未必能满足全体成员的偏好，因而存在把一些人的偏好强加于另一些人的因素。

由此我们可以看出，公共物品的生产不仅取决于个人偏好，也取决于所采用的投票规则。由于公共物品必须集体购买、集体消费，中间投票集团的偏好对公共物品的生产会起决定作用。

当两党的候选人对倾向自由和倾向保守的选民采取中间立场时，获得的选票最多。因为不同观点的投票人的分布呈正态分布，任何候选人要想当选，都必须代表位于中间的多数投票人的利益，取得他们的支持，这样才可能获得尽可能多的选票。所以，中间投票人的偏好起着决定性的作用（见图 7-1）。

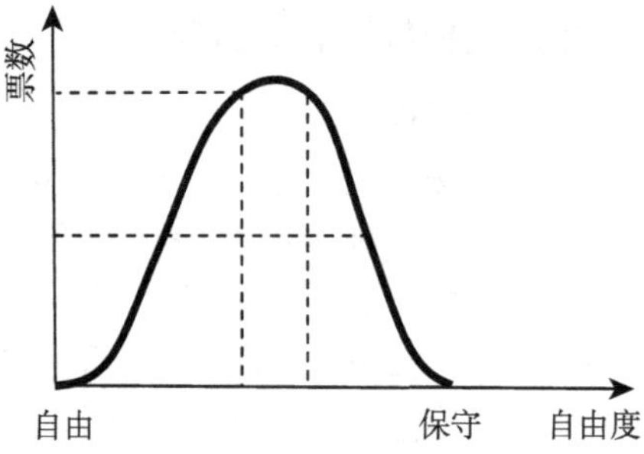

图 7-1

2. **阿罗不可能定理：投票失灵。**

当社会所有成员的偏好为已知时，有没有可能通过一定程序从个人偏好次序达到社会偏好次序？有没有可能通过一定程序准确地表达社会全体成员的个人偏好或者达到合理的社会决策呢？诺贝尔经济学奖得主肯尼斯·阿罗通过对“民主社会”社会决策时的投票方式进行研究后认为，企图在任何情况下从个人偏好次序达到合乎理性的社会偏好次序是不可能的。我们称之为“阿罗不可能定理”。

阿罗用了“投票矛盾”来论证这个“不可能定理”。假设有一个公社，只有 3 个投票者，他们要从武装解决、政治解决、经济制裁 3 种社会行动方式中选择一种。设投票者为甲乙丙，3 种方式为 A、B、C，投票者的选择偏好次序分别是甲（A、B、C）、乙（B、C、A）、丙（C、A、B)。按照多数票原则，如果投票结果是：对 A 的偏好甚于 B，对 B 的偏好甚于 C，那么就应当对 A 的偏好甚于 C 吗？可实际情况却如表 7-6 所示。

表 7-6　阿罗不可能定理的证明——“投票矛盾”

偏好情况	投票者（个人）	
	赞成者	反对者
对 A 的偏好甚于 B	甲，丙	乙
对 B 的偏好甚于 C	甲，乙	丙
对 C 的偏好甚于 A	乙，丙	甲

三种结果的票数一样多。因此，阿罗等西方学者认为：用投票方式不可能把个人的偏好集中起来，形成合乎理性的社会偏好。任何一个投票体系在一定条件下都会出现与上述相同的不能做出决策的情况。

补充阅读

在慕尼黑的便利生活

为了帮扶全市 26 万名低收入者，慕尼黑市政府和民间组织制定和出台了许多相关政策和措施。为了让人们对这些政策和措施一目了然，市政府每年都印发名为《在慕尼黑的便利生活》的书籍，约 140 页，详细介绍该市几百项便利措施，并附有服务机构的地址和电话。通过此书，低收入者可以知道哪里能买到几乎没有用过的二手家具、衣服、鞋子，哪里提供免费食物，哪里可以报名参加政府提供的免费园艺工作体验活动等。

《在慕尼黑的便利生活》一书放在市政府大楼、各图书馆、各区政府办公楼、各老年协会、各文化活动中心，供人免费取阅。同时，人们还可以在政府网站下载此书。书中，慕尼黑大部分慈善机构的名称都出现了，最著名的要数成立多年的“慕尼黑板块”。这个机构最有影响的工作是每周为低收入者发放免费食品。那些在超市能买到的食品，几乎都能在此机构领取。免费提供的食品都是实打实的，分量十足，面包是大块头，一份土豆几公斤重。“慕尼黑板块”每周将食物用大货车运到市内 27 个固定点。只要是低收入者，都可以到固定点免费领取。据统计，每周有两万名左右低收入者到这个机构领取食品，约占低收入人群比例的 8%，约占城市人口比例的 1.5%。除此之外，针对失业者及经济困难者，一个叫“饮食板块”的慈善机构在市区内设有 4 个食堂，为有需要的人提供免费饮食。针对 65 岁以上的贫困者、残疾人员、病重无法做饭者，市政府设有流动热食机构，免费为他们送热食上门。

在慕尼黑，还有几处食品和物品领换处。所谓领换处，就是市民将吃不完的食品和用不上的物品送到此处，让有需要的人免费领取。对无家可归者，政府有免费过夜的房子提供。一时无法找到合适住房的家庭，政府会以优惠价格提供临时住房并帮助他们寻找住所。在医疗方面，针对没有加入医疗保险的低收入者，政府提供免费医疗，甚至连买药的费用也可报销。上了年纪的无家可归者，还可获得定期免费体检的待遇。

慕尼黑市政府还推出众多针对低收入者的免费或优惠的文体和培训活动。慕尼黑 26 万名低收入者，每人可以领取一张“慕尼黑证件”。凭此证可以免费参加业余大学的课程、参观博物馆、游览动物园、进入室内游泳池游泳，还能以优惠的价格看电影、买药、乘坐公共交通工具等。为解决低收入者、特别是他们子女的教育问题，市政府更是费尽心思，几乎做到了“只要你愿意接受教育，政府就为你买单”的地步。低收入家庭的小孩除了免费上幼儿园、中小学外，政府还支付交通费、课本费，提供免费饮食。如果孩子的成绩不理想，政府会为他们支付家教费或免费聘请家教老师等。

资料来源：钱杰．在慕尼黑的便利生活 [J]．看天下，2017（18）．

7.3 看得见的手

现代市场经济的运行，市场机制这只“看不见的手”在其中发挥着关键作用。可是，当河流被污染，山林被砍伐，市场被垄断；学龄儿童失学，出行没有公路；当贫富收入差距加大，当失业下岗的人揭不开锅时，市场没有招了。所以，市场经济存在着缺陷，光靠市场自身的调节是难以克服的，由此导致市场失灵，因而必须借助政府这只“看得见的手”来纠补市场失灵。

7.3.1 市场失灵

市场失灵（market failure）是指由于市场价格机制在某些领域、场合不能或不能完全有效发挥作用而导致资源无法得到有效配置的情况。

市场失灵主要体现在以下几方面：外部性、公共物品、垄断和信息不对称等。

7.3.1.1 外部性

1. 外部性的含义

外部性（externality）又称外部效应，是指经济活动的当事人给其他人带来非自愿的成本或收益，却不用支付由此带来的成本或不能从这些收益中得到补偿。换句话说，一些人的经济活动给另一些人带来了影响，而这种影响未计入成本和价格之中。

外部性按照其性质可分为正的外部性和负的外部性。

正的外部性是指个人或企业的行为对其他个人或企业产生有利的影响，但产生有利影响的个人或企业却没有得到相应的补偿。例如，在公司接受过业务培训的职工跳槽到其他单位，此时，该公司的行为给其他单位提供了技术更高的劳动力，有利于该单位的生产，但往往不能从该单位获得培训费用的补偿。

负的外部性是指个人或企业的行为对其他个人或企业产生不利的影响，但产生不利影响的个人或企业却没有支付相应的成本。例如，上游化工厂排放的污水污染了河流，导致下游渔场鱼苗死亡，但化工厂没有因此而支付成本，渔场也没有因此而得到补偿。

2. 外部性导致市场失灵

在完全竞争的市场中，当存在只增加社会福利而不增加个人收益的正外部性时，企业和个人的产量可能会低于社会最优产量；而当存在只增加社会成本而不增加个人成本的负外部性时，企业和个人的产量可能会超过社会最优产量。

因此，在存在外部性的情况下，会造成私人成本和社会成本以及私人利益和社会利益的不一致，导致资源的不当配置，市场的调节发生失灵。

7.3.1.2　垄断

现代西方经济学认为，在完全竞争的条件下，市场的需求和供给决定价格，而价格又调节着市场的需求量和供给量，从而实现社会资源的有效配置。然而，在一些部门和行业中，由于生产的物质技术条件、人为因素及自然条件等种种原因而存在着垄断，致使市场的配置功能和市场机制的作用，不能得到有效地发挥。

1. 垄断造成市场效率低下

垄断市场上竞争受到限制，垄断厂商控制了商品的价格。抬高的垄断定价成为市场价格，扭曲了正常的成本价格关系，商品的价格不能真正反映市场供求的情况并随着供求的变化而变化。垄断还对市场资源配置产生误导，造成供不应求的假象，导致更多的资源流向该行业。垄断导致厂商缺乏降低成本和进行技术革新的动力，从而使社会生产既定的产量需要花费较多的成本，造成了效率低下。

2. 垄断造成社会福利损失

与完全竞争市场相比，垄断市场上厂商生产较少的产量，索要较高的价格，社会福利会受到损害。垄断对社会福利造成损失主要表现为使消费者剩余大大减少。消费者剩余是指消费者愿意为某种商品或服务支付的最高价格与他实际支付的价格之差。

3. 垄断造成寻租

寻租（rent-seeking）通常指那些通过公共权力参与市场经济从而谋取非法收益的非生产性活动。

由于垄断可以使厂商获得更多的利润，厂商为获取这种超额利润，就必须保持其垄断地位，因而垄断厂商往往会采用各种维持垄断的措施，为此而付出的花费和开支就是寻租成本。例如，向政府游说或贿赂立法者，采取合法手段规避政府的管制等，发生的费用都属于寻租成本。寻租成本用于非生产性活动，因此会造成社会资源的浪费和社会福利水平的降低。

7.3.1.3 信息不对称

1. **信息不对称的含义及原因**

完全竞争市场下能够实现帕累托最优状态的一个重要的假定就是“信息是完全的”，即消费者和厂商能够完全掌握市场信息，因此市场能够实现社会资源的有效配置。但是在现实的经济里，市场信息是不完全和不对称的。

信息不对称（asymmetric information）是指参与经济活动的当事人所拥有的信息数量和质量不同，即有些人拥有比其他人更多的相关信息。例如，医疗保险的投保人比保险公司更清楚自己的健康状况；商品的卖方往往比买方掌握更多的关于产品质量和数量等方面的信息。当市场存在着信息不对称时，会引起逆向选择和道德风险。

2. **逆向选择**

逆向选择（adverse selection）是指市场的一方不能察知市场另一方的商品的类型或质量时，市场中大量的劣货会排斥好货并最终占领市场的过程。逆向选择最经典的例子是二手车市场。在该市场上既有质量较好的二手车，也有质量很差的二手车，买卖双方的信息是不对称的，卖者比买者掌握更多关于旧车的质量性能的信息。购买者此时的出价会介于质量较好的二手车价格与质量很差的二手车价格之间。这样一来，质量较好的二手车往往得不到合理的价格，车主就不愿意进入或退出此市场，最终导致该市场上的车都是质量较差的二手车。

但是，当购买者知道他要买到的车是质量较差的二手车时，他会降低自己的出价，这又会使得比质量最差的二手车稍好一些的二手车退出市场，最后质量最差的二手车占据了整个市场。逆向选择破坏了市场机制运行“优胜劣汰”的作用，以致出现“优汰劣胜”的资源配置。这种逆向选择不利于卖方，也会不利于整个市场的交易活动。

3. **道德风险**

道德风险（moral hazard）指的是人们享有自己行为的收益，而将成本转嫁给别人，从而造成他人损失的可能性，即从事经济活动的人在最大限度地增加自身效用的同时做出不利于他人的行动。例如，在保险市场上，车主在购买保险之前，十分注意自己汽车的安全问题，会采取严密的防盗措施。如果在保险公司为汽车投保之后，赔偿额较低时，车主依然会比较注意做好防盗措施，因为一旦汽车丢失，车主要承担大部分损失；当赔偿额较高时，车主就不再那么谨慎了；当车主能从保险公司获得全额赔付时，他可能就根本不再关心汽车的安全问题了，也不会采取任何防范措施，因为一旦汽车失盗他将获得全额赔付，自己几乎没有损失，而采取安全措施几乎没有任何收益，还会给车主带来额外的费用和麻烦之外。

信息不对称在许多领域都存在，由此带来逆向选择和道德风险问题的普遍存在，这既造成市场交易的萎缩，又导致社会资源的浪费，影响了资源的配置效率。由此可见，在市场信息不充分或不对称的条件下，市场的调节也是不充分的。

7.3.1.4　收入分配

如前所述，在生产要素市场的调节下，生产要素的供给和需求决定了各种生产要素价格如工资、利息、地租的高低，也就决定了收入在不同生产要素所有者之间的分配。

当代西方经济学家认为，市场调节能够解决收入分配的效率问题，但不能解决收入分配的公平问题。现实生活中，由于人们在教育机会、劳动技能、家庭出身、智力高低以及拥有生产要素数量等方面存在的差异，往往会出现收入不均、贫富悬殊的问题。美国经济学家萨谬尔森曾经说过：看不见的手“是有效率的，但是它对公正或平等却是盲目的。人们最终是富还是穷部分地依赖于他们从父母那里继承的财富的多少和智力的高低，依赖于他们所能提供的服务的市场价格，还依赖于他们钻井或击球的运气”。

因此，市场自身无法解决收入分配的公平问题。

通过上述分析，可以看到市场机制存在着缺陷，价格机制的运转并不能带来满意的结果，因此必须有赖于政府这只“看得见的手”来加以矫正。“看得见的手”原理是指在“看不见的手”失灵的领域，政府的宏观调控就不可避免，即采取政府干预的手段来提高资源配置效率，促进经济社会的协调运行。

1. 解决外部性问题的政策

在外部效应造成市场调节失灵的条件下，西方国家的政府常常采用外部效应内部化的方式来加以纠正。政府干预的方式主要有以下两种。

（1）税收与补贴。政府对产生负外部性的企业征税，使其私人成本等于社会成本；对产生正外部性的企业进行补贴，使其私人收益等于社会收益。

（2）界定产权。政府明确界定产权并以法律或法规的形式予以确定，这样，受损者就可以以权利受到损害提出起诉，从而促使双方谈判确定赔偿方案，使外部成本内部化。这就是著名的科斯定理。

补充阅读

“共享单车”的市政公地悲剧

共享是近年来国内的时髦。一阵春雨过后，各类共享：共享单车、共享雨伞、共享充电宝、共享汽车、共享游艇、共享衣橱、共享玩具……如雨后春笋，密密麻麻地涌现出来，令人如行山阴道上，应接不暇。

共享单车不仅中国有，在美国、德国也曾出现过。共享单车之所以中外皆有，说明有需求存在。它的出现，据说初心是帮助市民解决出行的“最后一公里”问题。“最后一公里”对于人口居住密集、中心城区生活成本高、城区面积大、竞争激烈的大中城市居民而言，是一个问题。在中国，不断上涨的房价逼迫一般居民，尤其是新市民和外来打工者，不得不沿着公交路线不断地向城郊转移，城区扩张的速度远远超出城市公交系统的发展，公交难以及时地连接居住地和工作地。公交车站、地铁站的布点与上班地、生活区之间存在着明显的间隔，客观上产生了公交站点与居民区、办公场所之间的短途连接需求。此外，外地游客也是共享单车的重要需求者，谁能走到哪里都带着单车呢？共享单车的出现，再次证明了“需要的力量是无法抗拒的”。

但是，如何满足潜在的市场需求则一定程度上体现了市场发育程度和政府管理水平。中国的共享单车至今为止的运营模式，可以说是典型的“公地悲剧”，企业、消费者、政府不约而同地把利润、便利、利益扒进怀里，把一地鸡毛留给了社会和公众。

以摩拜单车为例，用户只需用手机下载其App软件，安装之后，交纳299元押金，就可以扫码开锁用车。押金可随时退取，使用收费标准是每半小时1元或0.5元，不满半小时以半小时计。更重要的是，共享单车是“无桩”式停放，可以随时随地取车、还车。这对于消费者有着巨大的吸引力。首先，相对自有单车，它解决了困扰居民的一大难题：如何找地方停车和避免丢车。试问，这些年来，城里有几人没丢过自行车呢？共享单车把单车的使用权和所有权分离，用户将拥有单车的成本转甩给企业，获得了使用单车的收益，尽管要支付押金，多付租金，但比起丢车，成本还是较低。其次，它比“有桩”单车更适用于外来游客、流动人员，碰到了就骑，到地方就扔下，管它是不是规定的停车点，多方便啊。

然而，这套运营模式存在严重缺陷。其一，无桩模式固然方便顾客停车，降低了企业管理成本，却给社会带来了极大问题。单车随处无序停放，严重影响市容、妨碍交通、破坏绿地；随着投放单车规模的扩张，原先划定的停车区域严重不足，问题越发严重。以厦门为例，2017年1～4月，短短3个月的时间，5家共享单车企业共投放了30万辆单车！绝大多数集中在面积仅132平方公里的岛内。而同期，交通部门在市政道路上规划的停车位仅为4 000个！这是怎样一种疯狂！其结果是：原先还算干净整洁的城市街道、市容市貌，如今在各景区、公交车站、商业设施、城市广场甚至公共绿地上，随处可见乱停乱放的各色共享单车，干扰其他交通，挤占公共用地，严重扰民。据媒体报道，2017年国庆长假期间，厦大白城、曾厝垵等景区周边的人行道、车行道甚至公交站，都被共享单车所占据。厦大白城公交站附近上百辆共享单车被随意堆叠在马路两旁，绿化带外两米宽的区域已经被共享单车所包围，行人只好小心翼翼地从共享单车之间穿行，而城市管理工作人员则穿梭在共享单车之间清理卫生。

其二，无桩模式下共享单车随地停放，难以对使用进行合理监督，对不当损坏进行惩罚，单车受损、报废、被盗比例惊人，这既增加了企业成本，又造成了严重的资源浪费。小白单车2017年1月进入厦门至今，在同安区投入了3 800辆单车，目前只剩2 000多辆，其中还能正常使用的只有800多辆！短短9个月，报废、被盗近一半，剩下的有60%受损需要维修！如此高耗损，企业岂能不破产？

再看一下美国的共享单车运营，或可有所启发。在纽约大都市区也有一家而且仅有一家共享单车企业——花旗单车。它成立于2011年9月，是因中标纽约市交通部门的对外招标共享单车项目而组建的，其实际拥有者和运营方是福特旗下著名的共享单车运营管理商Motivate，赞助商是花旗银行，因此冠名为花旗。花旗单车采用“有桩”单车模式，初始投放6 000辆，设300个站点。2014年，在吸收了阿尔塔3 000万美元、花旗集团7 050万美元以及高盛城市投资集团1 500万美元的投资之后，花旗单车宣布将单车投放量扩大到1.2万辆，站点增至700个。到2016年年底，花旗单车在纽约大都市区的投放量约为1万辆。也就是说，用了超过5年的时间，花旗单车的总投放数量也只有1万辆，每年平均新增2 000辆。这与纽约超过2 000万的城市人口规模相比简直不值一提，与中国共享单车市场动辄以万为单位的一次性投放量更是不可同日而语！是不是市场份额有限使花旗单车缺乏市场空间？不，整个纽约只有一家花旗单车在独家经营，而且，花旗单车的这个投放量已是目前全美城市中最大的！或是纽约居民不需要单车？纽约公交的拥堵是世界闻名的，而且费用昂贵，开车进城30～40美元一次的停车费是家常便饭，乘坐地铁费用也不低。君不见花旗单车的广告：“因为花旗单车，我可以不用坐地铁，它让我一路欣赏城市风景的同时节省了大量的钱。”一年的花旗单车成本不及两个月的地铁费用！那么，是什么约束了花旗单车的扩张呢？

关键差别在于有桩和无桩。在有桩模式下，每个站点可以投放的单车数量是有限的，一般是20辆。在既有的城市建成区内，要找到一块可以设站点的地非常不易，说是寸土寸金也不为过。站点除设立标志牌、说明使用规则外，还要附有地图，告知离目的地最近的停车站点，这就有效地避免了随地停放。设立停车站点，车辆就必须在各个站点之间不断调配调整，以保证配置均衡。这样，除了投放单车的成本之外，花旗单车还要承担站点设备的建造费用，以及调节各站点之间单车停放量的人工成本及配套运输设备。为了解决600个站点之间的单车调配及空位停车问题，每天需要移动的单车约为2 000辆，花旗单车需雇用100个工人专门负责搬运，这些都使单车营运成本增加，约束了企业的规模扩张。如果国内的共享单车企业也按此模式运营，试想一下，按照1万辆单车，日需移动2 000辆，雇用100个工人的比率，那么，在厦门这样的中等城市，现有的30万辆共享单车日移动量是多少？为此需雇用多少人？全国呢？如此比较后，你就知道，在一个不起眼的“有桩”和“无桩”之间，企业将多少运营成本转嫁给了社会！

从费用设计看，花旗单车不要押金，而是与信用卡相关联，采用会员制方式。会员费为163美元/年，若是本地居民，会员费为60美元/年。会员制的好处是：只要每次用车时间不超过45分钟，会员可以全年无限次地免费使用单车。非会员临时用车有两种收费方式：一是12美元/24小时；二是24美元/72小时。非会员每次用车的免费时间为30分钟，规定时间内，同样可以无限次地免费使用单车。如果超出了规定的免费骑行时间，每15分钟2.5美元；如果单车丢失，用户要被罚款1 200美元。从中可以发现：第一，美国的共享单车在约束用户方面明显强于中国，通过信用卡背后的个人信用背书，限制用户的不当使用，延长了单车使用寿命，降低了维护成本，通过高额罚款促使用户注意爱惜、保护单车，降低单车丢失率，减少营运成本；第二，从不同的价格标准可以看出，花旗单车的营运目的是切切实实地解决本地居民的“最后一公里”问题，它虽不绝对禁止观光骑行，但在价格上使之基本不可能。哪位观光者愿意花上12美元，而后每半个小时还车一次再借车继续骑行呢？如果不间断地租用一天，则必须支付249.5美元！制度设计充分体现了花旗单车是城市公交系统的补充，服务于本地居民的“最后一公里”代步之需。

政府的角色也存在差异。纽约公交部门是花旗单车的招募发起方，根据公共交通管理的需要，对外招标设立共享单车项目。因此，花旗单车从诞生之初就是一个带有浓厚的公私合作色彩的项目，是公交的延伸而非单纯的企业行为。双方以合约确定合作关系，各自承担责任。政府部门授予花旗单车在纽约市共享单车市场上的唯一特许经营权，提供单车站点的公共用地，对单车的消费和使用收入予以免税优惠，但对单车、单车配件、停放岗亭、站台等设备延伸出来的收入则不免税。对于丢失单车的个人赔偿、罚没收入等照常征税。花旗单车公司负责单车的日常营运管理，自负盈亏。政府不再额外补贴，而且一旦发现单车违规停放，还要对单车企业进行高额罚款。而目前国内的共享单车项目最大的失误在于忽视了它是城市公交系统的延伸与补充，它要使用大量的城市公共资源，主要是市政公交用地。它是一个准公共产品，却错误地把它视同完全竞争产品，放任自流，听任其将企业成本转嫁给社会，导致严重的“公地悲剧”。一旦乱局已成，造成严重的社会问题，又急忙叫停，违背事先承诺，滥用行政干预，增加了企业运营成本，引发了潜在的企业风险，助长了企业的短期行为。

“他山之石，可以攻玉。”从花旗单车的运营模式中，可以悟到什么呢？

第一，正确认定共享单车的项目性质。共享单车不是一个纯竞争市场项目，而是一个具有较大外部性的准公共产品项目。因此，它不应当是自由进出、自由竞争的，应该由所在城市政府根据当地公交的发展需要进行评估，决定是否引入。如果需要，应当通过招标签订合同，授予中标企业以特许经营权，实行总量控制防止恶性竞争，保障企业的合理利润，同时避免“公地悲剧”发生。在授予特许经营权的同时，规定具体权责，明确补贴的项目及金额，规定企业的义务与责任。应当合同管理，避免随意的行政干预，使中标企业形成合理的预期，规范其经营行为。

第二，在运营模式和价格政策上凸显共享单车的准公共产品属性。共享单车实质上是一个公私合作提供准公共产品的项目。共享单车运营需要占用城市高度紧缺的市政公共资源，而市政公共资源首先是属于当地居民，为当地居民所用的，因此，共享单车的运营应当首先满足市民解决“最后一公里”之需，在运营模式和定价政策上，必须首先体现其作为公交系统补充环节的性质和要求，在可能的情况下，可以适当兼顾旅游需要。

第三，充分利用个人信用体系。个人信用体系是市场经济的重要基础。花旗单车不收租车押金，是因为美国具有健全的个人信用体系。由于租车与个人的信用卡相关联，因而能够有效地限制了消费者的机会主义行为，也大大降低了共享单车的不当损耗，降低了企业的运营成本，优化了资源配置。然而在中国，由于迄今为止全国统一的个人信用体系尚未建立，共享单车企业不得不靠收取高额的押金来防止消费者的机会主义行为，押金也由此成为共享单车进行金融投机的资金来源。可是，押金仍然不能阻止消费者的机会主义行为，导致不当损耗极高，既增加了企业成本，也造成了大量资源浪费，还导致了市政环境遭受破坏。市场经济的发育成熟程度、体制健全完善程度，在相当程度上决定着市场经济运行的成本。

第四，加强政府的市场经济管理能力。共享单车在大洋两岸都是新生事物，然而相比较而言可以发现，纽约市政府在制定相应的管理制度方面要比中国一些地方政府部门成熟得多，它宁可慢一点也要有序地推进这一项目。其制度设计较好地利用了现有的体制基础：全国统一的个人信用系统。判断明确：这是公交系统的延伸，具有准公共产品性质。制度设计导向明确：首先满足市民的“最后一公里”短途连接需要。措施明确有效：发展进度如何，哪些需要政府补贴，哪些不补贴，哪些要采取经济手段进行规范，等等。

而国内一些地方政府部门在突如其来的共享单车面前则显得事前准备不足，事后举止失措，监管中存在懒政、习惯性无作为，忽视了城市化进程中出现的“最后一公里”问题，没有未雨绸缪，未主动采取措施应对于前。一旦共享单车出现，又对互联网时代新兴行业带来的变化认识不足，被共享单车这一“创新”弄得眼花缭乱，不能清醒地认识到这是一个不能完全依靠自由竞争实现市场均衡的准公共产品项目，必须根据当地公交的具体情况、适应当地市情引入，必须通过制度设计，避免企业成本的外部化，酿成“公地悲剧”。在共享单车进入，出现了严重的无序竞争、资源浪费和环境污染，完全未实现共享经济解决资源、保护环境的初衷的情况下，各地政府却迟迟拿不出有效的规制方案，没能建立有序市场，没有从体制建设上解决问题。以此论之，推进国家治理体系和治理能力的现代化，对于各级政府来说，还是一个必须高度重视的重大问题。

资料来源：王燕武，李文溥．“共享单车”的市政公地悲剧 [J]. 经济学家茶座，2017（4）.

2. 限制垄断政策

（1）政府限制垄断、促进竞争的措施主要有价格管制。政府对处于自然垄断地位的企业的价格实行管制，以防止它们为牟取暴利而危害公众利益。如政府可以要求垄断企业制定的价格等于边际成本，以减少垄断造成的福利损失，实现资源的优化配置。

（2）促进竞争。政府对消费者团体、工会和中小企业团体实行支持和援助，增强其对抗垄断的能力。

（3）制定反垄断法。西方发达国家一般都制定了反垄断法，美国的反垄断法称为反托拉斯法，相对而言较为严格。在 1890 ～ 1950 年，美国先后制定并颁布实施了《谢尔曼法》（1890 年）、《克莱顿法》（1914 年）、《联邦贸易委员会法》（1914 年）、《罗宾逊 – 帕特曼法》（1936 年）、《惠勒 – 李法》（1938 年）和《塞勒 – 凯弗维尔法》等。这些法律可以达到削弱或分解垄断企业，限制垄断的目的。

小案例

美国电话电报公司的重新组合

美国电话电报公司（AT&T）创建于1887年，它所拥有的各公司联合体（通常称为贝尔系统）包括贝尔电话实验室、西方电器公司和23家贝尔营业公司。在1983年之前，美国电话电报公司实际上垄断了美国长途和本地电话市场，它掌握了95%以上的各类长途电话业务，提供85%的地方电话线路，并出售大部分的电信设备。

为了加强这一部门的竞争，1984年，美国司法部依据《反托拉斯法》拆分AT&T，分拆出一个继承了母公司名称的新AT&T公司（专营长途电话业务）和七个本地电话公司（即“贝尔七兄弟”），美国电信业从此进入了竞争时代。美国电话电报公司保留了它的长途电话业务、贝尔电话实验室（研究机构）和西方电器公司（设备制造商），规模减小了80%，从而降低电信市场的垄断程度，增强了竞争。虽然到了20世纪90年代初该公司仍然控制着长途电话市场上约2/3的业务，但它遇到了像美国微波通信公司和美国短途通信公司这样的对手的激烈竞争。通过行业的重新组合，各地方电话公司可以自由地选购电讯设备，消费者也可以更加自由地在不同的电话公司之间选择，租用电话的费用下降了。

所以，限制垄断企业规模增强市场竞争，是政府限制和打破垄断的有效措施。

资料来源：作者根据相关资料整理。

3. 信息调控政策

市场机制不能解决所有的信息不对称和信息不完全问题，政府可以通过增强市场透明度等方法对信息进行调控，使交易参与者能够得到较为充分和正确的信息，以便做出正确选择。例如，针对逆向选择问题，政府规定企业对自己出售的产品提供质量保证，规定企业对自己出售的产品提供不同的保修年限，鼓励企业实现产品标准化。针对道德风险问题，主要是一些制度安排：一是预付保证金；二是订立合同；三是树立品牌声誉。此外，政府还可以通过立法来对信息进行调控。例如，美国1938年颁布的《惠勒－李法》规定，在交易中采用“欺骗性”做法是非法的，该法赋予联邦贸易委员会制止虚假广告的权力。真实包装法减少了消费者因包装上的文字而受误导的可能；主管股票和证券交易的证券交易委员会则要求厂商在出售证券时提供充分真实的信息。

4. 收入分配政策

在市场不能实现较为公平的收入分配的情况下，需要政府来调节。政府通过征税方式来缓和收入分配的悬殊状况。此外，政府还实行社会福利制度和社会保险制度，对残疾人、退休的老人、失业者、生活贫困的人提供救助。

7.3.2 政府调节的局限性

市场经济的不完善需要政府的调节作为补充。但是政府干预也非万能，它也有失效的时候，我们称之为“政府失灵”。政府失灵产生于下述原因。

（1）垄断性。政府部门在提供公共物品时，往往缺乏私人部门的竞争，因而处在垄断地位，这种垄断地位极易使政府丧失对效率的追求。

（2）规模最大化目标。政府部门是非营利机构，因而缺乏一种动力去实现成本的最小化和利润的最大化。由于规模最大化可以使其获得大比例的预算、增大掌握的权力和地位、改善办公条件等，所以它们往往都强调本部门的重要性，以规模最大化为目标。这样容易引发政府规模的膨胀，加大政府干预成本。

（3）利益集团的寻租行为。在对经济进行干预的过程中，政府官员掌握着较大的权力，各种利益集团为了获得更多的利益，通过各种方式影响政府官员，产生寻租行为，一些政府官员也在从事政治创租和租金抽取活动，造成社会资源的浪费，破坏了社会资源的有效配置。而且政府制定政策时，利益集团的游说活动和寻租活动会使政府的政策偏离社会最优选择，而往往只代表利益集团的利益。

（4）信息不对称。信息不对称现象普遍存在，政府有时也很难完全占有信息，这使得政府在制定政策时就存在着偏差，加之市场经济活动的复杂性和多变性，增加了政府对信息掌握和处理的难度，从而导致政府决策失误。

（5）效率机制的缺乏。在私人部门里，厂商缺乏效率就会被市场淘汰。然而，在有些政府部门里，官员缺乏效率却很少被惩罚。由于在有的政府部门中缺乏一种动力机制和约束机制来推动人们提高效率，因此它们往往是缺乏效率的，它们对决策的成本和收益很少认真核算，容易造成社会资源的浪费。

（6）政府干预的滞后性。政府实行干预的法令、规章等都具有刚性，不能及时适应经济的具体情况变化，从而影响政府干预的效果和效率。

总之，市场经济是主要由市场决定社会资源配置的经济运行方式，但市场机制并不是万能的，它也有解决不了的问题，会出现市场失灵，这就需要政府的调节，可政府也会失灵，所以，政府调节的范围和程度必须加以限定。现代经济的发展，一方面要坚持市场在资源配置中的基础性作用，另一方面需要政府进行必要的干预和宏观调控，以弥补市场调节的缺陷。

学习指导

1. 学习建议

建议主要掌握以下内容。

（1）国内生产总值是指一个国家在一定时期内运用生产要素所生产的全部最终产品和服务的市场价值的总和。国内生产总值是国民收入核算体系中最重要最核心的指标。

（2）国内生产总值的核算方法主要有三种：支出法、收入法和部门法。在国民收入核算体系中，还有国民生产总值、国内生产净值、国民收入、个人收入和个人可支配收入等国民经济总量指标。

（3）公共物品的非排他性和非竞争性使得私人部门不愿意或不能充分提供，

这就需要政府以社会管理者的身份组织和实现公共物品的供给。政府通过征税或发行政府债券等方式筹集资金，用于生产公共物品。而生产什么和生产多少公共物品，常常采用投票的办法，即所谓的公共选择的方法。

（4）市场失灵是指由于市场价格机制在某些领域、场合不能或不能完全有效发挥作用而导致社会资源无法得到最有效配置的情况。导致市场失灵的因素主要有：外部性、公共物品、垄断和信息不对称等。

（5）市场机制存在着缺陷，因此有赖于政府这只“看得见的手”来加以矫正。但由于政府的规模最大化偏好、利益集团的寻租行为、信息不对称等原因使得政府干预并不总能有效，即会出现“政府失灵”。

2. 学习重点与难点

学习重点

（1）国内生产总值的含义及核算方法。

（2）公共物品的特征。

（3）市场失灵的原因和政府干预的方式。

学习难点

公共物品、外部性及其所导致的市场失灵。

核心概念

国内生产总值　支出法　收入法　实际国内生产总值

名义国内生产总值　国民生产总值　公共物品　市场失灵

外部性　寻租　信息不对称　逆向选择　道德风险　政府失灵

课后练习题

1. 怎样区分最终产品与中间产品？举出具体事例来说明。
2. 试分析搭便车行为产生的原因及后果。
3. 市场能解决外部性问题吗？假如你与另一位吸烟者同住，根据科斯定理，不吸烟的你与你的室友如何解决吸烟的外部性问题？
4. 说出几种市场失灵的例子。为什么经济学家们把这些市场失灵看作政府干预的理由？
5. 现有资料如下表所示。

生产阶段	产品价值	中间产品成本	增值
小麦	100	—	
面粉	120		
面包			30
合计			

（1）理解中间产品和最终产品的含义，将表格填写完整。

（2）最终产品面包的价值是多少？

（3）假如不区分中间产品和最终产品，按各阶段的产值计算，总产值为多少？

（4）各生产阶段的增值和是多少？

（5）重复计算的（即中间产品）成本是多少？

6. 根据支出法的原理，填写下面的表格：

国内生产总值	4 070
1. 私人消费支出	2 600
耐用品	360
非耐用品	
劳务	1 340
2. 私人国内总投资	
固定投资	640
存货投资	10
3. 政府购买支出	800
4. 净出口	20
出口	
进口	360

补充阅读

哪一年是最困难的一年

每到岁末年初，总结与展望总少不了，个人的，单位的，行业的，地区、国家和全球层面的，涉及的面越广，进行总结与展望的人越多，观点也越多。但是近年来每年年初，关于中国经济的研判，总有一种观点，即“今年将是最困难的一年”。这让不少人感到困惑，到底哪一年才是最困难的一年？

按公开信息追溯，这一判断始于 2008 年，之后每年重复。大多数的年度预判出自学者或媒体人士。

为何始于 2008 年？之前不困难吗？这当然与 2007 年美国次贷危机及 2008 年蔓延至全球的金融危机有关。这同时也表明，10 年过去了，我们还没有从全球金融危机的阴霾中走出来。外部因素加上中国的周期性因素和结构性因素，使中国进一步发展的困难增多了。

但是我们又看到，从 2008 年开始，每年都有一些领域或一些企业异军突起，并快速发展，比如自媒体、团购、外卖、互联网金融、3D 打印、共享经济等。经济到底困难还是不困难呢？其实，每年都有内外交困的企业，也有蒸蒸日上的企业，每年都有行业日暮途穷，也有行业逆风飞扬。企业与行业的兴衰如同森林里新老树木的更替，自然规律使然。当外部生长环境变化时，只有生命力足够强大才能撑过艰难时期。历史告诉我们，很多伟大的企业都诞生于经济困难时期，那些百年老店也都经历了几次经济周期的洗礼。

为什么会出现“最困难”的预判呢？预期管理也。降低对未来的预期，并凝聚人心，让大家埋头苦干，最后发现结果比预想的好，皆大欢喜。但是笔者发现，2008年全球金融危机以来，欧美国家似乎没有“最困难一年”的预判。个别国家（德国、加拿大）只是在某年年末做年终总结时，认为度过了最艰难的一年。也即，我们认为“最困难”，是对未来的预测。个别欧美国家认为“最困难”，是对过往的总结。这个对比发人深省。预期管理作为一种经济治理理念，始于20世纪50年代的欧美国家，按道理，预期管理在欧美国家应该更擅长更常用，强调即将面临的困难，但是金融危机以来却并没有出现这一局面，这不禁令人深思。

我们注意到，欧美国家预期管理主要集中于货币政策领域，在其他领域应用较少。货币政策领域的运用方式是，公布利率或通货膨胀目标，通过各种手段实现预定目标。2008年全球金融危机以来，欧美国家又提出“前瞻性货币政策”理念，强化与市场的沟通，引导市场预期和走向。为什么欧美国家的其他领域没有强调预期管理？可能的解释是，货币政策实现目标，通常基于央行的行政命令、其他政策（比如财政政策）实现目标，只需要发布行政命令，一级一级执行即可，政府部门督促政策的执行，不需要参与到市场中。我们可以认为，宏观调控中，涉及行政安排的事务，明确政策和执行程序即可。不确定因素越多的领域，越需要引导预期，进行预期管理。

在货币政策的实践中，中央银行除了公布利率或通胀目标，也会定期发布货币政策执行报告和研究报告，定期与媒体会面，这都是为了引导市场预期，从而实现调控目标。从这层意义上说，2008年全球金融危机后欧美国家提出“前瞻性货币政策”，顶多是重申货币政策将加强与市场沟通，引导市场预期，而这些正是货币政策实践中一直在做的，“前瞻性货币政策”的提法并无新意，且犹如“及时性新闻报道”，略显重复。在宽泛意义上，政府公布GDP增长目标、财政支出目标、广义货币M2增长目标，与公布CPI目标的本质是一样的，都是对未来的一种规划和承诺，将竭力通过各种手段实现这些承诺。一般来说，任何政策都是立足于过去并面向未来，都有前瞻性，任何政策的实行都要与市场沟通，都需要引导市场预期。因此可以认为，预期管理不仅适用于货币政策领域，也适用于其他领域。

中国政府越来越注重预期管理。以每年的政府工作报告为例，2000年以前很少出现“预期”一词，自2001年开始，除2002年外，每年都出现“预期”一词，并且出现的频率越来越高，在新世纪头十年平均每年出现3.2次，2011年以来平均每年出现6.5次，其中2016年和2017年各达8次。在具体表述上2010年前只强调消费预期，2010年以来增加了关于通胀预期、市场预期和社会预期的表述。同时，“引导”一词在政府工作报告中出现的频率也越来越高。20世纪80年代平均每年出现4.5次，20世纪90年代为6.7次，21世纪头十年为8.3次，2011年以来为10.4次，其中2012年高达17次，2017年也有11次之多。这表明，中国进行预期管理的范围更广，政府与市场沟通越来越频繁。

从预期管理角度看，2013年以来的经济热词有“三期叠加”“新常态”“区间调控”等，我们发现，这些热词均体现了政府对公众预期的引导。近年来房价调控中，在几轮供求管理之后，政策逐渐转向预期管理，不失为一种进步。因为只有预期因素能同时影响供给和需求，单纯的限贷只会增加抢购动力。

但是，预期管理不能替代实际的政策和行动，只能是常规调控手段的补充。宏观调控如果过分倚重预期管理，无疑是本末倒置，将增加调控的难度。近年来媒体上除了“最困难一年”的噱头，还有“史上最难就业季”“史上最难抢票年”等类似预测。这些预测一方面出自好意，类似于老师教育学生、将军率领士兵，强调形势严峻竞争激烈，从而防止疏忽大意骄兵之败，另一方面却吸引了眼球，提高了点击率并赚取了商业利益。由于这些吸引注意力的方式没有直接损害他人利益，因此未被明文禁止。但是，“最难”标题连续多年出现，不科学也不适宜，且有免责之嫌。任由这种引导预期的方式滥用，政策的公信力将受到影响。

总体而言，稳定的制度和明确的目标会提供稳定的预期。政策推行过程中，不确定因素越多，越需要预期管理。在预期管理的实践中，既需要政府部门经常发声，也需要规范媒体引导预期的方式，谴责标题党式的炒作和断章取义的报道。唯有如此，公众才能多些平常心，少些不安和困惑。

资料来源：党印．哪一年是最困难的一年 [J]. 经济学家茶座，2017（2）.

实训应用

1. 根据下列资料，分别用支出法和收入法计算出国内生产总值、国内生产净值以及国民收入、个人收入、个人可支配收入。（单位：亿元）

利息：190	折旧：380
社会保险税：200	出口：120
公司未分配利润：80	雇用酬金：3 020
个人消费支出：3 500	租金：90
政府转移支付：430	红利：170
进口：70	间接税：490
公司所得税：250	国内私人总投资：750
个人所得税：580	非公司业主收入：530
	政府支出：1 100

2. 上游化工厂排放的废水给下游渔民造成了 15 000 元的损失。如果双方谈判的成本是每方承担 5 000 元，界定产权对该问题的解决是否有效？若成本是每方承担 20 000 元呢？

Chapter8 第8章

通货膨胀与宏观经济政策

学习目标

知识的掌握

1. 财政政策的运用。
2. 赤字财政政策。
3. 货币政策的运用。

技能的提高

1. 能够用经济学理论解释政府的财政政策。
2. 能够用经济学理论理解现行的货币政策。

引言

变形的“菲利普斯曲线”

“二战”结束，一位叫威廉·菲利普斯的退伍兵从日本人的战俘营中生还，来到伦敦重新找工作。他已经30多岁，在澳大利亚的农村长大，做过煤矿的工程师。不过，他这一次转行搞起了经济学研究。就是他，发明了鼎鼎大名的“菲利普斯曲线”。这个曲线的大概意思是，失业率和名义工资变动率是一种替代关系，换句话说，就是此消彼长。

它的逻辑是这样的：在失业率很高的时候，劳动力市场供大于求，那么资本家就可以不涨工资，工人也会乖乖干活，也就是说工资上涨率很低；在失业率很低的时候，则相反，工资上涨率必须很高，资本家才能招得到工人。于是，这就是一种反比关系。

从上面的描述，你可看出这并不是什么高深学问，只是一个逻辑方面的常识。唯一不同的是，菲利普斯这位当过矿工，后来又在日本人战俘营忍受过煎熬的前野战军战士，有着常人所没有的毅力，他研究了英国1861～1957年的近100年的统计数据，才发现了这个规律。

慢慢地，这个曲线在欧美的经济学界开始变了形，名义工资变动率索性被“替换”成了通货膨胀率。最后，这个曲线成为凯恩斯主义最关键的一种合理性支撑。按照这个曲线，通胀有好处，因为失业率会降低。当然，这需要通过经济体内部某些机制来实现。什么机制呢？请注意，以上所说的工资是名义工资，什么是名义工资呢？简单来理解，就是发生了通货膨胀之后，工人工资在数字上的确实是涨了，但剔除物价变动之后，实际工资并没有涨或涨得较少，甚至可能出现下降。

工人不懂宏观经济，在通胀之后，暂时不涨工资也没事（这一点，凯恩斯经济学中叫作“工资黏性”），或者稍微涨一点，那么他们就会有一种“货币幻觉”，以为加工资了，开心得不得了。和工人相比，懂得宏观经济的资本家很清楚发生了什么。通货膨胀也意味着未来产品的价格会上涨，但成本（主要是工资）有黏性，所以只要继续生产产品，资本家就会赚到钱。所以他们便会多雇用工人，扩大再生产，经济就增长了。

从某种意义上讲，凯恩斯经济学的一个基础可以被简单地归纳为这样一个框架，即微观层面的工资黏性和持续通胀，将推动企业扩大再生产，从而刺激经济。凯恩斯之前，经济学只有微观，而无宏观。从凯恩斯开始，宏观经济学才正式登堂入室，成为一个学科。之后，一代又一代的经济学家不断用高深的模型丰富这个学科，也使得这个学科更加复杂化。普通人则越来越被那些模型所迷惑。

但大道至简，任何学问都是人性的演绎。菲利普斯曲线在“道义上”为凯恩斯主义提供了合理性。在任何国家，就业始终是政府要解决的头等大事，因此有时政府必须靠通胀来推动经济。所以，政客们会说：你看，搞通胀不是我们要干的，而是为了发展经济。

审视 20 世纪宏观经济学的发展，很容易发现一个规律，即宏观经济学始终致力于为政府的行为提供合理性解释。比如通货膨胀，在很多国家越来越被政客堂而皇之地视为发展经济的必要措施。其实，这不过是他们和他们的寡头盟友掠夺国民财富的隐秘手段。

微观经济学讲求所谓“供求关系”，其实，经济学这一学科本身的发展动力就是一种“供求平衡”，宏观经济学正是如此。它最大的买家是政府。看看这些年欧美多如牛毛的经济学理论，你就知道，经济学家们要找到工作，就必须创造满足市场和客户的产品——经济理论，用老百姓看不懂的模型告诉老百姓，政府干得很棒，都是为了你们！

经济学的本质是解释人性，也是演绎人性。

资料来源：谭保罗．变形的“菲利普斯曲线”[J]. 南风窗，2018（28）.

8.1 通货膨胀

8.1.1 通货膨胀的含义

通货膨胀是指物价水平普遍而持续的上升。通货膨胀具有两个特点：一是物价的上升不是指一种或几种商品的价格上升，而是物价水平的普遍上升，即物价总水平的上升；二是物价的上升不是一时的上升，而是持续一定时期的物价上升。

衡量通货膨胀的指标是物价指数。用物价指数计算通货膨胀的公式为

通货膨胀率 =（现期物价指数 − 基期物价指数）÷ 基期物价指数

例如，把 2005 年作为基期，物价指数为 100，2007 年为现期，物价指数为 120，2005 ～ 2007 年的通货膨胀率为

通货膨胀率 =（120−100）÷ 100 = 20%

如果要逐年计算通货膨胀率，也可以将公式写为

通货膨胀率 =（今年的物价指数 − 去年的物价指数）÷ 去年的物价指数

此时就是把前一年的物价指数作为基期物价指数。现在一般用消费物价指数的变动来表示通货膨胀率。

经济学按照不同的标准来对通货膨胀进行分类。按照通货膨胀的严重程度，可以分为三类。

第一类是温和的通货膨胀，其特点是通货膨胀率低而且比较稳定。

第二类是加速的通货膨胀，其特点是通货膨胀率较高，一般在两位数以上，而且还在加剧。

第三类是恶性通货膨胀，其特点是通货膨胀率非常高，每月通货膨胀率在 50% 以上，而且完全失去控制。这种通货膨胀会引起金融体系完全崩溃和经济崩溃，以至于政权的更迭。例如国民党政府垮台前中国的通货膨胀就属于这种恶性通货膨胀。

此外还有一种受抑制的通货膨胀，称为隐蔽的通货膨胀。这种通货膨胀是指经济中存在着通货膨胀的压力，但是由于政府实施了严格的价格管制与配给制，通货膨胀并没有发生。一旦解除价格管制并取消配给制，就会发生较严重的通货膨胀。

8.1.2 通货膨胀对经济的影响

在分析通货膨胀对经济的影响之前，首先要将通货膨胀区分为可预期的通货膨胀与不可预期的通货膨胀。

可预期的通货膨胀是人们可以正确预见到的通货膨胀，也就是说通货膨胀的预期值与实际值是一致的。例如，在 2006 年时，人们预期 2007 年的通货膨胀率为 5%，如果 2007 年的通货膨胀率为 5%，这就是可预期的通货膨胀率。一般来说，温和的通货膨胀都是可预期的。

不可预期的通货膨胀是人们无法正确预期的通货膨胀，也就是说通货膨胀的预期值与实际值不一致。例如，在 2006 年时，人们预期 2007 年的通货膨胀率为 5%，结果 2007 年的通货膨胀率为 8%，这时通货膨胀率的实际值高于预期值，就是不可预期的通货膨胀。当然，如果 2007 年的通货膨胀率为 3%，通货膨胀的实际值低于预期值，也是不可预期的通货膨胀。

在经历可预期的通货膨胀时，通货膨胀给经济带来如下问题。

第一，“皮鞋成本”。在通货膨胀时，货币的购买力下降，人们为了避免这种损失，就把更多的钱存入银行，从而必须多去几次银行，这种多去几次银行所花费的时间和精力称为“皮鞋成本”(多磨点鞋底)。

第二，“菜单成本”。这是为了根据通货膨胀调整价格必须付出的成本。

第三，税收扭曲。税收标准是根据货币收入确定的，在发生通货膨胀时，如果税收标准不变，人们名义收入增加而实际收入未变时，交纳的税收就会实际增加。例如，规定 1 600 元为起征点，1 600 元以上部分征收 20% 的所得税。在通货膨胀为 10% 时，为了保持实际工资不变，名义工资会从 1 600 元增加到 1 760 元。当工资为 1 600 元时，不用纳税，但当名义工资增加到 1 760 元时，为抵消通货膨胀而增加的 160 元就要交纳 32 元的税收，实际到手工资只有 1 728 元，而通货膨胀率为 10% 时，1 728 元的名义工资低于实际工资 1 600 元，这就使人们多交税了。

第四，固定收入者受损失。一般来说，工资会随可预期的通货膨胀而调整，因此，有工作的人受这种通货膨胀的影响并不大，但对于那些依靠存款利息或固定收入生活的人，就会使其手中持有的货币购买力下降，进而导致生活水平下降，而且存入银行的货币也会贬值。

从总体上看，如果通货膨胀率相对稳定，或者人们可以完全预期，则通货膨胀对经济的影响并不大，而且以上的各种问题都易于解决。这是因为在这种可预期的通货膨胀之下，各种名义变量（名义工资、名义利率等）都可以根据通货膨胀率进行调整，从而使实际变量（实际工资、实际利率等）不变。

在通货膨胀不能预期的情况下，通货膨胀将影响收入分配及经济活动。这是因为此时无法准确地根据通货膨胀率来调整各种名义变量以及相应的经济行为，此时容易出现以下两个方面的问题。

第一，在债务人与债权人之间，通货膨胀将有利于债务人而不利于债权人。这是因为债务契约根据签约时的通货膨胀率来确定名义利息率。当发生了未预期到的通货膨胀之后，债务契约无法更改，从而使实际利息率下降，债务人受益，而债权人受损。这样就会对贷款，特别是长期贷款带来不利的影响，使债权人不愿意发放贷款。贷款的减少会影响投资，使投资减少。这种不可预期的通货膨胀对住房建设贷款这类长期贷款最为不利，从而也会减少住房投资这类长期投资。

第二，在雇主与工人之间，通货膨胀将有利于雇主而不利于工人。这是因为在不可预期的通货膨胀之下，工资不能迅速根据通货膨胀率来调整，从而就在名义工资不变或略有增长的情况下使实际工资有所下降。实际工资的下降就会使利润增加，而利润的增加有利于刺激投资。这也正是一些经济学家主张以通货膨胀来刺激经济发展的理由。

那么，通货膨胀对经济发展究竟有利还是不利呢？经济学对这个问题没有一致的看法，大体上可以分为“有利论”“不利论”和“中性论”三种观点。

“有利论”认为，通货膨胀尤其是温和的通货膨胀有利于经济发展，是经济发展必不可缺的“润滑剂”。其理由：一是通货膨胀引起的有利于雇主不利于工人的影响可以增加利润，从而刺激投资；二是通货膨胀所引起的“通货膨胀税”可以增加政府的税收，从而增加政府的支出，这就刺激了经济发展；三是通货膨胀会加剧收入分配的不平等，而富人的储蓄倾向又大于穷人。所以通货膨胀可以通过加剧收入分配不平等而增加储蓄。“有利论”强调，对于资金缺乏的发展中国家来说，利用通货膨胀来发展经济尤为重要。

“不利论”认为，通货膨胀是不利于经济发展的。其理由：一是在市场经济中，通货膨胀时价格信号扭曲，无法正常反映社会供求状态，从而使价格失去调节经济的作用，经济无法正常发展；二是通货膨胀破坏了正常的经济秩序，使投资风险增大、社会动荡、经济混乱、经济效率降低；三是通货膨胀所引起的紧缩政策会抑制经济的发展；四是在固定汇率下通货膨胀所引起的货币贬值不利于对外经济交往。“不利论”强调，也许通货膨胀在某个时期可以促进经济发展，但其最终结果却是不利于经济发展，采用通货膨胀方法来刺激经济无疑是“饮鸩止渴”。

“中性论”认为，通货膨胀与经济增长并没有什么必然的联系。货币在经济中是中性的，从长期来看决定经济发展的是实际因素（劳动、资本、自然资源等），而不是价格水平。在长期中，由于货币量变动引起的通货膨胀，既不会有利于也不会不利于经济的发展。因此没有必要把经济增长与通货膨胀联系在一起。

上述观点各有自己的理论与实际依据，很难说哪种观点绝对正确。在不同国家的不同历史时期，通货膨胀有不同的作用。只有把通货膨胀与经济增长放在具体的历史条件下进行分析才有意义。从第二次世界大战后的情况看，通货膨胀弊大于利，借助于通货膨胀来发展经济是不可取的。目前绝大多数经济学家都主张保持物价稳定，为经济的正常运转创造一个良好的环境。许多国家在实现高速经济增长的同时保持了物价稳定。但也有一些国家以通货膨胀刺激经济，尽管短期中经济增长加快了，但以后为解决通货膨胀问题又要付出极大的代价。

8.2 宏观经济政策概况

经济政策是指国家为了一定的目标所制定的，对宏观经济起调控作用的经济手段和经济措施的总称。经济政策包括政策目标、政策措施和政策效应三个方面。

政策目标是指通过政策的实施所要达到的目的，它构成经济政策的核心内容，使政策具有明确的方向和指导作用。**政策措施**是政策的组织和操作方式等，经济政策的措施是经济杠杆和经济参数的选择和利用。**政策效应**是指政府实施的反应和结果。

8.2.1 宏观经济政策目标

宏观经济政策的总体目标是充分利用市场机制的调节作用，对经济进行适度干预，实现资源的优化配置、经济总量关系的协调和经济社会的全面发展。宏观经济政策的具体目标主要包括充分就业、物价稳定、经济增长和国际收支平衡。

1. 充分就业

充分就业是宏观经济政策的第一个目标。充分就业是指在现有工薪或激励条件下，所有愿意工作的劳动者都参加工作时达到的就业总量。充分就业并不是人人都有工作，因为任何一个经济中自然失业都是无法避免的。自然失业是指自愿失业和各种摩擦性失业。当失业率下降到自然失业率时，就达到了充分就业。实现充分就业，一方面可以充分利用现有的劳动力资源，另一方面可以增加消费需求，实现投资的乘数效应。实现充分就业，就是在政府的宏观调控下，把失业率保持在或接近自然失业率的水平，让自然失业以外的所有愿意工作的人都能找到工作。

2. 物价稳定

物价稳定是指价格总水平的稳定，价格总水平稳定不是指物价总水平固定不变，而是指价格总水平波动幅度或升降幅度不要太大，同时也不排除个别商品或服务价格发生较大幅度的涨跌。

价格总水平通常用价格指数来表示。价格指数表示若干种主要商品和服务在一定时点上价格水平上的加权平均数，可用一个简单的百分数来表示不同时期价格总水平的变化方向和变化程度。例如，基期价格指数为 100，报告期价格指数为 105，则说明价格总水平上涨了 5%。常用的价格指数主要有各类居民消费价格指数和各类商品批发价格指数两类。前者衡量家庭或个人消费的商品和服务价格的变化指标，后者表示批发市场上大宗交易的商品价格变化的指标。价格水平的稳定有利于经济健康发展和社会安定。

物价稳定不是通货膨胀率为零，因为这种通货膨胀率为零要付出较高的失业代价，是不现实的。物价稳定是维持一个低而稳定的通货膨胀率，这种通货膨胀率能为社会所接受，对经济不会产生不利的影响。一般而言，当经济中存在温和通货膨胀时，也就实现了物价稳定。

3. 经济增长

经济持续稳定增长是宏观经济政策的基本目标。经济增长是指一个国家在一定时期内创造的国内生产总值或人均收入量的增加。衡量经济增长的方法一般是计算实际国内生产总值的年均增长率。由于各国经济发展阶段以及资源和技术状况的差异，对发展速度的需求也有不同。一般说来，经济处于低发展阶段的增长率较高，而处于较高发展阶段的增长率较低。

宏观经济政策目标就是使经济增长达到一个适度的增长率，这种增长率既能满足社会发展需要，又是人口增长和技术进步所能达到的。要根据资源和技术进步来确定适度增长率，并考虑到环境保护和减少污染问题，实现可持续增长。

4. 国际收支平衡

随着国家之间的经济联系越来越密切，一国国际收支平衡越来越成为一项具有重要意义的宏观经济调控目标。国际收支平衡是指一国在一定时期内，对外贸易和非贸易收入总额和支出总额的大体相等。两者对比如果收入大于支出，国际收支就是顺差，反之则为逆差。

如果国际收支失衡，不论是顺差还是逆差，均会给国民经济带来不利的影响。如果国际收支出现逆差，说明出口减少，外汇储备就会减少或负债增加、资本外流，经济增长率下降，国民经济产生收缩效应。如果国际收支顺差太多，则加剧国内通货膨胀，对国民经济也会产生不利后果。国际收支平衡要求进出口大致平衡和外汇汇率保持基本稳定，为非贸易国际收支平衡打下基础。国际收支通常用国际收支平衡表来表示。

8.2.2 宏观经济政策工具

宏观经济政策目标确定后，需要通过具体运用宏观经济政策工具来达到预定的目标。宏观经济政策工具多种多样，不同的政策工具都有自己的作用，但往往可以达到相同的目标。常用的宏观经济政策工具有：需求管理政策、供给管理政策和国际经济政策。

所谓需求管理，是通过调节总需求来实现一定政策目标的宏观管理工具，是凯恩斯主义所推崇的政策工具，也是短期中重要的政策工具。

凯恩斯主义产生于20世纪30年代的资本主义社会经济大危机时期。经济危机导致经济资源严重闲置，此时总供给不再是限制国内生产总值增加的重要因素，经济中的关键问题则成为总需求不足。凯恩斯主义运用国民收入决定理论，假定总供给无限，来研究总需求对国民收入的决定作用。这种理论所引出的政策工具则是需求管理。

需求管理包括财政政策和货币政策，是通过对总需求的调节，实现总需求等于总供给，从而达到既无失业又无通货膨胀的目标。在总需求小于总供给时，整个经济将会由于需求不足而产生失业，此时需要运用扩张性的政策工具来刺激需求，扩张性的政策工具包括扩大财政赤字、增发国债、增加货币供应量、增大公共投资力度等。在总需求大于总供给时，整个经济将会由于需求过度而引起通货膨胀，此时需要运用紧缩性的政策工具来压抑总需求，如减少赤字、停止或减少国债的发行和减少货币供应量等。

进入21世纪以来，石油价格大幅度上涨，对世界经济和各国经济都产生了严重的影响，这使经济学家认识到总供给的重要性，认识到总供给对国民收入和价格水平的影响。从而在宏观经济政策工具中不仅有需求管理，还有供给管理。

所谓供给管理就是通过对总供给的调节，来达到一定的政策目标的宏观经济政策工具。在短期内影响供给的主要因素是生产成本，特别是生产成本中的工资成本。在长期内影响供给的主要因素是生产能力，也就是经济增长的潜力。因此，供给管理主要包括控制工资与物价的收入政策，改善劳动力市场状况的人力政策以及促进经济增长的增长政策。

随着全球经济一体化的发展，世界上大多数国家的经济都是开放的，各国经济相互影响、密切联系，此时一国的宏观经济政策不可避免地融入了国际经济关系的内容，国际收支平衡成为各国政府关注的焦点。因此，在宏观经济政策中也包括了国际经济政策，政府对经济的宏观调控中也包括对国际经济关系的调节。

8.2.3　宏观经济政策决策机制

宏观经济政策是在政治领域内决定的，参与决策过程的主要有政府与中央银行，决策主体相互影响、相互制约、相互协商，共同决定宏观政策。

宏观经济政策的直接决策者是政府与中央银行。其中政府决定财政政策，中央银行决定货币政策。这种决策机制的主要特点是民主化和科学化。民主化的实质在于权力制约，而不是多数原则。宏观决策的民主化有助于减少决策失误，财政政策与货币政策分别由不同部门决策，使这两种政策可以相互制约，并且能相互合作。民主决策不仅可以避免较大的失误，而且能通过这种过程，协调社会各利益集团的矛盾。决策的科学化是指专家在决策中起重要作用，无论是财政政策的制定，还是货币政策的确定，都经过专家的充分论证和分析。专家在宏观经济决策中发挥专业特长，能有效地减少经济决策的失误。

8.2.4　宏观经济政策的发展与演变

自从 20 世纪 30 年代以来，宏观经济政策的发展大致经历了 5 个阶段。

第一阶段从 20 世纪 30 年代到第二次世界大战前。20 世纪 30 年代的经济大危机迫使各国政府走上了国家干预的道路。1936 年凯恩斯发表的《就业、利息与货币通论》，为这种国家干预提供了理论依据。这一阶段可称为宏观经济政策的试验时期，其中最为全面、最为成功的是美国罗斯福总统推行的“罗斯福新政”。

第二次世界大战以后，宏观经济政策的发展进入了第二阶段。1944 年英国政府发表的《就业政策白皮书》和 1946 年美国政府通过的《就业法》，都把实现充分就业、促进经济繁荣作为政府的基本职责。这标志着国家将全面而系统地干预经济，宏观经济政策的发展进入一个新时期。这一时期的宏观经济政策以凯恩斯主义为基础，主要政策工具是财政政策和货币政策。

20 世纪 70 年代初，西方国家相继出现了高通货膨胀与高失业率并存的“滞胀”局面，迫使它们对国家干预经济的政策进行反思，于是宏观经济政策的发展进入了第三阶段。这个阶段最主要的特征是自由放任思潮的复兴。自由放任思潮主张减少国家干预，加强市场机制的调节作用。因此，经济政策的自由化和多样化成为当时宏观经济政策的重要发展标志。

1993 年美国总统克林顿上台后，希望依靠国家的力量振兴美国经济，宏观经济政策的发展进入了第四阶段。克林顿宏观经济政策的成功运用，为美国经济创造了良好的发展环境，使 20 世纪 90 年代美国实现了持续 10 年的高经济增长。

克林顿宏观经济政策是一个混合物，是凯恩斯主义、货币主义、供给学派和理性预期学派的混合物。克林顿既反对完全自由放任的政府，又反对过度干预的政府。克林顿还在很大程度上受到了日本产业政策的影响，吸收了其中许多有益的东西。克林顿的宏观经济政策已不是过去那样，仅把重点放在总量的简单增减问题上，而是在考虑总量的同时，进一步考虑结构问题。克林顿经济政策主要包括以下几个方面。

第一，财政政策。虽然其目标是减少预算赤字，但并不是以前各任总统所采取的简单减少支出的办法，而是采用有增有减的结构性财政政策。主要措施有：通过增加投资、经济转型和增长战略来增加财政收入；削减国防经费；取消非生产性开支，鼓励私人投资；削减联邦经费。

第二，货币政策。克林顿政府所采用的是较为温和、谨慎的货币政策，在此政策影响下，联邦储备银行的利息数次升降。

第三，贸易政策。克林顿将传统上一直以提倡“自由贸易”为荣的美国，转变到目前更体现实用主义的“公平贸易”上来。鉴于经济竞争已成为冷战后国际竞争的核心内容，对外贸易特别是出口的扩大已成为支撑美国经济扩展的重要因素，克林顿政府前所未有地把开拓国外市场、扩大对外贸易置于对外战略的优先地位。为此，美国政府制定了美国有史以来第一个“国家出口战略”，确定了六大重点出口产业。

第四，供给政策。这是最为独特的部分。它在很大程度上吸收了日本等东亚国家过去 30 年经济快速成长的经验。包括：①美国政府机构开始投入技术开发。1994 年，美国成立了国家科学委员会，其地位与国家安全委员会、国家经济委员会平等，由总统担任主席，把科技工作提到了空前重要的地位。②克林顿政府大幅度增加了对技术改造项目的奖励，设立专门的投资税收信贷政策，鼓励企业参与国际竞争，购置高效率的机器设备；对开创性的技术公司提供长期信贷税收基金。③提高人力资本素质，提倡终身教育。④提高能源利用效率，走可持续发展的道路。 提倡减少能源消耗，加强防止空气和水污染，保护环境，鼓励废物的回收和利用，以提高经济效率。

进入 21 世纪以来，尤其是布什政府入主白宫后，与其前任政府相比，美国经济政策发生了重大变革，这标志着宏观经济政策的发展进入了第五阶段。

克林顿政府时期极为强调国家干预与调节，而布什政府则把经济政策的着重点放在减少国家干预，更多地注重市场调节上。

在经济与金融问题上，布什政府更多地注重市场机制，其宏观经济政策更倾向于市场调节而不是政府干预，将产业政策的重点放在传统产业。布什宏观经济政策将减税重点确定为富有阶层。布什政府实施了长达 10 年的减税计划，总金额高达 7 260 亿美元，核心内容是促使富有阶层从中得到实惠。

布什的社会福利政策转向由私人承担。布什逐步推行减少政府干预，加强市场调节的所谓新的社会福利政策，联邦政府对现有的退休人员社会福利不进行担保，在大多数情况下，通过私有化，由私人企业进行管理。布什推行的社会福利私有化政策，在减少政府干预的前提下，运用市场机制，发挥私人与企业对社会福利投资和消费的积极性。

布什对外贸易政策的核心是更加强调公平与竞争，也就是对等的贸易政策，反对在贸易协定中附加另外的条件。在多边主义会谈中，布什更多是追求霸权主义。在双边主义谈判中，布什推行的是战略性伙伴政策，凡是与美国有利害关系的国家或地区，布什便千方百计与它们发展双边贸易关系。

8.3　财政政策

有国家就有财政政策，但作为调节经济工具的财政政策，不同于一般意义上的财政政策。

在凯恩斯主义出现之前，财政政策的目的是为政府的各项开支筹集资金，以便实现财政收支平衡，财政政策所影响的主要是收入分配以及资源在私人部门和公共部门之间的配置。在凯恩斯主义出现之后，财政政策被作为需求管理的重要工具，是为了实现既定的政策目标。此时财政政策包括三个方面的内容：一是选择开支政策，决定开支多少，开支用于哪些方面；二是决定征多少税，以及用何种手段征税；三是确定赤字的规模和分配比例。

8.3.1　财政政策的内容与特点

财政政策是指通过政府支出与收入来调节经济的一种政策。财政政策的主要内容为政府收入与支出。

政府收入主要是个人所得税、公司所得税和其他税收。个人和公司所得税是以收益、利润和报酬等形式的所得作为课税对象，向取得所得的纳税人和公司征收的税。个人所得税的课税范围包括工人和雇员的工资、薪金、退休金；个人经营取得的商业利润；利息收入、股息收入、租金收入和特许使用费收入等各种收入。公司所得税的课税对象是本国公司来源于国内外的收入，以及外国公司来源于本国境内的收入。所得税一般采用累进税制。

政府支出包括政府公共工程支出、政府购买支出以及转移支付。公共工程支出主要指政府投资兴建铁路、公路、桥梁、水利工程等基础设施，以及航空航天技术、邮电、广播电视、体育、文化、卫生、教育、医疗等公共产品和半公共产品的支出。政府购买主要指政府对各种产品和劳务的购买，又称为政府订货或政府采购。转移支付是指政府对居民的各项福利支出，如失业救济、困难补助、特殊救助、生活必需品补助等的支出。

政府支出分为中央政府支出和地方政府支出。中央政府支出主要包括购买和转移支付，购买主要用于外交和国防支出项目。转移支付是指把资金转移给政府以外的个人，资金来源主要包括个人所得税、社会保险税。转移支付通过对家庭津贴的形式来进行，包括退休、伤残、医疗、失业等社会保险金支出。地方政府支出包括购买商品和服务、转移支付、净利息支付、补贴减企业利润等，其中购买占的比重最大，教育经费是地方政府支出中的主要购买支出项目。

财政政策主要运用政府收入和支出来调节经济。在经济萧条时期，总需求小于总供给，存在失业问题，此时政府就要通过扩张性的财政政策来刺激需求，以实现充分就业。所谓扩张性财政政策，就是通过增加政府支出和减少税收来刺激经济的政策。政府公共工程支出以及政府购买的增加会刺激私人投资，转移支付可以增加个人消费，减少个人所得税可以使个人可支配收入增加从而使消费增加，减少公司所得税可以使公司收入增加从而使投资增加，这些都会刺激总需求。

在经济繁荣时期，总需求大于总供给出现通货膨胀，此时政府需要通过紧缩性的财政政策来压抑总需求，以实现物价稳定。所谓紧缩性的财政政策是指通过减少政府支出和增加税收来抑制经济的政策。政府公共工程支出以及政府购买的减少会抑制投资，转移支付的减少会减少个人消费，增加个人所得税使个人可支配收入减少从而减少个人消费，增加公司所得税使公司收入减少从而减少投资，这些都会压抑总需求。

在 20 世纪 50 年代，美国等西方国家采取了这种“逆经济风向”的财政政策，有效地解决了失业和通货膨胀问题，保持了经济的稳定。

8.3.2 赤字财政政策

经济萧条时期的财政政策是增加政府支出，减少政府税收，这就必然会出现财政赤字。所谓财政赤字，就是政府的财政收入小于支出。凯恩斯主义经济学家认为，财政政策应该为实现充分就业服务，因此必须放弃传统的财政收支平衡信条，实行赤字财政政策，以充分就业为目标来制定财政预算，而不管是否有赤字，由此产生了赤字财政政策。

凯恩斯主义经济学家认为，赤字财政政策不仅是必要的，而且是可能的。其主要原因：一是债务人是国家，债权人是公众，国家与公众的根本利益是一致的，政府的财政赤字是国家欠公众的债务，也可以理解为自己欠自己的债务；二是政府的政权是稳定的，这就保证了债务偿还的可靠性，不会引起信用危机；三是债务用于发展经济，经济的发展使政府有能力偿还债务和弥补赤字。

政府实行赤字财政政策是通过发行债券来进行的。债券卖给不同的人形成不同的筹资方法。如果把债券卖给中央银行，则成为货币筹资，因为中央银行可以把政府债券作为准备金发行货币，此种方法的好处是政府不必还本付息，能够减轻政府的债务负担，缺点是会增加货币供应量而引起通货膨胀。如果把债券卖给中央银行以外的个人、企业、商业银行等，则成为债务筹资，此时政府的债券相当于向公众借钱的借据。这种筹资方法相当于向公众借钱，不会增加货币供应量，也不会直接引发通货膨胀，但政府必须还本付息，从而背上沉重的债务负担。政府不能仅仅使用一种方法筹资，因为货币筹资过多会增加通货膨胀的压力，债务筹资过多会增加财政负担，而且公众也会拒绝购买，现实中往往交替使用两种方法为赤字筹资。

赤字财政政策是把“双刃剑”，赤字财政可以在短期内刺激经济，尤其可以使经济较快地走出衰退，但同时也存在以下几个问题：一是在用货币筹资时，赤字财政必然会引发通货膨胀；二是用债务筹资减少了私人储蓄，不利于长期经济增长；三是只有在市场机制充满活力的情况下，赤字财政才能起到作用。赤字财政不可能维持经济的长久繁荣，长期运用赤字财政政策还会引起赤字依赖症。因此，赤字财政政策应限制使用，应注意使债务与 GDP、债务增长与 GDP 之间保持一定的比例。

8.3.3 财政政策实施中的困难

政府在实施税收政策时，会遇到以下困难：一是减税容易，但增税会遭到选民的反对；二是萧条时期减税不能达到刺激需求的目的，人们会把少纳税的钱用于储蓄，而不是用于消费或投资；三是税收政策具有滞后性，从方案设计、立法机关通过到税务机关执行，有一个较长的过程，因而在税收政策发生作用时，情况会有较大的变化。

政府在实施财政支出政策时，会遇到以下困难：一是减少政府购买，如减少军事订货、公共工程项目订货，会遭到大企业的反对；二是政府削减转移支付会遭到选民的反对；三是政府增加转移支付会导致人们储蓄增加，而消费和投资保持不变；四是政府因兴办公共工程或基础设施而增加支出，也会遭到大企业尤其是私营企业的指责和反对，被认为是“与民争利”，干了不该由政府干的事；五是政府支出对经济的影响存在一个时间上的滞后或作用过程，从决定建设公共工程，到开工兴建，并在经济中起到调节总需求的作用，需要一个过程，短期内不能见效，而一旦过程完成时，情况已经发生了变化。

补充阅读

荒诞的社会救助业

很少有人会想到，德国最大的产业是社会救助产业——从业人员 200 万，相当于德国汽车业、建筑业、采矿业、钢铁业、渔业、飞机制造业及能源行业的从业人员数量总和。

一、荒诞的“失业经济”

德国统一初期，民主德国地区失业问题严重，德国政府为此成立了许多就业机构，专门帮助失业者找工作。多年以后，统一带来的失业问题早已不复存在，但众多就业机构却延续下来，并创造出一种独特的“失业经济”——靠帮助失业者找工作，甚至人为创造出只为解决失业问题而存在的工作岗位，以获得来自政府的补贴。比如，一个失业者，先是被就业公司指派了一个工作：观察一种受保护鸟类。4个人一组，只是观察，其他什么都不干。失业者觉得这比待在家里还无聊，于是公司给他换了个工作：在图书馆里抄写一本关于腓特烈大帝的书。他拒绝之后，又被安排到一间办公室里。8个月之内，他的工作内容是：接了两个电话、取了几次邮件、把车开去加油两次。这样他还被称赞工作勤奋。

又例如，在一个属于红十字会的衣物申领点，28个妇女被就业公司分配到这里。她们的工作是清洗、缝补、归类人们捐赠来的衣物，但几乎没人来申领这些衣物。一个月后，卡车送来下一批捐赠衣物，同时把上一批整理好的衣物拉走，处理成碎布卖掉。28位妇女工作的唯一意义，就是让红十字会因为解决了就业问题，而从政府那里得到补贴。

一方面，很多失业者因为救济金足够生活而拒绝工作；另一方面，就业机构也更需要失业者。因为如果失业者大量消失，他们就将失去员工，补贴也将随之减少。

二、批量制造“残疾人”

卫生专家惊讶地发现，按照统计数据，1994～2010年，德国的残疾人数量增长了一倍。德国人的身体当然没有退化，只不过，符合残疾人定义的人大幅增加了。许许多多的健康人被救助机构鉴定为残疾人，目的当然人所共知。

救助机构针对儿童的工作尤其惊人。他们主要和下层社会家庭的孩子打交道，并非常乐于在这些孩子中发现残疾人和学习障碍者——这可是“优质客户”。儿童在学习过程中难免会遇到一些问题和困难。事实上，经过学校、家长、孩子的共同努力，绝大多数问题和困难都会消失或被解决。但很多贫困家庭却会选择放弃，允许救助机构从此把孩子归为残疾人或学习障碍者。这样做的结果是，救助机构得到一个长期客户，孩子却被终身贴上标签。他们将很难进入正常学校接受教育，而救助机构开设的特殊学校在等着他们。成年后，他们也很难进入正常的劳动力市场。曾有深受此害的人将这些救助机构怒斥为“慈善黑手党”。

在工作人员对市场的努力开拓下，救助机构的收入节节攀升。按规定，这些钱不能流入私人腰包，只能继续用于救助业。于是，面对花不完的钱，救助机构年年都要兴建大楼，购置新设备，招聘更多的人员。更多的人加入救助业，努力工作，然后去发现、培育更多的救助对象，从政府那里得到更多的补贴，然后再兴建更多的大楼，招聘更多的人员。救助产业一片兴旺。按就业人数计算，德国救助产业在过去15年的发展速度，是德国整体经济发展速度的7倍。

三、难民是不可多得的好题材

在这个背景下来看待德国的难民问题，就会恍然大悟。表面上看起来，德国人是因为意识形态的制约，“愚蠢”地发善心，“鲁莽”地接收大量难民，给自己带来一系列社会问题。但从德国救助机构的情况来看，真相很可能是，难民问题是不可多得的好题材，难民则是救助机构的“优质客户”。各家救助机构争先恐后地紧紧抓住难民这个不容浪费的好题材，精耕细作，深入开发，实现道义和资金的双丰收。默克尔政府无力对抗，只能顺应潮流。而且，别看难民按月从德国政府那里领取丰厚的补贴，但大头真正落入谁的手里，答案不言自明。

但是即使大家都知道福利制度弊端严重，这个问题也很难得到彻底解决。直接从业人员 200 万，加上家属和上下游产业，德国至少有数百万乃至上千万人直接或间接靠福利制度谋生赚钱。他们可不是软弱涣散的救助对象，他们是作为社会中坚力量的中产阶级和上层社会——都有投票权，有能力且有意愿影响政策。投票制度下，这种人数上的优势，足以确保任何试图削减福利制度的政策都难以通过，任何想要和救助产业为难的政治家都会很快下台。

政客在政府和救助机构之间“周旋”，名利双收。内政部长卸任后，转而担任红十字会主席；议会党团主席下台后，成为工人慈善联合会主席。一位资深议员，先是出任家庭委员会主席，之后离开议会，在福利机构中专门负责政治方面的工作。过了几年，机会合适，又回到议会重新成为议员。直接在社会救助企业中兼任高层职位的议员，占议员总数的 35%，比例比执政党还要高。

所以，救助业不但是德国规模最大的行业，还是政治和社会影响力最大的行业。德国上下根本没有能与之抗衡的力量，大家只能眼睁睁地看着它们越来越大。

错误的公共政策如果基于人们的愚蠢，虽然可能造成很大损失，但毕竟还有希望。人是会学习的动物，当他们不再愚蠢时，那些错误就会被调整和改正。可是，如果错误的公共政策建立在人们精明的算计上，那就真的是无计可施、束手无策了。人们越善于学习，越精明、越能干，这些错误就越坚固、越难以撼动。

资料来源：李子暘. 荒诞的社会救助业 [J]. 炎黄世界，2016（11）.

8.4 经济中的自动稳定因素

8.4.1 财政制度中的自动稳定器

某些财政政策由于自身的特点，具有自动调节经济、使经济稳定的机制，被称为内在稳定器。具有内在稳定器作用的财政政策主要有个人所得税、公司所得税及各种转移支付。

个人所得税和公司所得税有固定的起征点和税率。当经济萧条时，由于收入减少税收也会自动减少，从而降低了消费与投资减少的幅度，这有助于减轻经济萧条的程度。当经济繁荣时，由于收入增加税收也会自动增加，从而抑制了消费与投资的增加，这有助于减轻由于需求过大而导致的通货膨胀。

转移支付如失业补助与其他福利支出等，也有固定的发放标准。当经济萧条时，由于失业人数和需要补助人数的增加，此类转移支付会自动增加，从而降低了消费与投资减少的幅度，这有助于减轻经济萧条的程度。当经济繁荣时，由于失业人数和需要补助人数的减少，此类转移支付会自动减少，从而抑制了消费与投资的增加，这有助于减轻由于需求过大而导致的通货膨胀。

某些财政政策内在稳定器自动地发生作用和调节经济，无须政府做出任何决策，但这种内在稳定器调节经济的作用是十分有限的，它只能减轻萧条和通货膨胀的程度，而不能改变萧条和通货膨胀的总趋势，并不能代替财政政策。因此，尽管某些财政政策具有内在稳定器的作用，但仍需要政府有意识地运用财政政策来调节经济。

8.4.2 调节通货膨胀的自动因素

1. 凯恩斯效应——利率效应

根据凯恩斯的灵活偏好规律，对货币的需求由日常交易需求、预防需求、投机需求三部分组成。假定货币供应量不变，当出现通货膨胀时，必将增加货币的日常需求而减少货币的投机需求。这是因为投机需求与利率存在反方向变化关系，即投机用的货币减少，利率将上升，投资需求因此下降，总需求下降，这就抑制了通货膨胀。相反，物价下降且货币供应量不变时，日常交易用的货币减少，投机用的货币增加，利率就会随之下降，利率下降投资增加，会使总需求增加，就会阻止物价下跌。

2. 庇古效应——实际货币余额效应

庇古是20世纪早期英国经济学家，剑桥大学教授，凯恩斯的老师。按照庇古的观点，通货膨胀发生后，人们手中名义货币的实际购买力下降，即实际货币余额少了，于是人们将减少消费，消费需求减少，总需求下降，从而通货膨胀得到抑制。反之，物价下降，实际货币上升，人们将增加消费，扩大需求，这会阻止物价继续下跌。

3. 累进所得税效应

通货膨胀时，人们名义货币收入增加，较多的人进入较高的纳税等级或达到纳税起征点，纳税的人多了，投资和消费需求受到抑制，就会遏制通货膨胀的加剧。反之，物价下跌后，人们收入下降，有些人将远离纳税起征点或降低纳税等级，纳税下降收入增加，消费和投资增加，总需求上升，阻止物价进一步下降。

8.4.3 农产品价格维持制度

农产品价格维持制度是指政府为调动农场主的积极性，对某些农产品采取的支持价格政策，或允许农场主以农产品为抵押，从有关的信用部门取得贷款。实行这一制度，在经济萧条时，农场主可以从政府那里得到补贴，以弥补农产品价格下降造成的损失，在通货膨胀时期，农产品价格上升，政府可以抛出手中的农产品，从而抑制农产品价格攀升。

8.5　货币政策

所谓货币政策，是指中央银行为实现稳定物价，促进经济增长，实现充分就业和平衡国际收支的既定经济目标，运用各种工具调节货币供应量和利率，进而影响宏观经济的方针和措施的总和。

货币政策分为扩张性和紧缩性两种，主要是通过中央银行调节货币供应量，影响利率及经济中的信贷供应程度来间接影响总需求，达到总需求与总供给趋于均衡的一系列措施。

扩张性的货币政策是通过提高货币供应增长速度来刺激总需求，在这种政策下，取得信贷更为容易，利率会降低。因此，当总需求与经济的生产能力相比很低时，使用扩张性的货币政策最合适。

紧缩性的货币政策是通过削减货币供应的增长率来降低总需求水平，在这种政策下，取得信贷较为困难，利率也随之提高。因此，在通货膨胀较严重时，采用紧缩性的货币政策较合适。

货币政策在宏观经济中的作用越来越大。凯恩斯认为，由于人们心理上对货币的偏好，利率的下降是有一定限度的，所以依靠降低利率来刺激私人投资的货币政策效果是有限的。宏观经济政策的重点在于财政政策，尤其是大规模的公共工程投资。20 世纪 60 年代以后，美国的凯恩斯主义经济学家强调货币政策与财政政策同样重要，主张双管齐下以促进经济繁荣。在 70 年代后期，由于通货膨胀严重，西方各国又采用了货币主义经济学家所主张的控制货币供给量的政策。90 年代以后，克林顿政府更多地运用货币政策来刺激经济并取得成功。

8.5.1　货币供应量

货币政策的实施是通过货币供应量的变化来实现的。货币供应量有狭义与广义之分。狭义货币包括硬币、纸币和银行活期存款，其中银行活期存款比纸币和硬币更重要，因为大部分交易是用支票支付的。广义货币是在狭义货币的基础上再加上储蓄和定期存款。

银行体系由中央银行和商业银行组成，从而产生了银行体系创造货币的机制。在货币政策调节经济的过程中，商业银行体系创造货币的机制十分重要，这一机制与法定准备金制度、商业银行的活期存款就是一种货币以及银行的贷款转化为客户的活期存款等制度相关。

商业银行资金的主要来源是存款。为了应付存款客户随时取款的需要，确保银行的信誉与整个银行体系的稳定，银行不能把全部存款放出，必须保留一部分准备金。法定准备金率是中央银行以法律形式规定的商业银行在所吸收存款中必须保持的准备金的比例。商业银行在吸收存款后，必须按照法定准备金率保留准备金，其余部分才能作为贷款放出。例如，如果法定准备金率为 20%，则商业银行在吸收 100 万元存款后，就要留出 20 万元准备金，其余 80

万元可作为贷款放出。

在西方，商业银行的活期存款就是货币，它可以用支票在市场上流通。因此活期存款的增加就是货币供应量的增加。因为活期存款就是货币，所以客户在得到商业银行的贷款以后，一般并不取出现金，而是把所得到的贷款作为活期存款存入同自己有业务往来的商业银行，便于随时开支票使用。所以银行贷款的增加又意味着活期存款的增加，即货币供应量的增加。可见，商业银行的存款与贷款活动会创造货币，在中央银行货币发行量未增加的情况下，增加流通中的货币量，而商业银行所创造货币的多少，则取决于法定准备金率。

银行创造货币的机制说明了中央银行发行 1 元钞票，但实际的货币增加量并不是 1 元，因为这 1 元钞票在被存入商业银行的情况下，还会创造出新的货币量。货币乘数就是表明中央银行发行的货币量所引起的实际货币供应量增加的倍数。中央银行发行的货币称为基础货币或高能货币，这种货币具有创造出更多货币量的能力。

8.5.2 凯恩斯主义的货币政策

1. 凯恩斯主义货币政策机制

凯恩斯主义货币政策的理论基础是：货币供给量的变动影响利率，利率的变动通过影响投资和总需求而影响国内生产总值。

凯恩斯主义货币政策主要是通过调节货币供给量来调节利率，再通过利率的变动来影响总需求的货币政策。因此凯恩斯主义货币政策的机制为：

货币量→利率→总需求

在这种货币政策中，政策的直接目标是利率，利率的变动通过货币量的调节来实现，所以调节货币量是手段。调节利率的目的是要调节总需求，所以总需求变动是政策的最终目标。

凯恩斯主义货币政策的机制主要围绕两个问题：一是货币量如何影响利率，二是利率如何影响总需求。

凯恩斯主义之所以认为货币量可以调节利率，是以人们的财富只有货币与债券两种形式的假设为前提。在这一假设下，人们保存财富时只能在货币与债券之间做出选择，债券是货币唯一的替代品。持有货币无风险，但没有收益；持有债券有收益，但有风险。人们在保存财富时总是要使货币与债券之间保持一定的比例。如果货币供给量增加，人们就要用货币购买债券，债券的价格就会上升；反之，如果货币供给量减少，人们就要抛出债券以换取货币，债券价格就会下降。

债券价格与债券收益、利率的关系可以用下列公式表示：

$$债券价格 = 债券收益 \div 利率$$

可见，债券价格与债券收益的大小成正比，与利率的高低成反比。因此，货币量增加，债券价格上升，利率下降，反之，货币量减少，债券价格下降，利率上升。

利率的变动影响投资，而投资是总需求中重要的一部分，因此就会影响到总需求和国内生产总值。

2. 凯恩斯主义货币政策工具

凯恩斯主义货币政策工具主要包括：公开市场业务、贴现政策、准备金率政策。

公开市场业务是指中央银行在金融市场上买进或卖出有价证券。其中主要有国库券、其他政府债券、银行承兑汇票。买进和卖出有价证券是为了调节货币供给量，买进有价证券实际上就是发行货币，从而增加货币供给量，卖出有价证券实际上就是回笼货币，从而减少货币供给量。公开市场业务是一种灵活有效地调节货币量，进而影响利率的工具，因此，它成为最重要的货币政策工具。

贴现政策是贴现商业银行向中央银行贷款的方式。当商业银行资金不足时，可以用客户借款时提供的票据到中央银行要求再贴现，或者以政府债券或中央银行同意接受的其他合格证券作为担保来贷款。再贴现与抵押贷款都称为贴现，一般以后一种方式为主。贴现的期限一般较短，从一天到两周不等。商业银行向中央银行进行这种贴现时所付的利率就称为贴现率。

贴现政策包括变动贴现率和贴现条件，其中最主要的是变动贴现率。中央银行降低贴现率或放松贴现条件，使商业银行得到更多的资金，这样可以增加它对客户的放款，放款的增加又可以通过银行创造货币的机制，增加流通中的货币供给量，降低利率。相反，中央银行提高贴现率或严格贴现条件，使商业银行资金短缺，这样就不得不减少对客户的放款或收回贷款，贷款的减少也可通过银行创造货币的机制，减少流通中的货币供给量，提高利率。此外，贴现率作为官方利率，其变动也会影响到一般利率的水平，使一般利率与之同方向变动。

准备金率政策是指商业银行吸收的存款中用作准备金的比率，准备金包括库存现金和在中央银行的存款。中央银行变动准备金率可以通过对准备金的影响来调节货币供给量。如果商业银行的准备金率正好达到法定要求，这时中央银行降低准备金率会使商业银行产生超额准备金，这部分超额准备金可以作为贷款放出，从而又通过银行创造货币的机制增加货币供给量，降低利率。相反，中央银行提高准备金率会使商业银行原有的准备金低于法定要求，于是商业银行不得不收回贷款，从而又通过银行创造货币的机制减少货币供给量，提高利率。

3. 货币政策工具的运用

货币政策工具主要通过中央银行来运用，中央银行针对不同的经济状况，分别采取紧缩性和扩张性的货币政策。

在经济繁荣时期，总需求大于总供给，此时中央银行就要运用紧缩性的货币政策以抑制总需求。紧缩性货币政策工具主要包括：在公开市场上卖出有价证券，提高贴现率并严格贴现条件，降低准备金率，等等。这些政策可以减少货币供给量，提高利率，抑制总需求。

在经济萧条时期，总需求小于总供给，此时中央银行就要运用扩张性的货币政策，以刺激总需求。扩张性货币政策工具主要包括：在公开市场上买进有价证券，降低贴现率并放松贴现条件，降低准备金率，等等。这些政策可以增加货币供给量，降低利率，刺激总需求。

凯恩斯主义货币政策实施中也会遇到困难，在经济萧条时期，商业银行要考虑放款风险，尽管贷款需求因利率变化出现回升，但商业银行仍会出现“惜贷”现象。经济萧条时期企业预期利润率较低，因此尽管利率较低，企业也不愿意向银行贷款。在通货膨胀时期，尽管中央政府采取措施来提高利率，但此时企业仍会感到借款有利可图，因此会继续借款，而置较高的利率于不顾。这些都会影响货币政策的实施及其效果。

8.5.3 货币主义的货币政策

货币主义的代表人物是米尔顿·弗里德曼，货币主义反对凯恩斯主义的干预政策，主张把市场从政府干预中解脱出来。货币主义提出“自然失业率”，认为适当失业是可以忍受的，是市场经济的正常现象，政府没必要去想尽办法减少失业。政府干预只会导致极其有害的通货膨胀，政府在失业与通货膨胀左右为难的政策选择中，破坏了市场功能。货币主义的政策主张对英国撒切尔政府和美国里根政府的经济政策有很大影响。

货币主义的货币政策在传递机制上与凯恩斯主义的货币政策不同。货币主义的理论基础是现代货币数量论，认为影响国民收入与价格水平的不是利率而是货币量。货币量直接影响国民收入与价格水平这一机制的前提是：由于人们的财富具有多种形式，包括货币、债券、股票、住宅、珠宝、耐用消费品等，因此人们在保存财富时就不仅是在货币与债券中做出选择，而且要在各种财富的形式中进行选择。在这一假设下，货币供给量的变动主要不是影响利率，而是影响各种形式资产的相对价格。在货币供给量增加后，各种资产的价格上升，从而直接刺激生产，在短期内使国民收入增加，并会使整个价格水平上升。

货币主义者反对把利率作为货币政策的目标，认为货币供给量的增加只会在短期内降低利率，而其主要影响还是提高利率。其原因在于：货币供给量的增加使总需求增加，总需求增加一方面增加了货币需求量，另一方面提高了物价水平，从而减少了货币实际供应量，这两种作用的结果就会使利率提高。利率还要受人们对通货膨胀预期的影响，名义利率等于实际利率加预期通货膨胀。货币供应量增加会提高人们的通货膨胀预期，从而也就提高了名义利率。因此，货币政策无法限定利率，利率是一个会把人们引入歧途的“指示器”。

货币主义者还认为，货币政策不应该是一项刺激总需求的政策，而应该作为防止货币本身成为经济失调的根源的政策，货币政策能为经济提供一个稳定的环境，并抵消其他因素所引起的波动。因此，货币政策不应该是多变的，应该以控制货币供给量为中心，根据经济增长的需要，按一固定比率增加货币供给量，这也称为“简单规则的货币政策”。这种政策可以制止通货膨胀，为经济的发展创造一个良好的环境。

近年来在许多国家出现的一种趋势是中性货币政策。所谓中性货币政策是指不用货币政策去刺激、抑制经济，而是使货币在经济中保持中性。也就是把货币政策的重点放在稳定物价上。货币政策的目的不是实现充分就业、经济增长或其他，而是稳定物价，为市场机制的正常运行创造一个良好的环境。与这种政策相关，中央银行的趋势是加强独立性，使之不受政府的干扰，以更好地实现中性货币政策和物价稳定。

补充阅读

货币政策应该关注收入分配效应吗

公共政策都有一定的收入分配效应，货币政策也不例外，在某些情况下，货币政策的收入效应会很大。中国当前正处于收入差距调整时期，一个重要背景是货币信贷增速较快，货币政策的影响值得深入考量。特别是鉴于一些特殊因素，中国货币政策的差异化影响可能远大于成熟经济体，从而会对收入分配产生更显著的影响。

从货币政策研究看，多数观点认为，促进收入公平不在货币政策目标之列，亦不是考核中央银行绩效的标准，货币政策无须对其加以关注。也有观点认为，货币政策主要作用于总量。比如通货膨胀时期普遍会讨论货币贬值，但较少讨论对不同人群的不同影响。从政策分工看，促进收入公平更多是财政政策、社会保障政策或产业政策的范畴。另外，在成熟的市场经济国家，中央银行具有较高的独立性，货币政策有时可能偏向某类人群。出于这些考虑，货币政策较少讨论对收入分配的影响。

从收入分配研究看，收入差距来源通常被分解为初次收入分配差距和再次收入分配差距，城乡差距、城市内部和农村内部收入差距，地区差距和地区内部差距，不同人群之间的差距等，相关研究聚焦于人力资本、资本收益率、社会资本、市场分割、社会保障政策等，并没有为货币政策留下空间。

一、货币政策如何影响收入差距

这里以扩张性货币政策为例展开分析。

一是资产组合渠道。就扩张性货币政策而言，现金、存款等资产无收益或收益相对固定，其购买力更容易受损，而房产、黄金等实物资产具有较强抗通胀功能，或收益率与货币扩张速度关联更紧密，因此持有不同资产的人群会受到不同的影响。通常而言，低收入人群持有现金、存款的比例较高，高收入人群持有实物资产的比例较高，因此扩张性货币政策会因资产组合不同而加大收入差距。资产组合渠道涉及对存量财富的分配，比如在扩张性货币政策下，资产价格特别是房价往往上升幅度更大，工业品价格上升幅度则较小，由于高收入者持有更多资产，从而会拉大收入差距。在恶性通货膨胀的情况下，这一渠道会对收入分配造成重大影响，低收入人群多年积累的储蓄或养老金会急剧缩水。

二是收入渠道。对于工资收入或者固定收入者，扩张性货币政策令其收入的购买力缩水，生活质量下降。而浮动收入获得者的收入水平会随着通货膨胀或资产名义回报率变动水涨船高，所受影响较小。特别是对利润占有者来说，通货膨胀导致真实工资水平下降，剩余的利润水平会相应上升，其可以从中获益。

三是金融参与渠道。通货膨胀会减少债务负担，使得收入分配从债权人向债务人倾斜。通货膨胀将使有机会和有能力增加负债的人群获益。同样，由于扩张性货币政策首先传导至金融市场，带来金融产品价格上升机会，更多参与金融市场人群的收入水平将得到更快的提升。

四是资本积累渠道。货币扩张会加快全社会的资本积累速度，资本要素相对劳动要素从社会总产出中分得的比重会增加，这会加大全社会收入差距。

五是金融救助渠道。非常规量化宽松货币政策购买某些特定金融资产时，会降低其利率，相关企业得以用更低的利率融资。在救助个别金融机构时，中央银行的定向支持带有明显的财政政策性质。总体而言，央行资产方的扩张，直接受益的是部分机构或人群；而负债方的扩张或资产方出现的损失则由全体公众承担。这其中蕴含着明显的收入分配效应。危机救助过程中，美国国会多次就利益分配问题向美联储提出询问。

以上渠道均表明，扩张性货币政策对拥有较多实物资产、较多参与金融市场、收入水平灵活和较多负债的人比较有利，这部分人通常是收入水平较高者。而对更多拥有现金存款、较少参与金融市场、收入固定和较少负债的人则更为不利，这部分人通常是收入水平较低者，因而会加剧收入差距。

与此同时，扩张性货币政策通过两个渠道也有可能降低收入差距。一是低利率（扩张性货币政策）会损害储蓄率（减少其利息收入）、有利于借贷者，由于储蓄者通常更富有，因而有可能缩小收入差距。二是扩张性货币政策主要目标之一是降低失业率，而就业收入是低收入人群的大部分收入来源，因而有助于缩小全社会收入差距。

对每个市场主体而言，货币政策传导所带来的影响显然不是均匀分布的，不同政策工具也会有不同的结构化影响，在不同条件下，可能加剧或缩小收入差距。从国际研究结论看，较多研究发现，扩张性货币政策会加大收入差距，但也有部分研究认为，扩张性货币政策有助于缩小收入差距。

二、中国货币政策的收入分配效应为什么可能更大

由于一些特殊的原因，中国的货币政策的收入分配效应会更加显著。

一是人口迁移存在障碍。中国总体的收入差距与美国不相上下，两国收入差距的构成却大相径庭。美国收入差距主要来自人群中不同行业、不同教育背景之间的差距，而中国的收入差距更多来自城乡之别、地域之差。美国之所以城乡、地区间收入差距很小，一方面是因为已经完成了城市化，地区间发展水平比较趋同，另一方面缘于美国不存在限制人口自由迁移的体制分割，当城市或者每个地

区收入较高时，人口自然向该区域流动，结果就是人力资本相同的人，无论生活在农村还是城市、东部还是西部，都能获得同等水平的收入。而中国由于户籍制度、社会保障、住房限购、教育医疗等对劳动力的正常流动造成阻碍，即便一线城市教育资源更好、收入更高、社会保障更好、房价上升更快，人口也不能自由迁入。在此情况下，扩张性货币政策更多利好城市居民和东部地区，这种差距因为人口自由迁移不畅而难以通过市场机制弥合，从而放大了货币政策的收入分配效应。其中有两个问题值得关注。其一，过去 20 多年，房价高速上涨是影响中国收入分配最深刻的因素，而扩张性货币政策与城市特别是大中型城市房价高度关联，因而大中城市居民从货币扩张中获益更多，这不仅加大了收入差距，更加大了财富分配不均。其二，东部沿海和部分内陆城市在扩张性货币政策中集中了更多金融资源，扩大了社会融资规模，从而加大了地区收入差距。

二是金融发展更不平衡。中国地区和城乡之间的金融发展水平极不平衡，使得货币投放不能给社会公众带来普遍收益，从而扩大了社会收入差距。比如，不少农村地区居民仍习惯于主要依赖储蓄存款，较少参与资本市场或购买理财产品，新建住房时也难以像城市居民购房那样获得银行按揭贷款。

三是融资方式以间接为主。以间接融资为主，意味着大部分居民储蓄只能获得银行利息，金融资源使用的分配也会更不均衡，更加偏向政府融资平台和大中型企业。相比之下，以直接融资为主，意味着更多社会公众能够通过购买股票、债券等，分享企业利润和资本市场增值带来的收益。

三、货币政策为何应关注收入分配效应

货币政策应关注分配效应，主要有下面几个原因。

首先，货币政策作为公共政策，应减少对收入分配带来的副作用。收入分配是一个重大社会经济问题。如果货币政策对其确有影响，且在某些情况下非常明显，货币政策就不得不予以关注。美国经济学家在 2012 年就质疑“是谁控制着美联储”。他们认为，历次危机后，金融部门的高收入人群都会影响美联储延长低利率政策的时间，以获取更大财富，并预言这次也不会例外。因此，无论主动还是被动，货币政策的收入分配效应无法回避。

其次，收入差距会影响货币政策最终目标的实现。马尔萨斯、凯恩斯等经济学家都认为，边际消费倾向递减规律使得高收入人群的消费率较低，相应的储蓄率较高，如果收入差距过大、财富过于集中，将导致全社会有效需求不足，严重时会诱发经济衰退。同时，国内消费不足、储蓄过多也会反映为国际收支不平衡，从而影响货币政策实现最终目标。收入差距过大，在中长期也会影响一国社会阶层的流动性和经济增长的韧性，从而对经济增长造成负面影响。这些问题都会影响货币政策实现最终目标，也应该纳入中央银行的视野。

再次，中央银行越来越关注包容性发展。近年来，中央银行除了关注通货膨胀、就业等传统政策目标，也正致力于发展普惠金融、多层次金融市场，促进包容性增长。这意味着货币政策的实施应尽可能兼顾促进收入分配的均等化，至少

应避免激化收入分配矛盾。

最后，货币政策的灵活度更大。税收、转移支付、社会保障、教育、户籍等改革是平抑收入差距更直接的政策。但这些政策改革在任何一个国家均非易事，其调整通常远远滞后于现实需要。相比之下，货币政策有很好的灵活度，可以做出更及时的响应，在一定程度上可以弥补其他政策的调整时滞问题。

四、货币政策如何关注收入分配

货币政策最主要的目标是保持物价稳定，同时致力于促进经济增长和充分就业，维护金融稳定。实现这些典型目标的同时，也会促进各阶层收入的增加和社会福利的改善，因而货币政策与收入分配公平化总体上是一致的。但不可否认的是，在此过程中，货币政策对不同人群的影响程度有所不同。公共政策一方面要促进机会平等和规则公平，促进初次收入分配更加公平，另一方面，作为再分配手段，应该减少而不是扩大收入差距。

就促进初次收入分配更加公平来说，货币政策应该支持普惠金融发展，通过金融服务和金融资源的普及化和均等化，促进经济的包容性发展。这方面包括对中小金融机构实行更优惠的政策倾斜，如实行较低的存款准备金率、更便利的再贷款、再贴现政策等。除了货币政策工具，中央银行还可以通过鼓励发展中小金融机构、多层次金融市场、数字普惠金融等来促进普惠金融发展，让弱势群体和小微企业更充分地利用金融资源加快发展。

就再分配效应来说，货币政策应该避免恶性通货膨胀和资产价格快速上涨，避免造成强烈的再分配效应。货币信贷投放应避免集中于某些特定领域，特别是房地产、国有企业、地方政府平台或部分地区。在货币政策工具选择上，应减少对数量型工具的使用，更多采用价格型工具，减轻政策扭曲。货币政策可以尝试一些定向调节工具，向薄弱环节和弱势群体倾斜。此外，中央银行在应对金融风险中，应遵循公开透明的法定原则，并把握好度，避免未经适当程序而对广大公众福利造成影响。

资料来源：傅勇，张黎娜. 货币政策应该关注收入分配效应吗？[J]. 经济学家茶座，2017（3）.

8.6 宏观经济政策争论

经济学家关于宏观经济政策问题存在着严重的分歧，有着激烈而尖锐的争论，其争论的中心是政府该不该用经济政策来稳定经济，分歧点主要体现在反馈规则与固定规则的争论上。

8.6.1 反馈规则：相机抉择

反馈规则是指政策行为要对经济状态的变动做出反应，即根据经济状况的变动制定相应的稳定经济的政策。

在采用反馈规则时，制定经济政策的方法称为相机抉择。相机抉择是指政府在运用宏观经济政策调节经济时，可以根据市场情况和各项调节措施的特点，机动地决定和选择当前究竟应采取哪一种或哪几种政策措施。

财政政策与货币政策的特点是不同的。财政政策比较直接，而货币政策通过利率起作用，相对来说比较间接。财政政策和货币政策的各项措施猛烈程度不同，政府支出的增加与法定准备金率的调整的作用都比较猛烈，而税收政策与公开市场业务的作用则比较缓慢。财政政策和货币政策效应的时延也不一样，货币政策可以由中央银行决定，作用快一些，财政政策从提案到议会讨论通过，需经过一段相当长的时间。财政政策和货币政策所影响的范围大小也不一样，政府支出政策影响面大一些，而公开市场业务影响面则要小一些。财政政策和货币政策受到的阻力大小也不同，增税与减少政府支出遇到的阻力较大，而货币政策一般来说遇到的阻力较小。因此，当需要进行调节时，究竟采用哪一项政策，或者如何对不同的政策手段进行搭配使用，并没有一个固定不变的程式，政府应根据不同的情况灵活决定。

要根据不同的经济形势采取不同的政策，例如，当经济发生严重衰退时，就不能运用作用缓慢的政策，而是要运用作用较猛烈的政策，如紧急增加政府支出或举办公共工程；相反，当经济开始出现衰退的苗头时，不能用作用猛烈的政策，而是要采用一些作用缓慢的政策，例如有计划地在金融市场上收购债券，以便缓慢地增加货币供给量和降低利率。

相机抉择的实质是灵活地运用各种政策，所包括的范围相当广泛。例如，在什么情况下无须采取政策措施，可以依靠经济本身的机制自发地调节；在什么情况下必须采取政策措施，等等。这些都属于政策运用的技巧。运用反馈规则有利于经济尽快克服衰退或通货膨胀，相机抉择就是考虑使用什么政策或哪些政策的配合，以便更好地走出衰退。

8.6.2 固定规则：以不变应万变

固定规则是指所采用的经济政策不取决于经济状况，无论经济进入衰退还是繁荣，经济政策都不会改变。例如，货币主义提出的简单规则货币政策，就是按一个固定比率增加货币供给量，无论经济发生什么变动，这个比率都不变，这就是一种固定规则的政策。所以，这种规则的中心是以不变应万变。

主张固定规则的经济学家认为，从理论上讲，反馈规则可以及时使经济走出衰退，当然是好的，但由于经济政策实施中存在一些问题，就会产生意想不到的结合。主要有以下几个方面的问题。

1. 政策时延问题

任何一项政策，从决策到运用于经济中达到预期目标，都会有一定的时间间隔，这种时间间隔就叫政策时延。这种时延的长短对政策能否达到预期的目标有重要的影响。

政策时延可分为内在时延和外在时延。内在时延是指从经济中发生了引起不稳定的变动，到决策者制定出适当的经济政策并付诸实施之间的时间间隔，其中包括从经济中发生了引起不稳定的变动，到决策者认识到有必要采取某种政策的认识时延；从认识到有必要采取某种政策，到实际做出决策的决策时延以及做出决策到决策付诸实施的实施时延。外在时延是指从政策实施到政策在经济中完全发生作用，达到预期目标之间的时间间隔。

各种宏观经济政策的时延是不同的。一般来说，财政政策从决策、批准到实施，需要经过许多中间环节，内在时延较长，但其作用比较直接且见效快，外在时延较短。货币政策由央行直接决定，所经过的中间环节少，内在时延短，但它的作用比较间接，外在时延就较长。缩短政策时延，使政策更快地发挥作用是十分必要的，但时延是客观存在的，又无法消除。这样，在决定政策时，一定要考虑到各种的时延，以免政策无法达到预定的目标。

2. 预期问题

预期包括决策者对未来经济走势的预期以及公众的预期。一种正确的决策要建立在正确预期的基础之上。但由于信息不充分或对经济运行规律认识不深入，要做出完全正确的预期是困难的，甚至是不可能的。如果根据错误的预期做出错误的政策，还不如没有政策。另外，政策效应如何还取决于公众对政策本身和经济形势的预期，以及他们所做出的反应。任何一项政策都需要公众的配合，如果没有公众的配合和积极反应，政策很难起到应有的作用。如果公众认为政策的变动只是暂时的，从而不对政策做出反应，那么政策就很难达到预期的目标。

例如，如果公众认为某次减税只是暂时的、一次性的，那么他们就不会由于这次减税而增加消费或投资，减税就起不到刺激总需求的作用。如果公众认为未来经济会发生严重衰退，即使政府减税，公众也不会增加消费或投资，减税也起不到刺激总需求的作用。只有公众认为政策是一种长期的政策，并与政府有大致相近的经济预期时，才能配合政策，使政策发挥作用，达到预期的效应。但要公众做出正确的预期，自动配合政府是十分困难的，这就使政策在实施中有时得不到公众的配合，从而使政策难于完全达到预期的目标。

3. 非经济因素对政策的影响

经济政策不是孤立的，它要受到许多因素的影响，尤其是国内外政治因素的影响。其原因首先在于制定政策时所考虑的不仅有经济因素，还有政治因素，有时政治因素比经济因素还重要。例如，在大选前夕，尽管经济中已经出现通货膨胀，但本届总统为了连选连任，一般不会采取紧缩性政策，因为紧缩性政策会使失业增加、经济萧条，会对总统的再次当选带来不利的影响。

其次，政策在实施中也会因为各种因素的影响，而难以实现预期的目标。例如，减少政府支出的政策会遇到被减少了订货的企业集团与工人，以及接受政府补助的穷人的反对或抵制。出于政治上的考虑，政府也会中止或减少这种政策，从而使原定的政策难以实现预定的目标。此外，国际政治关系的变动，某些重大事件的发生，甚至意想不到的自然灾害，都会影响政策的实施与效应。

由于一些因素在起作用，有时目的在于稳定经济的政策，结果会变成经济波动的根源。不断根据反馈规则做出政策调整很可能破坏经济本身的稳定性。

支持固定规则的经济学家认为，如果衰退不是来自总需求而是来自总供给，反馈规则会引起成本推动的通货膨胀，因此无论经济波动来自总需求还是总供给，依靠市场自发调节要优于政策调节，固定规则政策优于反馈规则政策。

8.6.3　反馈规则与固定规则分歧的实质

反馈规则与固定规则之争的实质是要不要国家干预经济。

主张反馈规则的经济学家是凯恩斯主义者，他们认为市场机制调节作用是不完善的。在短期内市场机制无法发挥作用，经济必然出现失业或通货膨胀。尽管在长期中，经济可以依靠市场机制自发地恢复充分就业均衡，但这种短期也可能是一年或几年，在这一段时期内经济中的失业或通货膨胀会对社会带来不利影响，甚至使经济衰退或繁荣过分严重，导致社会无法承受。因此在这种情况下，有必要由政府用经济政策进行调节，以便尽快恢复充分就业的均衡。尽管政府的政策有可能出现失误，但与经济经历的痛苦相比，失误是较小的。

主张固定规则的经济学家是新古典宏观经济学派，他们认为无论在短期还是长期中，市场机制是完善的，可以起到有效调节作用，使经济处于充分就业均衡状态。这个过程需要的时间可能长一点，但自发调节不会引起什么不利影响。相反，如果经济中出现问题就用反馈规则做出反应，结果反而会加剧经济波动。政府的职责是维持正常的市场秩序，用固定规则维持物价稳定，避免政策本身成为波动的根源。国家干预往往破坏了市场机制正常发挥作用，使经济的自发调节更为困难。因此，无论在短期还是长期中，国家干预有百弊而无一利。

可见，整个宏观经济学的争论实际都是围绕着国家干预与自由放任，对宏观经济政策的争论正说明了这一点。

补充阅读

不理财的日本人

日本人不理财。初次听说这事儿，是在日本国际交流基金的欢迎午餐会上。按照在国内闲聊的套路，我向日本朋友询问他们是不是也做 P2P（点对点网络借贷平台）。翻译刘小姐费了半天劲才解释清楚什么叫 P2P，两位同席的基金会领导随即回复：“No、No、No，我们不但不做 P2P，而且不上网理财，不上网炒股，也没有某某宝、某某通，甚至不上银行买基金国债，至于倒腾古玩字画、黄金外汇、房产楼花，那就更甭提了。总之一句话，我们视理财如无物……”啊？！我停箸不食。我告诉他们，在中国，不要说像他们这样年富力强的，上至 80 岁的祖母，下到黄口小儿，用手机买个基金什么的早已司空见惯。这种信息化时代的理财早就超越了金融范畴，外延到社交领域，已然成为加深社会连接的重要纽带。在座的日本人淡然回复：“在日本人心里，理财跟赌博差不多，都属于投机……”听了这话，我不禁暗叹一声，默默端起面前的清酒一饮而尽，浇熄了我胸中本欲传授中国版致富经的热情。

后来我才知道，在日本，理财差不多是个贬义词。绝大部分日本人理财只有两个套路，一个是存银行吃利息，利息是——基本没有（反正多年来他们也不通货膨胀，时不时还紧缩一下子）；第二个是买房，但跟中国人不同的是，他们买房不是为了坐等升值（因为房价差不多一直在降），而是瞄着租金，一年是五六个点。其余的理财方式，日本老百姓基本都是敬而远之。但是，发财是人性，难道日本人都到了物我两忘的境界吗？当然不是，要说明其中缘由，还得从20多年前讲起——当中国人开始改革开放时，日本经济已经历了30年的高速增长。从朝鲜战争开始，经历了战后复苏、1964年东京奥运会，到20世纪80年代，日本已经成为世界第二大经济体。与中国的高速增长让少数人先富起来不同的是，日本人爱搞“国民收入倍增计划”，他们一共1.2亿人口，1亿都是中产阶级，直接搞成了共同富裕。城市化率从“二战”后的30%一下跃到90%，农民妥妥地进城变成城镇居民——因为没有户籍这东西。同时，城里的政客要讨好农民，因为农民是选举时最大的“票仓”，所以对这些进城务工人员都是鞠躬欢迎，从不敢搞什么孩子没学籍、限制买房买车之类的小动作——奇怪的是，这种“不作为”反倒真正实现了迄今为止最高效的现代化进程。

20世纪80年代，日本经历了他们的黄金时代，无论城市还是乡村，无论普通家庭还是富豪老板，无论大财阀还是小企业，整个社会都觉得日本的前途和“钱途”不是小好，而是大好——工人工资增加，企业利润上涨，即便1985年被美国逼迫签署了阴险的《广场协议》，日元被迫在不到3年间大涨一倍，造成了出口危机，但反而因为日元国际购买力的增加，使得普通日本人成了能够在全球“买买买”的“扫货侠”。随之而来的站在世界之巅的喜悦，幻化为万丈豪情，又内化为对本土股市和楼市的狂热，从东京开始席卷全日本的炒房热成为每个日本家庭的必修课。根据当时的媒体报道，日本沉浸在一个“地价不倒”的神话中。当时东京地铁山手线（大概相当于北京2号线）内的土地价值已经可以买下整个美国，“买下美国，然后再把美国出租给美国人住”——这个著名的调侃意味深长：在日本民众心中，即便领土上仍然驻扎着美国占领军，但“二战”带来的战败屈辱，已经通过这种方式进行了解构。于是，“经济景气＋金融宽松＋民族自豪”三驾马车合流。银座、新宿这样的地方成为全民销金窟，夜夜笙歌，卡拉永远OK。当时凌晨喝多的人要想打到车回家，据说要加价到100万日元出租车司机才肯搭理。

1989年日本的银行利率为2.59%，日本央行在一年时间里将其提升到6%，同时紧缩银根。这是政府“扑灭泡沫”政策的真操实练。而这种带有日式决绝的、已然超越了“休克疗法”的“切腹式”狠招，很快便见成效——1991年大量呆账、坏账拖垮了诸多银行，倒闭潮滚滚而至，那些杠杆加得太高的炒家接连倒下，股市同步崩溃——日经指数从最高时的4万点跌到1万点，迄今未回归……那些日子真是不堪回首。于是，这段先甜后苦的痴恋化为4个大字，刺在了日本民族的后背上——不能投机！不要说炒股炒房，就算低风险投资，比如上面说的理财等，都让日本百姓避之唯恐不及——总之，20 多年前的楼市一崩盘，不仅刺破了经济泡沫，某种程度上好像也刺破了日本人的自信，整个国家的上升曲线出现了拐点。与之对应的是，日本也从高歌猛进转轨成为一个“风险厌恶型”社会。这种风险厌恶不仅仅影响着理财，恐怕也影响着日本的未来。在东京的这些日子，我经常听人向我描述当下日本年轻一代的状况——处在本该朝气蓬勃、敢想敢干、肆意妄为的年纪，非但不像中国的同龄人一样激情创业、留学，就连“世界那么大我要去看看”的欲望也淡得很，主要不是因为钱，而是多麻烦啊，不会外语啊，日本多好，又干净又安全，干吗要费那个劲儿？这一代日本年轻人被称为“草食系”。作家近藤大介这样评价：“他们根本不会去思考怎样让自己的财富倍增，也不会有诸如以后自己开公司，将来上市的庞大野心。他们所想的只是如何维持目前自己岌岌可危的地位以及少得可怜的存款；他们不会打破成规，不会轻易失败，当然也不会取得巨大成功。”

日本人自己其实早就看出这种风险厌恶引发的社会动能退化。一位头发花白的老者感叹，日本有两次“有劲”的时代，一次是明治维新后，一次是“二战”结束后，现在日本的许多大企业几乎都是从那两个时代中产生的。而现在这种畏惧风险、不愿出头的氛围，多多少少跟 20 多年前那个泡沫的破灭有关……我们习惯对中日做某种比较——相隔 30 年的经济高速增长、相隔 30 年的房产狂热，之后呢，会不会也有另外一个 30 年的幽灵在不远处徘徊？我们总说“前车之鉴”，对于中国来说，日本在某种意义上真的很像一辆探路的开道车，我只希望我们不要浪费了他们已付出的代价——那不仅仅是经济上“失去的 20 年”，还造成了整个社会的基因突变。

资料来源：刘新宇．不理财的日本人 [N]. 三湘都市报，2017-05-04.

学习指导

1. 学习建议

建议主要掌握以下内容。

（1）通货膨胀是指物价水平普遍而持续的上升。

（2）宏观经济政策目标是充分就业、物价稳定、经济增长和国际收支平衡，其中心是稳定。

（3）财政政策是用政府税收与支出来调节经济以实现稳定。繁荣时采取增加税收和减少支出的紧缩性财政政策，衰退时采取减少税收增加支出的扩张性财政政策。

（4）赤字政策有利于经济走出衰退，但会加重财政负担，并引起通货膨胀，减少储蓄。

（5）凯恩斯主义货币政策是通过货币量影响利率，通过利率影响总需求。增加货币供给降低利率是扩张性货币政策，减少货币供给提高利率是紧缩性货币政策。

（6）反馈规则与固定规则之争的实质是要不要国家干预经济。

2. 学习重点与难点

学习重点

（1）宏观经济政策目标。

（2）如何运用财政政策和货币政策调控经济。

学习难点

理解财政政策和货币政策运用的机理。

核心概念

通货膨胀　充分就业　物价稳定　财政政策　财政赤字　货币政策
凯恩斯主义货币政策　反馈规则　固定规则　相机抉择　政策时延

课后练习题

1. 1997 年东南亚金融危机后我国经济出现了放慢增长的现象。这时应该采取什么样的财政政策？我国是如何运用这一政策的？
2. 为什么仅仅有自动稳定器是不好的，还要运用积极财政政策？
3. 什么是反馈规则？什么是固定规则？两者分歧的实质是什么？

案例分析

干预还是放任

当选美比赛选手被问到愿望时，她们常常回答希望“世界和平”“治愈艾滋病”或“消除贫困”。谁会反对这些目标？没有人。但是，重要的问题是如何实现这些目标，以及需要不需要选手们的帮助。

我们的经济目标也是如此，人人都想要实现充分就业、低通货膨胀和公平，但我们将如何实现这些目标？我们依靠亚当·斯密“看不见的手”引领实现未来经济的辉煌，还是依赖政府的干预以确保我们到达正确的目的地？在微观和宏观经济层面上，决定是干预还是放任的问题会一次次出现。

1998 年对微软公司的反托拉斯诉讼将上述问题带入了微观经济的最前沿。长期以来微软公司声称自己是世界头号创新者。因此，当 1998 年美国司法部指控微软公司抑制创新和损害消费者时，微软感到吃惊。这一诉讼中的关键问题是微软公司能够把其网络浏览和视窗操作系统“捆绑”在一起。微软公司宣称把应用软件加于操作系统，是为大众提供了更优质的产品。实质上，微软公司采用了亚当·斯密的观点作为其辩护的核心理由。微软公司声称，应该是市场而非政府来决定生产什么计算机产品以及由谁来生产。如果微软公司生产劣质产品或索取过高的价格，市场会通过降低销量和利润给予其惩罚。既然成千上万的消费者十分乐意购买微软的产品，政府就应该“任其自然”。

司法部驳回了这一理由。它承认微软公司生产了大量的好产品，但认为微软公司几乎垄断了操作系统市场，这使它在生产什么的问题上具有绝对的决定权。假如有更多的企业参与竞争，消费者就会得到更好的产品和更低的价格。司法部称需要政府干预来阻止微软扼杀潜在竞争者和对选择生产什么加以限制。

干预还是放任的问题也出现在宏观层面上。以利率水平为例，利率变动对于通过贷款购买昂贵品如汽车和住房的消费者会有很大影响。高利率也会增加消费者信用卡余额的成本和学生偿还贷款的成本。对公司来说，利率可能是决定是否投资于新厂的一个关键因素。

市场完全能够决定利率，但市场的决定不一定与我们的宏观经济目标相一致。如果利率太高，消费者和投资者的支出会减少，从而使产出积压和工人失业。如果利率太低，市场参与者会持续过度支出，使经济过热并导致通货膨胀。两种结果都表明宏观经济失调。

为扭转宏观经济失调，政府会管制信贷条件。特别是，美国联邦储备银行通过管制银行行为试图把利率保持在适当水平。这使得美联储对宏观经济有巨大影响力。然而，美联储有时也会出现失误，认识到这一点，每一次干预宏观经济的决策都必须谨慎地制定。

基于上述案例请思考：

①你认为政府干预会改善还是恶化经济结果？

②请举出事例印证你的观点。

补充阅读

“房子”转向，中国人如何续写财富故事

2018 之前的这几年，很多中国人的财富生涯坐起了“过山车”。

2015 年，A 股遭遇大震荡，数日之间，大量中小投资者财富灰飞烟灭，在这场大震荡中，5.7 万个 500 万市值以上的账户“消失”，而 10 万～50 万市值的账户减少了 86.9 万个。

2016 年，一线城市的房价突然暴涨。对“上车者”，特别是多套房拥有者而言，财富阶层瞬间晋级，他们自己都不曾预料到人生竟然如此美妙。而那些“没上车者”，则马上意识到财富人生的失落，乃至悲凉。

2018 年，是过去的延续，还是一个崭新的开始？当前，一个不争的事实是，中国经济的增速开始放缓。那么，在这个时候，我们必须警惕两个问题。一是靠着高增长推动的金融游戏的利益链条，是否会因增速放缓，收益下降而断裂，从而引发债务风险，乃至金融风险？二是财富创造过程伴随经济增速下滑而放缓，

在这个时候，必须警惕财富的分配开始凌驾于财富的创造。2015 年的股市、2016 年和 2017 年的楼市，是否会在新的时间重现。中国人基于资产价格的财富故事，会不会出现轨道的转换?

一、“房子”转向

离开房子，一切关于中国经济和中国人家庭财富的讨论都是没有意义的，2018 年也一样。

2017 年 12 月 18 ～ 20 日，中央经济工作会议在北京举行，这是对 2018 年经济政策的定调会议。会议指出，要围绕推动高质量发展，做好八项重点工作。按照新华社的通稿，其中一项的表述是，要加快建立多主体供应、多渠道保障、租购并举的住房制度。要发展住房租赁市场特别是长期租赁，保护租赁利益相关方的合法权益，支持专业化、机构化住房租赁企业发展。

可以看出，“租赁房”正在成为一个越来越重要的房地产政策关键词，它正在指向未来房地产市场某些正在发生的深刻变化。

时间回到 20 年前中国推行房改的时点。1998 年 7 月，国务院发布《关于进一步深化城镇住房制度改革加快住房建设的通知》，宣布从同年下半年开始全面停止住房实物分配，实行住房分配货币化。同时，也首次提出建立和完善以经济适用住房为主的多层次城镇住房供应体系。

房改的意图是什么？有人认为，是在亚洲金融危机之时，拉动需求，进而拉动经济。不过，房改一步棋，最大的价值是盘活了地方政府手中最大的资产——国有土地。当时，尽管土地拍卖早已启动，但如果没有房改，中国便无法形成真正的楼市需求，“土地财政”也没有强大的动力支撑。

从当年的文件表述看，房改至少有两个基本定调：一是房子是老百姓居住用的“商品”，是商品房，而不是用来投资的投资品；二是纯市场化的商品房为辅，经济适用房为主。但房改已经 20 多年，有意思的事，当年提出的两个基调都没有按照预期地走下去。一是“以经济适用住房为主”的供应体系并没有形成，无论一线，还是二线城市都是以完全市场化商品房作为供应市场的主流。二是房子的居住功能被异化，早已从商品变成了投资品，这是当初始料未及的。

第二个定调的“走偏”，的确是个大问题。但第一个定调的走样，即经济适用房的式微则并不是问题。某种意义上讲，经济适用房并非是一种政策上的优选。它的分配过程，很容易发生腐败和寻租行为，这几乎是一个常识。

对低收入人群来说，租赁房显然是比经济适用房或者说保障房更加科学的策略。一个简单的道理是，租赁者只有居住权，而没有完整的产权，故而也无法获得资产增值的利得，所以权力在这个过程中寻租的动力必然被大大削弱。

在世界上很多高房价的经济体，比如中国香港，解决低收入者居住问题的办法就是发展租赁房。当然，租赁房不一定能够确保所有低收入者舒适地、有尊严地居住，但至少可以确保一个劳动力体力恢复所需的最小限度的空间需要，比如一张床。

显然，经过 20 多年的楼市政策起伏，中国已经认识到了问题所在。更重要的还是，现在已经到了必须要改革的时候。这种决心的形成，来自于两个层面的因素，一是内部，二是外部。

从内部来看，直到现在，地方政府的“土地财政”问题并没有找到一个真正的“解法”，分税制的改革绝非朝夕之功。实际上，在房价稳定上涨的前提下，“土地财政”并没有改革的压力，但问题在于 2016 年的房价暴涨，第一次打乱了“土地财政”赖以存在的某种秩序，对中国原有的财政金融体系，乃至在社会层面形成了前所未有的压力。

在一线城市，房价首次超过了绝大多数当地工薪族的承受能力。以前，公众对“房价”多是一种调侃，现在却事关年轻一代的婚姻和阶层。实际上，中国社会长期以来都有一种平等、平均的传统。换句话说，房价的暴涨可能正在逼近这个社会的容忍度极限。

当然，换个角度看，中国社会的广度和深度往往超出外国人的想象，这个社会的韧性或者说容忍度也是潜力无限的。因此，在某种意义上讲，内部因素并不是政策转向的主要原因，外部因素，或许更为关键。

二、资产问题

外部因素是什么？它是内部资产价格的泡沫可能危及本币币值，进而危及金融体系的稳定，乃至影响某些更加纵深的层面。

2016 年 9 月，即一线城市楼市暴涨大约一年后，方正证券的一份报告估算，中国房地产总市值已经占 GDP 的比例为 411%，远高于全球 260% 的平均水平。

另有一项数据显示，早在 2015 年的时候，中国家庭总资产中，房产占比高达 69%，比美国的两倍还多。考虑到 2016 年的房价暴涨，这个比例现在可能更高。

尽管无法做出精准的统计，但房地产已经成为人民币主要的底层资产之一，几乎是一个所有人都无法否认的事实。这关乎人民币的币值问题。两种主权货币之间的比值（汇率）短期内是由外汇市场两种货币的供需决定的，但从长期看，它们底层资产的质量才真正决定着它们之间的相对价值。

近年来，人民币的确存在一定的贬值压力。从常理看，本币进行一定幅度的贬值可以降低出口产业的内部成本，有利于出口，但这种状态属于“主动贬值”。在“主动贬值”的情况下，由于出口产业的强劲，外汇大量流入，央行手中外汇充裕，可以随时干预汇市，重新把汇率“抬回来”。

但当经济增速下滑，尤其是以出口产业为代表的实体经济生存基础受到高地租侵蚀，以及该国产品在全球可能面对贸易保护主义、民族主义的风险时，“被动贬值”就会出现。在这种情况下，极有可能产生一种连锁反应，导致资本外流加剧。最典型的外流模式就是“土豪”热衷国内银行借债，海外购买资产。

当资本外流加剧时，本币贬值压力将加大，又反过来推动资本的加速外流，形成恶性循环。最终，一个国家主权货币的购买力将被严重削弱，这可能会引发国家的内部通胀。与此同时，货币的走弱趋势，也会损害经济对外部长期资本的吸引力。而中国的经济转型，显然不能完全依靠国内资本，也需要以跨国科技巨头为代表的外部资本的加入。

特别需要关注的是，中国的外储已经从4万亿美元的水平下降到了3万亿美元的水平，这是一个不能不引起重视的信号。因此，对于一个有着雄心的经济体来说，它必须维持本币长期坚挺的预期，而本币的坚挺，最重要的基础之一则是不能任由本币底层资产泡沫化之路越走越远。

预测2018年的经济形势，必须明确一个基础是：尽管“土地财政”的现状暂时无法改变，但遏制房价进一步暴涨的政策决心，可以说是前所未有的坚决。

按照新华社的通稿，本次中央经济会议也提到，“完善促进房地产市场平稳健康发展的长效机制，保持房地产市场调控政策的连续性和稳定性，分清中央和地方事权，实行差别化调控。”

遏制房价暴涨并不等于打压房价，房价大跌，从某种意义上讲，是中国经济无法承受之重。房价大跌会导致金融机构尤其是银行资产价值的重估，将可能引发系统性的金融风险，也会摧毁银行对实体经济的融资功能。最终，会严重削弱实体经济复苏的动力。

因此，可以预期的是，“房地产市场平稳健康发展”才是未来楼市真正的关键词。未来，楼市一个可能的走向是“双轨制”。一条轨道是完全市场化的商品房市场，在这个市场之中，房子依然具备一定的投资价值，但暴涨将成为历史。另一条轨道则是租赁房市场，它和个人财富晋级的阶层毫无关系，只是关乎社会的长期稳定。

从20世纪末开始，中国强大的金融体系一直都是支撑中国经济奇迹和中国人财富故事的框架，而土地则是这个体系最重要的抵押品或者说重要的底层资产支撑——唯有中国成为真正的创新型国家，这个体系的抵押品或者资产支撑才会有所改变。在现阶段，维护这个抵押品的价值“平稳”就显得意义非凡。

因此，在理解这些根本问题的基础上，2018年之后的经济未来，其实也并没有那么云山雾罩。无论房价走势如何，个人的努力和坚持，依然是中产阶层或者说普通人唯一的凭借。

资料来源：谭保罗．“房子”转向，中国人如何续写财富故事？[J]. 南风窗，2018（1）.

第9章 Chapter9

国际贸易和国际收支

学习目标

知识的掌握

1. 开放经济下国民收入的调节政策。
2. 比较优势与要素禀赋学说的主要内容。
3. 汇率制度的类型及对经济的影响。
4. 国际收支平衡表的内容，国际收支不平衡的原因及调节政策。

技能的提高

1. 能够用比较优势学说分析选择贸易的模式。
2. 能够用国际收支平衡表分析一国国际收支中存在的问题。

引言

开放，让外国人一起来赚钱

2018年1月24日，中共中央政治局委员、中央财经领导小组办公室主任刘鹤亮相达沃斯论坛发表演讲，向全球听众介绍了中国的经济政策。他表示，中国将推出新的力度更大的改革开放举措，有些措施可能会超出国际社会的预期。于是，“超出预期”这一表达被国际社会重点解读。

对中国经济的未来，我们不应该悲观。中国是全球人口规模最大、也是最具潜力的市场，这决定中国经济有很大的“韧性”。在全球经济变动的时刻，我们的转圜空间很大。这个世界，只有美国人敢说和我们有着同样的“市场禀赋”。

不过，我们也不要盲目乐观，更不能自大。对外开放，依然是中国经济结构调整的重要抓手和战略凭借。从刘鹤的观点来看，决策层对这一问题的认识很理性，很清晰。

那么，到底怎么进一步推进对外开放呢？其实，不要把这个问题复杂化，对外开放最根本的一条，就是让外国人或者境外的资本能在中国赚钱，能买到好的资产。

某种意义上讲，中国的对外开放正在进入 2.0 阶段。过去，对外开放是 1.0，就是说，在中国经济高速发展的时期，GDP 动辄每年增速 10% 以上，那么对外开放很好办。只要在中国投资，不论投资什么行业，赚到钱的机会是很大的。

比如，“笨重”的制造业也可以赚到大笔钞票。其实，中国的制造业就是靠外资推动的。从资本管制的范畴看，中国香港、中国台湾的资本都是“境外资本”，珠三角、长三角的制造业主要是靠港台的资本推动。但另一方面，来自欧美、日本的制造业资本同样是中国制造业崛起的重要推手。

过去，我国对外资，特别是欧美、日本资本的行业准入是有相对严格的限制的。特别是金融等关系国计民生的服务业领域，外资准入更有比较高的门槛。近年来，趋势发生了变化，中国在金融领域比如银行、保险、证券和基金的准入开放程度上，都有所放宽。

但放宽不一定意味着外资就可以赚钱，这一点，外资银行的例子很有意思。几年前，我在上海陆家嘴碰到一位外资银行的中国区高管，他说，外资银行在中国银行业资产中的占比一直都很低（当时在 2% 上下徘徊，2008 年之后，这一占比甚至还出现了降低趋势），这个占比在发展中国家中，也算是很低的水平。

为什么占比这么低？原因并不复杂。因为，外资银行的网点很少，这意味着他们获取资金的成本比国内银行高，负债端成本高，必然意味着资产端贷款的利率也很高。否则，无法覆盖负债端的成本。

换句话说，他们的主要客户群体很窄，都是那些敢于承担高利率的中小企业。但国内银行则不同，经过 2008 年“四万亿”以及之后的金融大扩张，在很多城市，国内银行的网点已经比理发店、便利店还要密集。它们获取资金的成本很低，同时也形成了规模效应，所以越做越大。

外资银行为什么网点扩张如此缓慢呢？显然，因为需要相关部门的审批。在这里，就不多说了。

实际上，为什么中国开放民营银行牌照之后，民营资本进入银行的意愿很低？民营资本更愿意的，不是新开银行，而是直接去收购银行，比如背景神秘的安邦，它根本不想新开银行，而是直接去收购现有估值较低的银行。为什么？因为银行有先发优势和规模效应，中国的银行业早已产能过剩，另起炉灶，并不合算。

说了这么多，我的意思是，对外开放已经进入了 2.0 阶段，在这个阶段，外资对中国行业选择会更加有选择性。很多行业的“后入者”已经很难赚钱，比如银行。

因此，吸引外资，扩大对外开放，也应该去考虑这一点。不妨适当开放更多的行业，让外国人和我们一起赚钱。

有钱一起赚，其实是个道理很简单的事。

资料来源：谭保罗．开放，让外国人一起来赚钱 [J]. 南风窗，2018 年（3）.

前面各章基本都是在封闭的条件下研究国民经济的运行及其调节政策，但从经济上讲，可以说没有哪个国家是孤立的、封闭的，尤其是随着通信、交通和贸易政策领域所发生的革命性的进步和发展，世界经济已进入全球化的时代，各国的经济命运已被逐渐联系在一起。国际贸易和金融是全球经济联系的主要方式，本章将介绍这些方面的一些基础知识。

9.1　开放经济中的国民收入均衡

9.1.1　开放经济的含义及开放程度的衡量

开放经济是指一国存在着对外商品、资本、服务或技术等方面往来关系（即国际贸易活动）的经济模式，表现为商品、服务和资本等的国际流动，反映了世界各国（地区）在经济上的相互依存关系。

1. 开放程度的影响因素

经济的对外开放程度已经成为衡量一个国家或地区经济增长程度的重要指标。影响一国开放程度的因素有很多，主要集中在以下五个方面。

第一，经济发达程度。经济越发达的国家开放程度越高，因此，经济发达与否是决定一国开放程度高低的重要标志。

第二，自然资源状况。一般来说自然资源丰富的国家开放程度较低，自然资源缺乏的国家开放程度高。

第三，一国经济部门间的差异程度。如果一个国家的各个经济部门发展比较平衡，该国的开放程度就会相应较低。

第四，历史与传统因素。历史本身的发展及传统势力对各国的开放程度也会造成不同的影响。

第五，经济政策以及其他政治、文化因素。

2. 开放程度的衡量指标

通常用对外贸易依存度来衡量一个国家的开放程度。对外贸易依存度也叫对外贸易系数，是指一国对外贸易额（出口额与进口额之和）在该国国民生产总值（或国内生产总值）中所占的比重。

自从加入 WTO 之后，我国的对外贸易出现了强劲的增长，外贸依存度也随之急剧攀升。2001 年以来，我国的外贸依存度均在 40% 以上，到 2004 年时已超过 70%。我国的外贸依存度已经超过了世界平均水平，远远高于美国、日本、印度、巴西等经济大国。外贸依存度的提高，反映了我国融入世界经济程度的提高，表明我国参与全球一体化进程加速，国外市场的需求已经成为我国国内经济增长的一个重要动力，标志着我国经济与世界经济已经形成相互依赖的伙伴关系。

但过高的外贸依存度意味着我国经济的增长比以往任何时候都更依赖于外部需求，大大增加了经济增长的不确定性，经济安全上风险凸显。外需的波动将会通过出口部门传导给国内，进而引起税收、就业、外资流入以及国际收支关系的变动，给我国的财力和资源增加了一定的负担，各级财政每年用于出口退税、货款贴息、补贴以及其他优惠的支出日益增加。同时也暴露出我国贸易目的地集中、对外贸易商品结构不合理以及战略资源产品进口依存度攀升等诸多弊端。

9.1.2 开放经济中的国民收入均衡

1. 开放经济中国民收入的构成

在开放经济中，经济活动的参与者除了企业、家庭和政府外，还有国外部门。

（1）开放经济中的总供给。开放经济中国民收入的构成，从供给方面看，是在封闭经济的各种生产要素和政府的供给之外，又加了国外的供给，国外的供给对本国来说是进口，所以可以用进口来代替国外的供给。这样，总供给可用公式表示如下

总供给 = 各种生产要素的供给 + 政府的供给 + 国外生产要素的供给
= 工资 + 利润 + 地租 + 利息 + 税收 + 进口
= 消费 + 储蓄 + 税收 + 进口

如果以 M 代表进口，就可以写成

$$Y = C + S + T + M \tag{9-1}$$

（2）开放经济中的总需求。从需求方面看，除了封闭经济中的消费需求、投资需求与政府需求外，又加了国外的需求，国外的需求对本国来说就是出口，所以可以用出口来代表国外的需求。这样

总需求 = 消费需求 + 投资需求 + 政府需求 + 国外需求
= 消费支出 + 投资支出 + 政府支出 + 国外的支出
= 消费 + 投资 + 政府支出 + 出口

如果以 X 代表出口，就可以写成

$$Y = C + I + G + X \tag{9-2}$$

2. 开放经济中均衡国民收入的决定

在开放经济中，国民收入的均衡条件仍然是：总供给 = 总需求。

根据以上分析，这个条件可以写成

$$C + S + T + M = C + I + G + X$$

如果两边同时消去 C，则可得出

$$S + T + M = I + G + X \tag{9-3}$$

或

$$S + T = I + G + (X - M) \tag{9-4}$$

式（9-4）中，$(X-M)$ 为净出口。因此，在开放经济条件下，储蓄 + 税收 = 投资 + 政府购买 + 净出口时所决定的国民收入便是均衡的国民收入。

同时，式（9-4）中的左边代表国内总供给，右边代表开放经济条件下的国内总需求，根据均衡国民收入等于总需求的原因，开放经济条件下的均衡国民收入还可以由下面的公式来计算，即：

$$Y=I+G+(X-M) \tag{9-5}$$

另外，式（9-4）还可变形为

$$(X-M)=(S-I)+(T-G) \tag{9-6}$$

式（9-6）就是著名的两缺口模式，其右边代表国民收入的内部均衡，左边则代表外在均衡。它说明了在开放条件下，可以通过形成经常账户赤字来利用国外资本以弥补国内储蓄的不足，满足国内的投资需求。可见，在开放经济下的国民收入均衡更加复杂，不仅要考虑内在均衡，还要考虑外在均衡。开放经济是一把“双刃剑”，一方面，如果一国储蓄不足，则可利用国外的资本满足封闭条件下无法满足的投资需求，促进经济的稳定与增长；另一方面，在国际经济往来中也可能给经济带来各种冲击，例如，外资流入超过必要限度、国外资本突然抽走，等等，这些又会给一国经济的稳定和增长带来困难，所以政府必须对国民收入进行有效调节。

3. 开放经济条件下国民收入的调节政策

开放经济条件下的国民收入均衡包括内在均衡和外在均衡。内在均衡是指封闭经济条件下，在充分就业水平上达到总需求和总供给的均衡，是国内经济中产品市场、货币市场、劳动市场的同时均衡。外在均衡是指进出口的均衡，也即国际收支均衡。开放经济中国民收入均衡调节的政策目标有四个：充分就业、价格稳定、经济增长和国际收支平衡。

在开放经济条件下，实现国民收入的内外均衡问题是各国实践中的难点。因此，一国如何有效搭配经济政策实现经济均衡，驾驭宏观经济政策的国际传递，也是开放经济体必须关注的重要议题。

（1）内外均衡的相互协调。内外均衡的相互协调，是指某一均衡目标的实现会同时使得另一均衡目标得到改善。如一国经济衰退、失业增加，且国际收支顺差时，为实现经济的内部均衡，政府须采取增加社会总需求的措施进行调控，相应的进口需求就会增加，在出口保持不变时，这会带来经常项目的逆差增加，从而使原有的国际收支顺差状况得以改变而趋向于平衡。如果一国经济过热、通货膨胀严重，且国际收支逆差，政府采取削减社会总需求的措施，便会导致进口的相应减少，在出口保持不变时，这将减少经常项目逆差，从而使原有的国际收支逆差状况得以改变而趋向于平衡。这样，政府在采取措施实现内部均衡的同时，内部均衡的改善也对外部均衡的实现发挥积极影响，因此在此时是内外均衡一致的情况。

（2）内外均衡的相互矛盾。但大多数情况下，开放经济中国民收入的调节处于两难境地，即某一均衡目标的实现会同时使得另一均衡目标受到干扰和破坏。如一国经济衰退、失业增加，且国际收支逆差，为实现内部均衡而实行需求扩张性政策的话，会使得国际收支恶化；而如果一国通货膨胀、国际收支顺差，需求收缩性政策在实现内部均衡的同时，会使得国际收支顺差扩大。这表明，政府在通过调节社会总需求实现内部均衡时，会引起或加剧国际收支的不平衡，存在内外均衡矛盾的情况。

（3）国民收入调节的最优政策配合。从内外均衡的关系可以看出，国民收入的调节常常需要一国的财政、货币、汇率、直接管制等政策的合理配合乃至于各国间的政策协调。在选择各种配合使用的最优政策时，首先应该注意各种政策在影响内外均衡上的不同效果。一般来说，货币政策用来解决外部均衡问题最有效，而财政政策则更适于用来解决内部均衡问题。如果是失业与国际收支赤字并存，可以采取扩张性的财政政策，紧缩性的货币政策，同时使货币贬值。如果是通货膨胀与国际收支盈余并存，可以采取紧缩性的财政政策、扩张性的货币政策，同时使货币升值。

其次，应该确定国民收入调节中要解决的主要矛盾。例如，在国内经济衰退与国际收支顺差并存时，主要应该解决的问题是国内经济衰退，这就要求把政策的重点放在刺激国内需求上。再次，要配合使用各种政策，用一种政策去抵消另一种政策的副作用。

最后，要注意国家间的政策协调。各国都从自身的利益出发来制定对外经济政策，有时会引起各国之间的矛盾。如一国为改善国际收支而下调汇率，其他国家也采取相同措施的话，该国的汇率政策就起不到作用，并容易引发“货币战”，加剧各国经济发展的不稳定。因此，各国在制定国内政策的过程中，应通过国家间的磋商等方式来对某些宏观政策进行共同的设置，来协调国家间的经济政策。

补充阅读

特朗普想要建立一个“新全球化”

在2018年的G7峰会上，德国总理默克尔等西方国家领导人与美国总统特朗普“对峙”的照片走红网络。与此同时，美国宣布不再延长豁免期限，从6月1日起向加拿大、墨西哥、欧盟征收进口钢铝关税。作为回击，欧盟、加拿大和墨西哥也分别出台了报复措施——美国与传统盟友打起了贸易战。算上之前的中国、印度、日本和俄罗斯等国，美国挑起的这场贸易战已经波及全球范围。

除了挑起贸易战，美国还接连退出了一系列国际条约和组织：从最早的《巴黎气候协定》，到联合国教科文组织，再到伊核协议，一直到最近的联合国人权理事会。美国不断“退群”的表现，让外界瞠目结舌。

美国为什么四面树敌，甚至连自己的盟友也不放过？欧盟与加拿大、中国等国家的报复性措施，能否迫使美国放弃单边主义？特朗普到底想要得到什么？带着这些问题，本刊记者专访了暨南大学国际关系学院陈定定教授。

“孤立主义”抬头

南风窗：近期，美国做出了一系列让盟友大跌眼镜的行为。比如对欧盟、加拿大等盟友征收高额钢铝关税，再比如退出联合国人权理事会等国际组织。美国为什么要采取这样的“孤立主义”做法？

陈定定：“孤立主义”并不是一个新概念。美国历史上一直有孤立主义的思潮，只是在过去的几十年里，它并不占主流。回顾美国的历史，可以说孤立主义思想贯穿于美国发展的整个过程，只要美国国内经济、社会出现严重问题，或者在国际事务中遇到重大挫折，其国内的孤立主义思潮就会抬头。

特朗普的口号是“America First”(美国优先)。要想让美国优先于全世界，特朗普就必须搞孤立主义、单边主义。对美国来说，多边主义是一个框。在国际组织内部，每个国家必须遵守均等的协议，不能随意摆脱限制、要求自己优先。比如美国想提高进口关税，但 WTO 的规则就不允许这么做。美国怎么办？特朗普选择无视国际组织的规则，甚至干脆退出国际组织。所以，美国当前的单边主义政策是由特朗普的“美国优先”战略所决定的。

有人不理解为什么美国连盟友也不放过。需要强调的是，特朗普要的是美国优先，而不是美国和盟友优先。既然盟友不是美国，那就一定要做切割。特朗普要对美国之外所有的国家都进行切割。

南风窗：之前有分析认为，美国并不是真的想对付盟友，而是想逼迫盟友一起对付中国？

陈定定：我不这样认为，没有中国，美国也会对盟友下手。比如说墨西哥和加拿大，这两个国家与中国的贸易往来并不算多，2017 年，它们与中国双边货物进出口额分别是 800 多亿美元和 700 多亿美元。把这两个国家拉进来给中国施压，作用并不大，但美国还是要对它们抬高关税。

当然，也不能排除美国“拉帮结派”对付中国的可能性。如果日本、韩国这些与中国联系密切的国家向美国妥协了，的确能起到围堵中国的作用，我们应该做好充足的准备。

南风窗：美国的孤立主义倾向带有强烈的特朗普个人色彩，如果特朗普不能在 2020 年连任，美国会不会重新回到“多边主义”的路上来？

陈定定：存在这种可能。如果 2020 年特朗普没有获胜，接替他的又是希拉里那样奉行全球主义的总统，美国的确有可能变回那个我们熟悉的国家。

但就像我上面提到的，单边主义是美国的传统，即便特朗普下台了，未来也还会出现奉行单边主义的领导人。很多人可能有一种误解，认为美国一贯是支持多边的，其实并不是这样。不妨来看小布什，他也搞过单边主义。2002 年时，小布什对欧洲加收高额关税，引发了美国与欧洲的贸易战。作为一种传统，单边主义在美国有着很强的生命力。

两种类型的“敌人”

南风窗：你提到了小布什时期的美欧贸易战，它以欧盟出台报复性措施后，美国取消加征关税而告终。近期，欧盟、加拿大、墨西哥都宣布对美国采取报复性措施，这些国家的做法是真刀真枪的报复，还是做做样子？特朗普的下场会和小布什一样吗？

陈定定： 欧盟从6月22日开始对价值28亿欧元的美国商品加征关税，对剩余36亿欧元的贸易再平衡措施将在日后实施；加拿大虽然从7月1日才开始加征，但金额更高，达到了128亿美元；墨西哥、印度等国也相继出台了报复性措施。这些国家的报复都是真刀真枪，但这些措施并不会对美国造成致命的伤害。原因在于，日本、加拿大以及欧洲盟友实在太依赖美国了，不管经济上还是安全上都是这样，所以它们没有胆量，也没有能量和美国长期"硬碰硬"。

为什么欧盟和加拿大还要进行报复性的反击呢？当前，欧洲的民粹主义盛行，如果欧洲领导人对美国乖乖服软，国内选民是不会答应的。所以，欧洲各国必须先摆出一个强硬的姿态，姿态做足了再和美国谈判。由于欧洲没有美国的实力，谈判的结果肯定是欧洲做出更多让步。到那时，哪怕国内有反对的声音，欧洲领导人也要找个理由来说服国内。

南风窗： 如果欧盟、加拿大、中国这些美国主要的贸易伙伴联合起来，纷纷采取报复性的关税政策，美国经济肯定会受到冲击。美国拥有与全世界为敌的实力吗？

陈定定： 从理论上说，中国与其他国家可以联合起来对抗美国，但我觉得这种可能性实在太小了。美国与盟友之间，毕竟还只是"亲兄弟明算账"式的矛盾，这跟美国与中俄之间的矛盾不一样。

我们要特别注意，看似美国是在四面树敌，其实这里的概念并不相同，一定要做出区分。美国与盟友之间的贸易战是同盟内部的纠纷，打过之后还是要通过协商来解决问题的；而中国和俄罗斯是美国的"外部"对手，存在结构性矛盾，贸易战很有可能上升至全面对抗。

南风窗： 中国和欧盟的报复措施都落在了共和党选区的商品上，这让特朗普面临着不小的政治压力。美国的国内政治，会对特朗普的国际政策造成什么样的影响？

陈定定： 有压力，但这些制裁措施的短期效果并不明显。有人提议打击美国的大豆产业，但大豆是期货，今年种的大豆，去年就已经把价格谈好了。如果从现在开始制裁，实际的利益冲击最早也要到明年4月大豆播种时才能产生影响。

欧盟对准了共和党选区的威士忌、哈雷摩托等商品，这的确能造成一些影响，但很难说特朗普是否在乎，这些报复性的措施，究竟能对选举造成多大影响还不好说。一种可能的情况是，即使没有这些选票，共和党还是能赢。如果真是这样，通过打击共和党选区给特朗普施压的做法就失效了。况且，今年美国举行的是中期选举，不是总统大选，特朗普可以不在乎输赢：输了只是共和党输，他总统的位子还能继续坐。

另一方面，特朗普正在安抚国内的民众。一直以来，特朗普都在强调欧洲与美国的贸易是如何的不平等。他反复告诉国内民众，是因为国际社会长期占美国便宜，他才要发起贸易战。美国国内有不少人是认同特朗普这种说法的，他们觉得中国、欧洲、加拿大才是贸易战的始作俑者，美国是“被迫”发起了贸易战。对这些人而言，报复性措施很难起到实质效果。

特朗普的终极目标

南风窗： 中美贸易战是这次全球贸易战中最引人注目的部分，但外界对特朗普的真实目标存在怀疑。特朗普四面树敌，逆潮流而动，是否过度自信？

陈定定： 看起来这两个逻辑是冲突的：如果想对付中国，就不应该对盟友那么狠。很多美国精英指责特朗普也是出于这个原因，他们认为特朗普应该拉帮结伙应对中国的崛起，怎么反倒把盟友都得罪了呢？但我认为，特朗普有他自己的逻辑。特朗普是个非常自信的人，他觉得凭借美国的实力，可以四面出击。对此，我们一定不可小视。

南风窗： 不管是与金正恩的会面，还是在贸易战中的表态，特朗普都表现得出尔反尔，让外界难以预测。你认为这是特朗普性格的原因还是一种策略选择？他不担心这样会损害美国的信誉吗？

陈定定： 两方面的原因都有。特朗普的性格，使他在决策时可以不顾及之前的表态，怎样对他有利他就怎样做。同时这也是特朗普的一种策略，他用这种方式把对手搞晕，对手晕了就容易犯错，谈判的底线就容易把握不住。至于对美国信誉的伤害，特朗普还真不管那么长期的事情，他只在乎短期和中期的利益。

南风窗： 特朗普挑起全球范围的贸易战，退出一系列国际组织，他最终想要实现的目标是什么？

陈定定： 美国的动机不难理解，可以用乒乓球来类比。本来美国是一个优秀的乒乓球手，但是周围的对手进步非常快，马上就要超越他了。美国怎么办？那就修改规则。说得直白一些，美国找不到其他更好的办法来提升自己，只好抛弃原来的游戏规则，建立新的、对自己更有利的规则来帮助自己保持领先地位。全球化还是全球化，但是修改了规则就可以对美国更有利，特朗普现在做的就是这件事。

我认为，特朗普的终极目标已昭然若揭，就是摧毁目前的全球化，砍断全球生产链，搞垮其他经济体，重新建立对美国有利的“新全球化”。

资料来源：郑嘉璐．特朗普想要建立一个“新全球化”——专访暨南大学国际关系学院教授陈定定 [J]．南方窗，2018（14）．

9.2　比较优势与要素禀赋学说

在开放经济条件下，经济学家们从不同的角度分析了国际贸易产生的原因、影响等问题，为各国制定对外贸易政策奠定了理论基础。以下主要介绍比较优势理论和要素禀赋理论两大经典学说。

9.2.1 比较优势学说

1. 大卫·李嘉图的比较优势学说

比较优势学说，也叫比较成本学说，是英国著名经济学家大卫·李嘉图于1817年在他出版的《政治经济学及赋税原理》一书中提出来的。所谓比较优势（comparative advantage）是指一国在所有商品上的劳动生产率都要低于另一国，即所有商品的生产均处于绝对劣势，但是相对劣势较小的商品较之那些相对劣势较大的商品而言，具有比较优势。

在自由贸易条件下，两国将分别集中生产本国具有相对优势的产品，并在此基础上实行国际分工，就能提高生产要素的使用效果，节约劳动和增加使用价值数量。

李嘉图在书中以葡萄牙和英国的酒和布的生产为例来说明比较优势学说（见表9-1）。

表 9-1 葡萄牙和英国的酒和布的生产比较

国家		酒产量（单位）	所需劳动人数（人/年）	布产量（单位）	所需劳动人数（人/年）
分工前	英国	1	120	1	100
	葡萄牙	1	80	1	90
合计		2	200	2	190

从表9-1中可见，葡萄牙在生产酒和布这两种商品上所需的劳动时间都比英国要少，因而具有绝对优势。但是，葡萄牙在酒的生产上具有比较成本优势（因为在酒的生产中葡萄牙对英国的成本比率低于在布的生产中两国的这一成本比率），而英国则在布的生产上具有比较优势（因为在布的生产中英国对葡萄牙的成本比率要低于在酒的生产中两国的这一成本比率）。因此，双方分别生产自己相对有利的产品，并进行交换，即葡萄牙生产酒，英国生产布，然后以英国的布来交换葡萄牙的酒，双方都可以从中获益。这是因为，英国用220单位的劳动可以生产出2.2单位的布，葡萄牙用170单位的劳动可以生产出2.125单位的酒。两国若按1：1的比例进行交换，则在相同的劳动成本下，英国可以增加0.2单位布的消费，葡萄牙可以增加0.125单位酒的消费。国际分工和国际贸易给双方都带来了利益。

"比较优势"学说不仅在理论上更广泛地论证了贸易的基础，在实践上也部分解释了先进国家与落后国家之间贸易的原因，成为自由贸易政策的理论依据，以后的许多国际贸易理论都是由此发展而来的。

2. 机会成本原理对比较优势理论的解释

1936年哈伯勒用机会成本理论（opportunity cost theory）解释了比较优势原理。

机会成本理论的基本内容是：如果一国在一种产品的生产上有较低的机会成本，而另一国在另一种产品的生产上有较低的机会成本，那么两国应各自专门生产自己机会成本较低的产品。这种生产上的重组会扩大整个世界经济的规模，通过贸易，两国的福利水平都会有所提高。

根据机会成本理论，英国生产布的机会成本是 0.833 单位酒，而葡萄牙生产布的机会成本是 1.125 单位酒，英国生产布的机会成本低于葡萄牙。同理，葡萄牙生产酒的机会成本是 0.889 单位布，而英国生产酒的机会成本是 1.2 单位布，葡萄牙生产酒的机会成本低于英国。因此，英国在生产布上有比较优势，应专门生产布，而葡萄牙在生产酒上有比较优势，应专门生产酒。

9.2.2　要素禀赋学说

要素禀赋学说是由赫克歇尔和俄林提出的。所以，后人也把要素禀赋学说称为赫克歇尔 – 俄林模型。要素禀赋是指一国所拥有的两种生产要素的相对比例。

要素禀赋学说的基本思想是，区域之间或国家之间生产要素的禀赋差异是它们之间出现分工和发生贸易的主要原因。一般来说，在资本丰富的国家，利率水平相对低于工资水平。在劳动力丰富的国家，工资水平相对低于利率水平。所以，如果各个国家都密集地使用丰富的要素生产商品就能获得比较优势。也就是说，资本丰富的国家可以较便宜地生产需要大量资本的资本密集型商品，劳动力丰富的国家则可以较便宜地生产需要大量劳动的劳动密集型商品。在国际贸易中它们就能够出口使用低廉生产要素比例大的商品，进口使用昂贵生产要素比例大的商品。这样，既发挥了各自的比较优势，又满足了相互的需求。

在自由贸易的条件下，各个区域或国家都应该根据要素禀赋条件进行分工，开展贸易，从而更有利于提高各区域或各国的经济发展水平。简言之就是，一国应生产和出口较密集地使用其较丰裕的生产要素的产品，进口较密集地使用其较稀缺的生产要素的产品。

9.3　汇率制度

开放经济中调节外部均衡的主要政策手段是汇率，而汇率制度对各国汇率的决定有重大影响。汇率制度是指各国普遍采用的确定本国货币与其他货币汇率的体系。汇率制度在汇率的确定、汇率的变动等方面都有具体规定，因此，回顾和了解汇率制度，可以使我们对国际金融市场上汇率的波动有更深刻的理解。汇率制度主要包括固定汇率制度和浮动汇率制度两种类型。

9.3.1　固定汇率制度

固定汇率制度是指两国的货币比价基本固定，并把两国货币比价的波动幅度控制在一定的范围之内的汇率制度。金本位制度下的汇率制度、二战后形成的布雷顿森林体系都是固定汇率制度。

1. 金本位体系下的固定汇率制

1880 ～ 1914 年，35 年间，主要西方国家通行金本位制，即各国在流通中使用具有一定成色和重量的金币作为货币，金币可以自由铸造、自由兑换及自由输出入。在金本位体系下，金币是用一定数量和成色的黄金铸造的，金币所含有的一定重量和成色的黄金叫作含金量。两国之间货币的汇率由它们各自的含金量之比——金平价（gold parity）来决定。例如 1 英镑的含金量为 113.001 5 格令（等于 7.322 38 克）寸金，而 1 美元的含金量为 23.22 格令（等于 1.504 63 克）纯金，则：1 英镑 =113.001 5 ÷ 23.22=4.866 5 美元。

在金本位制度下，汇率也要受外汇供求、国际收支的影响，但相对较稳定，其波动幅度大致以黄金输送点为限。黄金输送点是指汇价波动而引起黄金从一国输出或输入的界限。汇率波动的最高界限是铸币平价加运金费用，即黄金输出点（gold export point）；汇率波动的最低界限是铸币平价减运金费用，即黄金输入点（gold import point）。

若一国国际收支发生逆差，外汇汇率上涨超过黄金输出点，外汇使用者输出黄金比购买外汇来结算更有利，此时将引起黄金外流，货币流通量减少，通货紧缩，物价下降，从而提高商品在国际市场上的竞争能力。这样，出口得到增加，进口减少，国际收支逐渐恢复平衡；反之，当国际收支发生顺差时，外汇汇率下跌低于黄金输入点，将引起黄金流入，货币流通量增加，物价上涨，从而出口减少，进口增加，最后国际收支重新恢复平衡。可见，由于黄金输送点和物价的机能作用，会对汇率起到自动调节的作用，把汇率波动限制在有限的范围内，从而保持汇率的相对稳定。在第一次世界大战前的 35 年间，美国、英国、法国、德国等国家的汇率从未发生过升贬值波动。

固定汇率制度为国际贸易和国际投资提供了较为稳定的环境，减少了汇率风险，便于进出口生产成本的核算以及国际投资项目的利润评估，对西方国家自由资本主义的繁荣昌盛起到促进作用。但是，严格的固定汇率制使各国的经济紧密相连，互相影响，若一国出现经济动荡，必然会波及他国，难以根据本国经济发展的需要执行有利的货币政策，经济增长受到较大制约。1914 年第一次世界大战爆发，各国停止黄金输出入，金本位体系即告解体。

2. 布雷顿森林体系下的固定汇率制

第一次世界大战到第二次世界大战之间，各国货币基本上没有遵守一个普遍的汇率规则，处于混乱的各行其是的状态。1944 年 7 月，在第二次世界大战即将胜利的前夕，“二战”中的 45 个同盟国在美国新罕布什尔州的布雷顿森林召开了“联合和联盟国家国际货币金融会议”，通过了以美国财长助理怀特提出的怀特计划为基础的《国际货币基金协定》和《国际复兴开发银行协定》，总称布雷顿森林协定，从此开始了布雷顿森林体系。

布雷顿森林体系建立了国际货币合作机构（1945 年 12 月成立了“国际货币基金组织”和“国际复兴开发银行”，后者又称“世界银行”），规定了各国必须遵守的汇率制度以及解决各国国际收支不平衡的措施，从而确定了以美元为中心的、固定比价关系的国际货币体系。

布雷顿森林体系下的汇率制度，概括起来就是美元与黄金挂钩，其他货币与美元挂钩的“双挂钩”制度。具体内容是：美国公布美元的含金量，1 美元的含金量为 0.888 671 克，美元与黄金的兑换比例为 1 盎司黄金 = 35 美元。国际货币基金组织各会员国应规定本国货币的含金量，通过各国含金量与美元含金量的对比，确定其与美元的货币平价。各国货币对美元的汇率只能在平价上下各 1% 的限度内波动，1971 年 12 月后调整为平价上下 2.25% 波动，超过这个限度，各国中央银行有义务在外汇市场上进行干预，以保持汇率的稳定。只有在一国的国际收支发生“根本性不平衡”时，才允许贬值或升值。各会员国如需变更平价，必须事先通知基金组织，如果变动的幅度在旧平价的 10% 以下，基金组织应无异议；若超过 10%，须取得基金组织同意后才能变更。如果在基金组织反对的情况下，会员国擅自变更货币平价，基金组织有权停止该会员国向基金组织借款的权利。这就意味着其他国家货币都钉住美元，美元成了各国货币围绕的中心。

黄金储备的充足、美国的国际收支顺差及黄金官价的维持，是布雷顿森林体系运转的基础。但以美元为中心的国际货币体系建立不久，美国的财政经济状况逐渐恶化。随着日本和西欧经济的复苏和迅速发展，美国的霸权地位不断下降，加剧了黄金供求状况的恶化，特别是美国为发展国内经济及对付越南战争造成的国际收支逆差，又不断增加货币发行，这使美元的实际价值远远低于金平价，使黄金官价越来越成为买方一厢情愿的价格。加之国际市场上投机者抓住固定汇率制的瓦解趋势推波助澜，大肆借美元对黄金下赌注，进一步增加了美元的超额供应和对黄金的超额需求，最终美国黄金储备面临枯竭的危机。

1971 年 8 月 15 日，美国总统尼克松宣布美元贬值和美元停兑黄金，布雷顿森林体系开始崩溃，尽管 1971 年 12 月十国集团达成了《史密森协议》，宣布美元贬值，由 1 盎司黄金等于 35 美元调整到 38 美元，汇兑平价的幅度由 1% 扩大到 2.5%，但到 1973 年 2 月，美元第二次贬值，欧洲国家及其他主要资本主义国家纷纷退出固定汇率制，固定汇率制彻底瓦解。

综上所述，布雷顿森林体系下的固定汇率制，实质上是一种可调整的钉住汇率制，它兼有固定汇率与弹性汇率的特点，即在短期内汇率要保持稳定，这类似金本位制度下的固定汇率制；但它又允许在一国国际收支发生根本性不平衡时可以随时调整，这类似弹性汇率。

9.3.2 浮动汇率制度

1973 年以美元为中心的固定汇率制度崩溃后，主要西方国家普遍实行了浮动汇率制度。1976 年 1 月国际货币基金组织正式承认浮动汇率制度。1978 年 4 月，基金组织理事会通过“关于第二次修改协定条例”，正式废止以美元为中心的国际货币体系。至此，浮动汇率制度在世界范围取得了合法的地位。

1. 浮动汇率制度的含义及类型

所谓浮动汇率制度，即对本国货币与外国货币的比价不加以固定，也不规定汇率波动的界限，货币当局不承担维持汇率波动界限的义务，而听任外汇市场根据供求状况的变化自发决定本币对外币的汇率。

由于新的汇率协议使各国在汇率制度的选择上具有很强的自由度，所以现在各国实行的汇率制度多种多样，有单独浮动、钉住浮动、弹性浮动、联合浮动等。

（1）按政府是否干预来划分，浮动汇率制度可分为自由浮动和管理浮动。

自由浮动，又称清洁浮动，是指汇率完全由外汇市场上的供求状况决定，自由涨落、自由调节，政府不加干预。但事实上凡实行浮动汇率制的国家均实行管理浮动。

管理浮动是指一国货币当局为使本国货币对外的汇率不致波动过大，或使汇率向着有利于本国经济发展的方向变动，通过各种方式，或明或暗地对外汇市场进行干预。

（2）按浮动程度或浮动方式划分，可分为单独浮动、钉住浮动、弹性浮动和联合浮动。

单独浮动是指一国货币不与其他任何货币固定汇率，其汇率根据市场外汇供求关系来决定，目前，包括美国、英国、德国、法国、日本等在内的 30 多个国家实行单独浮动。

钉住浮动是指一国货币与另一种货币保持固定汇率，随后者的浮动而浮动。一般地，通货不稳定的国家可以通过钉住一种稳定的货币来约束本国的通货膨胀，提高货币信誉。当然，采用钉住浮动方式，也会使本国的经济发展受制于被钉住国的经济状况，从而蒙受损失。目前全世界约有 100 多个国家或地区采用钉住浮动方式。

弹性浮动是指一国根据自身发展需要，对钉住汇率在一定弹性范围内可自由浮动，或按一整套经济指标对汇率进行调整，从而避免钉住浮动汇率的缺陷，获得外汇管理、货币政策方面更多的自主权。目前，巴西、智利、阿根廷、阿富汗、巴林等十几个国家采用弹性浮动方式。

联合浮动是指某些国家组成集团来实行浮动汇率制度，国家集团对成员国内部货币实行固定汇率，对集团外货币则实行联合的浮动汇率。欧共体 11 国 1979 年成立了欧洲货币体系，设立了欧洲货币单位（ECU），各国货币与之挂钩建立汇兑平价，并构成平价网，各国货币的波动必须保持在规定的幅度之内，一旦超过汇率波动预警线，有关各国就要共同干预外汇市场。1991 年欧盟签订了《马斯特里赫特条约》，制定了欧洲货币一体化的进程表，1999 年 1 月 1 日，欧元正式启动，欧洲货币一体化得以实现，到 2002 年 2 月 28 日之前，欧元区国家原有货币与欧元同时存在，它们彼此之间都保持了固定汇率，但与其他货币则实行浮动汇率。2002 年 3 月 1 日起，则由欧元完全取代了欧元区各国的原有货币。

2. 浮动汇率制度对经济的影响

（1）浮动汇率制度对经济的有利影响。

首先，汇率能发挥调节国际收支的经济杠杆作用。当一国国际收支出现逆差时，对外汇的需求增加，外国货币价格上涨、汇率上浮，本国通货就会开始贬值，则该国出口商品以外币标价，价格就会有所下降，提高了本国商品的国际竞争力，从而出口增加，进口减少，一国国际收支得以改善。

其次，有利于国内经济政策的独立性。只要国际收支失衡不特别严重，就没有必要调整财政货币政策，从而不会产生以牺牲内部平衡来换取外部平衡之虞。

最后，可节省国际储备，防止外汇储备大量流失。在浮动汇率制度下，各国货币当局没有义务维持货币的固定比价，汇率随着外汇供求的涨落而自动达到平衡，政府在很大程度上听任汇率由外汇市场支配，国家外汇储备的需求量自然可以减少。这就有助于节省国际储备，使更多的外汇能用于本国的经济建设。

（2）浮动汇率制度对经济的不利影响。

首先，不利于国际贸易与国际投资的发展。浮动汇率制度下，国际经济活动主体面临较大汇率波动所带来的外汇风险，外贸成本和对外投资损益的不确定性加大，使人们普遍产生不安全感，并且成本和利润的核算更加复杂。

其次，加剧了各国之间的货币战。实行汇率下浮政策可以刺激出口，减少进口，改善贸易收支，进而扩张国内经济，增加生产和就业。因此，浮动汇率可能导致竞争性贬值，各国都以货币贬值为手段，输出本国失业，或以他国经济利益为代价扩大本国就业和产出，这就是以邻为壑的政策。

最后，助长投机，加剧了国际金融市场的动荡。浮动汇率制度下，汇率变动频繁且幅度大，为低买高抛的外汇投机提供了可乘之机。不仅一般投机者参与投机活动，连银行和企业也加入了这一行列。

此外，对发展中国家不利。外汇汇率上升时，进口工业制成品价格上涨，而这些产品又是发展中国家经济建设所必需，故进口成本上升。外汇汇率下跌时，出口初级产品价格下跌，而初级产品需求弹性小，不会在价格下跌时使外贸收入增加，贸易收支得不到改善。同时，浮动汇率还加剧了外债管理的难度，增大了风险。

补充阅读

“中国制造”正在被替代吗

十几年前，在中国销售的日韩品牌电子产品上多有着“made in Philippines”“made in Indonesia”这样的标识。2001 年，中国加入 WTO，状况发生了根本性改变。短短数年，“made in China”风行天下，对这些国家的制造业迅速形成了压倒性的替代优势。但如今，情况似乎又变了回来，一部分制造业又在悄悄回归到东南业这些过去的制造业地区。

一方面，“低端制造业”外迁是中国经济转型推进、企业全球化运营水平提升的体现。另一方面，制造环节外迁又并非孤立问题，它必须建立在整个企业群体技术大提升的前提下，同时也必须考虑上亿青壮年劳动人口的就业问题。

如果说发达国家挑起的贸易问题可以博弈，“可以谈”，那么后发国家制造业重新崛起，并形成替代效应，这很可能是不可逆、“没得谈”的。在国际贸易博弈的特殊时点，对此有必要重新认识。

产业外迁前，要做“两件事”

一个经济体，如果要把低端生产环节外迁，前提最好是企业已抢占产业链高端环节。这方面，韩国和日本就是正面的例子。2017 年，全球芯片产业排名前十的公司中，美国最多，占据 5 家，其中英特尔和高通分别在电脑和手机芯片领域称霸。除美国外，韩国居第二位，两家公司上榜，分别是三星和 SK 海力士。此外，三星还在全球整个半导体芯片市场拿下了 14.6% 的份额，这意味着英特尔把持了 1/4 个世纪的“老大”位置被韩国人取代。

除了芯片，在液晶电视屏幕和手机触控屏领域，除已被中国富士康收购的夏普之外，韩国企业也长期称霸全球市场。在中国市场销售的中高端手机中，“韩屏”长期都是主流。以一台智能手机为例，其物料成本之中，触控屏、芯片、内存和摄像头四个部件最为大宗，共占据 70% ～ 80% 的成本，其中触控屏和芯片就能占到 50% 左右。此外，全球高端智能手机的内存和摄像头，主要供货商也都以日韩为主。

可以说，中国是全球 IT 硬件（电脑、手机和平板）生产的第一大国，但真正占据硬件产业链最高附加值环节的则是美国、韩国和日本。作为 20 世纪后半叶全球 IT 产业大爆发的策源地，美国长期都保持着在硬件价值链最顶端和整个软件领域的长期竞争优势。但美国一开始就是最先进的，因此对后发国家来说“不可比较”，而日本、韩国同样走过产业承接、产业升级和产业外迁的“三步走”战略，对中国的借鉴意义更大。

从 IT 硬件的产业链格局可以看出，日本和韩国在产业外迁之前，显然已实现了产业升级。产业升级是多维度的，至少体现在两个层次。

首先，留在国内的环节掌握着核心的技术，同时也是产业链高附加值硬件的供应商，赚取硬件产业最丰厚的利润。其次，企业还实现了规模效应，不断做大，用强大的销售收入加码研发，滚动式开发新产品，不给后来进入者一丝机会，从而达到“强者恒强”的目的。

实际上，中国企业诸如京东方、华星光电等在电视液晶屏领域逐渐崛起，并在市场中对日韩品牌形成了一定的替代，这一定程度得益于政府力量的推动和国有金融机构的资金支持，从而实现了“跨越式发展”。如果是民营企业在产业链上依靠自身积累进行单打独斗，显然难以冲破日韩企业这种步步为营的产业“代际封锁”。

产业升级的另一维度是对外投资的不断优化，就是在可贸易部门崛起、本币升值的通道中，鼓励企业购买优质的海外资产，比如油田、土地和优质的企业股权。企业在产业升级之后，则成为一个全球性的财团和利润汇聚中心，在全球范围内配置资源。这些位于海外的优质资产可以在不虞之时，向本国总部输送利润和物资，从而成为本国经济波动和社会稳定的“稳定阀”。但在这方面，中国企业还差得远。

另外，产业外迁还必须考虑另外一个大问题，即本国的就业。数据显示，在 20 世纪 90 年代，韩国的城镇人口比例就接近 75%，21 世纪初，这个比例超过 90%。而日本早在 20 世纪 70 年代，城镇人口比例就超过 70%，随后快速超过 90%。而目前，中国的城镇人口比例依然不到 60%，为 58.52%，这意味着依然还有上亿农村劳动力需要转移。但是，第三产业显然难以完全承担起如此艰巨的转移任务。

产业转移之前的两件大事，一是产业整体大升级，二是农业人口转移完毕，目前而言，中国还没有完全做好。因此，制造业依然是中国经济持续增长乃至社会稳定的必须，而不能任凭其外迁。

另一个“世界工厂”

长期以来，经济学家热炒“龙象之争”，那么印度是否会取代中国成为世界工厂？但事实上，真正可能成为另一个世界工厂的，恐怕不是印度，而是东盟。一个有意思的数据是，东盟国家的总人口约为 6 亿，仅为印度的一半，然而其 GDP 却大于印度。

衡量一个国家或者经济体是否适合搞制造业，经济学家和分析师总是设置了太多的模型、框架或者理论。但大道至简，观察储蓄率数据即可。储蓄率至少包含着两层意思：第一层是文化意义的，即储蓄习惯背后是对未来生活的期待和勤劳的品质；第二层意义是，唯有较高的、稳定增长的储蓄，才能保证这个经济体有足够的投资，从而构建经济增长的后劲。如果本国投资完全靠引进外资，遇到经济波动，则会增加本国金融系统的脆弱性。1998 年的亚洲金融危机就是这个逻辑。

东盟国家一直都是全球储蓄率最高的地区之一，各个国家的储蓄率普遍在 30% 以上。对比一下其他地区，拉丁美洲的国民储蓄率长期低于 20%，而撒哈拉以南非洲地区的国民储蓄率则不到 15%。

东盟国家发展制造业的另一个优势是，年轻人口众多，这意味着生产能力，也意味着消费能力。按照一些国际组织的数据，东盟 70% 的人口年龄在 40 岁以下，15 ～ 30 岁的人口占比为 26%。中国 15 ～ 30 岁的人口占比为 24%，但中国 15 岁以下人口占比已大大低于东盟。

东盟国家之中，特别是中南半岛国家，长期受到儒家文化影响，加之劳动力充裕，成本低，其经济崛起相对更快。比如，1994 ～ 2015 年，柬埔寨的 GDP 平均保持了 7.6% 的年增长率。

快速增长很大程度来自于成本优势。据一位在柬埔寨投资的制造业企业家介绍，在柬埔寨临海地带的工业区，制造业的人工成本（月）在 170 ～ 200 美元，用汇率折算约为人民币在 1 100 ～ 1 300 元。但在中国的珠三角和长三角，同样的工人每月需要支付的工资为 3 000 元人民币以上，是前者的 3 倍。

除了柬埔寨，还有越南。越南人口约 9 500 万，但其 70% 的人口都在 35 岁以下。近几年来，越南国内生产总值增长率稳步上升，从 2013 年的不到 6%，经过 5 年已直逼中国的 7% 水平。在世贸组织的进出口总额排行榜上，越南从 2007 年的第 50 位已经提升到目前的第 26 位。2017 年，越南全年出口金额约 2 138 亿美元，较 2016 年增加 21.1%。

东盟正在成为另一个“世界工厂”，这可以从这一地区对发达国家的贸易额中看到。美国一直都是全球最大的消费市场，从 20 世纪后半叶开始，后发国家的经济腾飞和对美出口的增长一直都是一对孪生兄弟。

2016 年年底，奥巴马任职末期，白宫新闻秘书办公室提供的数据显示，奥巴马执政以来，美国与东盟十国的货物贸易提高了 55%。另有数据显示，在一些特定行业，东盟国家已经成为美国名副其实的代工厂，以轮胎为例，美国 35% 的轮胎都产自泰国。

在东盟国家制造业的重新崛起中，日韩资本发挥了巨大的作用。数据显示，从 20 世纪 80 年代末至 2017 年年底，投资越南第一名的外资是韩国，累计投资占其外资总额的 18%；第二名是日本，占 15.5%，其中制造业、基建投资占据主流。

日本和韩国，外加中国的台湾地区都曾一度靠着制造业起家，直到今天，这些地区的资本依然是全球最懂得制造业产业逻辑的资本。它们在全球范围内寻找“成本洼地”，重新配置产业链，这种变动预示着制造业版图在未来的重构。

产业版图的重构是一个市场化的现象，一个经济体在崛起之后，必然面临成本飙升，进而是产业外迁。中国目前并不存在大规模的外资逃离现象，但换个角度看，作为尚未完成大范围产业升级和农村人口转移的国家，对东南亚的制造业崛起，并对“中国制造”形成一定程度的替代，引起一定的重视还是应该的。

资料来源：谭保罗．“中国制造”正在被替代吗？[J]. 南方窗，2018（2）.

9.4 国际收支平衡

随着我国对外开放的不断发展，特别是在经济全球化日趋深入和国际产业转移不断加快的背景下，国际收支状况对经济稳定发展的影响越来越大。

9.4.1 国际收支和国际收支平衡表的概念

国际收支是指一国居民与他国居民之间在一定时期内（通常为一年）进行的各种经济交易的系统记录。它既包括国家间清偿债权债务所发生的货币收支，也包括无偿的对外援助、其他单方面转移及以货易货等不发生货币收支的行为。国际收支是一个国家在一定时期，从国外收进的全部货币资金和向国外支付的全部货币资金之间的对比关系。收支相等称为国际收支平衡，否则为不平衡。收入总额大于支出总额称为国际收支顺差；支出总额大于收入总额称为国际收支逆差。

国际收支平衡表是指按复式记账原则建立起来的，反映一定时期一国同外国的全部经济往来的收支流量表。它是对一个国家与其他国家进行经济技术交流过程中所发生的贸易、非贸易、资本往来以及储备资产的实际动态所做的系统记录，是国际收支核算的重要工具。通过国际收支平衡表，可综合反映一国的国际收支平衡状况、收支结构及储备资产的增减变动情况，为制定对外经济政策，分析影响国际收支平衡的基本经济因素，采取相应的调控措施提供依据，并为其他核算表中有关国外部分提供基础性资料。

9.4.2 国际收支平衡表的内容

编制和提供国际收支平衡表已成为国际货币基金组织成员国的一项义务，并成为参与其他国际经济组织活动的一项重要内容。根据国际货币基金组织规定的方法和内容，国际收支平衡表包括经常项目、资本项目、错误和遗漏三大项。

1. 经常项目

经常项目是国际收支平衡表中最基本的往来账户，反映居民与非居民间发生的经济交易内容，用于统计商品、服务和单方面转移等国际收支活动的项目。

（1）贸易项目，亦称有形贸易项目，记载由商品进出口而引起的外汇资金的收入与支出，由商品进口和商品出口构成。贸易项目是经常项目的最主要的组成部分，也是整个国际收支平衡表的基本组成部分，其收支状况对整个国际收支平衡状况起着十分关键的作用。该项目包括绝大多数可移动货物在跨国界交易中所有权的转移，如一般商品的进出口、加工贸易的加工费、与进出口贸易有关的设备或商品的修理费、运输工具停靠口岸期间的商品采购（如燃料、给养、储备和物资）费和运输工具的维护费，以及非货币黄金买卖的外汇收支等。

（2）无形贸易项目，亦称劳务收支项目，反映各国之间相互提供劳务或服务而发生的收入与支出。劳务收支费用是经常项目的第二大内容。主要包括服务收支、投资收益及其他商品和劳务收支。

服务收支，即银行保险业、运输业、旅游、通信等行业的外汇收支，如港口费用、客运车、船票及旅游者在该国停留期间为本人或他人购买的商品和服务等。

投资收益，如国际借贷的利息收支，国际证券投资的利息、股息收支。

其他商品和服务收支，即上述各项以外的官方交易、私人交易和私人财产收入等。

此外，使领馆人员工资等开支，本国居民在国外的财产收入，商品进出口以外的商业销售、专业服务和技术服务（如通信和计算机服务），金融服务（如贷款的利息），版权及许可证费，乘客保险等非商品保险等，也包括在劳务费用项目中。

（3）单方面转移款项项目，亦称为经常转移或无偿转移。主要包括移民转移款项、侨民汇款，政府无偿援助、赠款，政府向国际组织缴纳的行政费用以及国际组织为执行某项政策而向各国政府提供的转移等。

2. 资本和金融项目

该项目记录了资本或金融资产在一国与他国间的转移，包括资本流入和流出。具体又分为资本账户和金融账户两大类。

（1）资本账户。资本账户包括资本转移和非生产、非金融资产的收买或出售两个项目。资本转移项目主要记录投资捐赠和债务注销的外汇收支。非生产性、非金融资产的购买或出售项目主要记录那些非生产就已经存在的资产（如土地、地下矿藏）和某些无形资产（如专利权、商标权和经销权等）购买或出售而发生的外汇收支。

（2）金融账户。金融账户包括直接投资、证券投资、其他投资和储备资产四个项目。

直接投资既包括外国在本国的直接投资，也包括本国在外国的直接投资。许多国家常把外国一个投资者或投资者集团在有投票权的股份中所占比例达10% ～ 25% 或以上的，从而对该企业拥有有效发言权的作为直接投资。在直接投资项下，又包括股本投资、其他资产投资及利润收益再投资等。

证券投资，也称间接投资，是在长期债券和公司股票上的投资，如一国公司、企业和个人对另一个国家的长期国债、公司债券、大额存单、票据、股票和期权等货币市场工具和金融创新工具的购买。

其他投资是指未列入上述两种投资内的其他资本交易活动，如贸易信贷、贷款（包括使用基金组织的信贷和贷款）、货币和存款以及其他资产和负债（如各种应收款和应付款）。其中信贷的本金部分记入资本项目，利息则记入经常项目。

储备资产实际是一国用以平衡国际收支或对本国货币对外汇率进行干预的手段。储备项目主要包括货币黄金、外汇资产、特别提款权、在基金组织中的储备头寸及其他债权。其中，货币黄金是指一国官方持有的作为货币资金使用的黄金；外汇资产是指一国政府通过国际收支顺差或干预外汇市场等而形成的外汇储备；特别提款权是国际货币基金组织创设的记账单位，是按会员国份额比例无偿分配的“纸黄金”，它只能在基金组织范围内用于某些特定用途，如清偿与基金组织之间的债务、缴纳份额、以划账形式获取其他可兑换货币、作为本国货币汇率的基础等，未动用的特别提款权构成一国的国际储备资产。

3. 错误和遗漏项目

该项目是为了使国际收支平衡表借方和贷方平衡而人为设立的一种平衡项目。根据复式簿记原则，借贷总额应该相等。但是，人们在实际编制国际收支平衡表的过程中，总会出现一定的错误与遗漏，如逃避管制的非法资金流动、各部门统计口径的差异、统计资料不完整、来源分散不一、同一笔交易发生于借方和贷方的时间差，还有故意隐瞒（如军费开支、企事业收入隐瞒）等。因此，设立错误与遗漏项目，以轧平借方和贷方总额。

9.4.3　国际收支不平衡的调节

国际收支不平衡是与国际收支平衡相对的概念，在实际经济生活中，国际收支不平衡是绝对的，平衡只是相对的。国际收支平衡表上的各个项目分为两种类型。一种是自主性交易，它是经济实体或个人出自某种经济动机和目的，独立自主地进行的。自主性交易具有自发性，因而交易的结果必然是不平衡的。另一种交易就是调节性交易，它是指在自主性交易的收支不平衡之后进行的弥补性交易。从理论上说，一国国际收支的自主性交易产生的借方金额和贷方金额相等或基本相等，就表明该国的国际收支平衡或基本平衡；如果自主性交易所产生的借方金额与贷方金额不相等，就表明该国的国际收支不平衡或失衡。

1. 国际收支不平衡的考察口径

在实践中，根据分析问题的需要，可从以下五个方面来考察国际收支情况。

（1）贸易收支的不平衡。由于许多国家的贸易收支在全部国际收支中所占的比重相当大，并且商品的进出口情况综合反映了一国的产业结构、产品质量和劳动生产率状况，因此，传统上较多使用贸易收支即商品进出口收支差额来考察国际收支，有时还可将贸易收支作为国际收支的近似代表。但贸易账户实际仅仅是国际收支的一个组成部分，在国际经济往来日益频繁的今天，贸易收支绝对不能代表国际收支的整体。

（2）经常项目收支的不平衡。如前所述，经常项目在国际收支中占有最基本、最重要的地位，国际货币基金组织特别重视各国经常项目的收支状况，虽然经常项目的收支不能代表全部国际收支，但它综合反映了一个国家的进出口状况（包括无形进出口，如劳务、保险、运输等），因而被各国广为使用，并被当作制定国际收支政策和产业政策的重要依据。

（3）基本项目收支的不平衡。基本账户包括经常账户和长期资本账户。长期资本账户主要包括直接投资、中长期贷款和中长期证券交易等项目，相对于短期资本来讲是一种比较稳定的资本流动，能够反映一国在未来国际经济中的地位和实力。把经常收支和长期资本收支相结合，能反映出一国国际收支的基本状况和长期趋势。因此，许多国家尤其是那些长期资本进出规模较大的国家在观察和判断其国际收支状况时，通常将基本项目账户作为重要指标。

（4）官方结算差额。经常账户与资本和金融账户收支之和叫官方结算差额。官方结算差额由官方的短期借贷和储备变动来予以平衡。因此，官方结算差额实际上反映的是对官方自有国际储备和借入储备的影响，同时也比较综合地反映了自主性国际收支的状况。尤其在固定汇率制下，应该说官方结算差额是衡量货币当局对外汇市场的干预程度以及国际收支总体失衡程度的最好指标。

（5）总差额。总差额也叫综合差额，等于经常账户收支、资本和金融账户收支以及错误和遗漏三大项目金额之和。它反映了一国国际收支状况对该国国际储备的影响，国际货币基金组织和我国都采用这个口径来考察国际收支。

如上所述，考察国际收支不平衡的口径有许多种，但每种口径实际上仅仅反映了国际收支状况的一个方面，不可能就一项指标断言一个国家国际收支平衡或不平衡，以及国际收支状况是否良好。因此，考察国际收支状况还要结合一个国家的经济结构和在世界经济中的地位进行，如美国近年来贸易收支出现大量逆差，考虑到服务贸易、高新技术的发展，并不能简单地断言其国际收支存在严重的问题；而对于发展中国家，即使基本账户处于平衡，也应考虑国际收支存在结构性不平衡的问题。

2. 国际收支不平衡的原因分析

导致一个国家国际收支失衡的原因很多，主要涉及以下几个方面。

（1）国民收入的变化。国民收入的增减变动以及各国收入平均增长速度差异会引起国际收支不平衡。在其他条件不变的前提下，收入增加会使企业增加对进口生产资料的需求，使居民增加对进口消费资料的需求。一国收入平均增长速度越高，该国进口也会增长得越快。因此，收入增长较快的国家容易出现国际收支逆差，相反则易出现国际收支顺差。

（2）经济周期的影响。经济发展具有一定的周期性，典型的经济周期包括危机、萧条、复苏和高涨四个阶段。这四个不同的阶段，对国际收支将产生不同的影响。例如，在危机阶段，生产过剩，国民收入下降，失业增加，物价下降，这些因素一般有助于增加出口和减少进口，从而可以缓解一国的国际收支逆差。而经济高涨阶段则相反。

（3）结构性原因。世界市场的需求结构随着收入变化、科技发展、制度变迁和文化融合等不断调整，而生产结构往往滞后于需求结构的变动。因此，当一国的产业结构不能适应世界市场需求时，将导致国际收支出现结构性逆差。对于处于经济转轨的发展中国家，这种现象更加普遍。

（4）政策性因素。本国或外国推行的财政或货币政策，也会导致国际收支的不平衡。当一国货币过度发行或财政严重超支时，均可能造成国内经济升温和需求过度膨胀，导致进口需求增加。如果汇率政策不做出相应调整，则会同时导致本币高估，该国商品的货币成本与物价水平高于其他国家，必然不利于出口而有利于进口，从而使国际收支状况严重恶化。

（5）意外事件等其他因素的影响。除了以上各种经济因素，局部性战争、自然灾害和政治动乱等突发性因素，往往使一国正常的经济秩序遭到破坏，投机增加，外汇市场混乱，巨额资本外逃，从而导致一国国际收支失衡。

3. 国际收支不平衡的影响

国际收支不平衡是正常现象，但是如果一国国际收支长期出现大幅度的顺差或逆差，则会对该国经济，甚至世界经济产生不利的影响。

国际收支持续大量逆差对经济发展的不利影响主要表现在以下三个方面。

（1）使本国积累的对外负债超过本国的支付能力，从而引起偿还外债的困难，甚至出现债务危机。

（2）如逆差严重，则会使本币汇率急剧跌落。该国货币当局对外汇市场进行干预，即抛售外汇和买进本国货币，这将耗尽一国的国际储备，造成金融实力减弱，本币汇率下降，损害该国在国际上的信誉和地位。

（3）由于出口收汇主要用于还本付息，国民经济的增长必然受到影响，因为无力进口本国经济发展所亟须的生产要素。

国际收支持续大量顺差，固然可以增大其外汇储备，加强其对外支付能力，但也会对经济发展产生不利影响。

（1）持续大量的顺差意味着出口大于进口，这对某些资源型出口国来说意味着国内经济资源的掠夺性开采，不利于本国经济的长期发展。

（2）增大本国的外汇供给，在外汇需求一定的情况下，外汇供给大于需求会使本币汇率上升，也使国内基础货币的供给增大。前者不利于商品的出口，后者会增加通货膨胀的压力。

（3）一国国际收支顺差意味着有关国家国际收支的逆差，影响了其他国家经济发展，导致国际贸易摩擦，甚至报复，不利于国际经济关系的发展。

4. 国际收支不平衡的调节措施

持续、巨额的国际收支失衡可能给一国造成一系列严重后果，因而，当国际收支失衡超过一定限度时，该国就必须考虑进行必要的调节。政府调节的措施主要有以下几种。

（1）外汇缓冲政策。外汇缓冲政策指政府通过官方储备的变动或短期的对外借款来干预外汇市场，校正国际收支的失衡。该政策简单易行，但是不适于对付长期、巨额的国际收支赤字，因为一国的外汇储备数量毕竟是有限的。

（2）需求管理政策。需求管理政策又称为改变支出政策，即通过运用财政政策和货币政策来改变国内总需求，校正国际收支失衡的政策。如在持续逆差情况下，一国政府可采取提高税率、增设税种的财政政策来压缩财政支出和投资规模，限制消费，降低国内总需求，减少进口，以扭转逆差；也可以采取提高存贷款利率、再贴现率和准备金比率等货币政策来提高利率，紧缩银根，缩小投资与生产规模，缩减消费，减少进口，降低经常项目逆差，同时吸引外国资本流入，进一步改善国际收支状况。

（3）直接管制政策。直接管制政策是指政府直接干预对外经济活动以实现国际收支平衡的政策措施，可以分为外汇管制、财政管制和贸易管制。直接管制的一个主要方面是对进出口贸易进行干预，其基本措施包括通过关税、各种非关税壁垒来限制进口，以及对本国的出口给予政策上的鼓励。直接管制措施通常能立竿见影，但它并不能真正解决国际收支平衡问题，一旦取消管制，国际收支不平衡仍会出现，而且，还容易引起他国的反抗和报复。

（4）汇率调整政策。汇率调整政策是指一国通过调整本币汇率来实现国际收支的平衡政策。当一国发生国际收支逆差时，常调低汇率，使本币对外贬值。这样在国内价格不变的情况下，出口商品以外币计算，就会较贬值前便宜，从而增强出口商品的竞争力，出口增加；而进口商品折成本币的价格则会较贬值前昂贵，进口减少，从而国际收支得到改善。

（5）国际收支调节政策的国际协调。各国政府调节国际收支的政策都是以本国的利益为出发点，他们采取的调节措施可能对别国的经济产生不利的影响，并导致其他国家采取相应的调节措施，这样一国的政策就难以起到相应的效果。所以，要在世界范围内解决各国的国际收支不平衡，并取得较为显著的效果，各个国家之间必须相互谅解，互相磋商协调，加强国际经济金融合作。

总之，调节国际收支失衡的政策是多样化的，每一种政策都有其各自的特色与调节功效，一国应根据国际收支不平衡的形成原因采取相应的政策措施。

学习指导

1. 学习建议

建议主要掌握以下内容。

（1）开放经济条件下的国民收入均衡是个复杂的系统，包括内在均衡和外在均衡。开放经济中国民收入均衡调节的政策目标有四个：充分就业、价格稳定、经济增长和国际收支平衡。应根据最优政策配合的原则，综合运用财政政策、货币政策以及对外经济政策进行调节，以达到国民收入的内外均衡。

（2）国际贸易对开放经济有着重要的影响，国际贸易的经典学说主要有：比较优势学说和要素禀赋学说等。

（3）汇率制度对各国汇率的决定有重大影响，汇率制度主要包括固定汇率制度和浮动汇率制度。

（4）国际收支平衡表是国际收支核算的重要工具。国际收支平衡表包括经常项目、资本项目、错误和遗漏三大项。

（5）考察国际收支状况的途径主要有贸易收支、经常项目收支、基本项目收支、官方结算差额、总差额五种。一国应根据形成国际收支不平衡的原因采取相应的政策措施来调节国际收支。

2. 学习重点与难点

学习重点

（1）比较优势学说的精髓。

（2）国际收支平衡的内容。

（3）国际收支不平衡的调节措施。

学习难点

（1）开放经济条件下国民收入均衡的形成。

（2）比较优势学说的运用。

核心概念

对外贸易依存度　内部均衡　外部均衡　比较优势学说　要素禀赋学说

固定汇率制度　浮动汇率制度　国际收支　国际收支平衡表　经常项目
资本项目　错误和遗漏　需求管理政策　直接管制政策

课后思考与练习

1. 如何衡量一国的开放程度？
2. 开放经济条件下国民收入调节的原则是什么？
3. 简要分析浮动汇率制度的利弊。
4. 如何分析一国的国际收支状况？

补充阅读

美国无法赢得对华贸易战

美国无法赢得与中国的关税战，无论特朗普总统在未来几个月说什么或做什么，都无法改变这样的结局。因为美国经济十分强劲，还因为两党政客都支持阻止中国崛起和维护美国全球统治地位的战略目标，特朗普相信自己在这场冲突中能够占尽优势。但颇具讽刺意味的是，特朗普的致命弱点恰恰在于这种表面上的强势。

通过借力打力，中国应当能够轻松赢得这场关税竞赛，或者至少也能与特朗普打成平局。自大卫·李嘉图之后，经济学家们认为限制进口会降低消费者福利，并阻碍生产率的提高。但这些都不是特朗普将被迫在贸易战中退缩的主要因素。在制约美中冲突时，另一项极少被用于说明特朗普关税威胁无效性的经济原则，即凯恩斯需求管理原则，其实要比李嘉图的比较优势理念重要得多。

比较优势显然会影响长期经济利益，但需求条件将决定中国或美国是否将在未来几个月内面临寻求贸易和平的更大压力。对需求管理的研究明确显示，美国将受到特朗普关税的影响，而中国则能成功避免不利因素。

从凯恩斯主义的角度看，交战国是否正处于衰退或需求过剩阶段，才是决定贸易战结果的要素。在衰退期，关税可以促进经济活动和就业，但长期效率却可能因此而受到损失。如果经济体已经达到或接近其最大运营能力，那么关税只会抬高价格并增大美国利率上行的压力。这显然适用于今天的美国经济。

美国企业从总体来讲，无法找到额外的低薪劳动者来取代中国进口。因此，除非美国企业认定高关税能够持续多年，否则它们既不会投资也不会雇用新工人来与中国竞争。假设消息灵通的中国企业了解这一点，那么它们将不会降低出口价格来吸纳美国的关税成本。

这样的话，美国进口商将被迫承担关税，进而把成本转嫁给美国消费者（从而进一步助长通货膨胀），或者通过降低盈利的方式将成本转嫁给美国股东。如果是这样，关税将无法像特朗普所认定的那样惩罚中国。相反，主要受影响的是美国的消费者和企业，就像加征销售税一样。

但我们承认，关税可能将某些中国产品挤出美国市场。那么，究竟由谁来提供替代商品？

多数情况下，答案将是其他新兴经济体。鞋子和玩具等某些低端商品将从越南或印度采购，某些电子和工业机械的最终组装可能会迁移到韩国或墨西哥，日本和欧洲的供应企业有可能取代高端中国供货商的对美出口。但这些仅会对中国出口产生微弱的影响。

如果事实证明出口开始陷于疲弱，中国可以而且应当出台额外政策来推升国内需求。从原则上讲，中国可以通过全面实施凯恩斯主义刺激政策，来避免美国关税的任何负面影响。问题在于，中国承诺限制中国债务增长及改革银行业，不愿将公开刺激需求当作贸易战的一种武器使用。

但既然现在美国已经以特朗普关税战为新一轮地缘政治冷战拉开了序幕，那么上述与凯恩斯政策相悖的金融政策理由显然已经无关紧要。

由此引出的问题是，当中国和世界其他国家能够全身而退，而特朗普的关税政策却开始伤害美国企业和选民时，他将做何反应。可能的答案是，特朗普将效法他与朝鲜、欧盟和墨西哥的冲突。他将达成一份无法实现其既定目标的“交易”，但该“交易”却能允许他吹嘘“胜利”，并为激励其支持者的口头好战找到理由。

资料来源：安纳托尔·凯勒茨基. 美国无法赢得对华贸易战 [J]. 南风窗，2018（23）.